谨以本书

献给我钟爱的人民司法事业

以及

培育我十八年的东交民巷二十七号

民事执行实务精要

张 元 著

The Practice for Enforcement

中国法制出版社
CHINA LEGAL PUBLISHING HOUSE

推荐语

张元博士与我师出同门，我们还曾是最高人民法院的同事，他的业务能力、理论水平以及在实际工作中以理论为指导解决具体问题的技能，给我留下深刻的印象。

他在执行局工作期间，不仅处理过数量众多的疑难案件，还参与了大量有关执行工作的司法解释、司法文件的研讨和制定，其中有相当部分他作为起草人担纲执笔。

张元博士的这部《民事执行实务精要》充分体现了他的业务能力、理论水平和令人印象深刻的工作学习背景，所涉问题广泛，其可操作性强，分析解剖精邃，观察角度多元，理论联系实际彻底。无论是从事一线执行工作的法官，还是具有执行法律需求的市场从业人员，抑或是致力于司法执行理论研究的学者，都会发现这部著作将为他们的工作和研究提供宝贵而强大的助力。

——张勇健（中国政法大学博士生导师，中国人民大学法学博士，曾担任最高人民法院审判委员会委员、民一庭庭长、民二庭庭长、民四庭庭长）

每当听到曾为法官的朋友离开法院时，出于对法官职业的敬畏和对其个人的尊重，我都会有着深深、久久的惋惜，难以释怀，国家的培养、个人的努力以及司法实践的磨炼，一个好的法官来之不易，以正义、公平的司法给予人民对法治的信任、赋予法治光芒，这是一份崇高的职业。张元博士就是一位曾在最高人民法院工作多年又离开其岗位的朋友之一。

作为一个有着立法经历的人，立法工作使我与最高人民法院执行局的法官多有接触，感悟执行工作的艰难、复杂、酸甜苦辣以及法官必须全面掌握并运用相关领域法律的素质要求。执行工作涉及方方面面，不仅需要法官对经济社会有全面了解，对涉及执行领域的法律充分掌握，还必须具备对各种复杂社会问题的处理能力和解决方法。曾经的张元法官就是在司法实践中摸爬滚打并累积了丰富实践经验和法律运用理论。他是一个用心钻研法律并努力运用于执行领域工作的奋强之人，在司法解释制定的讨论研究中、在疑难案件的分析解决中，我深切地感受到了他的这份努力及造诣。

《民事执行实务精要》充分展现了其理论功底以及对法律掌握的精深与透彻，从中我体会到了他对执行工作的真诚热爱，对解决执行难的执着追求，对法治建设的坚持不懈。

本书是作者积多年司法实践经验所成之作，集中了执行领域各种复杂多样的实例，具有很强的借鉴与参考价值，是不可多得的能够将理论与实践完美结合之精品。本书的出版使我难以释怀的那份不舍得以舒缓，张元以其一砖一瓦之力成就此书，谁能说这不是对社会主义法治建设之奉献！

——扈纪华（全国人大常委会法制工作委员会民法室原巡视员，最高人民法院执行专业委员会咨询专家）

张元自中国人民大学法学院取得法学博士学位后，长期在最高人民法院从事民事执行工作，处理了大量民事执行案件，获得了丰富的实践经验，是年轻专家中专注民事执行法律理论与实务的佼佼者。

张元博士在《自序》中，把这本书说成一种纪念和回忆，这有些过谦了。回想过去，我自己大概在上世纪90年代就开始关注民事执行，但或许我更关注民商事实体法问题，对于民事执行法问题，总是不得要领。今天看来，这本书更像是针对一个复杂艰涩的难题，用作者独特的轻松活泼的语言，作出了一个逻辑清晰、条分缕析、统分协调的叙事，让原本艰涩的问题变得不那么艰涩，让原本复杂的难题变得不那么复杂，帮我厘清了思路，获得了不少灵感。因而，这是一本值得仔细品味的佳作。

作为张元博士之导师董安生教授的同学和同事，我要特别祝贺张元博士取得的成绩，祝愿张元博士在未来工作中取得更大成绩。

——叶林（中国人民大学法学教授、博士生导师，中国法学会商法学研究会副会长）

强制执行是实体法和程序法交织缠绕、交错适用最为复杂的领域，也是法律和社会、理论和实践碰撞最为激烈的场所。本书阐幽发微，精彩呈现了民事执行制度的精髓和魅力，是贯通实体与程序、执行理论和实务的一本好书。张元博士以其深厚的民商法理论功底和多年执行法官经历所积累的丰富实践经验，为读者们奉献了关于民事执行的饕餮盛宴。

——肖建国（中国人民大学法学院教授、博士生导师，中国民事诉讼法学研究会副会长）

张元兄曾是一名让我十分钦佩的学者型法官，虽年轻但专业老道。即便现在"下海"，也保持着理论思考的习惯——有一种非常难得的"书生劲"。本书专注于民事执行的实务争点，既有程序疑问，又有实体争论，议题广泛而不分散,分析深入又有分寸。尤其是以"问答式"的方式展开讨论,给我们呈现出一种"苏格拉底式执行法学"的新立场。毫无疑问,这是一种进步。

——蒋大兴(北京大学中国企业法律风险管理研究中心主任,北京大学法学院教授、博士生导师)

自 序

著必有序，拙作成稿后，正费心考虑由哪位至亲师友赐笔代序时，法制社编辑告知，目前代序已不是潮流，并建议以自序的形式介绍一下本书的体例，借机也说说心里话。既然决定自序，不妨按照我习惯的点状思维方式叙述一番。当然，这也是本书每个专题、每个问题的编排方式。

一、这是一本专注于市场同仁民事执行法律需求的书

2016年"基本解决执行难"以来，民事执行问题已是社会焦点，民事执行科学俨然已成为显学。在特定范围内，相关讨论研究极其热烈。与之对应的是，我接触市场同仁之后，有两个明显感受：（一）特定范围内对民事执行问题的讨论，已经上升到类似"拍卖撤销抑或无效""责令退赔之合法财产是否应与犯罪行为关联"等具有一定理论深度的问题。但是，绝大部分市场同仁对于民事执行的法律需求，往往限于"网络拍卖的公告期限""追加被执行人的要件"等基础性问题。这也难怪，之于市场，无论进攻还是防御，法律本是交易获利或减损的方式之一，何必每人都是慕容博。（二）同时，对于只需掌握民事执行基础性问题的市场同仁而言，即使最高人民法院及地方各级法院时常以新闻发布、理解适用、官方著述等形式宣介民事执行实施及裁判规则，但时至今日，包括相当一部分法律专业人士在内的市场同仁，对民事执行的基本制度、基本理念以及民事执行的基础性规则仍缺乏了解。

其实很好理解，民事执行系人民法院职能，虽为司法行为，但具有强烈的行政属性，即对下、对外，而非居中、主持；即使公开程度较之"基

本解决执行难"之前大有长进，但仍嫌不足，业务研究往往限于且也只好限于执行系统之内，执行法官仍系民事执行业务研究最为权威的群体，较难扩张至市场同仁。因而，本书专注于市场同仁对民事执行的基础性法律需求，读者群并不针对法官和学者。曾经的法官同事以及学术同仁，对本书所涉及问题，大多应觉深度不够；如有此感，也属正常。

二、这是一本专注于民事执行规则索引的书

我在日常交流以及授课、沙龙中，深切感受到大部分同仁所提问题、所关注区域，均针对于民事执行的基础规则。那么，既然市场同仁对民事执行基础规则具有需求，那多读法律及司法解释、多看司法解释理解适用不就行了？

实际上，大部分市场同仁所需要了解的问题，通过网络搜索难以有答或有答而不解。我想，原因有三：（一）民事执行制度尚未法典化，现有的民事执行规则极其庞杂而分散，遍布于民事诉讼法、最高人民法院司法解释、最高人民法院规范性文件以及通过各高级人民法院规范性文件、问题解答、座谈会纪要等体现的执行实践、执行惯例中。即使民事执行制度成典，也难一书览全貌。（二）近十年来，最高人民法院以及各级人民法院均致力于执行规则建设。"党的十八大以来，最高人民法院狠抓执行规范体系建设，共出台55项重要司法解释和规范性文件，数量超过十八大前的总和。"[1]但不容回避的是，只争朝夕势必体系化不足。同类执行问题，往往散见于不同司法解释或规范性文件中。例如执行分配制度就分别规定于《最高人民法院关于人民法院执行工作若干问题的规定（试行）》、《最高人民法院关于适用〈中华人民共和国民事诉讼法〉执行程序若干问题的解释》

---

[1] 最高人民法院院长周强在第十三届全国人大常委会第六次会议上所作《最高人民法院关于人民法院解决"执行难"工作情况的报告》。

和《最高人民法院关于适用〈中华人民共和国民事诉讼法〉的解释》。(三)较之合同、公司等基本法律制度，民事执行横跨程序与实体，系独特部门法。即使现如今执行规则制定已极有成效，但大量问题尚缺乏明确规则，只处于研究探讨中，并未形成统一观点，甚至未形成主流观点。

基于上述三点原因，市场同仁希望通过检索获知某项具体执行问题，但是，或是不晓得该问题规定于哪个文件，或是该问题散见于多个文件而难求全面认识，或是各类文件均未涉及该问题，或是检索到头只得争论罗列而不得主流认识。因此，本书致力于民事执行规则索引，不追求理论体系，而是将市场同仁普遍需求的民事执行基本规则，按照"法律规定"、"司法解释规定"、"规范性文件规定"、"地方法院实务操作规范"、"执行惯例"以及"一般观点"、"偏主流观点"等七类依据，设计二十六个专题、二百多个问题，进行设问作答。答案大多短平快，偶辅以简洁性叙述。从这个意义上，本书更像是工具书，而不是论著。

三、本书并非独创性专著，绝大部分内容与"立论"无关。全书立足于归纳、总结、提炼

有两个方面需要说明：(一)较之曾经的法官同事，我在天资、基础、勤奋等各个方面都有不足。相应的执行业务范围，除了对曾直接承办的股权、信访及证券这几类问题有一定的独立认识外，在其他业务范围方面均难称得上专家。因而，除个别专题外，本书绝大部分内容系对现有执行业务规则的解读，完全谈不上"立论"。少部分解读内容，还参考了圈内友人已有意见，因系友人，就不一一致谢了。(二)正如前述，市场同仁对执行业务基本规则的需求更为迫切，于是本书绝大部分内容系对现有执行业务规则的解读。但即便是解读，我亦费尽心力进行了大量的归纳、总结、提炼，这也属于一种创作吧。

四、本书的写作出版，无关码字盈利、无关推广宣扬，希望能为我从事执行工作十年来的所获所得，做一些纪念、留一些回忆

我能够掌握到民事执行乃至其他法律制度方面的一些知识，以及如今在市场中能够勉强具备营生的基本能力，即使有个人努力的成分，我也很诚恳地认为，那均来自最高人民法院二十年前给予的工作机会，来自所经历部门多位领导的谆谆教导，来自多年来与本院和下级法院同事的工作交流，来自每一个承办案件、每一类工作任务、每一份裁判文书中的点滴积累。尤其是，在执行局工作的十年，正是年华最好时，自身获得长足进步，也自认为对执行事业已尽绵薄之力。今后，也势必不再专门从事这项工作了，有必要进行总结。在含有如此情感的情境下，我写作本书，罗列了曾经研究过、学习过的全部知识点，所引用案例也尽属我本人承办。以此，做一些纪念、留一些回忆。

张元

2021年12月26日于北京朝阳广渠门外

凡 例

文件名称	本书代称
《最高人民法院关于适用〈中华人民共和国公司法〉若干问题的规定(三)》	《公司法解释（三）》
《最高人民法院关于人民法院执行工作若干问题的规定(试行)》	《执行规定》
《最高人民法院关于适用〈中华人民共和国民法典〉有关担保制度的解释》	《担保制度解释》
《最高人民法院关于适用〈中华人民共和国民事诉讼法〉的解释》	《民事诉讼法解释》
《最高人民法院关于人民法院办理仲裁裁决执行案件若干问题的规定》	《仲裁执行规定》
《最高人民法院关于公证债权文书执行若干问题的规定》	《公证债权文书执行规定》
《最高人民法院关于人民法院办理财产保全案件若干问题的规定》	《财产保全规定》
《最高人民法院关于人民法院民事执行中查封、扣押、冻结财产的规定》	《查封规定》
《最高人民法院关于人民法院确定财产处置参考价若干问题的规定》	《确定参考价规定》
《最高人民法院关于人民法院民事执行中拍卖、变卖财产的规定》	《拍卖变卖规定》
《最高人民法院关于人民法院网络司法拍卖若干问题的规定》	《网络拍卖规定》
《最高人民法院关于在执行工作中进一步强化善意文明执行理念的意见》	《善意执行意见》

续表

文件名称	本书代称
《最高人民法院关于执行和解若干问题的规定》	《执行和解规定》
《最高人民法院关于民事执行中变更、追加当事人若干问题的规定》	《变更追加规定》
《最高人民法院关于依法制裁规避执行行为的若干意见》	《依法制裁规避执行意见》
《最高人民法院关于审理与企业改制相关的民事纠纷案件若干问题的规定》	《企业改制规定》
《最高人民法院关于人民法院在审理企业破产和改制案件中切实防止债务人逃废债务的紧急通知》	《防止逃债通知》
《最高人民法院关于限制被执行人高消费及有关消费的若干规定》	《限制高消费规定》
《最高人民法院关于公布失信被执行人名单信息的若干规定》	《失信被执行人规定》
《最高人民法院关于执行程序中计算迟延履行期间的债务利息适用法律若干问题的解释》	《迟延履行利息司法解释》
《最高人民法院关于人民法院办理执行异议和复议案件若干问题的规定》	《异议复议规定》
《最高人民法院关于执行担保若干问题的规定》	《执行担保规定》
《最高人民法院关于适用〈中华人民共和国民事诉讼法〉执行程序若干问题的解释》	《民事诉讼法执行程序解释》
《最高人民法院关于首先查封法院与优先债权执行法院处分查封财产有关问题的批复》	《首封与优先权批复》
《最高人民法院关于适用〈中华人民共和国仲裁法〉若干问题的解释》	《仲裁法解释》
《最高人民法院、司法部关于公证机关赋予强制执行效力的债权文书执行有关问题的联合通知》	《公证联合通知》
《最高人民法院关于审理民间借贷案件适用法律若干问题的规定》	《民间借贷规定》

续表

文件名称	本书代称
《最高人民法院关于刑事裁判涉财产部分执行的若干规定》	《刑事裁判涉财执行规定》
《最高人民法院关于适用〈中华人民共和国刑事诉讼法〉的解释》	《刑诉法解释》
《最高人民法院关于人民法院办理执行信访案件若干问题的意见》	《信访案件办理意见》
《最高人民法院关于执行权合理配置和科学运行的若干意见》	《执行权合理配置意见》
《最高人民法院关于严格规范终结本次执行程序的规定（试行）》	《终结本次执行程序规定》
《最高人民法院关于执行案件移送破产审查若干问题的指导意见》	《执行案件移送破产审查指导意见》
《最高人民法院关于适用〈中华人民共和国企业破产法〉若干问题的规定（二）》	《破产法解释（二）》
《最高人民法院关于审理涉及金融不良债权转让案件工作座谈会纪要》	《海南纪要》
《最高人民法院关于适用〈中华人民共和国公司法〉若干问题的规定（四）》	《公司法解释（四）》
《最高人民法院关于审理拒不执行判决、裁定刑事案件适用法律若干问题的解释》	《拒执罪司法解释》
《最高人民法院关于人民法院强制执行股权若干问题的规定》	《股权执行规定》

一、执行依据专题 / 001

001　（一）什么是执行依据？

002　（二）能否对确认判决立案执行？

007　（三）如何理解"经强制执行后仍然不能清偿债务"？

008　（四）生效判决给付内容不明确的处理途径有哪些？

019　（五）被执行人能否以执行依据未生效为由提出执行异议？

019　（六）执行依据确定交付的特定物（不动产）已不存在，执行部门能否直接裁定金钱赔偿？

二、执行申请专题 / 022

022　（一）破产管理人是否具有申请执行的主体资格？

022　（二）执行依据确定债务人直接向第三人履行，债权人能否对此项内容申请执行？

三、执行管辖专题 / 024

024　（一）人民法院判决、裁定的执行管辖如何确定？

024　（二）当事人能否约定执行管辖法院？

四、财产保全专题 / 026

026　（一）人民法院立案、审判部门与执行部门，在财产保全程序中如何分工？

027　（二）财产保全程序中，诉前保全与诉讼保全的区别是什么？

028　（三）生效法律文书确定的债务履行期限未至，债务人规避债务，能否保全其财产？

030　（四）何种情形下的财产保全，可以不提供担保？

031　（五）如认为财产保全错误，如何救济？

五、确定财产参考价专题 / 032

032　（一）议价、定向询价、网络询价、委托评估之间的关系是什么？

033　（二）当事人、利害关系人对执行财产参考价提出异议，可以采取何种救济途径？

039　（三）评估报告实体性异议中的专业技术评审，由哪一级评估协会负责？

040　（四）资产评估机构能否从事房地产评估业务？资产评估机构作出的房地产评估报告是否有效？

047　（五）被执行人拒收人民法院邮寄的评估报告，能否以未送达评估报告为由中止拍卖？

六、处分性执行措施（拍卖、变卖、抵债）专题 / 048

048　（一）设立中公司能否参与司法拍卖？

049　（二）执行拍卖中，评估价以及保留价、起拍价的含义是什么？

052　（三）如果仅有一人参加拍卖并竞买出价，拍卖能否成交？

053　（四）执行标的物能否不经过拍卖，直接进入变卖程序？

054　（五）拍卖流拍后，变卖程序如何启动以及推进？

058　（六）执行标的物尚未经拍卖、变卖，双方当事人均同意以物抵债，如何处理？

061　（七）执行标的物已经过拍卖、变卖，均无法成交，申请执行人提出以物抵债，如何处理？

063　（八）拍卖、变卖或者抵债成交的，受让人何时取得标的物所有权？

067　（九）拍卖、变卖以及抵债成交的，税款应由哪一方承担？

072　（十）竞买须知中载明的"税费由买受人承担"，效力如何？

七、执行追加变更专题 / 074

074　（一）追加被执行人的基本要件是什么？

075　（二）如何掌握"无偿接受财产可追加被执行人"的标准要件？

078　（三）如何掌握"未足额缴纳出资可追加被执行人"的标准要件？

079　（四）发起股东未足额缴纳出资即转让股权，能否追加受让股权的继受股东为被执行人？如不能追加，申请执行人如何救济？

085　（五）能否追加被执行人配偶为共同被执行人？如不能追加，通过何种程序请求配偶承担民事责任？

089　（六）被执行人未履行债务，能否直接执行夫妻共同财产？

091　（七）被执行人离婚后，能否基于负债属于夫妻共同债务，执行其原配偶的个人财产？

095　（八）能否以《依法制裁规避执行意见》所规定的"恶意规避执行"为由追加被执行人？

096　（九）企业改制遗漏债务，能否追加第三人为被执行人？如可以，应当追加新企业还是老企业？

104　（十）执行程序中，能否连续追加已被追加的被执行人的其他连接主体为被执行人？

八、到期债权执行专题 / 107

107　（一）到期债权执行的基本规则是什么？

110　（二）诉讼保全阶段，能否对负有到期债务的次债务人之财产，直接采取查封、扣押、冻结措施？

003

111　（三）执行法院能否在未发出履行到期债务通知的情况下，裁定次债务人向申请执行人履行？

111　（四）次债务人未在指定期限内提出异议，能否再次提出执行异议？按何种程序审查？

119　（五）对被执行人欠付工程款的第三人，界定为协助执行义务人还是到期债权次债务人？

九、执行威慑惩戒制度（限制高消费、失信被执行人名单、罚款、拘留、限制出境、拘执罪等）专题 / 129

129　（一）限制高消费制度与失信被执行人制度的区别与联系？

130　（二）对限制高消费或纳入失信被执行人名单不服，如何寻求救济？

131　（三）法定代表人变更，能否对原法定代表人采取限制高消费措施？

132　（四）何种情形下，被执行人虽应予纳入失信名单或限制消费，但却不得采取惩戒措施？

132　（五）何种情形下，可以对被执行人及有关人员解除限制消费措施？

133　（六）搜查措施的启动要件有哪些？

137　（七）申请执行人如何提起拒不执行判决、裁定罪的自诉案件？

138　（八）被执行人不履行行为义务，如何处理？

十、迟延履行利息与迟延履行金专题 / 143

143　（一）如何正确区分和计算本金、一般债务利息、违约金以及迟延履行利息？

145　（二）被执行人支付迟延履行利息，是否必须由申请执行人提出申请？

146　（三）被执行人财产不足以清偿全部债务的，如何确定本金、一般债务利息、违约金以及迟延履行利息的清偿顺序？

147　（四）再审撤销原审生效判决，迟延履行期间债务利息的起算点如何确定？

147　（五）迟延履行利息的截止计算日期如何确定？

148　（六）《迟延履行利息司法解释》施行之前，尚未执行完毕部分的迟延履行

　　　　　利息应该如何计算？

149　（七）迟延履行金的计算标准是什么？申请执行人所主张损失数额难以认定时，如何确定迟延履行金数额？

十一、执行和解专题 / 160

160　（一）构成执行和解，需具备什么条件？

161　（二）达成执行和解的法律效果是什么？

161　（三）被执行人不履行执行和解协议，申请执行人如何救济？

164　（四）执行和解协议履行完毕，但超出履行期间的，申请执行人能否请求恢复执行？

164　（五）被执行人提交执行外和解协议，人民法院应如何处理？

十二、执行担保专题 / 166

166　（一）什么是执行担保？执行担保的法律效果是什么？

168　（二）提供执行担保事项未能实现，能否追加执行担保人为被执行人？

170　（三）执行程序或保全程序中，第三人提供执行担保，是否需对被执行人所负全部债务承担连带清偿责任？

181　（四）什么是执行和解中的担保？执行和解中的担保法律效果如何？

十三、执行分配专题 / 183

183　（一）执行分配制度的基本架构是怎样的？

186　（二）普通债权人申请执行分配，是否必须取得执行依据？

186　（三）优先受偿权人申请执行分配，是否必须取得执行依据？

187　（四）执行分配争议救济制度的基本架构是怎样的？

188　（五）多个法院对执行财产查封、扣押、冻结，由哪个人民法院主持拍卖变价？

189　（六）协助执行通知书载明的查封、扣押、冻结期限超出法定期限，轮候查封、扣押、冻结是否自然生效？

190　（七）在先查封、扣押、冻结法院不启动拍卖变价程序，轮候债权人如何救济？

191　（八）首先查封、扣押、冻结为保全执行措施，优先债权执行法院能否商请移送财产处置权？

192　（九）分配方案异议以及异议之诉审查期间，人民法院能否发放执行款项？

193　（十）建设工程款优先权尚未经生效法律文书确认，执行分配应当如何处理？

195　（十一）普通金钱债权与交付特定物的债权产生执行竞合，如何处理？

十四、仲裁裁决执行专题 / 196

196　（一）仲裁裁决的执行管辖如何确定？

196　（二）仲裁裁决的执行管辖，是否只能是中级人民法院？

197　（三）仲裁裁决不予执行的管辖如何确定？

197　（四）仲裁裁决给付内容不明确的处理途径是什么？

199　（五）裁定不予执行或裁定驳回不予执行申请后，是否有继续救济的程序？

200　（六）案外人申请不予执行，被裁定不予执行或驳回不予执行申请后，是否有继续寻求救济的程序？

201　（七）仲裁调解书能否申请不予执行？

十五、公证债权文书执行专题 / 202

202　（一）公证债权文书的执行管辖如何确定？

202　（二）公证债权文书与执行证书，哪个是据以受理执行申请的执行依据？

205　（三）申请执行公证债权文书，同时提交执行证书的意义是什么？

206　（四）公证债权文书原始合同文本已约定通过诉讼、仲裁解决争议，能否认定债务人未承诺接受强制执行？

207　（五）公证债权文书载明的民间借贷年利率超出"合同成立时一年期贷款市场报价利率四倍"，超出部分如何处理？

213　（六）债务人不履行公证债权文书，债权人应当在多长期间内申请出具执行证书？

214　（七）仅包含担保协议的公证债权文书能否强制执行？

217　（八）公证债权文书裁定不予执行、裁定驳回不予执行申请的救济程序，分别是什么？

218　（九）被执行人主张不予执行公证债权文书的事由有哪些？

十六、刑事裁判涉财产部分执行专题 / 220

220　（一）人民法院负责执行的刑事裁判涉财产部分包括什么？

222　（二）追缴和责令退赔的区别是什么？如何把握两者之间的关系？

224　（三）责令退赔与刑事附带民事诉讼、普通民事诉讼的区别是什么？

225　（四）追缴和责令退赔案件中的被害人，能否作为申请执行人主张权利？

228　（五）刑事裁判涉财产执行的被执行人财产不足以偿付全部债务，如何确定清偿顺序？

229　（六）刑事裁判将涉案财物错误认定为赃款赃物，案外人如何救济？

十七、执行异议复议程序专题 / 239

239　（一）当事人、利害关系人可以针对何类情形提出执行异议？

248　（二）是否唯有以书面形式提出的执行异议才能被受理？

249　（三）执行法院未在法定异议期限内受理执行异议，当事人、利害关系人此后如何救济？

250　（四）申请执行人认为执行法院消极执行，能否提出执行异议？

251　（五）对指定执行不服，能否提出管辖权异议或执行异议？

252　（六）对上级法院出具的协调决定书不服，是否可以提出执行异议？

252　（七）当事人、利害关系人不服执行复议裁定，是否仍有救济途径？

254　（八）上一级人民法院已针对复议裁定作出执行监督裁定，当事人、利害关系人能否针对该裁定再行申请监督？

255　（九）对执行监督不服，能否通过提出执行异议救济？

十八、案外人异议以及案外人执行异议之诉专题 / 256

256　（一）广义的执行异议之诉分为几类？狭义的执行异议之诉又指什么？

257　（二）执行异议之诉与第三人撤销之诉的区别？

258　（三）执行异议之诉与案外人申请再审程序的区别？

260　（四）案外人在保全程序中已提出异议，能否在执行程序中再次提出异议？

263　（五）案外人怠于提出异议，案外人之债权人能否代位提出异议？

268　（六）执行标的物已被查封、扣押、冻结，案外人能否提起确权之诉？

269　（七）执行异议之诉案件，管辖如何确定？

270　（八）执行异议之诉案件，如何收取诉讼费？

271　（九）执行异议之诉审理期间，执行标的物拍卖成交的，如何处理？

272　（十）执行异议之诉审理期间，债务清偿完毕的，如何处理？

273　（十一）执行异议之诉审理期间，案外人提起给付之诉，如何处理？

273　（十二）一般房屋买受人提起执行异议之诉，如何处理？

274　（十三）如何理解一般房屋买受人执行异议之诉审查中"非因案外人自身原因未办理不动产权属转移登记"？

275　（十四）商品房买受人提起执行异议之诉，如何处理？

275　（十五）以房抵债案外人提起执行异议之诉，如何处理？

281　（十六）被拆迁人提起执行异议之诉，如何处理？

282　（十七）预告登记人提起执行异议之诉，如何处理？

282　（十八）未进行产权变更的原配偶提起执行异议之诉，如何处理？

283　（十九）隐名权利人提起执行异议之诉的基本处理原则是什么？

285　（二十）借名买房人提起执行异议之诉，如何处理？

286　（二十一）房地产开发挂靠人提起执行异议之诉，如何处理？

297　（二十二）机动车买卖挂靠人提起执行异议之诉，如何处理？

297　（二十三）账户借用人提起执行异议之诉，如何处理？

298　（二十四）抵押权人等优先受偿权人申请执行，案外人能否排除执行？

299　（二十五）承租人提起执行异议，是按照执行异议还是案外人异议程序审查？审查标准是什么？

308　（二十六）担保物权等优先受偿权人提起执行异议之诉，如何处理？

十九、终结本次执行程序专题 / 314

314　（一）终结本次执行程序，应当满足何种标准条件？

316　（二）未经申请执行人同意，能否终结本次执行程序？

317　（三）申请执行人仍不认可终结本次执行程序，如何进一步行使救济权利？

318　（四）终结本次程序后，如发现新的财产线索，申请执行人如何实现债权？

二十、执行与破产交叉专题 / 320

320　（一）破产程序终结后，债权人发现破产人有其他财产的，能否申请恢复对原执行案件的执行？

320　（二）破产受理后，执行异议复议程序是否应当中止？

321　（三）执行案件移送破产，需要具备什么条件？

325　（四）执行案件移送破产，管辖法院如何确定？

326　（五）执行案件移送破产，如何区分已执行财产与破产财产？

二十一、不动产执行专题 / 330

330　（一）不动产超标的查封类执行异议案件的审查要点是什么？

338　（二）对于已设定抵押的土地使用权，如何判断是否构成超标的查封？

343　（三）土地使用权或者地上建筑物尚未区分登记，能否整体查封？

351　（四）建设工程查封期间，被执行人能否继续施工建设？

356　（五）执行法院仅拍卖房屋而漏拍土地使用权，如何认定拍卖效力？

356　（六）人民法院应否受理国土资源部门移送的土地违法案件强制执行（拆除）申请？

358 （七）土地承包经营权能否执行？

362 （八）宅基地使用权能否执行？

365 （九）无证建筑能否执行？

367 （十）不动产拍卖成交后仍由被执行人或他人无权占有的，人民法院是否负责腾退？

二十二、金融不良债权执行专题 / 368

368 （一）债权人在申请执行前转让债权，债权受让人以债权人还是以债权受让人名义申请执行？

369 （二）非金融机构受让不良债权后，能否在执行程序中变更为申请执行人？变更申请执行人需通过何种程序？

374 （三）非金融机构受让债权后，执行程序中，利息应核算至债权转让之日还是债务实际履行完毕之日？

384 （四）非金融机构受让债权后，执行程序中，能否主张收取逾期罚息？如可以，逾期罚息应当如何计算？

385 （五）非金融机构受让债权后，执行程序中，能否主张收取复利？

386 （六）非金融机构受让债权后，执行程序中，能否主张迟延履行期间的加倍债务利息？

387 （七）金融不良债权案件中，抵押债权人能否申请执行其他未抵押财产？

388 （八）被执行人为商业银行分支机构，商业银行是否具备提出执行异议的主体资格？

二十三、股权执行专题 / 389

389 （一）"股权执行"中的"股权"如何界定？

390 （二）股权作为被执行财产时，"被执行的财产所在地"如何确定？

392 （三）股权冻结的形式判断标识是什么？

394 （四）人民法院可以通过哪些方式对股权进行财产调查？

396	（五）股权执行中，对于不能预估股权价值以及确定股权比例的，如何做到以债务总额为限冻结标的？
396	（六）股权冻结的基本程序是什么？
397	（七）股权由多个法院冻结，按照何种标识确定冻结的先后顺序？
399	（八）对股权执行，能否对公司财产采取执行措施？
400	（九）股权冻结后，被执行人转移公司财产导致股权价值贬损，如何应对？
402	（十）股权冻结后，公司和公司登记机关应当分别履行何种协助执行义务？
410	（十一）股权冻结后，公司能否实施增资、减资行为？
414	（十二）公司不提供或者无法提供评估所需资料，致使评估机构不能出具评估报告，如何处理？
417	（十三）股权冻结的期限为多长时间？
418	（十四）如何执行股息、红利以及红股？
419	（十五）国有股权拍卖是否采取网络拍卖方式？
420	（十六）股权何种情形下应当分割拍卖？何种情形下又应当合并拍卖？
428	（十七）有限责任公司股权拍卖，如何保护其他股东的优先购买权？
429	（十八）未按期履行出资义务的股权，能否拍卖、变卖或抵债？
430	（十九）未届认缴出资期限的股权，能否拍卖、变卖或抵债？
431	（二十）公司法限制相关人员在特定期限内转让的股份有限公司股权，能否拍卖、变卖或抵债？
432	（二十一）公司章程规定限制转让的股权，能否拍卖、变卖或抵债？
433	（二十二）银行、证券、保险、外资、国有等变更前置审批类股权，需履行何类特殊程序？
438	（二十三）股权强制变更的基本程序是什么？
438	（二十四）公司和其他有关单位违反协助执行义务，需承担何种法律责任？
440	（二十五）金钱债权执行案件中，有限责任公司股权受让人所提出案外人异议的审查标准是什么？
449	（二十六）金钱债权执行案件中，股份有限公司股权受让人所提出案外人异

议的审查标准是什么？

449　（二十七）以有限责任公司股权为标的物的各类执行案件中，实际出资人所提出案外人异议的审查标准是什么？

450　（二十八）以股份有限公司股权为标的物的各类执行案件中，实际出资人所提出案外人异议的审查标准是什么？

450　（二十九）因股权执行而引起的执行异议之诉，如何判断实际出资人（隐名股东）能否排除执行？

461　（三十）生效法律文书确定被执行人交付股权，因公司增资或者减资导致被执行人持股变化的，如何处理？

462　（三十一）生效法律文书确认股权权属后，权利人能否申请执行？

463　（三十二）股权冻结后，被执行人提出自行变卖，如何处理？

二十四、证券执行专题 / 464

464　（一）"证券执行"中的"证券"如何界定？

468　（二）证券作为被执行财产时，"被执行的财产所在地"如何确定？

470　（三）人民法院可以通过哪些方式对证券进行财产调查？

471　（四）证券冻结的基本程序是什么？

473　（五）证券冻结，如何处理证券账户与资金账户问题？

474　（六）证券由多个法院冻结，如何确定冻结的先后顺序？

475　（七）证券冻结的期限为多长时间？

476　（八）证券执行中，如何做到按债务总额为限冻结标的？

477　（九）证券冻结后，对被执行人的法律效力如何？

477　（十）证券冻结的效力是否及于证券所产生的孳息？

478　（十一）证券冻结后，被执行人能否对证券自行变卖清偿债务？

479　（十二）股票质押权人实现质押权，如何处理股票上已有其他冻结问题？

481　（十三）证券的强制处分，可以采取哪些方式？

485　（十四）如何选择证券强制处分的方式？

488	（十五）证券强制处分中大宗股票司法协助执行的具体操作方式是什么？
491	（十六）证券强制处分，如何确定财产处置参考价或起拍价？
494	（十七）证券强制处分，应当在哪些方面与上市公司监管合规性保持一致？
496	（十八）限售流通股、非流通股，如何强制处分？
499	（十九）证券强制处分后，需要办理哪些变更登记手续？
500	（二十）证券强制处分后，是否需要解除冻结、解除质押后，方可办理变更登记？
501	（二十一）证券交付类执行案件中，如何办理证券的变更登记？
501	（二十二）何类证券，依法不得强制执行？
503	（二十三）被执行人所持有的不合格账户股票，如何强制处分？
503	（二十四）证券公司融资融券债权与金钱债权执行案件产生冲突，如何处理？
504	（二十五）证券登记结算机构、证券公司违反协助执行义务，如何处理？
505	（二十六）新三板股票，如何执行？
507	（二十七）公司债券，如何执行？
508	（二十八）证券投资基金份额，如何执行？
509	（二十九）证券期货结算财产能否强制执行？
510	（三十）期货保证金能否强制执行？

二十五、其他特殊执行标的专题 / 511

511	（一）承兑汇票保证金能否执行？
512	（二）信用证开证保证金能否执行？
513	（三）金融机构对保证金账户主张排除执行，应当按照何种法律程序审查？
514	（四）住房公积金能否执行？
515	（五）旅游服务质量保证金能否执行？
516	（六）粮棉油政策性收购资金能否执行？
517	（七）高速公路收费权能否执行以及能否分段执行？
518	（八）教育用地和教育设施能否执行？

519　（九）保险单的现金价值能否执行？

520　（十）药品批准文号能否执行？

520　（十一）被执行人为信托产品受益人，能否直接执行信托产品计划项下财产（资金）？

二十六、执行信访专题 / 521

521　（一）什么叫执行信访案件？

522　（二）申请执行人认为执行法院推进执行不力，可以通过何种渠道救济？

526　（三）人民法院如何掌握按"有效化解"标准核销执行信访案件？

528　（四）哪些执行实施类信访案件，上级人民法院可以不再交办督办？

529　（五）执行法院认为案件已经执行完毕，但是申请执行人仍然以案件尚未执行完毕为由申诉信访，如何处理？

530　（六）案件确无财产可供执行，但申请执行人仍然申诉信访，如何处理？

532　（七）执行审查类信访案件的办理原则是什么？

534　（八）当事人、利害关系人向上级人民法院越级申诉信访，反映下级人民法院存在执行错误的，上级人民法院如何处理？

536　（九）符合何种情形的执行审查类信访案件，上级人民法院可以不作为执行信访案件交办督办？

一、执行依据专题

（一）什么是执行依据？

简 答

按照一般观点：

1.执行依据的大致含义为"据以立案执行的生效法律文书"。执行依据是学理上的称谓，并没有法律或司法解释提及此概念。

2.执行依据的基本构成要件，也就是申请执行人可以向人民法院申请执行的要件，包括：

（1）法律文书已生效，主要指已送达债务人；

（2）具有给付内容，且必须具体、明确；

（3）已届债务履行期限；

（4）排除刑事案件法律文书。

3.执行依据主要包括民事判决以及仲裁裁决、公证债权文书三大类。

详 述

广义来看，凡具有给付内容，属于执行部门受案范围的生效法律文书，均可归类为执行依据。

按此范畴，执行依据具体包括：民事判决；准予实现担保物权、确认调解协议、财产保全、证据保全、先予执行等民事裁定；民事调解书；民事制裁决定；支付令；行政判决、裁定、调解书；刑事裁判涉财产部分内容；刑事附带民事判决、裁定；仲裁裁决、调解书；劳动人事争议仲裁裁决书、调解书；公证债权文书等。

（二）能否对确认判决立案执行？

简 答

按照偏主流观点，该问题需区分对待处理：应由执行部门审查后作出判断，进而决定是否立案执行。

1. 对于债权人诉请虽仅为确认一项，但真实意图包含确认与给付的，应当对传统理论有所发展和变通，对该类确认判决予以立案执行。

2. 对于法律或司法解释明确规定确认之后的变更、给付，尚需具备其他法定构成要件的，人民法院不应予以立案执行。

详 述

关于确认判决能否立案执行的问题，不能得出一律可以或一律不可以的命题性结论，需区分对待处理，由执行部门审查后作出判断。

1. 对于债权人诉请虽仅为确认一项，但真实意图包含确认与给付的，应当对传统理论有所发展和变通，对该类确认判决予以立案执行。

从实践看，各级人民法院均大致了解确认判决无执行力一说，但如当事人不能直接持确认判决获得行政部门的变更登记，大部分人民法院也能够立案执行后发出协助执行通知书。

实践中存在大量债权人于起诉阶段仅提出单项确认诉请的案件，例如基于买卖合同法律关系请求"确认某房产归属于原告"等，实际上其真实意图为变更房产至其名下，而法官往往不加释明原告变更诉请而直接判定"确认房产归属"。对绝大多数涉及权属的积极确认之诉，单纯的确认对当事人并无太多实际意义。这部分案件原告的诉请虽仅为确认一项，但真实意图包含确认与变更两项。基于我国现实情况，应当对传统理论有所发展和变通，对该类确认判决予以立案执行。

其一，严格来说，当事人意欲达到确认与变更双重诉讼目的，应当向人民法院提出双项诉请。但是，因诉讼三分法理论相对复杂以及立法层面没有明确规定和倡导确认之诉等，实践中存在大量仅提出单项确认诉请的案件，这部分案件原告的诉请虽仅为确认一项，但真实意图往往包含确认与变更两项。民事诉讼规则要求判决主文逐一对应当事人诉讼请求，对那部分仅提出确认股权一项诉请的案件来说，法官原则上只能作出是否支持其诉请的裁判，如径行作出确认与变更两项裁判，即构成《民事诉讼法》第207条第（11）项"超出诉讼请求"的错判情形。对于该类案件，我们应当倡导法官尽量向当事人释明，请其增加"变更股权"的诉请，遗憾的是，在很多案件中，法官未加释明便作出单项确认判决。这类单项确认判决，从原告诉请意图与法官判决本意来分析，实际上包含两层含义：一是对当事人之间民事权利义务状况进行确认，二是使相关权属在当事人之间发生变动。这也可以理解为，此类确认判决包含给付判决之义，具有执行内容，人民法院可以立案执行。

其二，按照传统理论，当事人持确认判决要求房地产管理机关、公司登记机关等对权属予以变更，相关机关应当无条件执行。但是，国内实际情况却使该理论与实践出现较大偏差，当事人持确认判决请求相关机关变更权属，如相关机关不予配合，按照确认判决无执行力理论，当事人应当提起行政诉讼，诉行政机关不作为违法，只有行政诉讼基于原确认判决作出行政机关应予变更的判决，当事人方可基于该行政判决申请强制执行。如果行政机关不执行确认判决为偶发情形，我们可以遵照上述处理方式，但该情形并非偶发，上级人民法院、政府协调下级人民法院、政府之间类似冲突已属常态。从社会整体治理的角度看，我们如坚持通过行政诉讼解决，势必给当事人带来更多诉累，此情况下，我们应当支持当事人向人民法院申请执行确认判决，通过民事执行程序要求行政机关变更权属，按照诉讼经济效益原则，直接申请执行远比提起行政诉讼要便利得多。

其三，诉讼类型三分法以及确认判决无执行力之说，系大陆法系民事诉讼传统理论。我国现行《民事诉讼法》属于大陆法系范畴，公认为受德国、日本影响较大。一般认为，大陆法系民事诉讼大量制度雏形于德国《民事诉讼法》，后来在其他国家不断进化与发展。如确认之诉即是德国《民事诉讼法》首先明文规定，借鉴于德国，日本《民事诉讼法》第134条也规定了"确认书面（文书）真伪之诉"，可以认为，我国《民事诉讼法》理论确认之诉的概念借鉴于德国、日本等国。但是，以股权确认相关的公司登记变更为证，因我国与德国、日本的公司登记机关不同，股权确认判决法律效果的实现存在较大差异。德国、法国、日本、意大利、韩国等传统大陆法国家对于公司登记机关采取人民法院主管模式，德国自19世纪末起，有关商业登记（包括公司登记）事务一直由地方法院主管，在地方法院里专设办理登记事务的机构（如"登记局"），登记员一般由书记官担任。日本商法典和《商业登记法》规定，有关公司登记事务交由地方裁判所主管。[1]我国公司登记机关方面采取的是行政主管模式，由各级工商行政管理机关负责。我国与德国、日本等公

---

[1] 周林彬、任先行主编：《比较商法导论》，北京大学出版社2000年版，第239页。

登记机关主管模式的不同，在确认判决法律效果的实现方面造成差异。在人民法院主管模式下，股权确认判决与确认之后的变更登记机关均为人民法院，当事人股权状态得到确认后，直接持判决请求人民法院的登记局等部门办理股权登记变更，属于同一国家机构内部的职责协调，一般不会有过多障碍。在行政机关主管模式下，股权确认判决作出后，另一国家机构是否承认该判决即直接对当事人申请予以变更登记，就可能存在障碍。我国虽吸纳了德国、日本等国确认之诉的制度元素，引用了确认判决无执行力之理论，却并未考虑到国情的不同。德国、日本等国的公司登记为人民法院主管模式，且其人民法院具有较高权威性，确认判决无需强制执行即可产生相应法律效果；而在我国，对确认判决予以强制执行尚不能保证顺利，反而照搬国外理论而认为确认判决不能执行，势必增加当事人诉累，阻碍当事人合法权益的实现。法学理论应当为法律实践服务，当确认判决无执行力理论已经不适应实践需要时，应当有所发展和变通。

2.对于法律或司法解释明确规定确认之后的变更、给付，尚需具备其他法定构成要件的，人民法院不应予以立案执行。

此时，确认判决仅发生对当事人双方法律状态的确认效果。典型如，有限责任公司的实际出资人与名义股东因投资权益的归属发生争议，实际出资人根据《公司法解释（三）》第21条的规定提起股东资格确认之诉，即使人民法院支持了实际出资人的诉请，判定"确认股权归属于实际出资人"，但由于《公司法解释（三）》还规定实际出资人实际取得股权权属也即请求公司变更股东、签发出资证明书、记载于股东名册、记载于公司章程并办理公司登记机关登记等，尚需公司其他股东半数以上同意，因此人民法院不能对该确认判决立案执行，进而向公司以及公司登记机关发出协助执行通知书。

背 景

按照大陆法系民事诉讼法传统理论,依据相应的诉讼类型,民事判决区分为给付判决、变更判决(或称为形成判决)与确认判决。

所谓确认判决,是指人民法院依当事人之请求,宣告某种实体法上的权利或法律关系的存在或不存在,一般分为积极确认判决与消极确认判决。在大陆法系民事诉讼法传统理论中,确认判决属于对当事人民事权利义务状况的确认,既不赋予权利,也不课予义务,既不创设法律关系,也不消灭事实,仅仅对当事人之间发生的争议加以澄清,故确认判决没有强制执行力,仅仅具有证据性效力。[1]

确认判决最先由1877年德国《民事诉讼法》规定。确认之诉在现行德国《民事诉讼法》中仍有规定,该法第256条第1款规定:"确定法律关系成立或不成立的诉讼,承认证书的诉讼,或确定证书真伪的诉讼,只有在法律关系的成立与否、证书的真伪由人民法院裁判并即时确定,对于原告有法律上的利益时,原告才可以提起。"[2]

我国《民事诉讼法》并没有明确规定确认之诉与确认判决,在立法层面,该概念见于《民事案件案由规定》,该规定按照当事人之间纠纷内容归纳了所有权确认纠纷、股东资格确认纠纷等若干类具有确认性质的诉讼类型,人民法院基于该类案由作出的判决,为确认判决。

第一种意见也即传统意见认为,执行依据必须具有给付内容,故人民法院对确认判决不应立案执行。确认判决作出后,当事人权利义务意欲发生给付、变更之效果,应另行提起其他相应类型诉讼。该种意见还指出,《执行规定》第16条规定:人民法院受理执行案件,申请执行的法律文书

---

[1] 沈达明:《比较民事诉讼法初论》(上册),中信出版社1991年版。
[2] [日]中村英郎:《新民事诉讼法讲义》,陈刚等译,法律出版社2001年版。

应当有给付内容，且执行标的和被执行人明确。人民法院对不符合上述条件的，应当在七日内裁定不予受理。该司法解释系确认判决无执行力之直接规定。

第二种意见认为，基于我国现实情况，应当对传统理论有所发展和变通，凡当事人依据确认判决向人民法院申请执行，就说明债权人于起诉阶段提起诉请时即包含请求给付的意思表示，故人民法院可以推定该确认判决具有给付内容，应当予以立案执行，赋予确认判决相应执行内容。

第三种意见也是偏主流意见认为，该问题需区分对待处理，应由执行部门审查后作出判断，进而决定是否立案执行。

（三）如何理解"经强制执行后仍然不能清偿债务"？

简 答

按照一般观点，"经强制执行后仍然不能清偿债务"分三个层面掌握：
1. 人民法院穷尽财产调查措施，但确未发现被执行人可供执行财产。
2. 或者被执行人虽有财产但明显不方便、不适合执行。
3. 至于被执行人财产是否"明显不方便、不适合执行"，由执行法院按照个案情况具体把握。

背 景

"主债务人经强制执行后仍然不能清偿债务后，由次债务人承担责任"，这是较为常见的判决方式。典型的责任类型有两类：

一是一般保证责任。按照《担保制度解释》第26条第2款，一般保证中，债权人一并起诉债务人和保证人的，人民法院可以受理，但是在作出判决时，除有《民法典》第687条第2款但书规定的情形外，应当在判决书主文中明确，保证人仅对债务人财产依法强制执行后仍不能履行的部分承担保证责任。

二是补充赔偿责任。例如，按照《公司法解释（三）》第13条，未履行或者未全面履行出资义务的股东，应当在未出资本息范围内对公司债务不能清偿的部分承担补充赔偿责任。此处的"公司债务不能清偿"，也应当理解为"经强制执行后仍然不能清偿债务"。

（四）生效判决给付内容不明确的处理途径有哪些？

简 答

按照《最高人民法院关于人民法院立案、审判与执行工作协调运行的意见》的规定以及一般观点：

1.立案阶段，当事人应当提出有具体、明确履行内容的诉讼请求；对于履行内容不够具体、明确的诉讼请求，立案部门应当释明当事人予以细化。

特别提示：

对于确认财产权属的诉讼请求，当事人可以基于真实意图变更诉讼请求或同时提出给付的诉讼请求，也即交付财产；立案部门也应当对此予以释明。

2.审判阶段，审判部门应当按照《民事诉讼法解释》第463条的倡导性规定，务必做到判决主文权利义务主体明确、给付内容明确，充分考虑判决主文的确定性和可执行性，避免出现内容表述不清、主文存有歧义、执行内容模糊等情况。

特别提示：

（1）判决给付金钱的，应当明确数额。需要计算利息、违约金数额的，应当有明确的计算基数、标准、起止时间等。

（2）交付特定标的物的，应当明确特定物的名称、数量、具体特征等特定信息，以及交付时间、方式等。

（3）确定继承的，应当明确遗产的名称、数量、数额等。

（4）离婚案件分割财产的，应当明确财产名称、数量、数额等。

（上述类型判决主文中财产数量较多的，可以在法律文书后另附清单。）

（5）继续履行合同的，应当明确当事人继续履行合同的内容、方式等。

（6）排除妨碍、恢复原状的，应当明确排除妨碍、恢复原状的标准、时间等。

（7）停止侵害的，应当明确停止侵害行为的具体方式，以及被侵害权利的具体内容或者范围等。

（8）确定子女探视权的，应当明确探视的方式、具体时间和地点，以及交接办法等。

（9）当事人之间互负给付义务的，应当明确履行顺序。

（10）审判部门在民事调解中，应当审查双方意思的真实性、合法性，注重调解书的可执行性。能即时履行的，应要求当事人即时履行完毕。

（11）刑事裁判涉财产部分的裁判内容，应当明确、具体。涉案财物或者被害人人数较多，不宜在判决主文中详细列明的，可以概括叙明并另附清单。判处没收部分财产的，应当明确没收的具体财物或者金额。判处追缴或者责令退赔的，应当明确追缴或者退赔的金额或财物的名称、数量等有关情况。

3.执行阶段，执行部门发现人民法院作出的生效判决给付内容不明确时，通过如下途径处理：

（1）生效判决由最高人民法院作出的，执行部门应书面征询审判部门的意见。审判部门应在十五日内作出书面答复或者裁定予以补正。审判部门未及时答复或者不予答复的，执行部门可层报院长督促审判部门答复。

（2）生效判决是上级人民法院作出的，执行法院的执行部门应当层报上级人民法院执行部门，由上级人民法院执行部门向审判部门征询意见。审判部门应在十五日内作出书面答复或者裁定予以补正。上级人民法院的审判部门未及时答复或者不予答复的，上级人民法院执行部门层报院长督促审判部门答复。

（3）生效判决是其他人民法院作出的，执行法院的执行部门可以向作出生效判决的人民法院执行部门发函，由该人民法院执行部门向审判部门征询意见。审判部门应在十五日内作出书面答复或者裁定予以补正。审判部门未及时答复或者不予答复的，作出生效法律文书的人民法院执行部门层报院长督促审判部门答复。

4.经由上述途径仍不能解决生效判决给付内容不明确问题的，执行部门可以裁定驳回执行申请。当事人按照如下途径救济：

（1）因该案诉讼标的并未通过本诉予以审理并作出结论，故当事人可以再次基于同一诉讼请求提起诉讼，并不违反一事不再理的既判力原则，人民法院也应当对该类案件立案受理。

（2）因该类判决并未对当事人诉讼请求予以明确解决处理，构成《民事诉讼法》第207条的"原判决遗漏诉讼请求"，当事人可以申请再审，人民法院也可依院长发现程序依职权再审。

5.参照《仲裁执行规定》《公证债权文书执行规定》，申请执行人对驳回执行申请裁定不服的，可以向上一级人民法院申请复议。

详 述

关于最终不能解决生效判决给付内容不明确问题,裁定不予受理还是驳回执行申请的问题:

按照《执行规定》第16条的规定,申请执行的法律文书没有给付内容,人民法院可以在七日内裁定不予受理。

但是,受理与否的审查按理应当在立案阶段进行,生效判决给付内容问题,只有在执行阶段反复打磨磋商才能得出能否执行的结论,立案阶段不可能承担这一职能。如果执行部门得出不具有执行内容的结论,由其作不予受理裁定有违人民法院内部分工。况且,此时该执行案件早已受理,裁定不予受理有悖逻辑:如尚未发出受理通知书,有案长期不立作何解释?如已发出受理通知书,再裁定不予受理该如何解释?因此,具体个案中,对于不能最终解决给付内容不明确问题的生效判决,可以不考虑《执行规定》,作驳回执行申请裁定为妥,实际上各级人民法院已有大量案例可资参考。

背 景

1.为什么不能由执行部门对生效判决给付内容直接解释?

对于生效判决给付内容不明确问题,执行实践中的习惯做法:一是执行部门组织当事人充分沟通,由双方当事人对履行内容和方式达成一致后予以执行。二是执行部门与作出执行依据的审判部门进行非正式口头沟通后,按照审判部门的解释予以执行。三是由执行部门从有利于实现债权的角度,自行对判决主文进行解释后予以执行。第一种方式,实际上系达成执行和解,回避了判决主文不明确问题,但也只能解决一小部分案件。第二种方式,由于系与审判部门的非正式沟通,权责不明,实践中往往互相推诿,也不解决问题。第三种方式,实践中采用较多,只是往往未在执行裁定书中具明执行部门的理解过程而已，这被批评为滥用执行自由裁量权。

《最高人民法院关于人民法院立案、审判与执行工作协调运行的意见》最终确立了正式函询审判部门的方案，这也是在长期讨论研判后折中得出的最合适的方案。虽只是具有指导性的规范性文件，不属于司法解释，各级人民法院也应遵照执行。可以预见，由于存在原审判合议庭人员更替、法律风险较大（审判部门有意作出含义模糊的判决而避免对敏感案件表态）、异地或上下级人民法院沟通仍不可能完全顺畅、函来函往费时费力等因素，这项规则只能解决一部分问题，但至少给出了一条权威性的解决途径。

2."继续履行合同"类执行依据的前世今生。

继续履行合同类执行依据多见于联合开发房地产合同纠纷以及其他合作合同纠纷，最为典型地体现了执行依据给付内容不明确问题。继续履行合同执行依据给付内容不明确问题，集中折射了人民法院审判部门与执行部门思维角度差异以及相互推诿、衔接不畅的问题。

审判部门往往基于一方当事人继续履行合同并赔偿损失的诉讼请求，简单判决"继续履行合同"，潜意识里希冀由执行部门主持双方当事人进一步补足具体履行事项。执行过程中，当事人对履行合同所需具体完成的事项，以及常有的补充合同条款发生争议，这种情况下，一般有两种处理方式：

一是由执行部门主持双方当事人协商，而当事人基本无法协商一致，这时往往由执行部门直接认定需一方履行的内容，如不履行则采取惩罚性强制措施，这就被批评为以执代审。

二是在双方当事人不能协商一致的情况下，一部分人民法院以执行依据不具有执行内容为由裁定不予受理或驳回执行申请；另有一部分人民法院便寻求某种法理，即继续履行合同的判决系认定合同有效的确认判决，不具有执行力，故应当裁定不予受理或驳回执行申请。

《民事诉讼法解释》制定之时，有意见提出凡执行依据确认合同有效并继续履行，但未明确具体履行内容的，可以一律驳回执行申请。此种意见容易被认为是将执行依据作出者的过失责任施由当事人承担。最终，《民事诉讼法解释》第463条倡导性地规定"法律文书确定继续履行合同的，应当明确继续履行的具体内容"。生效法律文书中不能仅认定合同有效继续履行，而且必须对继续履行的内容予以明确化，对合同的履行主体、履行客体、履行期限、履行方式、履行步骤、违约责任等方面都应当作出说明。至于生效法律文书仅认定合同有效并继续履行，但未明确具体履行内容，该如何处理，该司法解释并未进一步解决。

最高人民法院执行案例参考

案例一

【**案号**】（2014）执申字第33号

【**案例要旨**】在当事人对执行依据判项存在不同理解的情况下，执行部门应当先行征询原审判合议庭的意见，由原审判合议庭给出正式解释，再依据该解释实施执行行为，而不应由执行部门对存在巨大争议的民事判项径行作出解释。

本案裁判文书入选人民法院出版社《示范性执行裁判文书评析》一书。彼时，关于执行依据履行内容不明的处理方式，讨论非常热烈。大体有当事人针对生效判决申请再审、当事人针对诉讼标的另行起诉、赋予执行部门对判决的解释权以及我所主张的由执行部门征询原审判合议庭意见等若干种解决方案。

我当时对该问题的意见是：生效判决履行内容争议是立审执衔接最为突出也最迫切需要解决的问题，最有必要在该文件中予以规定；另外，生效判决履行内容争议不适合由司法解释规制，由最高人民法院规范性文件的方式予以规制比较适合。最终，该规范性文件明文规制了生效判决履行内容争议问题。

【案情概要】杨某某诉Z公司、朱某某、胥某某民间借贷纠纷一案，贵州高院于2007年12月28日作出（2007）黔高民二终字第60号民事判决。贵州高院认定Z公司向杨某某借款300万元，已还260万元，尚欠40万元本金，判令Z公司在判决生效后十日内偿付杨某某借款本金40万元以及违约金（违约金的计算，以300万元为基数，从2005年6月30日起，按照中国人民银行规定的同期同类贷款利率的3倍计付），胥某某、朱某某承担连带清偿责任。

2008年7月，杨某某申请强制执行。2012年12月14日，黔南中院对被执行人朱某某位于贵州省遵义市汇川区杭州路某商业用房以评估价7216591.00元为拍卖保留价进行拍卖，因无人报名而流拍。之后，黔南中院进行第二次、第三次拍卖，均流拍。2014年2月17日，黔南中院在《人民日报》上以第三次拍卖保留价6494931.90元公告变卖，在公告变卖过程中，申请执行人杨某某同意以第三次拍卖保留价以物抵债。

2014年4月23日，黔南中院作出（2012）黔南法执字第9-1号执行裁定。黔南中院认定：按照贵州高院（2007）黔高民二终字第60号民事判决，委托中国工商银行股份有限公司都匀分行某支行依照该判决计算，截至2014年4月23日，违约金以及迟延履行金共计5689717.24元，加上本金40万元，被执行人应支付给申请执行人6089717.24元。裁定：一、申请执行人杨某某将其应受清偿的债权额与抵债财产的价格差额交黔南中院后，将被执行人朱某某的位于贵州省遵义市汇川区杭州路某商业用房作价6494931.90元，交付申请执行人杨某某抵偿欠款。二、申请执行人杨某某可持本裁定书到有关机构办理相关产权过户登记手续。

Z公司于2012年11月2日向黔南中院提出执行异议，主要事由为：杨某某的申请执行金额计算错误，只能将违约金计算至对被执行人房产裁定进行拍卖之日止。

黔南中院认为，Z公司提出杨某某在本案中的申请执行金额计算错误，利息应计算至2009年7月13日，以后的责任理应由杨某某和遵义中院承担，因本案在执行过程中，该理由不能成立。黔南中院于2012年12月11日作出（2012）黔南法执异第1号执行裁定，驳回Z公司的执行异议。

Z公司不服黔南中院上述异议裁定，向贵州高院申请复议。贵州高院认为，执行法院依法对本案负有连带偿还责任的朱某某位于贵州省遵义市汇川区杭州路某商业用房进行执行，且利息计算至被执行人完全履行还款义务之日止并无不当。贵州高院于2013年9月17日作出（2013）黔高执复字第15号执行裁定，驳回Z公司的复议申请。

Z公司不服贵州高院复议裁定，向最高人民法院申请执行监督。主要事由为：黔南中院在贵州高院（2007）黔高民二终字第60号民事判决的执行中，对于违约金数额的计算错误，违约金数额应当自2005年6月30日起算，计算至二审判决生效时为止。

最高人民法院认为：针对Z公司的申诉事由，本案的焦点问题在于执行依据即贵州高院（2007）黔高民二终字第60号民事判决所确定的违约金金额计算方式。

第一，Z公司向黔南中院、贵州高院申请执行异议以及复议中，均明确提出违约金金额计算错误问题，但是，本案异议、复议裁定均未对违约金金额计算问题予以审查认定，参照《民事诉讼法》第200条第（11）项之规定，原审裁定遗漏诉讼请求的，应当对本案再行审查，执行复议程序中，需重点对违约金金额计算方式进行判定。第二，本案执行依据即贵州高院（2007）黔高民二终字第60号民事判决，仅明确违约金起算日期，而对截止日期并未明确表述，故双方当事人对该违约金系固定金额或浮动金额产生较大争议：被执行人认为系固定金额，即以300万元为计算基数，从2005年6月30日起，计算至二审判决生效之日止；执行法院则依据申请执行人的请求而认定系浮动金额，即从2005年6月30日起，连续计算至2014年4月23日黔南中院作出（2012）黔南法执字第9-1号以物抵债裁定之日止。在当事人对执行依据判项存在不同理解的情况下，执行部门应当先行征询本案原贵州高院民事审判合议庭意见，请其对违约金金额计算方式作出正式解释，再依据该解释实施执行行为，而不应由执行部门对存在巨大争议的民事判项径行作出解释。因此，贵州高院在执行复议程序中，应当在审判部门作出正式解释后，再对违约金金额计算方式作出判定结论。

综上，最高人民法院参照《民事诉讼法》第204条，按照《执行规定》第129条，于2014年11月28日裁定：一、撤销贵州省高级人民法院（2013）黔高执复字第15号执行裁定。二、本案指令贵州省高级人民法院再行审查。

案例二

【案例要旨】 执行阶段，执行部门发现最高人民法院作出的生效判决给付内容不明确时，应书面征询审判部门原合议庭的意见，审判部门原合议庭应作出书面答复。

【案情概要】 S公司与P支行储蓄存款合同纠纷一案，最高人民法院于2013年11月26日作出（2013）民抗字第43号民事判决，判令：P支行支付S公司储蓄存款本金309.78万元的80%即247.824万元以及利息（247.824万元利息从2008年3月6日起算至履行完毕之日止，按照中国人民银行同期存款利息计算）。判决生效后，S公司向衡阳中院申请强制执行，认为被执行人P支行尚应向申请执行人支付143.14202万元，包括本金92.934万元以及利息25.2509万元；本金154.89万元的部分利息2.1097万元；诉讼费2.026万元。2014年1月20日，衡阳中院作出（2014）衡中法执字第29号执行通知书，要求被执行人P支行履行以下义务：一、向申请执行人S公司支付143.14202万元；二、承担执行费1.67万元。

P支行对此提出异议：执行法院对本案执行金额中"同期存款利息"系按照定期存款利率计算。但是，P支行与S公司储蓄存款合同关系中对利息的约定按照中国人民银行公布的同期活期存款利率计算,请求撤销(2014)衡中法执字第29号执行通知书,裁定按照活期存款利息计算执行款。

衡阳中院认为:本案S公司与P支行存在合法有效的储蓄合同关系,账户内被骗走的资金是S公司用于转账的活期存款,本案的执行依据即最高人民法院生效的判决书认定P支行应对S公司的存款本息承担民事责任,判令P支行支付S公司储蓄存款本金309.78万元的80%即247.824万元以及利息(247.824万元利息从2008年3月6日起算至履行完毕之日止,按照中国人民银行同期存款利息计算)。对该部分利息的理解应从属于储蓄存款合同。最高人民法院执行通知书按照定期存款的利率标准计算利息缺乏法律依据,应予撤销。综上,撤销该院(2014)衡中法执字第29号执行通知书,裁定按照活期存款利息计算执行款。

S公司向湖南高院申请复议称:异议裁定按照活期存款利息计算是错误的,不符合判决主文判定的"按照中国人民银行同期存款利息计算"执行方式。请求维持(2014)衡中法执字第29号执行通知书,由P支行按照中国人民银行定期存款利率(三年期和五年期)支付利息。

湖南高院认为:本案执行依据关于储蓄存款本金247.824万元利息的计算,表述为"按照中国人民银行同期存款利息计算",按照中国人民银行公布的存款利率,实际分活期与定期存款利率,定期存款利率又分为三个月、六个月至五年不等。因此,本案执行利息的计算存在活期与定期利率之争议。按照本案生效判决确定的案件事实,S公司在P支行开设账户用于转账,双方当事人之间形成储蓄存款合同关系,因此基于双方之间的储蓄存款合同设立了银行账户,该账户是活期储蓄账户,按照活期利率计算符合法律以及客观事实。故S公司复议理由不能成立,其请求不予支持。依照《民事诉讼法》第225条的规定,裁定如下:驳回S公司的复议请求,维持衡阳市中级人民法院(2014)衡中法执异字第2号执行裁定。

S公司向最高人民法院申请执行监督。最高人民法院执行局立案受理后，考虑到该案再审判决原由最高人民法院审监庭作出，故向审监庭发出征询意见函。定期利率抑或活期利率，将使最终利息总额偏差较大，最高人民法院民事判决所载"同期存款利息"如何理解？按照审执分离原则，在当事人对判决判项产生不同理解情况下，执行部门不能以执代审作出判定，应当征求作出判决的原民事合议庭意见。

最高人民法院审监庭认为，本案系储蓄存款合同纠纷，最终判决实际上认定P支行承担的是合同赔偿责任而非合同返还责任。因P支行具有过错，该行所应支付的利息，应当理解为按照定期存款利率计算，目的是适当加重其赔偿责任。

在征求审监庭原合议庭意见后，最高人民法院执行局考虑到本案争议因最高人民法院再审判决判项部分表述不够清晰而引起，双方当事人因而对"同期存款利息"系按活期利率还是定期利率计算发生争议，但双方争议数额不大，申请执行人希望获得现金受偿的愿望比较迫切，被执行人也具有完全的履行能力，如果在争议问题上辨法析理，极有可能达成和解。基于此，承办法官对双方当事人进行背靠背调解，在数额、付款方式上经过反复磋商，又赴湖南衡阳主持促成，经过持续努力，双方当事人达成执行和解：P支行于协议签订之日起十五个工作日内，向S公司一次性支付23万元；P支行履行完毕后，S公司不再对该案进行申诉。

2015年4月15日，P支行按照执行和解协议约定，将23万元汇至湖南省衡阳市中级人民法院执行款专户。S公司向最高人民法院书面申请撤回申诉。最高人民法院认为，S公司申请撤回申诉的意思表示真实，不违反法律规定。按照《民事诉讼法》第154条第1款第（5）项，参照《民事诉讼法解释》第400条第1款之规定，于2015年4月17日裁定：准许S公司撤回申诉。

（五）被执行人能否以执行依据未生效为由提出执行异议？

简答

按照一般观点：

被执行人以执行依据未生效为由所提出异议，属于《民事诉讼法》第232条执行异议程序审查的范围。

详述

执行程序首先从执行立案开始，执行立案也是具体执行行为。执行依据是否已经生效是执行程序启动的前提条件。因此，应当把被执行人关于执行依据没有生效的异议，纳入执行异议的审查范围并及时审查处理。

（六）执行依据确定交付的特定物（不动产）已不存在，执行部门能否直接裁定金钱赔偿？

简答

按照《民事诉讼法解释》的规定以及一般观点：

1.特定物已不存在（毁损、灭失或转让后由第三人善意取得），由双方当事人商议给予金钱赔偿；

2.双方当事人对金钱赔偿不能协商一致的，人民法院裁定终结执行；

3.人民法院作出裁定终结执行程序后，申请执行人可以另行起诉寻求救济。

| 详 述

交付特定物，是指生效法律文书确定申请执行人有权要求被执行人将特定标的物交付于其，即将原由被执行人占有和支配的特定标的物转移由申请执行人占有和支配。

1.生效法律文书确定被执行人交付特定物的，被执行人应当交付原物，而不能交付替代物；被执行人拒不交付的，人民法院应当将原物强制交付，而不能强制交付替代物。这是交付特定物执行的一般原则。

2.在原物毁损或者灭失的情况下，如果当事人协商一致，可以折价赔偿。当事人达成一致，可以是双方主动协商的结果，也可以是人民法院征询双方意见后的结果。在交付特定物的执行中，交付原物是一般原则，但是，在特殊情况下，交付原物可以转化为金钱赔偿。这也就是强制执行理论上本旨执行和赔偿执行的转换。本旨执行是指严格按照生效法律文书所确定债务的本来意思（本旨）实施执行，使申请执行人实现生效法律文书所确定的特定权利；赔偿执行是指在被执行人不能或人民法院无法强制债务人按照生效法律文书确定的债务内容执行时，被执行人以金钱赔偿申请执行人的损失，以代替原债务的履行。

3.双方当事人对折价赔偿不能协商一致的，人民法院应当终结执行程序。这里的协商一致，一般包括当事人对是否折价赔偿以及对金额、币种、时间等折价方式的一致。这里的终结执行程序，应当是"终结执行"，而不是"终结本次执行程序"。交付特定标的物的执行中，原物毁损或者灭失，如当事人不能协商一致，生效法律文书既不可能实现本旨执行，也不可能实现赔偿执行，执行程序已无继续进行的必要，应当彻底地、永久地退出执行程序。因此，在当事人不能协商折价赔偿的情况下，人民法院应当根据《民事诉讼法》第264条第（6）项"人民法院认为应当终结执行的其他情形"，作出"终结执行"裁定。

4.人民法院作出裁定终结执行程序后，申请执行人可以另行起诉寻求救济。交付特定物的执行中，原物毁损或者灭失，双方当事人又不能协商一致折价赔偿，执行部门也不能违背审执分离原则径行对标的物价值进行评估而要求被执行人折价赔偿，在此情况下，申请执行人只能另行起诉被执行人，要求修理、重作、更换、恢复原状或者损害赔偿，诉讼案由一般为《民事案件案由规定》中的物权保护纠纷，所依据的实体法一般情况下是《民法典》物权编有关条款。

背　景

《民事诉讼法解释》制定过程中，该问题曾讨论较为充分，最终，相对主流的判断为：首先，折价赔偿涉及实体判断问题，由执行部门裁定处理，违背了审执分离原则。其次，我国台湾地区在1996年修改"强制执行法"时将执行部门直接处理折价赔偿问题的规定予以删除，其理由是"赔偿损害之数额，涉及实体法上的判断，执行机关事实上难以估算，易生争议"[1]。

---

[1] 参见杨与龄：《强制执行法论》，中国政法大学出版社2002年版，第10页。

二、执行申请专题

（一）破产管理人是否具有申请执行的主体资格？

简答

按照《破产法》的规定以及一般观点：

债权人破产后，其包括诉讼、申请执行等在内的权利义务应由其破产管理人代为行使。破产管理人有权向人民法院申请强制执行，要求债务人履行生效法律文书确定的义务。

（二）执行依据确定债务人直接向第三人履行，债权人能否对此项内容申请执行？

简答

按照《执行规定》的规定以及一般观点：

申请执行人可以是生效法律文书确定的债权人或其继承人、债权受让人。执行依据确定债务人直接向第三人履行，第三人虽是实际受益人，但并未否定债权人的法律地位。因此，债权人具备申请执行的主体资格，有权就此项内容向人民法院申请执行，请求债务人直接向第三人履行。

三、执行管辖专题

（一）人民法院判决、裁定的执行管辖如何确定？

简 答

按照《民事诉讼法》第231条的规定，人民法院判决、裁定的执行，其确定管辖的连接点只有两个：

1. 一审人民法院；
2. 与一审人民法院同级的被执行的财产所在地人民法院。

（二）当事人能否约定执行管辖法院？

简 答

按照一般观点：

1. 当事人不能约定无执行管辖权的法院作为执行管辖法院。《民事诉讼法》属于公法性的法律规范。《民事诉讼法》中有关协议管辖的规定只适用于诉讼程序。

2.当事人可以选择两个管辖连接点之一的法院作为执行管辖法院。

| 详 述

关于民事执行管辖是否适用应诉管辖制度的问题。

我国2012年《民事诉讼法》确立了应诉管辖制度。《民事诉讼法》第127条第2款规定:"当事人未提出管辖异议,并应诉答辩的,视为受诉人民法院有管辖权,但违反级别管辖和专属管辖规定的除外。"《民事诉讼法解释》第223条第2款规定:当事人未提出管辖异议,就案件实体内容进行答辩、陈述或者反诉的,可以认定为《民事诉讼法》第127条第2款规定的应诉答辩。

但是,《民事诉讼法》中有关应诉管辖的规定只适用于诉讼一审程序,并非一般原则。因此,在执行程序中予以适用,无法律依据、法理依据。因此,当事人通过不提管辖异议、放弃管辖异议等默认方式来确定无执行管辖权的法院享有管辖权,亦不符合法律的规定。

四、财产保全专题

（一）人民法院立案、审判部门与执行部门，在财产保全程序中如何分工？

简 答

按照《财产保全规定》的规定以及执行实践：

1.由立案、审判部门作出概括性保全裁定（保全裁定）。

（1）概括性保全裁定并不载明需保全特定财产的具体内容，仅概括性地裁定"在一定金额范围内查封、扣押、冻结相应的财产或财产性权利"。

（2）一般情况下，由立案机构作出诉前保全裁定，由审判部门作出诉讼保全裁定。

2.由立案、审判部门移送执行部门实施，执行部门作出具体性保全裁定（保全实施裁定），并具体采取查封、扣押、冻结措施。

（1）具体性保全裁定需明确指向保全特定财产的具体内容，即查封、扣押、冻结位于某处的不动产、某车辆、某银行账户等。

（2）强制执行意义上，执行实施行为必须具有相应的执行依据，执行部门作出具体性保全行为的执行依据，即为概括性保全裁定。

（二）财产保全程序中，诉前保全与诉讼保全的区别是什么？

简 答

按照《民事诉讼法》《财产保全规定》等相关法律、司法解释的规定以及一般观点：

诉前保全和诉讼保全，两者存在如下主要区别：

1.申请主体不同。诉前保全尚未进入诉讼，申请主体不能称为原告，故称之为"利害关系人"。诉讼保全已进入诉讼，故申请主体为"当事人""原告"。

2.是否可以依职权保全不同。诉前保全完全遵循依申请主义，人民法院不得依职权采取保全措施。诉讼保全原则上遵循依申请主义，必要时人民法院可以依职权采取保全措施。

3.申请保全与采取保全措施的时间不同。诉前保全的申请以及实施，均在起诉之前。诉讼保全的申请以及实施，在受理诉讼之后、作出判决之前。

4.是否担保不同。诉前保全，应当提供担保，不提供担保的，裁定驳回申请。诉讼保全，可以不提供担保，但如责令提供而不提供，则裁定驳回申请。

5.担保数额不同。诉前保全，应当提供相当于请求保全数额的担保；情况特殊的，可以酌情处理。诉讼保全，如责令提供担保，担保数额不超过请求保全数额的30%；申请保全的财产系争议标的的，担保数额不超过争议标的价值的30%。

6.是否要求提供明确财产信息不同。（无论诉前保全还是诉讼保全，均倡导提供明确财产信息。）诉前保全，必须提供明确的财产信息，否则不予采取保全措施。诉讼保全，确因客观原因不能提供明确的财产信息，但提供具体财产线索的，可以采取保全措施。

7.是否网络查询被保全人不特定财产不同。诉前保全，无论是否申请，人民法院均不能利用网络执行查控系统，在裁定保全数额范围内，对被保全人不特定财产情况进行查询。诉讼保全，依据申请，人民法院可以利用网络执行查控系统，在裁定保全数额范围内，对被保全人不特定财产情况进行查询。

详述

根据财产保全的时间不同，保全可以分为诉前保全和诉讼保全。

1.诉前保全是指在诉讼开始之前，根据利害关系人的申请，对被申请人的财产所采取的临时性查封、扣押、冻结等强制措施。

2.诉讼保全是指在受理诉讼之后、作出判决之前，为保证将来判决的执行或避免不必要的损失，依申请人申请或依职权所采取的临时性查封、扣押、冻结等强制措施。

（三）生效法律文书确定的债务履行期限未至，债务人规避债务，能否保全其财产？

简答

按照《民事诉讼法解释》以及一般观点，可以。

1.债权人可以向执行法院申请采取财产保全措施,即"执行前保全"。

2."执行前保全"的基本程序,参照诉讼保全程序。

详 述

"执行前保全",是指人民法院在作为执行依据的法律文书生效后、进入执行程序之前,对债务人所采取的强制性措施。

《民事诉讼法解释》第163条规定,法律文书生效后,进入执行程序前,债权人因对方当事人转移财产等紧急情况,不申请保全将可能导致生效法律文书不能执行或者难以执行的,可以向执行法院申请采取保全措施。根据本条,执行前保全须具备以下条件:

1.申请人须在法律文书生效之后,进入执行程序之前提出申请。生效法律文书附履行期限或者从法律文书生效到正式执行立案,存在一定时间差。在此期间,可能由于当事人的行为或其他原因,判决不能执行或难以执行,损害申请人的合法权益。

2.情况紧急,当事人的行为或其他原因有导致法律文书不能执行或难以执行之虞。

3.申请人须向执行法院提出申请。执行前保全与执行程序联系密切,债权人在法律文书指定的履行期间届满后五日内不申请执行的,人民法院应当解除保全。保全裁定未经人民法院依法撤销或者解除,进入执行程序后,自动转为执行中的查封、扣押、冻结措施。

（四）何种情形下的财产保全，可以不提供担保？

> 简 答

按照《民事诉讼法》《财产保全规定》等相关法律、司法解释：

1.凡诉前保全，一律提供担保，并应当提供相当于请求保全数额的担保；情况特殊的，可以对担保数额酌情减少。

2.诉讼保全，可以不提供担保；由人民法院自由裁量，视情况决定是否提供担保，并以如下情形作为不提供担保的指引参考：

（1）追索赡养费、扶养费、抚育费、抚恤金、医疗费用、劳动报酬、工伤赔偿、交通事故人身损害赔偿的；

（2）婚姻家庭纠纷案件中遭遇家庭暴力且经济困难的；

（3）人民检察院提起的公益诉讼涉及损害赔偿的；

（4）因见义勇为遭受侵害请求损害赔偿的；

（5）案件事实清楚、权利义务关系明确，发生保全错误可能性较小的；

（6）申请保全人为商业银行、保险公司等由金融监管部门批准设立的具有独立偿付债务能力的金融机构以及其分支机构的。

3.执行前保全，可以不提供担保，由人民法院自由裁量，视情况决定是否提供担保。

（五）如认为财产保全错误，如何救济？

简 答

按照《民事诉讼法》《财产保全规定》的规定以及执行实践：

1.当事人、利害关系人若认为立案、审判部门作出的概括性保全裁定错误，如保全前提错误（诉前保全后未在法定期限内启动诉讼程序）、保全数额错误（申请保全的财产价值远大于诉讼请求金额）、担保价值不足（所提供担保的价值不足以赔偿有可能的保全错误损失）等，可以向作出裁定的人民法院申请复议。

2.当事人、利害关系人若认为执行部门作出的具体性保全裁定错误，也即认为具体的执行实施行为错误，如超标的保全查封、扣押、冻结（超出概括性保全裁定载明的保全数额），可以依照《民事诉讼法》第232条，向采取具体保全查封、扣押、冻结措施的执行法院提出执行异议。

3.案外人若认为立案、审判部门作出概括性保全裁定载明的保全财产信息错误（并非被告财产，而属案外人财产），或者认为执行部门错误保全查封、扣押、冻结了并不属于被告而属于案外人的财产，可以依照《民事诉讼法》第234条，向采取具体保全查封、扣押、冻结措施的执行法院提出案外人异议。

五、确定财产参考价专题

（一）议价、定向询价、网络询价、委托评估之间的关系是什么？

简答

按照《确定参考价规定》的规定，人民法院采取当事人议价、定向询价、网络询价、委托评估等方式确定财产处置参考价。

1. 定价方式优先由当事人协商确定。

2. 当事人不能协商确定定价方式的，由人民法院按照先后顺序确定定价方式：

（1）当事人议价；

（2）当事人议价不能（拒绝议价、下落不明）或不成（未达成一致）的，则定向询价（计税基准价、政府定价或者政府指导价）；

（3）定向询价不能（没有计税基准价、政府定价或者政府指导价）或不成（未反馈询价结论）的，则网络询价；

（4）网络询价不能（需现场勘验鉴定或者不具备网络询价条件）或不成（未反馈询价结论）的，则采取委托评估。

3. 凡法律、行政法规规定必须委托评估，则只能采取委托评估方式。

（二）当事人、利害关系人对执行财产参考价提出异议，可以采取何种救济途径？

简 答

按照《确定参考价规定》的规定，当事人、利害关系人不认可财产参考价，区分不同定价方式、区分程序性事由和实体性事由，分别按照不同渠道救济与审查。

1.对议价结果或者定向询价结果提出异议，因或属于自行定价结论，或因政府背书而具有公信力，对此类异议一律不予受理。

2.对网络询价报告，因大数据定价方式亦较为公允，故只能以部分程序性事由提出异议。因无需借助专业知识和技术，可由人民法院自行参照《民事诉讼法》第232条即执行异议程序审查处理。程序性异议事由限于如下四种：

（1）财产基本信息错误；

（2）超出财产范围或者遗漏财产；

（3）评估机构或者评估人员不具备资质；

（4）评估程序严重违法。

3.对评估报告的异议，或者以程序性事由，或者以实体性事由，或者兼有程序性事由与实体性事由，需要区别对待。

程序性事由，因无需借助专业知识和技术，可由人民法院自行参照《民事诉讼法》第232条即执行异议程序审查处理。程序性事由限于如下四种：

（1）财产基本信息错误；

（2）超出财产范围、遗漏财产；

（3）评估机构或者评估人员不具备资质；

（4）评估程序严重违法。

实体性事由，因需要借助专业知识和技术，处理程序为：

（1）执行法院交评估机构作出书面说明；

（2）如未作说明或仍有异议，执行法院交行业协会专业技术评审；

（3）执行法院按照评审结论认定评估结果，或者责令原评估机构补正。

实体性异议事由，限于如下三种：

（1）参照标准；

（2）计算方法；

（3）评估结果。

兼有程序性事由与实体性事由，处理程序为：

（1）如提出参照标准、计算方法、评估结果等实体性异议，同时提出财产基本信息错误或超出财产范围、遗漏财产等程序性异议：按实体性异议处理方式处理，即评估机构说明、专业技术评审、人民法院认定的特殊救济途径。

（2）如提出参照标准、计算方法、评估结果等实体性异议，同时提出评估资质、评估程序违法异议等程序性异议：首先，按照程序性异议处理方式，即参照执行异议程序，审查评估资质、评估程序违法问题；其次，如按执行异议程序审查认定评估资质、评估程序违法问题成立，则委托下一顺序机构重新评估；最后，如按执行异议程序审查认定评估资质、评估程序违法问题不成立，则继续按照实体性异议处理方式处理，即评估机构说明、专业技术评审、人民法院认定的特殊救济途径。

4.特别提示：

（1）对网络询价报告只能提出程序性异议，对评估报告可以提出程序性异议和实体性异议。

（2）对网络询价报告或者评估报告提出的程序性异议，参照执行异议程序审查处理，意为如不服处理结论，可向上一级人民法院复议。

（3）对评估报告提出的实体性异议，则不参照执行异议程序，此处的"异议"非民事诉讼法意义上的"执行异议"，而是反对、不同意，将另循评估机构说明、专业技术评审、人民法院认定的特殊救济途径。

5.无论程序性异议还是实体性异议，均应当在收到报告后五日内提出。

背 景

执行实践中，因网络拍卖的推行，关于拍卖程序的异议以及申诉信访大为减少。对执行规范化诟病较多的，就大致只剩评估问题和超标的查封问题了。

《确定参考价规定》出台之前，关于评估报告的救济程序，仅见于《拍卖变卖规定》之"当事人或者其他利害关系人对评估报告有异议的，可以在收到评估报告后十日内以书面形式向人民法院提出。当事人或者其他利害关系人有证据证明评估机构、评估人员不具备相应的评估资质或者评估程序严重违法而申请重新评估的，人民法院应当准许"。

《拍卖变卖规定》关于评估异议的这条规定，已远不能符合现实情况：一是此处的异议，非执行异议，那么就出现了可受理又可不受理的情况，除非当事人反应非常强烈，一般情况下，执行法院是会置之不理的。二是评估机构关于评估价格的猫腻，往往在于成本重置法、市场比较法、收益法等评估方法的选用，以及对部分财产在评估准则规定范围内予以舍弃（排除于评估标的之外，但又与评估标的不可分割）等。在此情况下，人民法院自称评估属专业问题，不能通过执行异议程序审查，最多审查评估机构、人员的资质问题。但是，评估机构、人员的资质基本上不存在问题。此时，部分评估机构在评估准则范畴内，以专业自居，玩弄财产价值于股掌之上，设套圈地之事屡见不鲜，但又无处可查。

《确定参考价规定》关于当事人、利害关系人不认可财产参考价的救济程序，之所以设计得如此繁杂，主要是因为：执行实践中，绝大部分同志出于减少复杂工作量的考虑，以及评估程序本身确实具有专业性，普遍反对就评估报告等设计任何救济程序，更不用说纳入执行异议程序了。但评估问题是"执行规范化道路上的最后一块短板"，评估报告纳入执行异议审查具有时代必要性，"被执行人的合法权益也应当重视"。《确定参考价规定》设计的一套复杂的财产参考价救济程序能够解决评估程序中绝大部分问题，唯一不足的就是各类评估协会的发展还未达到一定程度，所谓"组织专业评审"仅停留在理想层面，只能先打好制度基础。况且今后如大量案件涌入，总部在北京的各类评估协会如何应对，这都是问题。

最高人民法院执行案例参考

【案例要旨】当事人、利害关系人对评估报告结论提出反对意见，应当按照执行异议程序进行审查。

【案例评点】通过适当程序审查被执行人对评估报告提出的反对意见，具有较强必要性。由于《拍卖变卖规定》关于评估异议的规定不解决实际问题，应当把评估异议纳入执行异议的大口袋，而且要审查是否严格适用评估准则、是否遗漏财产等实体问题。最高法最终虽主要以评估资质适格为由驳回监督请求，但确实是因为被执行人并没有提出任何关于实体方面的反对意见，仅提出评估价格低。该案的执行财产，在网络拍卖中无人竞价，这也说明评估价不低。

【案情概要】针对G典当公司与T酒店借款合同纠纷一案，滁州中院于2012年7月6日作出（2012）滁民二初字第00022号民事判决：T酒店支付

G典当公司借款本金2931万元以及相应利息。

2013年1月28日，G典当公司向滁州中院提出执行申请。该院立案执行后，于2013年4月11日查封被执行人房产以及国有土地使用权。同年6月18日，滁州中院依法委托Z房地产评估公司对上述房地产以及附属资产进行评估。2014年2月13日，Z房地产评估公司出具M-086号《房地产估价报告》，评估结果总价为82925778元。2015年12月17日，滁州中院作出（2013）滁执字第00031-4号执行裁定，依法拍卖被执行人上述商业房地产、附属物以及附属设备。2016年8月12日，由X拍卖公司在安徽省人民法院诉讼资产交易中心采用电子竞价方式拍卖，因无人报名竞买而流拍。

2016年9月2日，T酒店向滁州中院提出书面异议称，该案执行中，评估机构对标的物的评估价格过低，且该评估机构、评估人员不具备对酒店以及其装潢、装饰的评估资质。滁州中院经审查认为，异议人称评估机构对标的物的评估价格过低，不属于执行异议受理范围，裁定驳回T酒店执行异议。

T酒店向安徽高院申请复议。其间，T酒店因安徽高院拟以该公司异议事由不属于异议案件受案范围为由驳回其复议，向最高人民法院来信申诉，请求依法监督。最高人民法院经审查，向安徽高院发出督办函：对于执行案件当事人不服评估结论的处理，法律救济程序并不充分、完备；如当事人以评估价格过低为由提出执行异议，可以按照《民事诉讼法》第225条的规定进行审查。请你院在复议程序中，重点针对本案评估机构是否具有相应资质以及是否漏评资产进行审查，依法保护当事人合法权益。

安徽高院接到督办指令后，即对T酒店针对评估问题的事由作为异议复议案件进行审查。安徽高院查明，该案中，评估机构Z房地产评估公司具有房地产估价机构资质证书，证书编号为建房估证字（2013）×××

号，资质等级为一级。房地产评估师朱某某，注册号34×××15；王某某，注册号34×××36。依据相关规定，该评估公司以及评估师具有对以房地产为主的企业整体资产进行评估的资质。2013年11月22日，滁州中院就Z房地产评估公司提交的评估报告征求意见稿，向T酒店发出征询意见通知书。2013年11月29日，T酒店向滁州中院递交异议书，以评估价值过低为由，要求Z房地产评估公司重新评估。同年12月9日，滁州中院将T酒店异议情况函告Z房地产评估公司，并要求该公司就异议事项说明理由。2014年2月13日，Z房地产评估公司作出书面异议答复，并在此基础上正式出具了评估报告。安徽高院认为，滁州中院在委托评估涉案房地产中，程序合法。评估公司依照行业标准独立作出的评估结论在以司法拍卖方式变价的过程中只是一个参考价，并不决定涉案资产的最终实现价值。综上，裁定驳回T酒店的复议申请。

T酒店向最高人民法院申诉，请求撤销（2016）皖执复67号执行裁定，对案涉标的物重新评估。主要事由为：该公司对本案评估程序并无异议；Z房地产评估公司对案涉标的物的评估价格过低，这属于实体错误。

最高人民法院归纳本案焦点问题为：本案执行标的物是否需要重新评估。最高人民法院认为，按照《拍卖变卖规定》第6条的规定，人民法院对于执行标的物应当委托专业机构评估；对于评估报告异议，重点审查评估机构、人员资质以及评估程序是否违法。按照原审人民法院查明的事实，Z房地产评估公司以及评估人员具有对以房地产为主的企业整体资产进行评估的资质。对于T酒店评估异议事项，Z房地产评估公司已作出书面解释答复；之后，因第一次评估报告超期，又作出第二次评估报告，上调了原评估总价。此外，案涉房地产在安徽省人民法院诉讼资产交易中心采用电子竞价方式拍卖，因无人报名竞买而流拍，一定程度上表明评估价格并不过低。综上，本案评估机构以及人员具有相应资质，T酒店也并未提出评估程序违法问题，且该公司的评估救济权利已得到充分保障，Z房地产评估公司作出的评估结论合法有效,本案执行标的物不存在需要重新评估的法定情形,T酒店的申诉事由应予驳回。综上,最高人民法院参照《民事诉讼法》第204条,依照《执行规定》第129条规定,裁定驳回T酒店的申诉请求。

(三)评估报告实体性异议中的专业技术评审,由哪一级评估协会负责?

简 答

1.评估报告实体性异议中的专业技术评审,原则上由全国性评估行业协会负责。

2.全国性评估行业协会可以根据实际情况,指定省级评估行业协会进行专业技术评审。

详 述

1.《确定参考价规定》第23条第1款规定:"当事人、利害关系人收到评估报告后五日内对评估报告的参照标准、计算方法或者评估结果等提出书面异议的,人民法院应当在二日内交评估机构予以书面说明。评估机构在五日内未作说明或者当事人、利害关系人对作出的说明仍有异议的,人民法院应当交由相关行业协会在指定期限内组织专业技术评审,并根据专业技术评审出具的结论认定评估结果或者责令原评估机构予以补正。"

2.《人民法院委托评估工作规范》第27条规定:"当事人、利害关系人收到评估报告后五日内对评估报告的参照标准、计算方法或者评估结果等提出书面异议的,人民法院应当在三日内交评估机构予以书面说明。评估机构在五日内未作说明或者当事人、利害关系人对作出的说明仍有异议的,人民法院应当交该评估机构所属全国性评估行业协会组织进行专业技术评审。全国性评估行业协会可以根据实际情况,指定省级评估行业协会进行专业技术评审。省级评估行业协会或者全国性行业协会应当在人民法院指定的期限内出具评审意见。"

(四)资产评估机构能否从事房地产评估业务?资产评估机构作出的房地产评估报告是否有效?

简答

按照一般观点:

1.人民法院在对执行财产进行评估时,应当委托专门的房地产评估机构。但是,对于已经委托资产评估机构作出的房地产评估报告,人民法院不宜认定为无效。

2.资产评估机构究竟能否从事房地产评估业务,确系模糊问题或存在部门冲突,有待于政府部门再行发文予以解决,人民法院不宜对资产评估机构能否从事房地产评估业务进行审查认定。

背景

资产评估机构能否从事房地产评估业务,在评估行业内长期存在争议。国家相关主管部门对此问题态度并不明确:虽然《国务院对确需保留的行政审批项目设定行政许可的决定》已明确规定房地产评估机构资质许可由住房建设部门负责,但是,财政部确实已发布文件规定资产评估机构可以对房地产进行评估。

《确定参考价规定》虽已规定最高人民法院按照全国性评估行业协会推荐的评估机构名单建立人民法院司法评估机构名单库,但中国房地产评估协会、中国资产评估协会将分别推荐评估机构名单,上述问题仍未解决,这只能有待于政府部门内部协调处理了。

最高人民法院执行案例参考

【案例要旨】对于已经委托资产评估机构作出的房地产评估报告,人民法院不宜认定为无效。

【案情概要】针对朱某某与H公司、胡某某民间借款纠纷一案,衡阳中院于2010年10月18日作出(2010)衡中法民三初字第32号民事调解书,由H公司偿还朱某某借款本金488.05万元,并从2010年10月15日起至还款日止按每月2%的利率计付利息,胡某某承担连带清偿责任。在该案审理过程中,衡阳中院保全查封了H公司开发的位于衡阳市珠晖区葵花里某项目负一层、第一层、第二层共计三层在建工程房屋以及土地使用权。2013年1月8日,朱某某向衡阳中院申请强制执行。

衡阳中院立案执行后,于2013年3月11日将查封的在建工程房屋以及土地使用权委托评估。2013年3月18日,T评估公司按项目未完工状态作出衡T评字〔2013〕第009号资产评估报告,评估结果为:负一层建筑面积799.76平方米,价值1247625.60元(每平方米1560元);第一层建筑面积925.27平方米,价值1887550.80元(每平方米2040元);第二层建筑面积1260平方米,价值2343600元(每平方米1860元)。H公司2013年3月30日对该评估报告提出异议。衡阳中院于2013年5月6日回复了H公司,认为该评估报告符合法律规定。

2013年3月18日，衡阳中院通过人民法院诉讼资产网公开随机方式选定J拍卖公司为上述查封标的物的拍卖机构。J拍卖公司接受委托后，于2013年6月25日在《衡阳日报》刊登第一次拍卖公告。第一次拍卖无人报名参加竞买。2013年8月2日，J拍卖公司在《衡阳日报》上刊登第二次拍卖公告，衡阳中院将拍卖保留价降低10%。本案申请执行人朱某某以及另案申请执行人朱某仁办理了竞买手续。

2013年8月16日，T评估公司按照衡阳中院的要求按竣工合格工程对查封标的物作出衡T评字〔2013〕第047号资产评估补充报告。评估结果为负一层建筑面积799.76平方米，价值1839448元（每平方米2300元），第一层建筑面积925.27平方米，价值4163715元（每平方米4500元），第二层建筑面积1260平方米，价值3276000元（每平方米2600元）。H公司收到该补充评估报告后再次向衡阳中院提出异议，衡阳中院未再予以回复。

在2013年9月2日第二次公开拍卖会上，朱某某以9138375元的价格竞得上述标的物。另案申请执行人朱某仁向衡阳中院提交书面申请，同意以其部分债权补足朱某某债权额与竞买价款的差额部分。2013年9月6日，衡阳中院作出（2013）衡中法执字第16-3号执行裁定，裁定被执行人H公司开发的位于衡阳市珠晖区葵花里某项目负一层、第一层、第二层共计三层在建工程房屋、土地使用权以及相应其他权利归申请执行人朱某某所有。

H公司不服衡阳中院（2013）衡中法执字第16-3号执行裁定，提出执行异议，主要事由为：（一）H公司对评估报告提出异议后，执行法院未予采纳，剥夺了其要求重新评估的权利；（二）评估公司没有评估资质；（三）执行法院在拍卖中自行确定拍卖价，未按评估价进行拍卖；（四）执行法院未通知H公司到场参加拍卖。

衡阳中院经审理认为：一、H公司对补充评估报告提出价格异议后，在未回复H公司的情况下直接委托拍卖成交查封标的物,存在瑕疵,但没有违反效力性法律规定;二、T评估公司具有评估资质;三、该案确定的拍卖保留价较大幅度高于第一次的评估价,第一次拍卖后虽降价10%进行第二次拍卖,但仍与第二次补充评估价基本持平,符合法律规定;四、H公司在对补充评估报告提出的异议书中载明其已知悉第二次拍卖时间,应视为已通知了被执行人。综上,衡阳中院作出(2013)衡中法执异字第49号执行裁定,驳回了H公司的执行异议。

H公司不服上述异议裁定,向湖南高院申请复议,主要事由为:(一)T评估公司以及从业人员不具备房地产评估资质和评估资格;(二)衡阳中院委托评估、拍卖程序违法,对异议人异议未予理睬,继续委托拍卖,且拍卖保留价早于评估报告向社会公布,程序违法;(三)衡阳中院未通知异议人参加拍卖会;(四)朱某某未缴纳竞买金,衡阳中院就裁定拍卖财产归其所有,程序违法。综上,请求撤销衡阳中院(2013)衡中法执异字第49号执行裁定。

湖南高院经审理认为:H公司在(2010)衡中法民三初字第32号民事调解书发生法律效力后,长时间不履行义务,衡阳中院评估、拍卖该案诉讼保全查封的财产符合法律规定。T评估公司系依法成立的资产评估机构,其资产评估资格证书明确其资产评估范围包括房地产项目,H公司认为其不具有评估资质的异议不能成立。T评估公司按项目未完工状态作出第一次评估报告后,衡阳中院基于该项目实际情况上调拍卖保留价,不损害H公司的利益,且为T评估公司按竣工合格工程对查封标的物作出的补充评估报告所支持。补充评估报告作出后,H公司再次提出价格异议,衡阳中院未再予以回复有不当之处,但H公司亦未提出重新评估的正当理由,衡阳中院未准许进行重新评估并无错误。《最高人民法院关于人民法院委托评估、拍卖和变卖工作的若干规定》第7条规定,评估、拍卖机构应当在人民法院委托评估、拍卖机构名册内采取公开随机方式选定。《拍卖变卖规定》第13条规定，申请执行人参加竞买可以不预交保证金。H公司认为衡阳中院委托评估、拍卖程序违法的异议和认为申请执行人朱某某未交纳竞买金的异议不能成立。H公司对补充评估报告的异议书载明已知悉公开拍卖的时间，其关于衡阳中院未通知其参加拍卖会的异议亦不能成立。综上，湖南高院作出（2014）湘高法执复字第28号执行裁定，驳回了H公司的复议申请。

H公司不服上述复议裁定，向最高人民法院申请执行监督，主要事由为：（一）按照国家标准GB/T 50899-2013以及《房地产估价机构管理办法》，房地产评估机构资质应当由住房建设部门颁发授予，但是，T评估公司《资产评估资格证书》系由财政部门颁发授予，因此，该公司不具有房地产评估资质。（二）按照国家标准GB/T 50899-2013，房地产估价人员应当通过执业资格考试并取得房地产估价师执业资格，但是，对案涉房产予以估价的二人，均未取得房地产估价师资格。（三）T评估公司按照"清算价值法"对案涉房产进行评估，而"清算价值法"不属于国家标准GB/T 50899-2013所规定的评估方法，因此，本案估价方法违法。综上，请求最高人民法院撤销湖南高院复议裁定、衡阳中院异议裁定，对本案所涉房产重新评估、拍卖。

最高人民法院对原审人民法院查明的事实予以确认。最高人民法院另查明：湖南省财政厅于2008年7月31日向T评估公司批准颁发《资产评估资格证书》，该证书载明T评估公司的资产评估范围为整体资产、单项资产（包括房地产、机器设备、流动资产、无形资产以及其他资产评估）以及资产评估咨询、培训等。对本案所涉房产进行具体估价的评估人员，系T评估公司注册评估师，两名评估师的评估资格由中国资产评估协会于2012年7月20日分别批准授予，评估资格证书由财政部制发。中国资产评估协会是资产评估行业的全国性自律管理组织，依法接受财政部和民政部的指导、监督。

T评估公司于2013年8月16日作出的衡T评字〔2013〕第047号资产评估补充报告载明，该公司根据《资产评估准则》对案涉房产进行评估，主要评估方法为市场法。中国资产评估协会于2007年11月28日颁布《资产评估准则——不动产》，该文件第22条载明，注册资产评估师执行不动产评估业务，可以采取分析市场法、收益法和成本法三种资产评估基本方法以及假设开发法、基准地价修正法等衍生方法。

再查明：住房和城乡建设部于2013年6月26日颁布《房地产估价基本术语标准》，编号为GB/T 50899-2013，该标准的主要技术内容系与房地产估价相关的通用术语、价格和价值、估价原则、估价程序、估价方法、估价报告等。

最高人民法院认为，本案焦点问题为T评估公司是否具有不动产评估资质、该公司评估师是否具有不动产评估资格以及对案涉房产进行评估的方法是否合乎规定。

按照《国务院关于第三批取消和调整行政审批项目的决定》，资产评估机构的设立审批由省级财政主管部门行使。T评估公司系由湖南省财政厅批准颁发《资产评估资格证书》，该公司具有资产评估资质，可以从事国有以及非国有资产的评估业务。按照《财政部关于中国资产评估协会单独设立的通知》，中国资产评估协会负责组织注册资产评估师的考试、注册和年度检查。对本案所涉房产进行估价的T评估公司资产评估师，由中国资产评估协会授予资产评估资格，可以从事资产评估业务。按照中国资产评估协会《资产评估准则——不动产》，T评估公司对案涉房产进行评估所采取的市场法，具有相应的行业规则依据；H公司申诉所称T评估公司系采用"清算价值法"进行评估，与事实不符。本案所涉房产系T评估公司资产评估师按照该行业资产评估规则进行估价，机构资质、人员资格以及评估方法均具有相应文件依据。因此，H公司的申诉事由，从另一个角度可以归结为资产评估机构能否从事房地产评估业务，或者说资产评估机构对房地产作出的估价报告是否有效。

资产评估机构能否从事房地产评估业务，在评估行业内长期存在争议。国家相关主管部门对此问题态度并不明确：一方面，按照2004年7月1日施行的《国务院对确需保留的行政审批项目设定行政许可的决定》，房地产估价机构资质由县级以上地方人民政府房地产行政主管部门核准；原建设部以及现住房和城乡建设部业已颁布《房地产估价机构管理办法》《房地产估价基本术语标准》等多个关于房地产评估机构资质、房地产评估人员资格的部门规章或其他规范性文件，规定房地产评估机构资质应当由住房建设部门颁发授予。另一方面，按照财政部2006年11月15日作出的《关于解释〈资产评估机构审批管理办法〉有关条款的意见》，房屋以及建筑物、土地使用权的评估，属于资产评估机构能够从事的业务范围；由财政部指导、监督的中国资产评估协会，业已针对房地产评估专门制定了《资产评估准则——不动产》。

最高人民法院认为，虽然《国务院对确需保留的行政审批项目设定行政许可的决定》已明确规定房地产评估机构资质许可由住房建设部门负责，但是，财政部确实业已发布文件规定资产评估机构可以对房地产进行评估。资产评估机构究竟能否从事房地产评估业务，确系模糊问题或存在部门冲突，有待于政府部门再行发文予以解决，人民法院不宜对资产评估机构能否从事房地产评估业务进行审查认定。换言之，人民法院在对执行财产进行评估时，应当委托专门的房地产评估机构，但是，对于已经委托资产评估机构作出的房地产评估报告，人民法院不宜认定为无效。综上，H公司以T评估公司不具有房地产评估资质等申诉事由，请求否定本案评估以及拍卖效力的主张，最高人民法院不予支持。

综上，最高人民法院参照《民事诉讼法》第204条、按照《执行规定》第129条的规定，裁定驳回H公司的申诉请求。

（五）被执行人拒收人民法院邮寄的评估报告，能否以未送达评估报告为由中止拍卖？

简答

按照《拍卖变卖规定》以及一般观点，不能。

1.人民法院只要向当事人发送评估报告即可，并不一定要"送达"当事人。

2.即便以"送达"为标准，按照《最高人民法院关于以人民法院专递方式邮寄送达民事诉讼文书的若干规定》第2条、第11条第1款的规定，因受送达人拒绝签收，导致诉讼文书未能被受送达人实际接收的，文书退回之日视为送达之日。

六、处分性执行措施（拍卖、变卖、抵债）专题

（一）设立中公司能否参与司法拍卖？

简 答

按照一般观点：

设立中公司虽然不具有法人资格，但是可以从事设立公司所必需的民事行为。因此，发起人能够以设立中公司名义参与司法拍卖。

详 述

我国《公司法》以及相关法律未对设立中公司的行为能力作出较为详细的规定，但法律允许设立中公司从事一定范围的行为。

从我国法律形式上看，设立中公司由于未履行登记，未获法人资格，不具有权利能力。但从实际状态上看，它已具有行为能力、意思能力和责任能力，能够从事一定的法律行为，与社会各方直接发生各种法律关系，从而享有一定的权利，承担一定的义务和责任，处于部分权利能力状态。所以，将设立中公司认定为无权利能力，在理论上没有科学揭示设立中公司的法律性质，在实践上也极易造成混乱和麻烦。

设立中公司应具有一定的法律人格，可将其视为准民商事法律主体，

享有有限的法律人格，可以从事在法律上和经济上以公司设立和开业准备为目的所必需的行为。

按照《公司法解释（三）》的规定，发起人为设立公司而采取的行为，法律后果归属于设立中公司。公司成立时，此法律后果再由设立中公司转归成立后的公司；公司不能成立时，发起人对设立中公司的债务负连带责任，但在责任顺序上，设立中公司负第一顺序的责任。

我国民事立法从对合同主体瑕疵由原来的无效逐步变为效力待定、可撤销等变迁，基本确立鼓励交易、便利交易的原则，即在行为人主体条件不违背法律明确禁止的条件下，可以通过补救、追认等方式尽量使其行为合法有效，这样才有利于社会经济的发展，符合社会利益的最大化。

公司的设立发起人，以公司的名义参与司法拍卖，属于为设立中公司直接注入资产的行为。设立中公司属于纯受益方，由设立后的公司享有权利、承担义务，其中不存在偷逃税费等规避法律强制性规定的问题。如果仅以成立中的公司不具有竞买资格为由撤销该案拍卖，无论是法律依据还是社会效果都不充分。因此，为设立公司需要，以设立中公司名义参与司法拍卖的，不宜仅以设立中公司不具有民事主体资格为由否定司法拍卖的效力。

（二）执行拍卖中，评估价以及保留价、起拍价的含义是什么？

简 答

按照《网络拍卖规定》的规定：

1.评估价，是指人民法院委托评估公司按照评估准则对执行标的物所作出的公允价值。

（1）《网络拍卖规定》所称"评估价"即指按多种定价方式之一而确定的执行标的物参考价值；

（2）按照强制执行一般原则，除极个别情形外（如刑事案件涉案财产的拍卖），凡拍卖，需先确定标的物的参考价值，避免损害被执行人权益。

2.拍卖保留价，是指拍卖标的在拍卖时应达到的最低价格基数，也即最低认可转让的价格。

3.起拍价也叫拍卖开价，是拍卖中的一种技术价位，科学设定起拍价是为了更能达到预期拍卖效果。

4.网络司法拍卖中的保留价，与普通拍卖规则中的保留价，在含义上是相同的。

5.网络司法拍卖评估价、起拍价以及保留价的关系。

（1）司法拍卖需事先对标的物进行评估，或曰确定财产参考价；

（2）第一轮拍卖的起拍价，在不低于财产参考价70%的幅度内确定；

（3）每一轮拍卖的起拍价，即为该轮拍卖的保留价，该保留价不能也不可能低于该轮拍卖的起拍价。

详 述

《网络拍卖规定》第10条规定："网络司法拍卖应当确定保留价，拍卖保留价即为起拍价。起拍价由人民法院参照评估价确定；未作评估的，参照市价确定，并征询当事人意见。起拍价不得低于评估价或者市价的百分之七十。"

1.关于拍卖保留价

（1）保留价不等于评估价，拍卖标的物评估价的功能旨在对拍卖标的内在价值进行客观的反映，保留价的功能则在于为被执行人的利益设置最低的保护限度。

（2）普通拍卖规则中，按照是否设定保留价，可以分为有保留价拍卖和无保留价拍卖。在有保留价拍卖中，竞买人的出价必须等于或高于拍卖标的保留价才能成交。如果低于保留价，就不能成交。无保留价拍卖即拍卖标的不设定保留价，由竞买人自相报价，由报价最高者购得拍卖标的。无保留价拍卖并非不对拍卖标的预先进行估价而任意拍卖，而是事先需要估价，但是不确定精确的保留价，拍卖师心中有数，价格过低可以不予成交。在拍卖实践中，选择无保留价拍卖的并不多见，即使有，也必须是委托人的意愿。正如《美国统一商法》第2-328条规定："除非推出货物时明确表示无底价，拍卖均为有底价拍卖。"市场实践中，实施无保留价拍卖时，拍卖品大多是一些廉价商品，很少有贵重物品，因为选择无保留价拍卖，要承担较大的风险，我国小价值艺术品拍卖经常采用无保留价拍卖的方式。不动产拍卖因其价值昂贵，世界各国几乎都采用有保留价拍卖。

2.关于起拍价

普通拍卖规则中，起拍价与拍卖保留价是不同的，起拍价可以是保留价，也可以低于保留价或高于保留价，这要根据拍卖的具体情况确定。其中，市场供求因素以及竞买人数多少，是确定科学起拍价的主要依据。起拍价具有应时性或者即景性，由拍卖师根据拍卖现场情况，如竞买人数量的多寡和现场气氛的热烈程度以及事先制定的保留价的高低综合决定。起拍价的制定，决定拍卖的各方利益，有可能使期望未能达到或者流拍，因此，拍卖师的经验和直觉极为重要。

3.关于网络司法拍卖保留价

（1）网络司法拍卖的保留价为起拍价。但是，司法拍卖可启动两轮程序，第一轮拍卖的保留价即为第一轮拍卖的起拍价，经过第二轮拍卖，成交价很大可能将低于第一轮拍卖的起拍价，似乎两轮拍卖后，实际成交价格将低于第一轮拍卖的保留价，这就与普通拍卖中的"如果低于保留价，就不能成交"规则似乎存在差异。《拍卖变卖规定》第5条明确规定拍卖应当确定保留价,但第二轮、第三轮的起拍价同样可以低于第一轮拍卖的保留价。

(2)实际上,司法拍卖每一轮的起拍价,均为该轮拍卖的保留价,从每一轮看来,成交价均不可能低于该轮的保留价,这就与普通拍卖中保留价规则是相同的。可见,网络司法拍卖完全符合普通拍卖的一般规则。普通拍卖,一般不设定多轮拍卖规则,我国司法拍卖设定的是多轮拍卖规则,这是产生上述误解的原因。

(三)如果仅有一人参加拍卖并竞买出价,拍卖能否成交?

简答

按照《网络拍卖规定》的规定:

网络司法拍卖中,即使参与竞买的人数仅为一人,只要出价不低于起拍价,即拍卖成交,拍卖发生效力。

背景

传统拍卖理论认为,拍卖一般应有两个以上的参与人参加方为有效。因《拍卖变卖规定》未涉及此问题,长期以来,一人参与竞拍的司法拍卖行为的效力问题,存在很大争议。有观点认为宣告一人竞买无效的方式有利于打击、遏制拍卖程序中相对竞争优势的人利用信息公开不充分、竞买人信息不对称的违法行为。

在网络司法拍卖中，因其全程公开、全面公开、全网络公开的特征，事先将拍卖相关关键信息充分公告公示。竞价在虚拟的网络平台上进行，存在海量潜在竞买人。竞买人之间的竞争从拍卖公告发出即开始，只要遵循公开、公平原则，严格按照拍卖规定程序完成了拍卖公告发布、拍卖标的展示、拍卖的实施等，就达到了公开竞价的要求。

网络拍卖规则保证竞买人可以随时参与到竞拍过程中，从拍卖开始直至竞价程序结束，只要符合本规定的竞买人条件，即随时都可以参与拍卖，一般情况下无需提前报名。竞拍时竞买人之间相互不见面，只需在终端上使用代码和密码即可进行竞价，随时都可以参与拍卖。

充分公开和竞拍规则，决定了竞买人利用信息公开不充分、信息不对称而产生违法围标、串标行为可能性已经降到最低。

如果对网络司法拍卖中一人竞买不加区分一律宣告无效或予以撤销，使部分一人竞买不能发生预期效果，不利于执行程序中相关当事人权利的维护和执行程序顺利进行，同样不利于维护司法公信力。

（四）执行标的物能否不经过拍卖，直接进入变卖程序？

简 答

按照《善意执行意见》的规定，符合以下条件的，人民法院可以对执行标的物不经拍卖而直接变卖：

1.执行标的物未经拍卖，被执行人申请自行变卖查封财产清偿债务的，在确保能够控制相应价款的前提下，人民法院可以监督其在一定期限内按照合理价格变卖。变卖期限由人民法院根据财产实际情况、市场行情等因素确定，但最长不得超过六十日。

2.被执行人申请对查封财产不经拍卖直接变卖的，经执行债权人同意或者变卖款足以清偿所有执行债务的，人民法院可以不经拍卖直接变卖。

3.被执行人认为网络询价或评估价过低，申请以不低于网络询价或评估价自行变卖查封财产清偿债务的，人民法院经审查认为不存在被执行人与他人恶意串通低价处置财产情形的，可以监督其在一定期限内进行变卖。

被执行人申请自行变卖，经人民法院准许后，又依照《确定参考价规定》的规定向人民法院提起异议的，不予受理；被执行人就网络询价或评估价提起异议后，又申请自行变卖的，不应准许。

4.财产经拍卖后流拍且执行债权人不接受抵债，第三人申请以流拍价购买的，可以准许。

（五）拍卖流拍后，变卖程序如何启动以及推进？

简 答

按照《网络拍卖规定》、《最高人民法院关于认真做好网络司法拍卖与网络司法变卖衔接工作的通知》以及《善意执行意见》的规定：

1.网拍二拍流拍后，人民法院应当于十日内询问申请执行人或其他执行债权人是否接受以物抵债。

2.申请执行人或其他执行债权人不接受以物抵债的，人民法院应当于网拍二拍流拍之日起十五日内发布网络司法变卖公告。

3.网络司法拍卖二拍流拍后的变卖，应当在最高人民法院确定的网络服务提供者名单库中的平台上实施。

4.网络司法变卖,原则上沿用网拍程序适用的平台,但申请执行人可以在网拍二拍流拍后十日内,书面要求更换到名单库中的其他平台上实施。

5.网络司法变卖期为六十日,人民法院应当在公告中确定变卖期的开始时间。变卖动产的,应当在变卖期开始七日前公告;变卖不动产或者其他财产权的,应当在变卖期开始十五日前公告。变卖公告应当包括但不限于变卖财产、变卖价、变卖期、变卖期开始时间、变卖流程、保证金数额、加价幅度等内容,应当特别提示变卖成交后不交纳尾款的,保证金不予退还。

6.网络司法变卖的变卖价为网络司法拍卖二拍流拍价。

7.竞买人交齐变卖价全款后,取得竞买资格。竞买人可以向人民法院指定的账户交纳,也可以在变卖平台上在线报名并交纳。

8.变卖期开始后,取得竞买资格的竞买人即可以出价。自第一次出价开始进入24小时竞价程序,其他取得竞买资格的竞买人可在竞价程序内以递增出价方式参与竞买。

9.竞价程序内无其他人出价的,变卖财产由第一次出价的竞买人竞得;竞价程序内有其他人出价的,变卖财产由竞价程序结束时最高出价者竞得。变卖成交的,竞价程序结束时变卖期结束。

10.变卖成交的,由平台以买受人的真实身份自动生成确认书并公示;变卖期内无人出价的,变卖期结束时变卖程序结束,相关财产按相关司法解释和规范性文件依法处置。

11.变卖成交的,人民法院也应当出具变卖成交裁定。

12.经过竞价变卖成交后,买受人反悔不交纳尾款的,从所交纳变卖价款中扣留变卖公告中所确定的保证金不予退还,扣留的保证金参照《网络拍卖规定》第24条处理。买受人反悔不交纳尾款导致人民法院重新变卖的,原买受人不得再次参与竞买。

13.拍卖第二次流拍后,被执行人提出以流拍价融资的,人民法院应结合拍卖财产基本情况、流拍价与市场价差异程度以及融资期限等因素,酌情考虑。准许融资的,暂不启动以物抵债或强制变卖程序。

详述

1.《民事诉讼法》第254条规定:"财产被查封、扣押后,执行员应当责令被执行人在指定期间履行法律文书确定的义务。被执行人逾期不履行的,人民法院应当拍卖被查封、扣押的财产;不适于拍卖或者当事人双方同意不进行拍卖的,人民法院可以委托有关单位变卖或者自行变卖。国家禁止自由买卖的物品,交有关单位按照国家规定的价格收购。"

《拍卖变卖规定》第31条规定:"对查封、扣押、冻结的财产,当事人双方及有关权利人同意变卖的,可以变卖。金银及其制品、当地市场有公开交易价格的动产、易腐烂变质的物品、季节性商品、保管困难或者保管费用过高的物品,人民法院可以决定变卖。"

《民事诉讼法解释》第490条规定:"人民法院在执行中需要变卖被执行人财产的,可以交有关单位变卖,也可以由人民法院直接变卖。对变卖的财产,人民法院或者其工作人员不得买受。"

《网络拍卖规定》第26条规定:"网络司法拍卖竞价期间无人出价的,本次拍卖流拍。流拍后应当在三十日内在同一网络司法拍卖平台再次拍卖,拍卖动产的应当在拍卖七日前公告;拍卖不动产或者其他财产权的应当在拍卖十五日前公告。再次拍卖的起拍价降价幅度不得超过前次起拍价的百分之二十。再次拍卖流拍的,可以依法在同一网络司法拍卖平台变卖。"

2.变卖,是指人民法院在实现金钱债权的执行程序中,将已经查封、扣押、冻结的被执行人财产,在被执行人逾期不履行债务时,委托有关单位代为出卖、收购，或者自行出卖，把卖得价款偿付申请执行人。

变卖和拍卖的适用情形和适用程序虽然各不相同，但本质上都是将被执行人财产的所有权、使用权或者受益权通过一定的形式变现为相应数额的金钱，进而清偿金钱债务。

3.变卖分为两种情况：一种是经过拍卖程序后因流拍而发生的变卖；另一种是未经过拍卖程序而直接采取的变卖。

（1）经过拍卖程序后因流拍而发生的变卖

民事执行程序中的变价应当遵循拍卖优先原则，也即《拍卖变卖规定》第2条之"人民法院对查封、扣押、冻结的财产进行变价处理时，应当首先采取拍卖的方式"。但是，拍卖的实施有一整套严格的程序，其运行必然要花费一定的时间和费用，从交易成本上考虑，执行程序中一概采取拍卖的方式进行变价，在很多情况下未必对当事人有利，也不利于节约司法资源。[①]因此，在特殊情形下，应当允许采取变卖这一简便经济的方式进行变价，《执行规定》第46条以及《拍卖规定》第31条、《网络拍卖规定》第26条均作出了类似的授权性规定。

（2）未经过拍卖程序而直接采取的变卖

实践中，如果当事人双方以及有关权利人主动申请人民法院对查封、扣押、冻结的财产进行变卖，或者经执行法院征求意见，当事人双方以及有关权利人均同意直接变卖的，应当尊重当事人的处分权，直接进行变卖，这一点比较容易把握。人民法院自行决定不经拍卖而直接变卖，主要适用于以下两种情形：

其一，金银以及其制品、当地市场有公开交易价格的动产。有市价的财产，既然有社会公认价格，直接依照该价格变卖，既可以节省费用，又

---

① 赵晋山：《〈关于人民法院民事执行中拍卖、变卖财产的规定〉的理解与适用》，载《人民司法》2005年第2期。

可以迅速清偿债权，对当事人有利而无害，自然没有必要再经过拍卖程序。执行财产虽无市场价格，但是当事人双方已经协商确定了交易价格的，亦可以直接依该价格变卖。股票、基金份额等已有合理价格发现机制的执行财产，人民法院也可以自行决定不经拍卖而径行变卖。

其二，执行标的有价值减损危险或不易保管的。价值易减损的执行标的主要有两大类：一是容易变质、腐烂、消散的物品；二是具有极强的季节性的物品。对于上述执行标的，只有避繁就简，及时予以变价，才可以保全其价值，避免当事人权益受损，故可以不经拍卖而直接变卖。执行标的价值即使不易减损，如果保管比较困难或者保管需要花费相当费用的，也可以酌情予以变卖。

（六）执行标的物尚未经拍卖、变卖，双方当事人均同意以物抵债，如何处理？

简 答

按照《民事诉讼法解释》的规定以及一般观点：

1.经申请执行人和被执行人同意，人民法院可以不经拍卖、变卖，直接将被执行人的财产作价交申请执行人抵偿债务。

2.人民法院需审查，该抵债是否损害其他债权人合法权益和社会公共利益。

3.抵债后，对剩余债务，被执行人应当继续清偿。

4.对于此类不经拍卖变卖的以物抵债，人民法院不予出具裁定确认。

详 述

1.民事执行程序中的以物抵债,是将被执行人所有的财产折价交申请执行人,抵偿生效法律文书所确定债务的执行方法,在实现申请执行人债权方面,与拍卖、变卖、强制管理等具有相同的制度功能。[①]

2.民事执行程序中的以物抵债,包括不经拍卖、变卖的抵债和拍卖、变卖中的抵债。民事执行程序中,不经拍卖、变卖而直接将被执行人财产作价抵偿申请执行人,需要重点把握如下几个问题:

(1)以物抵债适用于金钱给付案件的执行,被执行人名下有现金或存款时,应直接执行现金或存款,这不仅便于执行目的的实现,也符合生效法律文书规定的要求。对于被执行人确无给付金钱履行义务能力的,方可适用以物抵债。

(2)申请执行人和被执行人须自愿协商一致并达成以物抵债书面协议。当事人自愿协议是以物抵债的基础条件,以物抵债协议必须明确注明用以抵债的财产名称、数量、价款等财产信息,便于财产的交付和办理过户登记手续。

(3)用以抵债的财产须双方当事人确定合理的抵债价格。抵债价格的确定,关系到被执行人金钱债务履行限度和申请执行人债权实现程度,不足以清偿的,对剩余债务,被执行人应当继续清偿。

(4)以物抵债不得损害其他债权人合法权益或者社会公共利益。如果已查明仅有一名申请执行人向被执行人主张债权,申请执行人和被执行人达成协议以物抵债,可据此执行;但已有其他申请执行人向被执行人主张权利,如不经其他申请执行人同意,直接依据申请执行人和被执行人双方达成的协议以物抵债,则可能损害其他申请执行人权益,这种情况下,人民法院应当征求其他申请执行人意见,如未取得肯定意见,仍应当采取拍

[①] 乔宇:《合意抵债瑕疵问题刍议》,载《法律适用》2011年第5期。

卖、变卖的方式执行。

3.实践中，出现大量申请执行人与被执行人恶意串通，利用以物抵债行为侵害其他债权人合法权益或者侵害社会公共利益的案例，典型情形如，一名被执行人向多名申请执行人负债，而其出于规避债务或其他不良动机，将其名下全部财产折抵于其中一名与其具有亲密关系的申请执行人，再择机利益回吐，此种方式严重侵害其他申请执行人合法权益。因此，必须对以物抵债行为增加前置审查条件。民事执行程序中进行以物抵债时，如存在其他债权人对执行标的享有利益，人民法院必须充分顾及其他债权人利益，不宜仅经过申请执行人和被执行人双方同意，就将该执行标的进行抵债处理。

4.《执行和解规定》第6条规定："当事人达成以物抵债执行和解协议的，人民法院不得依据该协议作出以物抵债裁定。"原因是：实践中以物抵债是否损害债权人或其他利害关系人的合法权益审查难度颇高，如果允许人民法院作出以物抵债裁定，容易损害他人合法权益。

背景

《民事诉讼法解释》第491条在讨论时，曾有两种设计方案：第一种方案为增加以物抵债的前置审查条件，即"不损害其他债权人合法权益和社会公共利益"；第二种方案为另行增加一款"符合前款规定的情形下，人民法院不予出具以物抵债执行裁定书"。

是否采取第二种方案的争议焦点在于，人民法院能否通过裁定书方式对当事人双方以物抵债行为予以确认。

一种观点表示支持，理由在于：其一，以物抵债行为符合双方当事人的意思；其二，如果不以裁定书形式对以物抵债行为进行确认，在标的物已有在先查封、扣押、冻结或者房地产管理等协助执行部门不配合的情况下，双方当事人的以物抵债协议难以履行。

一种观点表示反对，理由在于：双方当事人协商以物抵债属于私法行为，为了防止当事人恶意串通危害第三人权益或社会公共利益，也为了防止当事人通过司法裁定规避行政审查，人民法院不应出具裁定书对以物抵债行为进行确认。

最终，司法解释没有采纳第二种设计方案。

（七）执行标的物已经过拍卖、变卖，均无法成交，申请执行人提出以物抵债，如何处理？

简答

按照《拍卖变卖规定》以及《民事诉讼法解释》的规定，被执行人的财产无法拍卖或者变卖的，申请执行人或其他执行债权人可以申请以物抵债，所需具备的要件为：

1.被执行人的财产无法拍卖或者变卖。

2.申请执行人或者其他执行债权人申请或者同意。需注意，其他执行债权人包括取得执行依据的执行债权人；未取得执行依据但对拍卖标的物有优先受偿权的债权人，也属于"执行债权人"。

3.经人民法院审查，不损害其他债权人合法权益和社会公共利益。

4.以拍卖流拍的保留价也就是起拍价抵债。需注意，并不是必须经过两次拍卖才可抵债，而是经过第一次拍卖流拍，申请执行人或其他执行债权人即可申请抵债。

5.有两个以上执行债权人申请以拍卖标的抵债的，由优先受偿权人优先承受；受偿顺位相同的，以抽签方式决定承受人。

6.承受人应受清偿的债权额低于抵债财产的价额的，在指定的期间内补交差额。

7.对于此类不经拍卖变卖的以物抵债，人民法院应当出具裁定确认。

8.按相关司法解释规定，申请执行人或者其他执行债权人拒绝接收的，退回被执行人。

9.按一般观点，执行法院可以对未能拍卖、变卖以及抵债的执行财产，重新启动评估拍卖。

详 述

执行实践中，未必能保证将拍卖标的顺利成交，流拍情况时有发生，必须对流拍的处理进行规制，实现执行成本最小化与当事人权益保障的有机统一。在出现流拍的情况下，由债权人直接接受拍卖标的抵偿债务，既可以使其债权早日得到实现，也可以使被执行人避免因降低底价拍卖所造成的损失，同时还可以节约执行的成本，提高执行效率。

1.抵债的适用必须有法定事由，即拍卖时无人竞买或者竞买人的最高应价低于保留价，也就是通常所说的流拍。当然，在每次出现流拍时均可适用抵债的规定。

2.可以接受拍卖标的抵债的债权人不仅包括到场的申请执行人，也包括取得执行依据而参与分配的执行债权人以及未取得执行依据但对拍卖标的物有优先受偿权而参与分配的执行债权人，但依照法律规定不得买受拍卖标的的债权人除外。申请执行人或其他执行债权人可以主动申请接受拍卖标的的抵债；人民法院也可以在每次流拍后征求债权人的意见。

3.以拍卖的财产抵债必须征得债权人的同意，人民法院不能在债权人不同意的情况下强制将拍卖标的交其抵偿债务，但抵债无须征得被执行人的同意。

4.抵债时不能随意作价，而应以该次拍卖所定的保留价为标准进行折抵。

5.在两个或两个以上的执行债权人都申请以拍卖标的抵债的情况下,由法定受偿顺位在先的债权人优先承受;如果各个债权人的受偿顺位相同,则以抽签方式决定承受人。

6.接受拍卖标的抵债的债权人应受清偿的债权额低于抵债财产价额的,人民法院应当责令其在指定的期间内补交差额。逾期不补交差额而使抵债的目的难以实现的,人民法院可以裁定重新拍卖;当然在这种情况下如果有其他顺位相同的执行债权人愿意接受抵债的,也可以交其抵债。如果裁定重新拍卖的,原承受人不得参加竞买。

7.以流拍的财产抵债的,人民法院应作出裁定,抵债裁定应当在承受人将价款或者需要补交的差价全额交付后十日内,送达承受人。

8.执行标的确实无法拍卖或变卖的,除以物抵债之外,也可以交申请执行人或其他人强制管理。执行部门应当谨慎适用退回被执行人的措施,对于能够通过强制管理等措施产生收益并实现执行债权的,就不能将财产退回被执行人。

(八)拍卖、变卖或者抵债成交的,受让人何时取得标的物所有权?

简 答

按照《民事诉讼法解释》的规定以及一般观点:

1.拍卖成交、以物抵债的,标的物所有权自拍卖成交裁定、抵债裁定送达时转移。

2.变卖成交的,标的物所有权自变卖成交裁定送达时转移。

详 述

1.拍卖买受人（变卖之买受人、以物抵债之债权人在本问题研究项下，具有与拍卖买受人相同的法律地位，与之相关的理论指引均可以一并适用，不再重复表述）交付价款后取得拍卖物的所有权，这是拍卖程序意义之所在，也是拍卖买受人所追求的最终效果。

2.拍卖买受人何时取得拍卖标的所有权，事关其切身利益，所以各国或地区立法都详细规定了拍卖买受人取得所有权的时间。考察各国或地区的情况，大致可以分为如下三种：

（1）以拍卖裁定送达之时也即许可拍定时为所有权取得的时间。德国《强制拍卖强制管理法》规定，拍卖买受人因人民法院许可拍定而取得所有权。

（2）以缴纳价款时作为所有权转移的时间。日本《民事执行法》第79条规定，买受人缴纳价款时，取得不动产所有权。

（3）以取得权利移转证书时作为拍卖买受人取得所有权的时间。我国台湾地区"强制执行法"第98条第（1）项规定：拍卖之不动产买受人自领得执行法院所发给之权利移转证书之日起，取得该不动产所有权，债权人承受债务人之不动产者亦同。

3.按照《民事诉讼法解释》以及《拍卖变卖规定》第26条，拍卖成交裁定具有物权变动效力，拍卖裁定送达时为所有权发生转移时间，这也是《民法典》物权编应有之义。拍卖成交裁定送达生效后，拍卖标的物所有权发生转移，在此情形下，登记公示并不是拍卖买受人取得所有权的要件。

4.执行实践中，拍卖成交裁定具有拍卖成交和所有权转移的双重功能，可以按照以下范例表述裁定主文：

"一、原登记于××名下的位于××区域的房产（房地产权证号：××房产证字××号）由××以人民币××万元竞买取得；

"二、××区的房产（房地产权证号：××房产证字××号）的所有权以及其相应其他权利归拍卖买受人××所有，拍卖买受人××可持本裁定书到房管部门办理相关产权过户登记手续。"

5.按照《民法典》物权编的规定，因生效法律文书取得不动产物权的，处分该物权时，依照法律规定需要办理登记的，未经登记，不发生物权效力。据此，拍卖买受人依拍卖成交裁定取得不动产物权后，如再行转让该物权，则应当遵循私法原则，拍卖买受人必须先将不动产物权变更登记至自己名下，而后将不动产物权变更登记至受让人名下。

6.在拍卖成交裁定作出前，应严格审查是否存在竞买主体不合格、拍卖标的错误、拍卖标的上存在其他物权等影响权利转移的事项，慎重作出执行裁定，以免侵害第三人合法权益，导致司法赔偿。在拍卖成交裁定作出后，应严格维护裁定效力，保护拍卖买受人合法利益。对于相关主体因拍卖程序瑕疵而受损害的，应当通过交付拍卖价款、另行起诉或者司法赔偿的途径解决，不要轻易撤销拍卖裁定，否则，将破坏拍卖效力的稳定性，损害司法拍卖制度的公信力。

背 景

1.民事执行程序中拍卖成交裁定或者以物抵债裁定，能否产生物权变动效力，是一个重大的理论与实务问题。如果具有物权变动效力，标的物所有权在上述执行裁定送达当事人时转移；如果不具有物权变动效力，即使上述执行裁定已经送达，标的物所有权仍未转移，或许仍然需要符合关于动产、不动产所有权变动的公示要件，标的物所有权方得转移。

对此，《拍卖变卖规定》（2005）规定了不动产、特定动产或其他财产权的拍卖裁定或者以物抵债裁定具有物权变动效力。该司法解释第29条规定："动产拍卖成交或者抵债后，其所有权自该动产交付时起转移给买受人或者承受人。不动产、有登记的特定动产或者其他财产权拍卖成交或者抵债后，该不动产、特定动产的所有权、其他财产权自拍卖成交或者抵债裁定送达买受人或者承受人时起转移。"

但是，对执行裁定能否发生物权变动的法律效力一直存有不同的认识。

反对观点认为，执行裁定不能发生物权变动的效力。理由如下：第一，原《物权法》第28条规定人民法院的法律文书导致物权变动的，自法律文书生效时发生物权变动效力，但并非所有的人民法院法律文书都具有此类效力，只有形成判决方发生物权变动效力；第二，拍卖成交裁定或者抵债裁定的内容，是以确认拍卖合同有效成立或者确认以物抵债成立，本身属于给付性质的法律文书而非形成裁判文书，因此其内容没有导致物权变动的意思，该类裁定无法产生物权变动公示的效果；第三，拍卖成交裁定、以物抵债裁定作为执行程序中的裁定，并非诉讼程序中的裁定，本身不应当具有既判力，因此其公示效力不及判决，因而，该类裁定生效后，还应当办理相应的登记或者交付手续，否则不宜认定其具有物权变动的对世效力。

支持观点则认为，执行裁定能够发生物权变动的效力。理由如下：第一，按照原《物权法》第28条的规定，人民法院的法律文书当然包括执行裁定；第二，人民法院的法律文书导致物权变动的，法律文书本身即为物权变动的有效公示方式，不需要再通过动产交付或者不动产的登记进行公示；第三，以执行裁定的送达生效，作出物权变动发生效力的时间点，有利于物权关系的明晰化，提高交易的便捷性。

《民事诉讼法解释》起草时，经慎重研究，并征求专家意见，增加规定了本条内容，对《拍卖变卖规定》的规则进行了确认。

2.关于调解书是否属于引起物权变动的法律文书。原《物权法》第28条规定的人民法院生效法律文书的范围问题，是解决该类案件的核心，现在审判实务中已基本达成共识的是，该"生效法律文书"一般指的是人民法院依法作出的形成判决以及执行程序中对不动产和有登记的特定动产拍卖时所作的拍卖成交裁定和以物抵债裁定，而对于调解书，应否在该"生效法律文书"范畴之内，争议较大。

偏主流观点认为，调解书应当属于能够引起物权变动的法律文书：第一，按照全国人大法工委在物权法释义中对该条的解读来看，其解释"导致物权变动的人民法院判决或者仲裁委员会的裁判等法律文书，指直接为当事人创设或者变动物权的判决书、裁决书、调解书等"，调解书明确列在其中。第二，应依据案件性质来确定该案件的判决或调解结果是否属于能导致物权变动的法律文书，而不是仅仅依照法律文书的样式。若案件本身为形成之诉，则人民法院对该案作出的形成判决或调解书，效力应具有一致性。

（九）拍卖、变卖以及抵债成交的，税款应由哪一方承担？

简答

按照《网络拍卖规定》的规定以及一般观点：

1.对于税款的承担，严格按照相关法律以及行政法规，归于转让人应缴则属被执行人义务，归于受让人则属买受人义务。

2.拍卖、变卖成交买受人以及抵债成交承受人，均不承担应由被执行人（转让方）负担的土地增值税、增值税等税款，只按照评估价、起拍价等竞价而得的成交价交付拍卖款项。

3.拍卖、变卖成交买受人以及抵债成交承受人，已经缴纳属于其纳税金额后，税务机关应当为其出具完税证明，进而可由其办理产权过户登记。

4.对于应由被执行人（转让方）负担的土地增值税、增值税等税款，按照《税收征收管理法》第45条所规定的基本规则以及原则处理，可以分解为：实现债权费用（诉讼费、执行费）、设定在税款发生前的优先受偿债权（建设工程款、担保物权；司法拍卖房屋税收发生的时间应为成交确认之时，一般而言担保物权将会优先于税款发生时间）、被执行人（转让方）应当负担的税款、普通金钱债权。

5.如果拍卖款项按照上述顺序清偿或曰分配后，税款未得到缴付，则属于税务机关稽查清缴的范畴，作为税务机关的内部台账记录。

详述

1."相关法律、行政法规的规定，由相应主体承担"之"法律、行政法规"与"相应主体"

《网络拍卖规定》第30条规定："因网络司法拍卖本身形成的税费，应当依照相关法律、行政法规的规定，由相应主体承担；没有规定或者规定不明的，人民法院可以根据法律原则和案件实际情况确定税费承担的相关主体、数额。"

《网络拍卖规定》第30条只是一条原则性规定，具体的税费承担主体依然需要根据相关法律、行政法规来确定。相关法律、不动产过户税费种类较多，承担主体确定的规则散见于部门法以及相关的行政法规中。

（1）被执行人（转让方）应当承担的税费

其一，增值税——根据国务院发布的《增值税暂行条例》第1条[1]，被执行人作为不动产的所有权人，视为销售方，是该项税费的纳税人。

---

[1]《增值税暂行条例》第1条："在中华人民共和国境内销售货物或者加工、修理修配劳务（以下简称劳务），销售服务、无形资产、不动产以及进口货物的单位和个人，为增值税的纳税人，应当依照本条例缴纳增值税。"

其二，城市维护建设税、教育费附加以及地方教育附加——根据国务院发布的《城市维护建设税法》第2条[①]、《征收教育费附加的暂行规定》第2条[②]以及财政部发布的《关于统一地方教育附加政策有关问题的通知》第2条的部分内容[③]，当不动产拍卖中产生上述三项税费时，其纳税人同增值税纳税人，也即被执行人。

其三，印花税——根据国务院发布的《印花税暂行条例》第1条[④]以及第2条列举的"产权转移书据"，不动产网络司法拍卖成交后必然出现书立、领受凭证的程序，凡涉及被执行人部分均由其承担。

其四，土地增值税——根据国务院发布的《土地增值税暂行条例》第2条[⑤]，被执行人作为转让方，应当承担该税费。

其五，个人（企业）所得税——根据《个人所得税法》第1条[⑥]以及

[①]《城市维护建设税法》第2条第1款："城市维护建设税以纳税人依法实际缴纳的增值税、消费税税额为计税依据。"

[②]《征收教育费附加的暂行规定》第2条："凡缴纳消费税、增值税、营业税的单位和个人，除按照《国务院关于筹措农村学校办学经费的通知》（国发〔1984〕174号文）的规定，缴纳农村教育事业费附加的单位外，都应当依照本规定缴纳教育费附加。"

[③]《财政部关于统一地方教育附加政策有关问题的通知》第2条部分："地方教育附加征收标准统一为单位和个人（包括外商投资企业、外国企业及外籍个人）实际缴纳的增值税、营业税和消费税税额的2%。"

[④]《印花税暂行条例》第1条："在中华人民共和国境内书立、领受本条例所列举凭证的单位和个人，都是印花税的纳税义务人（以下简称纳税人），应当按照本条例规定缴纳印花税。"

[⑤]《土地增值税暂行条例》第2条："转让国有土地使用权、地上的建筑物及其附着物（以下简称转让房地产）并取得收入的单位和个人，为土地增值税的纳税义务人（以下简称纳税人），应当依照本条例缴纳土地增值税。"

[⑥]《个人所得税法》第1条："在中国境内有住所，或者无住所而一个纳税年度内在中国境内居住累计满一百八十三天的个人，为居民个人。居民个人从中国境内和境外取得的所得，依照本法规定缴纳个人所得税。在中国境内无住所又不居住，或者无住所而一个纳税年度内在中国境内居住累计不满一百八十三天的个人，为非居民个人。非居民个人从中国境内取得的所得，依照本法规定缴纳个人所得税。纳税年度，自公历一月一日起至十二月三十一日止。"

《企业所得税法》第1条[1]，不动产经网络司法拍卖，拍品所得为被执行人财产，故根据被执行人的身份，相应征收个人所得税或企业所得税。

（2）买受人（承受方）应当承担的税费

其一，契税——根据国务院发布的《契税暂行条例》第1条[2]，契税自然由买受人承担。

其二，印花税——不动产网络司法拍卖成交后出现书立、领受凭证的程序中不仅有涉及被执行人的部分，还有涉及买受人的部分，买受人也需要承担相应的印花税。

2.拍卖、变卖以及抵债成交的，关于税款承担方，各地执行实践中，惯例有所不同

（1）各种税费均由买受人承担

这种做法与普通的房屋买卖中产生的税费负担问题的一般做法相同。在普通的房屋买卖中，一般都会在买卖合同中约定由买方负担房屋过户产生的全部税费，这种税费承担的方式是基于买卖双方的合意，买方同意将卖方作为纳税主体所应交纳的个人所得税、增值税等税费由自己负担，实际上是同意了卖方将税费转嫁给自己。

在房屋的司法拍卖中，人民法院在拍卖公告中公示"过户产生的各种税费均由买受人承担"，在此前提下，买受人最终以最高价竞得拍卖标的，即表明了买受人同意并接受了这样的税费承担方式。这种税费承担方式的优点是税务机关可以从买受人处征到全部税款，顺利为买受人开具《完税证明》，买受人便可在尽可能短的时间内办理过户登记，拿到房产证。但

---

[1]《企业所得税法》第1条："在中华人民共和国境内，企业和其他取得收入的组织（以下统称企业）为企业所得税的纳税人，依照本法的规定缴纳企业所得税。个人独资企业、合伙企业不适用本法。"

[2]《契税暂行条例》第1条："在中华人民共和国境内转移土地、房屋权属，承受的单位和个人为契税的纳税人，应当依照本条例的规定缴纳契税。"

这实际上是不符合"税收法定原则"的。

（2）按照国家税收法律、法规的规定由相应的主体承担

这种做法与《网络拍卖规定》第30条的规定是一致的，但是这种做法有一个现实问题，即由于被执行人（可将其视为卖方）不会主动履行自己的纳税义务，这就导致税务机关不会为买受人开具《完税证明》，这势必会影响到买受人办理房屋的过户登记。针对这一问题，北京市的一般做法是，税务机关会对被执行人做一个"欠税处理"，保留事后对被执行人继续征缴的权力，只要买受人交纳了其应当承担的税费，税务机关就为其出具《完税证明》，这样便不会影响到买受人办理房屋过户登记。

在拍卖公告中公示要求本应由被执行人（出卖人）负担的税费由买受人承担，尽管实际上在这种模式下买受人自愿成为纳税主体，但法律规定的应当承担税款的主体依然是被执行人。

（3）从拍卖款里支出款项用于清缴本应由被执行人交纳的税款

这种做法的优点与"由买受人承担"的方式的优点相同，但问题也是很明显的。从拍卖款中支出款项用于清缴税款很有可能损害债权人（申请执行人）的利益。例如，如果拍卖房屋所得价款不足以清偿全部债务，那么用拍卖款清缴税费，实际上是用债权人（申请执行人）的钱去为债务人（被执行人）的纳税义务买单。这实际上是严重违反"税收法定原则"的。[1]

3.《国家税务总局关于人民法院强制执行被执行人财产有关税收问题的复函》（以下简称《复函》）之分析

《复函》指出："四、鉴于人民法院实际控制纳税人因强制执行活

---

[1] 参见微光君：《房屋司法拍卖中的税究竟该谁出——从"税收法定原则"说开》，载微信公众号"法治微光"，访问时间：2020年10月7日。

动而被拍卖、变卖财产的收入，根据《中华人民共和国税收征收管理法》第五条的规定，人民法院应当协助税务机关依法优先从该收入中征收税款。"

实际上该《复函》答复的是最高人民法院的《关于人民法院依法强制执行拍卖、变卖被执行人财产后，税务部门能否直接向人民法院征收营业税的征求意见稿》，最高人民法院征求的是关于"税务部门能否直接向人民法院征收营业税"的意见，对于这个问题《复函》也已经答复，即"一、人民法院的强制执行活动属司法活动，不具有经营性质，不属于应税行为，税务部门不能向人民法院的强制执行活动征税"。

《复函》第4条的内容，不是最高人民法院征求意见的内容。事实上，最高人民法院随后出台的《网络拍卖规定》，依然坚持的是"税收法定原则"。同时，国家税务总局将《复函》作为税务系统内部文件要求各地方税务局贯彻落实，也仅仅是对其系统内部有约束力和起到业务指导作用。《复函》从性质上不能成为人民法院据以适用的法律依据。

（十）竞买须知中载明的"税费由买受人承担"，效力如何？

简 答

按照一般观点：

1. 司法拍卖中的税费承担，按照前问方式处理为妥。

2. 按照《网络拍卖规定》官方解读以及一般观点，《竞买公告》《竞买须知》中"由买受人承担相关税费"，载明事项无效，买受人、被执行人应当仍按照法律、行政法规规定的纳税义务缴纳税费。

详 述

《竞买公告》《竞买须知》中一般会有类似的宣告："除需要由出卖人承担的税费外，办理登记所产生的税款以及其他费用全部由买受人承担。上述费用包括但不限于契税、印花税、增值税等。拍卖人不承担上述费用，未明确缴费义务人的费用也由买受人自行解决。""拍卖时的起拍价、成交价均不包含买受人在拍卖标的物交割、处置时所发生的全部费用和税费。""买受人应自行办理相关变更手续，并自行承担相应费用。除明确由出卖人缴纳的费用，其他未明确缴费义务人的费用也由买受人自行承担。"

关于《竞买公告》《竞买须知》中载明的"由买受人承担相关税费"事项的效力，《最高人民法院〈关于人民法院网络司法拍卖若干问题的规定〉理解与适用》中指出："该类载明事项无效。"原因主要有二：

其一，根据税收法定原则，纳税义务人的身份不能因拍卖公告的载明条款而发生转移。

其二，《复函》第4条明确要求："鉴于人民法院实际控制纳税人因强制执行活动而被拍卖、变卖财产的收入，根据《中华人民共和国税收征收管理法》第五条的规定，人民法院应当协助税务机关依法优先从该收入中征收税款。"意思就是，执行程序中产生的税款应由被执行人承担，并应优先从拍卖、变卖财产的收入中扣除。

所以，如果网络司法拍卖程序在2017年1月1日前未结束，竞买人可以主张适用《网络拍卖规定》第30条的规定，主张《竞买须知》《竞买公告》等载明的诸如"司法网络拍卖产生的税费由买受人负担"的事项无效，应适用我国税法的相关规定，由买卖双方各自承担法定税款。

七、执行追加变更专题

（一）追加被执行人的基本要件是什么？

简　答

按照《变更追加规定》确定的基本原则以及一般观点，追加被执行人承担债务，需具备如下严格要件：

1. 先执行抗辩原则：被执行人不能清偿生效法律文书确定的债务；

2. 可替代履行原则：被执行人所负债务为金钱债务；

3. 私权处分原则：需由申请执行人向执行法院提出书面申请；

4. 执行期间原则：必须在执行程序推进过程中申请追加；

5. 追加法定原则：只有符合法律、司法解释明确规定的情形，才能追加被执行人。

（二）如何掌握"无偿接受财产可追加被执行人"的标准要件？

简答

《变更追加规定》第22条规定："作为被执行人的法人或其他组织，被注销或出现被吊销营业执照、被撤销、被责令关闭、歇业等解散事由后，其股东、出资人或主管部门无偿接受其财产，致使该被执行人无遗留财产或遗留财产不足以清偿债务，申请执行人申请变更、追加该股东、出资人或主管部门为被执行人，在接受的财产范围内承担责任的，人民法院应予支持。"

按照该条规定以及一般观点，根据《变更追加规定》第22条所确立的规则追加第三人为被执行人，需同时具备如下严格要件：

1. 被执行人为法人或其他组织；
2. 被执行人被注销或出现被吊销营业执照、被撤销、被责令关闭、歇业等解散事由；
3. 第三人为被执行人的股东、出资人或主管部门；
4. 第三人无偿接受被执行人的财产。

第三人被追加后，则在无偿接受财产的范围内承担补充赔偿责任。

详述

关于第三人为被执行人的股东、出资人或主管部门的详细解读。

1.执行程序中追加被执行人必须遵循法定原则，即必须符合法律以及司法解释明确规定的情形，绝不能在执行程序任意扩大自由裁量范围，突破法律以及司法解释规定追加被执行人。

根据《变更追加规定》第22条追加第三人为被执行人，第三人必须为被执行人的"股东、出资人或主管部门"。

《变更追加规定》第22条并未在股东、出资人或主管部门后以"等"字扩展，即未将被追加主体扩展至股东、出资人或主管部门之外的任何主体。原因在于：公司的股东、出资人或主管部门三类主体，完全可以通过企业信息公示或者政府编制文件予以判断，通过外观形式即可清晰而明确地加以认定。因此，这三类主体可以通过执行程序加以识别。但是，这三类主体之外的与公司相关的其他主体，如实际出资人、实际控制人、一致行动人等主体相对复杂，需要经审判程序以实体审理判断认定。

2.《变更追加规定》第22条移植于《执行规定》第81条，按照公司法和现代企业法的法律定义，以及《执行规定》制定时的时代背景：

（1）所谓"股东"，特指在有限责任公司或股份有限公司内部，以其出资额为限或以其认购的股份为限承担有限责任的自然人或法人。包括：其一，以"原始取得"方式获得身份的股东，应于《公司章程》中注明姓名或名称、出资额、所持股份数等情况，被公司列示于《股东名册》，有权取得《出资证明书》且在所持股权变动时完成工商登记机关备案的主体。其二，以"继受取得"方式获得身份的股东，应签订并履行《股权转让协议》且完成工商登记机关备案。前述两种方式中，有限责任公司股东均根据《公司章程》直接认缴或实缴出资额。在特定类型企业中，根据相应规定履行其他审批、备案程序。

（2）所谓"出资人"，包括三类：其一，向非公司企业法人或者合伙企业、个人独资企业等非法人企业投入资金的主体。其二，设立非营利法人，如事业单位、社会团体、基金会、社会服务机构的主体。其三，依照法律规定分别代表国家对国家出资企业履行出资人职责，享有出资人权益的机构，如国务院、地方人民政府等。在国有控股公司中，国务院、地方人民政府等依法履行"出资人职责"，其他非国有股东不能界定为"出资人"。"出资人"应属于概念，这一情形不包括通过投资关系、协议或其他民商事安排实际支配公司的实际控制人等主体。《变更追加规定》第22条所规定的"出资人"，应当仅限于前两种情形。

（3）所谓"主管部门"，指依法履行行政管理职能的政府部门。这一概念不能泛指依法设立且具有独立法人人格的公司制企业的股东以及上层股东。

3.部分案件中，相关人民法院以"实际投资人""实际控制人"的概念，参照《变更追加规定》第22条的规定追加被执行人，这种裁判混淆概念，扩大适用司法解释，也是错误的。

（1）"实际投资人"本身并非法律概念，现行立法以及司法解释均未规定"实际投资人"这一概念。资本市场中的信托、理财产品等金融投资领域，有时会用此非法律专有词汇，与登记投资人相对。与此相近的是"实际出资人"这一概念，用于股权代持这一法律情景下，与名义股东、登记股东相对。

（2）"实际控制人"是指虽不是公司的股东，但通过投资关系、协议或者其他安排，能够实际支配公司行为的人。一般而言，这一概念将穿透至股权结构的顶端，即最终控制公司的主体。

（三）如何掌握"未足额缴纳出资可追加被执行人"的标准要件？

> **简　答**

《变更追加规定》第17条规定："作为被执行人的营利法人，财产不足以清偿生效法律文书确定的债务，申请执行人申请变更、追加未缴纳或未足额缴纳出资的股东、出资人或依公司法规定对该出资承担连带责任的发起人为被执行人，在尚未缴纳出资的范围内依法承担责任的，人民法院应予支持。"

按照一般观点以及《变更追加规定》第17条所确立的规则，追加第三人为被执行人，需同时具备如下严格要件：

1.被执行人为营利法人。排除合伙企业、个人独资企业等其他非法人组织。

2.被执行人不能履行债务。

3.第三人为被执行人的股东、出资人或依公司法规定对该出资承担连带责任的发起人。"股东"，指在有限责任公司或股份有限公司内部，以其出资额为限或以其认购的股份为限承担有限责任的自然人或法人。"出资人"，包括：其一，向非公司企业法人或者合伙企业、个人独资企业等非法人企业投入资金的主体。其二，设立非营利法人，如事业单位、社会团体、基金会、社会服务机构的主体。"对出资承担连带责任的发起人"，指按照公司法第93条对股份有限公司未缴足出资的发起人承担补缴连带责任的公司"其他发起人"。

4.第三人未缴纳或未足额缴纳出资。第三人被追加后，则在尚未缴纳出资（自身需补缴或需连带补缴）的范围内承担补充赔偿责任。

（四）发起股东未足额缴纳出资即转让股权，能否追加受让股权的继受股东为被执行人？如不能追加，申请执行人如何救济？

简 答

1.按照一般观点：不可以追加受让股权的继受股东为被执行人。

2.后续救济：

（1）虽然不能在执行程序中追加继受股东为被执行人，申请执行人仍然可以根据《公司法解释（三）》的相关规定，另行起诉继受股东而寻求救济。

（2）申请执行人以《变更追加规定》第17条为依据，申请追加继受股东为被执行人的，按上述分析，将被裁定驳回追加申请；申请执行人再按照《变更追加规定》第32条的规定，向执行法院提起执行异议之诉的，执行裁判庭可根据《公司法解释（三）》的相关规定，作出审理认定结论。

详 述

《公司法解释（三）》规定，如果股东未缴纳或未足额缴纳出资，应当对公司债务承担补充赔偿责任；如果股东将股权转让，受让人对未缴纳或未足额缴纳出资情况"知道或者应当知道"，受让股权的继受股东应当承担连带责任（应理解为，对公司原股东的补充赔偿责任承担连带责任）。

但是，《公司法解释（三）》的上述规定只能适用于诉讼程序，而不能直接援引适用于执行程序。执行程序中追加被执行人，必须严格遵照法定原则，即只有在法律或司法解释具有专门规定的情况下方可追加。

按照《变更追加规定》第17条的规定，公司不能清偿债务，人民法院可以追加未缴纳或未足额缴纳出资的股东为被执行人。该条规定中的"未缴纳或未足额缴纳出资的股东"，仅限于公司发起股东，不包括受让股权的继受股东。

最高人民法院在制定《变更追加规定》时，曾慎重研究过是否追加继受股东问题。经广泛征求全国人大法工委、相关部门单位以及专家学者的意见，主流观点认为，追加继受股东需审查该股东受让股权时是否"知道或者应当知道"未缴纳或未足额缴纳出资情况，这类问题非常复杂，不宜过于扩大执行权而通过执行程序审查认定，应在诉讼程序中予以审查认定。因此，《变更追加规定》并未规定追加继受股东问题，执行程序不能代替诉讼程序予以审查。

最高人民法院执行案例参考

【案号】（2017）最高法执监106号

【案例要旨】执行程序中，只能追加发起股东为被执行人；如发起股东将股权转让，无论出资是否缴纳充足，均不应直接追加继受股东为被执行人。

【案情概要】针对孙某某与A投资公司、A房产公司民间借贷纠纷一案，黑龙江省牡丹江中院于2013年5月29日作出（2013）牡商初字第9号民事调解书。牡丹江中院于2014年3月17日立案执行。

2016年2月18日，孙某某以注册资金不实为由向牡丹江中院申请追加

A投资公司的股东Z公司为该案被执行人。

牡丹江中院查明以下事实：2010年2月8日，被执行人A投资公司三名股东H科技公司、薛某、范某某将其持有的股份分别以1元的价格转让给Z公司。其中，H科技公司将所持有的占公司注册资本51%的股权全部转让给Z公司；薛某将所持有的占公司注册资本32%的股权全部转让给Z公司；范某某将所持有的占公司注册资本17%的股权全部转让给Z公司；转让金额均为人民币1元。转让后的公司名称不变，公司类型由原登记的有限责任公司（自然人投资或控股）变更为有限责任公司（法人独资）。变更后的公司章程第6条规定，公司注册资本金1亿元人民币；第7条规定，股东名称为Z公司，出资数额为人民币1亿元，出资方式货币，出资时间2010年2月8日。A投资公司工商档案记载，A投资公司股权转让前，股东的出资方式为无形资产、实物资产、货币出资三种方式，A投资公司股权转让后，出资方式变更为货币出资。工商档案中没有注销原股东的出资证明书，没有向新股东签发出资证明书，没有按照修改后的公司章程第7条规定履行1亿元的出资义务。2010年2月4日，被执行人A投资公司与Z公司签订抵押贷款合同，A投资公司向Z公司借款3.5亿元（年利率25%），并以房屋所有证号绥芬河房权证绥字第××号，房屋建筑面积9088.06平方米，国有土地使用权编号绥国用（2000）字第××号，土地面积2993.4平方米出让土地使用权抵押给Z公司。2011年2月15日，被执行人A投资公司与Z公司签订抵押贷款合同，A投资公司向Z公司贷款4000万元（年利率30%），并以土地使用证号绥国用（2006）字第××号，土地面积8532平方米以及在建工程建筑面积59232.77平方米抵押给Z公司。2011年9月22日，被执行人A投资公司与Z公司签订抵押贷款合同，A投资公司向Z公司贷款3.1亿元（年利率25%），并以土地使用证号绥国用（2006）字第××号，土地面积8532平方米和建字第××号在建工程抵押给Z公司。2013年1月16日，被执行人A投资公司与Z公司签订抵押贷款合同，A投资公司向Z公司贷款1.8亿元（年利率15%），并以土地使用证号绥国用（2006）字第××号，土地面积8532平方米和建字第××号在建工程抵押给Z公司。2008年12月25日，A房产公司将出让取得的2619.9平方米国有土地使用权［地号M-（3）-15］和2901.2平方米国有土地使用权［地号M-（2）-8］抵押给X投资担保公司，贷款额600万元，并在绥芬河市国土资源局办理了他项权利登记。该两宗土地已被A房产公司作为绥芬河市重点项目拆迁安置房予以开发建设，该两宗土地已无法执行。2014年12月1日，黑龙江高院技术室委托H房地产估价公司对A投资公司房屋、土地等资产评估作价。2015年3月16日，H房地产估价公司出具房地产估价报告，对上述房地产评估总价为5.548亿元。

2016年3月31日，牡丹江中院作出（2014）牡法执字第26-2号执行裁定，追加Z公司为该案被执行人，并在出资不实的范围内对孙某某承担责任。2016年4月11日，牡丹江中院作出（2014）牡法执字第26-3号执行裁定，裁定冻结Z公司银行存款共计4600万元。

Z公司向牡丹江中院提出书面异议，申请撤销该院（2014）牡法执字第26-2号执行裁定，解除已对Z公司采取的强制措施。牡丹江中院认为，Z公司提出A投资公司、A房产公司有下列财产可供执行：房屋所有权证编号绥芬河房权证绥字第××号，面积9088.06平方米，国有土地使用权证编号绥国用（2000）字第××号，面积2993.4平方米；国有土地使用权证编号绥国用（2006）字第××号，面积8532平方米，建设工程规划许可证编号为建字第××号，面积61812.96平方米。A房产公司享有的土地使用权等财产。经查，A投资公司绥芬河房权证绥字第××号房屋、绥国用（2000）字第××号土地以及绥国用（2006）字第××号土地和建字第××号在建工程均抵押给Z公司，上述财产经黑龙江高院技术室委托H房地产估价公司评估，评估总价为5.548亿元，尚不足以清偿A投资公司向Z公司抵押贷款本息。A房产公司享有的两宗土地的土地使用权，因两宗土地已经新建绥芬河市重点项目拆迁安置房，该土地使用权无法执行。除上述财产外，A投资公司、A房产公司无其他财产可供执行。2005年10月27日修订的《公司法》第59条第1款规定：一人有限责任公司的注册资本最低限额为人民币10万元。股东应当一次足额缴纳公司章程规定的出资额；第74条规定：依照本法第72条、第73条转让股权后，公司应当注销原股东的出资证明书，向新股东签发出资证明书，并相应修改公司章程和股东名册中有关股东以及其出资额的记载。而Z公司并没有注销原股东的出资证明书，没有向新股东签发出资证明书，没有按照修改后的公司章程第7条规定履行1亿元的出资义务。综上，牡丹江中院裁定驳回Z公司的执行异议。

Z公司向黑龙江高院申请复议。黑龙江高院认为，牡丹江中院以Z公司没有注销原股东的出资证明书，没有向新股东签发出资证明书，没有按照修改后的公司章程第7条规定履行1亿元的出资义务为由追加Z公司为该执行案件被执行人确有不当，应予纠正。首先，《公司法》规定的注销原股东出资证明书，向新股东签发出资证明书的责任应由A投资公司承担，而非Z公司。牡丹江中院以此理由归责Z公司错误。其次，新公司章程第7条规定了股东出资数额、出资方式、出资时间，并没有规定新股东Z公司应履行出资1亿元义务，牡丹江中院此理由亦属错误。最后，执行程序中只有在法律明确规定的情形下才可变更追加被执行人，按照《执行规定》第80条，被执行人无财产清偿债务，如果其开办单位对其开办时投入的注册资金不实或抽逃注册资金，可以裁定变更或追加其开办单位为被执行人，在注册资金不实或抽逃注册资金的范围内，对申请执行人承担责任。Z公司不是被执行人A投资公司的开办单位，而是通过股权转让方式成为A投资公司股东。牡丹江中院追加Z公司为该执行案件被执行人的理由缺乏法律依据。综上，裁定撤销牡丹江中院追加裁定。

孙某某向最高人民法院申诉，主要事由为：（一）Z公司在设立一人有限责任公司时向绥芬河市工商行政管理局提交的公司章程第1条就明确自认"由股东Z公司出资设立一人有限责任公司（法人独资）（以下简称公司），特制定本章程"。A投资公司的性质变更为一人有限责任公司，表明Z公司系A投资公司改制后首任发起股东。（二）Z公司从未按照修改后的公司章程第7条规定履行1亿元的出资义务，应在其出资不实范围内承担责任。（三）A投资公司的验资报告不符合会计法的规定，不能证明公司原股东实际出资到位，Z公司未履行审查义务，应承担连带责任。因此，应当根据《变更追加规定》第17条的规定追加Z公司为被执行人。Z公司答辩称：Z公司通过股权转让成为A投资公司的股东，并非A投资公司的发起股东，执行程序中追加受让股权的股东为被执行人并没有法律依据，因此应当驳回孙某某的申诉请求。

最高人民法院归纳本案焦点问题为：能否追加Z公司为被执行人，对申请执行人孙某某承担清偿责任。

最高人民法院认为，该案的基本法律关系为，孙某某系申请执行人，A投资公司系被执行人，H科技公司、薛某、范某某系A投资公司的发起股东，Z公司受让上述三位股东股权后成为公司继受股东。按照《执行规定》第80条以及《变更追加规定》第17条的规定，公司财产不足以清偿生效法律文书确定的债务，如果股东未缴纳或未足额缴纳出资，可以追加股东为被执行人，在尚未缴纳出资的范围内依法承担责任。本案中，综合A投资公司企业法人营业执照副本、工商登记档案以及其与Z公司之间的股权转让合同，Z公司并非设立A投资公司的发起股东，而是通过股权转让方式继受成为A投资公司股东。Z公司受让A投资公司股权后，A投资公司注册资本仍为1亿元，Z公司并不具有继续缴纳出资义务。因此，Z公司并不属于上述司法解释所规定未缴纳或未足额缴纳出资的股东，不应追加该公司为被执行人。如果孙某某以A投资公司原股东未实际出资到位且Z公司未履行审查义务为由，请求Z公司承担清偿责任，可以通过诉讼程序予以救济。综上，裁定驳回孙某某的申诉请求。

（五）能否追加被执行人配偶为共同被执行人？如不能追加，通过何种程序请求配偶承担民事责任？

简 答

1.按照《变更追加规定》的基本规则以及一般观点，执行程序不能追加被执行人配偶为共同被执行人。

（1）现行法律以及司法解释并未规定执行程序可以追加配偶为被执行人。

（2）夫妻共同财产与夫妻共同债务的认定相对复杂，执行程序难以实现综合审查判定功能，由诉讼程序审查认定更为妥当。

2.申请执行人可以向被执行人的配偶一方再次提起诉讼，基于申请执行人与被执行人之间的基础债务关系，要求配偶一方针对被执行人的债务承担连带责任。

详 述

1.现行法律以及司法解释并未规定执行程序可以追加配偶为被执行人

执行程序中追加被执行人遵循法定主义原则，即应当限于法律和司法解释明确规定的追加范围，既不能超出法定情形进行追加，也不能直接引用有关实体裁判规则进行追加。从现行法律和司法解释的规定看，并无可以追加被执行人的配偶或原配偶为共同被执行人的规定，申请执行人按照婚姻法以及婚姻法司法解释等实体裁判规则，请求追加配偶为被执行人的，应当驳回追加请求。

2.夫妻共同财产与夫妻共同债务的认定相对复杂

（1）关于夫妻共同债务

夫妻共同债务包括夫妻为共同生活或为履行抚养、赡养义务以及为共同从事生产、经营活动所负债务；夫妻个人债务则是指夫妻一方在婚前或婚后以个人名义所负与共同生活无关的债务。是否为夫妻共同债务，要结合该债务是否出于夫妻的共同意思表示、所负债务带来的利益是否由夫妻双方共享等综合审查判定。

（2）关于夫妻共同财产

首先，夫妻共同财产不能简单通过财产权属是否登记于婚姻存续期间这一简单表征。一般而言，还应该按照签订财产受让合同的时间、夫妻双方的出资状况、取得财产的意思表示等因素综合判断。

其次，夫妻双方在共同财产中的份额，也不能够简单认定为各占50%。婚姻存续期间，夫妻双方对共有财产不分份额平等所有；共有关系解除时的财产分割，应当考虑首付款情况、贷款偿还情况等财产贡献情况综合判定。离婚纠纷案件中，对于夫妻共同财产也很少采取平均分割方式。

最高人民法院执行案例参考

【案号】（2015）执申字第111号

【案例要旨】执行程序中追加被执行人遵循法定主义原则，即应当限于法律和司法解释明确规定的追加范围，既不能超出法定情形进行追加，也不能直接引用有关实体裁判规则进行追加。从现行法律和司法解释的规定看，并无可以追加被执行人的配偶或原配偶为共同被执行人的规定，申请执行人按照婚姻法以及婚姻法司法解释等实体裁判规则，请求追加配偶为被执行人的，应当驳回追加请求。但是，申请执行人可以通过其他法定程序进行救济。

【案情概要】2006年3月7日，兰州中院对L有机厂与Z化工厂货款合同纠纷一案作出（2005）兰法民二初字第182号民事判决，判令Z化工厂给付L有机厂货款3075100.75元，并承担案件受理费30462元。

Z化工厂于1999年11月3日成立，企业类型为私营企业，负责人为王某某，2008年6月6日注销。

王某某、吴某某于1983年4月10日结婚，于2010年6月11日离婚，离婚协议内容为：王辛庄村老宅基上北方五间以及房内生活用具归王某某所有，王某某个人债务由王某某负担；B生化公司的股东为吴某某，王某某自愿放弃分割股权，股权全归吴某某所有；奥迪轿车冀FY×××归吴某某所有；吴某某个人债务由吴某某个人负担。

判决生效后，因Z化工厂未自动履行，申请执行人L有机厂于2007年5月25日向兰州中院申请强制执行。之后，L有机厂将其债权经四次转让至R公司，R公司于2013年8月19日向兰州中院申请变更申请执行人，兰州中院作出（2013）兰执变字第1号执行裁定，变更R公司为申请执行人。

2013年10月26日，R公司向兰州中院申请追加王某某、吴某某为被执行人。兰州中院于2013年12月30日作出（2013）兰法执追字第4号执行裁定：一、追加王某某为本案被执行人；二、驳回追加吴某某为被执行人的申请。

R公司不服兰州中院驳回其追加吴某某为被执行人的申请，提出执行异议称，Z化工厂的债务是在王某某和吴某某婚姻关系存续期间发生，系共同债务。请求撤销（2013）兰法执追字第4号执行裁定第2项，追加吴某某为本案被执行人。

兰州中院认为，王某某以其全部财产对Z化工厂的债务承担责任，该债务形成于吴某某与王某某婚姻关系存续期间，因此，根据《最高人民法院关于适用〈中华人民共和国婚姻法〉若干问题的解释（二）》第24条等相关规定，于2015年3月10日作出（2014）兰执异字第19号执行裁定：一、撤销（2013）兰法执追字第4号执行裁定第2项；二、追加吴某某为本案被执行人。

王某某、吴某某均不服上述异议裁定，向甘肃高院申请复议。王某某申请复议的主要事由为：（2005）兰法民二初字第182号民事判决存在程序违法情形；R公司是否是适格债权人有待确定；Z化工厂未与L有机厂发生过买卖合同关系；Z化工厂自注销登记至R公司申请执行已超过5年除斥期间。综上，请求撤销兰州中院（2013）兰法执追字第4号执行裁定。

吴某某申请复议的主要事由为：本案债务为个人独资企业经营欠款，不属于夫妻共同债务；该企业没有利润，收入也未用于共同生活；吴某某与王某某离婚前，二人经济早已独立；吴某某离婚时不知道存在本案纠纷；该债权已过诉讼时效；离婚时明确约定婚姻存续期间个人债务由个人承担；分割共同财产没有规避债务的恶意；执行程序中将吴某某直接追加为被执行人没有法律依据。综上，请求撤销（2014）兰执异字第19号执行裁定。

甘肃高院认为：（2014）兰执异字第19号执行裁定追加吴某某为被执行人，与王某某无关。王某某不服该裁定，应向执行法院提出执行异议，而不能直接向上级人民法院申请复议。王某某复议申请不属于审查范围，不予审查。《民事诉讼法》和最高人民法院相关司法解释均未规定执行程序中可以按照属于夫妻共同债务而直接追加被执行人的配偶为被执行人，兰州中院依据婚姻法司法解释的实体性裁判规则追加吴某某为本案被执行人不当，应告知当事人另诉解决。综上，甘肃高院于2015年7月24日作出（2015）甘执复字第9号执行裁定：撤销兰州中院（2014）兰执异字第19号执行裁定。

R公司不服甘肃高院上述复议裁定，向最高人民法院申请执行监督，主要理由为：Z化工厂债务应当由王某某承担，该债务属王某某与吴某某婚姻存续期间的共同债务，按照《婚姻法》第19条、《最高人民法院关于适用〈中华人民共和国婚姻法〉若干问题的解释（二）》第24条的规定，应当追加吴某某为本案被执行人。综上，请求撤销甘肃高院（2015）甘执复字第9号执行裁定。

最高人民法院认为，本案焦点问题为：执行程序中能否以王某某所负债务属夫妻共同债务为由追加吴某某为被执行人。

执行程序中追加被执行人，意味着直接通过执行程序确定由生效法律文书列明的被执行人以外的人承担实体责任，对各方当事人的实体和程序权利将产生极大影响。因此，追加被执行人必须遵循法定主义原则，即应当限于法律和司法解释明确规定的追加范围，既不能超出法定情形进行追加，也不能直接引用有关实体裁判规则进行追加。从现行法律和司法解释的规定看，并无关于执行程序中可以追加被执行人的配偶或原配偶为共同被执行人的规定，申请执行人R公司按照婚姻法以及婚姻法司法解释等实体裁判规则，以王某某前妻吴某某应当承担其二人婚姻关系存续期间之共同债务为由，请求追加吴某某为被执行人，甘肃高院因现行法律或司法解释并未明确规定而裁定不予追加，并无不当，R公司的申诉请求应予驳回。但是，驳回R公司的追加请求，并非对王某某所负债务是否属于夫妻共同债务或者吴某某是否应承担该项债务进行认定，R公司仍可以通过其他法定程序进行救济。

综上，最高人民法院参照《民事诉讼法》第204条、按照《执行规定》第129条的规定，裁定驳回R公司的申诉请求。

（六）被执行人未履行债务，能否直接执行夫妻共同财产？

简答

按照偏主流观点：执行法院可以执行夫妻共同财产，但需尽量导入案外人异议以及执行异议之诉程序，由审判程序进行判断。

1.被执行人名下财产或其配偶名下财产取得于婚姻关系存续期间，即可初步判断为夫妻共同财产。

2.依据申请执行人的申请，执行法院可以查封、扣押、冻结该夫妻共同财产。

3.配偶一方如主张被执行人所负债务为个人债务，或主张已查封、扣押、冻结的财产为配偶个人财产，可以提出案外人异议，进而导入案外人执行异议之诉。

详 述

1.执行实施部门应当对被执行人名下财产或其配偶名下财产予以调查，如取得于婚姻关系存续期间，即初步判断为夫妻共同财产，可予以查封、扣押、冻结。

2.配偶一方如主张被执行人所负债务为个人债务，或主张已查封、扣押、冻结的财产为配偶个人财产，可以提出案外人异议。

3.案外人异议主要针对配偶一方的请求以及事由，审查被执行人所负债务是否形成于婚姻关系存续期间，或者审查已查封、扣押、冻结的财产是否取得于婚姻关系存续期间。如上述初步判断均符合形式要件，则可驳回案外人异议；如上述初步判断之一不符合形式要件，则应支持案外人异议，解除查封、扣押、冻结。

4.案外人或申请执行人可针对案外人异议审查结论，进而提出案外人异议之诉或者申请执行人异议之诉。执行异议之诉程序主要针对案外人或申请执行人的诉讼请求以及事由，对被执行人所负债务是否属于夫妻共同债务，或者已查封、扣押、冻结的财产是否属于夫妻共同财产进行实体审查，进而作出是否准予执行的相应判决。

背 景

追加配偶为被执行人问题,在《变更追加规定》制定时曾有所涉及,但因审判部门的强烈反对而未加规定。当然,这样的反对依据也是充分的。

在不能追加配偶为被执行人已成定论的背景下,关于能否基于夫妻共同债务或夫妻共同财产理论,回避追加问题,转而执行财产并导入诉讼,当下的执行理论探讨,基本默认上述简答以及详述内容,或曰"可做不可说"。但是,即使部分高级人民法院出台规范性文件,这个问题也仅限于理论探讨。由于夫妻共同债务与共同财产的复杂性,以及执行异议之诉程序如何审、如何判,都是一头雾水,鲜见具有指导意义的案例。有意义的是,最起码对那些明显借假离婚转移财产,为执行法院提供了一条执行路径。

(七)被执行人离婚后,能否基于负债属于夫妻共同债务,执行其原配偶的个人财产?

简 答

按照偏主流观点:

被执行人离婚后,可以基于夫妻共同债务执行其原配偶的个人财产。但是,也需要尽量导入案外人异议以及执行异议之诉程序,由审判程序进行判断。

执行实施部门经调查查明执行依据基础债务形成于被执行人婚姻存续

期间，可初步判断该债务属夫妻共同债务，申请执行人可以请求执行法院查封、扣押、冻结被执行人原配偶一方的个人财产。配偶一方如主张被执行人所负债务为个人债务，可以提出案外人异议，进而导入案外人执行异议之诉。

背 景

1. 北京市

执行依据确定的债务人为夫妻一方的，按照现行法律和司法解释的规定，不得裁定追加被执行人的配偶为被执行人。申请执行人主张执行依据确定的债务为夫妻共同债务，申请追加被执行人的配偶为被执行人的，告知其通过其他程序另行主张。

人民法院查封、扣押、冻结被执行人实际占有或登记在其名下的财产，被执行人的配偶以该财产系自己的个人财产或夫妻共同财产为由提出异议的，按照《民事诉讼法》第234条规定处理。

人民法院查封、扣押、冻结登记在被执行人与其配偶共同名下的财产，被执行人的配偶以该财产不是夫妻共同财产而是自己的个人财产为由提出异议的，按照《民事诉讼法》第234条规定处理。被执行人的配偶对夫妻共同名下的财产系夫妻共同财产的性质无争议，仅以人民法院不得查封、扣押、冻结共同财产为由提出异议的，按照《民事诉讼法》第232条规定处理。

申请执行人以被执行人的配偶实际占有或登记在其名下的财产系夫妻共同财产为由，书面申请查封、扣押、冻结该财产的，人民法院可以查封、扣押、冻结。被执行人的配偶以该财产是自己的个人财产为由提出异议的，按照《民事诉讼法》第234条规定处理。

对查封、扣押、冻结的夫妻共同财产，按照《查封规定》第14条的规定处理。对夫妻共同财产的执行，针对的是夫妻共同财产的整体，可以不对夫妻共同财产中的单个财产逐一进行分割。执行被执行人在夫妻共同财产中的共有部分，不得超过夫妻共同财产价值总额的一半，但被执行人的配偶同意的除外。

2.浙江省

（1）执行依据确定夫妻一方为债务人的案件，应当如何采取执行措施？

执行依据确定夫妻一方为债务人（指夫妻一方参加诉讼、仲裁或者公证），且未明确债务性质的，可以执行该债务人个人名下的财产或者夫妻共同财产中属于债务人的份额。

执行机构根据相关证据经审查判断属于夫妻共同债务的，可以执行夫妻共同财产。夫妻共同财产经执行仍不足清偿的，可以执行夫妻另一方的个人财产。

个人财产是指《婚姻法》及其司法解释明确规定属于夫妻一方个人所有的财产。

（2）执行程序中如何把握债务性质的判断标准？

执行依据对债务性质未予明确的，执行程序中可以根据《婚姻法》及其司法解释的规定进行判断和审查，即以债务是否发生在夫妻关系存续期间作为判断标准。

发生在夫妻关系存续期间的下列债务，执行机构在案外人异议审查时可以认定为个人债务：

①夫妻一方能够证明债权人与债务人明确约定为个人债务，或者能够证明属于《婚姻法》第19条第3款规定情形的；

②夫妻一方擅自举债资助与其没有赡养、抚养、扶养义务人所产生的债务；

③夫妻一方因继承或者受赠归其个人所有的财产过程中产生的债务；

④夫妻一方管理个人财产所产生的债务；

⑤夫妻一方擅自对外担保且另一方未因担保行为获益产生的债务；

⑥夫妻一方因刑事犯罪被判处的财产刑部分；

⑦夫妻一方因赌博、吸毒等违法犯罪行为产生的债务；

⑧为支付夫妻间诉讼而产生的诉讼费用所产生的债务；

⑨法律、行政法规和司法解释规定的其他个人债务。

（3）债务性质经判断为夫妻共同债务的，执行程序应当如何进行？

执行部门可直接作出裁定查封、扣押、冻结、变价夫妻共同财产或者非被执行人的夫妻另一方名下的财产，而无需裁定追加夫妻另一方为被执行人。

执行裁定书主文部分应当写明执行的具体财产。

3. 江苏省

（1）对于夫妻共同债务、出资人未依法出资、股权转让、一人公司等四类案件，原则上应严格按照执行依据确定的义务承受人确定被执行人，除法律和司法解释明确规定的情形外，不得执行程序中追加执行依据确定的义务承受人以外的人为被执行人。申请执行人认为执行依据确定的义务承受人以外的人应当承担责任的，可以另行向人民法院提起诉讼。

（2）对于执行程序中认定为夫妻共同债务的案件，如果符合法律、司法解释等规定的追加条件的，可以作出追加被执行人的配偶为被执行人的裁定，予以追加。被执行人的配偶不服人民法院作出的追加裁定，提出书面异议的，人民法院适用《民事诉讼法》第232条的规定，对其异议进行审查。

按照案件具体情况，如果直接执行被执行人配偶的财产更为适宜的，可以不追加被执行人的配偶为被执行人，直接执行其财产。被执行人的配偶提出书面异议的，人民法院适用《民事诉讼法》第234条的规定审查处理。

（八）能否以《依法制裁规避执行意见》所规定的"恶意规避执行"为由追加被执行人？

简答

按照《变更追加规定》确定的基本原则以及一般观点：

不能以《依法制裁规避执行意见》所规定的"恶意规避执行"为由追加被执行人。

详述

执行程序中将执行依据中载明的当事人以外的人变更追加为被执行人，必须遵循法定主义原则，即变更追加应当限于现行法律和司法解释明确规定的情形。《变更追加规定》确定了变更追加执行当事人的法定情形，只有符合法定情形才能变更追加被执行人。

《依法制裁规避执行意见》系规范性文件，并非司法解释。规避执行是指被执行人为了维护自身的经济利益和其他利益，以合法形式掩盖非法目的，故意避开法律的强制性规定或者利用法律的漏洞，采用不当的手段恶意转移财产或其他财产性权益，逃避执行生效法律文书所确定的义务的行为。《依法制裁规避执行意见》属"法"字号司法文件，属于业务指导意见，非司法解释，不宜在裁定裁判主文部分援引。该文件第20条虽然规定被执行人恶意转移财产规避执行的，执行法院可以依法变更追加被执行人，但系特定时期基于特定理念的内部要求或倡导，并未增设执行程序中直接裁定变更追加被执行人的法定情形。在《变更追加规定》生效之后，追加被执行人应当依照该司法解释所规定的法定情形。《依法制裁规避执行意见》所规定的追加被执行人情形,已不再适用。

(九)企业改制遗漏债务,能否追加第三人为被执行人?如可以,应当追加新企业还是老企业?

简 答

1.按照《企业改制规定》以及一般观点:企业改制遗漏债务,一般应当遵循企业财产承继原则,由改制后的新企业承担。

2.按照《民事诉讼法》第239条、《变更追加规定》第11条、《民事诉讼法解释》第472条等程序法规则,执行程序中可以直接追加变更新企业为被执行人。

上述规定,共同构成追加新企业为被执行人的实体法与程序法依据。

详 述

企业改制后,原企业注销或已无任何资产,但遗漏部分债务未向新企业转移,因该债务的承担所产生的诉讼纠纷,于20世纪末至2000年前后企业改制高峰期较为多见。随着各地国有集体企业改制逐步完成,高峰期已过,且企业改制工作逐步规范,该类诉讼纠纷已大为减少。但是,近年来,各地新老资产公司通过收购银行或其他企业所持有生效法律文书所确定的已决债权,转而在执行程序中申请追加变更遗漏债务承担主体,由此而产生的执行争议非常多见。据了解,一些中级人民法院、基层人民法院办理的此类执行争议案件往往在一个办案年度内就达几十件之多。该类案件主要争议可集中为二：一是遗漏债务于实体法层面应由原企业或其卖方、资产管理人承担，还是由新企业承担？二是如果因实体法由新企业承担债务，执行法院可否于执行程序中径行追加变更新企业为被执行人？以上争议问题，或归因于法律适用层面的不明确，或归因于价值取舍层面的分歧。

1.执行程序中企业改制遗漏债务大致情形。企业改制中遗漏原企业应付债务，在执行程序中产生争议，大致可分为两类情况：一是遗漏应付账款或其他民事债务。例如，a企业向b企业分批购进价值共100万元的货物，但欠付货款，b企业诉至人民法院，取得已决债权100万元，但a企业未将其中20万元负债入账。后a企业改制为c公司，在核算原企业资产时，遗漏该笔20万元应付账款，b企业在执行程序中申请变更c公司为被执行人，产生争议。该种企业改制债务遗漏，主要原因是在评估作价中因过失遗漏债务，原企业之所以进入改制程序，其本身往往经营低效，财务管理、资产管理混乱，对企业债务的核定仅限于账面记载的经营负债，而容易遗漏生效法律文书确定的应付债务。二是遗漏担保债务。例如，a企业向b银行贷款50万元，c企业提供连带保证。b银行诉至人民法院，取得对a企业与c企业的已决债权。后a企业破产，c企业改制为d公司，改制时c企业将自身未偿贷款债务向d公司转移，但未将该笔50万元担保债务列入企业账目，改制后，b银行在执行程序中申请变更d公司为被执行人，产生争议。该种企业改制债务遗漏，主要原因是企业负债为或然债务，是否会从或然债务转化为实然债务，尚有待于债务人履行债务情况或债权人是否选择向保证人行使请求权来最终确定，而保证企业改制的资产评估一般依照企业账簿记载的债权债务核算企业净资产，如企业账簿未将生效法律文书确定的担保债务等予以记载，资产评估极易遗漏该部分债务，改制后企业所承继的净资产势必是虚高的。以上两类遗漏债务情况，改制过程中，被改制企业往往简化程序，未严格履行债权人告知或发布债权申报公告，在改制后必然引起该遗漏债务由原企业还是新企业承担的争议。

2.改制遗漏债务，一般应当遵循企业财产承继原则，由改制后的新企业承担。企业改制遗漏债务所涉纠纷，主要争议问题是该遗漏债务应由原企业承担，还是由新企业承担。如从过错归责角度考虑，企业改制遗漏债务是没有折算在企业资产中的负债，原企业在改制时没有及时和完全披露该项债务，新企业对该遗漏债务并不知情，在新企业所有人以相应对价承接原企业资产时，并未扣除这部分债务，其支付的价款与其获得的原企业资产相比是不等值的，也就是新企业以购买等方式取得的资产中不包括该笔遗漏债务，按照这个逻辑推论，遗漏债务的直接责任人应是原企业而并非新企业，原企业应当对遗漏债务承担责任，要求新企业承担清偿责任似不公平。如从保护债权人的角度看，一般来说，企业改制后，原企业绝大多数已经注销，或者多年歇业，仅剩一个名义上的空壳企业，如债权人向原企业追偿，而免除新企业的清偿责任，实际上不可能实现权益，债权只能落在纸面。综上，企业改制遗漏债务由原企业承担或是由新企业承担，折现出的是侧重对债权人进行保护还是侧重对新企业进行保护，因此，企业改制遗漏债务承担问题需要通过利益衡量方法解决。

在企业改制审判工作中，这个问题在一段时期内争议颇大。最高审判机关先后颁布的规范性文件也出现冲突：最高人民法院先是在2001年下发《防止逃债通知》，该通知第10条规定："人民法院审理国有企业改制案件，对企业出售中，卖方隐瞒或遗漏原企业债务的，应当由卖方对所隐瞒或遗漏的债务向原企业的债权人承担责任；对企业股份合作制改造及吸收合并中，被兼并或被改制企业原资产管理人隐瞒或遗漏债务的，应当由被兼并或被改制企业原资产管理人对所隐瞒或遗漏的债务承担民事责任。"可以看到，《防止逃债通知》确立的是过错归责原则，即谁对遗漏债务负有过错，就由谁向债权人承担清偿责任，过错归责原则倾向于保护对债务遗漏无过错的改制后的新企业。时隔不久，最高人民法院又于2003年下发了《企业改制规定》,从该司法解释内容看,其确定的是企业财产承继原则。按照企业财产承继原则,不论遗漏债务过错归于哪方,均由承继原企业财产的新企业承担债务清偿责任,企业财产承继原则明显倾向于保护债权人,这与《防止逃债通知》确立的过错归责原则截然不同。

一个首先要解决的问题:《防止逃债通知》与《企业改制规定》关于遗漏债务承担确立了截然不同的规则,我们究竟应当适用哪一个?这个问题在实践中引起了不小的争议。有一种意见是,《防止逃债通知》与《企业改制规定》确立的遗漏债务承担原则并不冲突,只不过《防止逃债通知》第10条是针对原企业资产管理人和新企业二者之间的内部责任承担所作的界定,不能对抗债权人[①],换言之,新企业应当按照《企业改制规定》向债权人承担清偿责任,而后,可以再按照《防止逃债通知》向原企业追偿。我认为,无需回避,两个文件确实存在冲突,需要明确的是,对于企业改制债务承担,应当适用《企业改制规定》,而不能适用《防止逃债通知》。其一,《防止逃债通知》属于人民法院内部具有司法指导性的一般规范性文件,按照相关规定,不可以在判决主文中直接引用,《企业改制规定》则是司法解释,较之一般规范性文件在立法效力层级上要高,两者冲突应当适用层级较高者。其二,《防止逃债通知》于2001年实行,《企业改制规定》于2003年实行,按照新法优于旧法原则,也应当适用《企业改制规定》。实际上,两个文件存在冲突,正是体现了当时审判工作中两种观点或是两种价值的碰撞,只不过最终在更深刻的利益衡量基础上,采纳了保护债权人的价值取向。

《企业改制规定》对于改制遗漏债务的承担确立了企业财产承继原则,

[①] 刘敏:《企业股份合作制改制中遗漏担保债务如何承担》,载《人民法院报》2004年12月5日。

侧重于保护债权人，体现了维护市场交易安全的价值取向，该原则的具体含义为：企业财产是企业正常经营并对外承担民事责任的担保和基础，凡改制后原企业注销或已无财产，原企业改制时遗漏债务，无论新企业是否具有过错，因其承继原企业财产，故本着对债权人的保护，应当由新企业对该项债务进行清偿。企业财产承继原则的核心精神，可以通俗描述为"债随财产走"，即谁取得被改制企业财产，谁就要承担被改制企业的债务。企业财产承继原则在《企业改制规定》各章节具体条文中均有体现。例如，第4条："国有企业依公司法整体改造为国有独资有限责任公司的，原企业的债务，由改造后的有限责任公司承担。"第8条："由企业职工买断企业产权，将原企业改造为股份合作制的，原企业的债务，由改造后的股份合作制企业承担。"第26条："企业售出后，买受人将所购企业重新注册为新的企业法人，所购企业法人被注销的，所购企业出售前的债务，应当由新注册的企业法人承担。但买卖双方另有约定，并经债权人认可的除外。"第32条："企业新设合并后，被兼并企业的债务由新设合并后的企业法人承担。"除企业财产承继原则外，《企业改制规定》兼顾当事人约定原则：对于原企业的债务承担，当事人有约定，并经债权人认可，且其内容不违反法律、法规强制性规定和禁止性规定的，按照当事人约定处理。例如，《企业改制规定》第12条："债权人向分立后的企业主张债权，企业分立时对原企业的债务承担有约定，并经债权人认可的，按照当事人的约定处理。"

人民法院在处理企业改制遗漏债务承担问题时，应当根据《企业改制规定》各章节相应企业改制类型，适用相应条文作出裁判结论。在适用《企业改制规定》时需要注意的一个问题是，企业改制情况比较复杂，可以区分为企业公司制改造、企业股份合作制改造、企业分立、企业债权转股权、国有小型企业出售、企业兼并六个类型，《企业改制规定》按以上六个类型分别规制企业改制过程中的债务承担问题。适用该司法解释，需要按照案件所涉企业改制类型适用相应章节条款。我们经常看到理论文章或是案例分析,未能准确把握企业改制类型,故而错误适用《企业改制规定》相关章节条款。因此,我们需要对六种企业改制类型加以阐释区分。企业分立、企业债权转股权、企业兼并相对容易区分,比较容易混淆的是企业公司制改造、企业股份合作制改造与国有小型企业出售。企业公司制改造,是指将企业改造为有限责任公司或者股份有限公司:一是企业依据公司法整体改造为公司,即在原企业法人资产基础上调整原有的资本结构,由国家授权投资的机构对企业实施全资控股,将原企业改造为国有独资有限责任公司,或者通过对企业的增资扩股或者转让部分产权,实现他人对企业的参股,将企业整体改造为有限责任公司或股份有限公司;二是企业依据公司法部分改造为公司,即企业将其部分财产和相应债务从企业总资产中分离出去,与他人组建新公司,原企业保留。企业股份合作制改造一般有三种形式:一是由企业职工出资买断企业产权,将企业改造为股份合作制企业,即企业职工买断式;二是由企业与职工共同组建股份合作制企业,即企业与职工共建式;三是企业通过职工增资扩股,将原企业改造为股份合作制企业,即增资扩股式。国有小型企业出售包括两种情形:一是企业股权整体转让;二是企业资产整体出售。企业股权转让属于权益性转让,不发生企业主体变更,对债权人不产生影响。企业资产整体出售,一种情况是买受人将所购的企业资产纳入自属企业或者将所购企业变更为所属分支机构,另一种情况是买受人将所购企业资产作价入股与他人组建新公司,再一种情况是买受人在所购企业全部资产的基础上,重新注册为新的企业法人。[1]企业股份合作制改造中的企业职工买断式,与国有小型企业出售,在本质上没有太大差异,均是资产出售,两者主要区别在于企业职工买断

---

[1] 叶小青:《企业改制:产生民事纠纷处理有依据——最高人民法院制定〈关于审理与企业改制相关的民事纠纷案件若干问题的规定〉》,载《中国法律》2003年第3期。

式股份合作制改造的买受主体是原企业自有职工,国有小型企业出售的买受主体是企业以及企业职工之外的第三方。

这里还需要专门讨论的是,《企业改制规定》在第11条、第28条专门提及企业改制隐瞒或遗漏债务,两条规定采取的处理原则完全一致,即:企业改制时,如原企业参照《公司法》的有关规定进行公告通知,企业改制后,债权人就原企业隐瞒或遗漏的债务向新企业追偿时,如债权人在公告期内申报过债权,新企业在承担民事责任后,可再行向原企业追偿;如债权人在公告期内未申报过债权,则新企业不承担民事责任,债权人只能向原企业追偿。这里的"《公司法》的有关规定"是指该法第185条:"清算组应当自成立之日起十日内通知债权人,并于六十日内在报纸上公告。债权人应当自接到通知书之日起三十日内,未接到通知书的自公告之日起四十五日内,向清算组申报其债权。债权人申报债权,应当说明债权的有关事项,并提供证明材料。清算组应当对债权进行登记。在申报债权期间,清算组不得对债权人进行清偿。"由于《企业改制规定》其他条文未专门提及遗漏债务,于是有一种意见是,可以对以上三条规定扩大解释,作为遗漏债务处理的基本原则,即"如果改制过程中原企业以书面或其他可行方式通知债权人改制事项,如债权人对其债权申报主张,则新企业承担清偿责任,如债权人未申报主张,则新企业不承担责任"。我认为,按照《企业改制规定》通篇所确立的债权人保护理念,企业改制遗漏债务,如果原企业注销或已无财产,不论债权人是否事先申报债权[①],均应当由新企业承担清偿责任。《企业改制规定》第11条、第28条的规定,是该司法解释确立的企业财产承继原则的唯一例外,但也仅仅严格限缩在企业改制中原企业依照《公司法》规定作出公告申

---

① 实际上,我国此前已进行过的企业改制,很少有企业采取上述完备、严谨的债权公告申报程序。

报的情形,不应作扩大解释。

按照企业财产承继原则,由新企业承担遗漏债务清偿责任,侧重保护债权人和维护市场安全秩序,确实体现了一种更为妥当的法律价值。但我们必须注意的问题是,新企业对于遗漏债务并无过错,如不考虑债权人保护,仅就新、老企业之间的责任分担而言,由其承担额外的债务确实较不公平。我认为,新企业承担债务清偿责任,实际上归结为新企业支付超额对价承接原企业资产,原企业获取不当得利。在救济程序上,新企业可以依据企业改制时签订的资产出售、股份改造等合同,按照一般民事合同纠纷,向原企业资产管理人、卖方另行起诉予以追偿,要求其返还该部分超额对价交易款项。

3.在执行程序中,申请执行人可以根据《民事诉讼法》第239条、《变更追加规定》第11条、《民事诉讼法解释》第472条等程序法规则,申请追加新企业为被执行人。①

4.有一种意见是,企业改制遗漏债务承担,是实体判断问题,应当一律通过审判程序解决,即债权人可以起诉新企业而由人民法院审判部门作出判决确定新企业的债务清偿责任,人民法院执行部门不能直接作出该类实体判断结论,即追加变更新企业为被执行人。

这又是一个利益衡量和价值判断问题。通过起诉、应诉、质证、辩论

---

①《民事诉讼法》第239条:作为被执行人的公民死亡的,以其遗产偿还债务。作为被执行人的法人或者其他组织终止的,由其权利义务承受人履行义务。
《变更追加规定》第11条:作为被执行人的法人或非法人组织因合并而终止,申请执行人申请变更合并后存续或新设的法人、其他组织为被执行人的,人民法院应予支持。第12条:作为被执行人的法人或非法人组织分立,申请执行人申请变更、追加分立后新设的法人或非法人组织为被执行人,对生效法律文书确定的债务承担连带责任的,人民法院应予支持。但被执行人在分立前与申请执行人就债务清偿达成的书面协议另有约定的除外。
《民事诉讼法解释》第472条:依照民事诉讼法第232条规定,执行中作为被执行人的法人或者其他组织分立、合并的,人民法院可以裁定变更后的法人或者其他组织为被执行人;被注销的,如果依照有关实体法的规定有权利义务承受人的,可以裁定该权利义务承受人为被执行人。

等审判程序解决实体判断问题,确实更为审慎;通过相对简易的执行程序作出追加变更等实体判断,则更有利于快速实现申请执行人所持已决债权。在执行程序中追加变更当事人,是一种兼顾程序效益和程序公正的选择,有其独具的价值。一个简易的操作规则,就是被追加变更的当事人,必须在实体法上具有由其承担民事责任的明确规则,这里的实体法主要指法律,也包括归责明确、指引清晰的司法解释。

企业改制遗漏债务,按照《企业改制规定》这一实体法确立的各项明确规则,一般应当由新企业承担。《民事诉讼法》第239条、《变更追加规定》第11条、《民事诉讼法解释》第472条,则完全可以作为追加新企业为被执行人在程序法方面的明确条款依据。

(十)执行程序中,能否连续追加已被追加的被执行人的其他连接主体为被执行人?

简 答

按照一般观点:

"追加以一次为限"的要求虽未在司法解释中予以明确,但在执行实践中已是通说。

1.执行程序中追加被执行人只能依据简单、清晰而易于判断的标志,不能过于进行实体审查,且适用法律追加被执行人应以一次为限。理由在于,被追加的被执行人并非生效裁判等执行依据所确定的责任主体,而是单纯因执行力的法定扩张而被纳入执行范围。如再以被追加的主体为出发点,适用相关解释再次追加关联方,实质上是将前一追加裁定作为执行依据，即"以执代审"。

2.另外，从追加被执行人是基于代位权这一基础原理看，参照《执行规定》第52条在追加对债务人负有到期债务的第三人后，"不得就第三人对他人享有的到期债权强制执行"的精神来看，不应允许在执行程序中连续追加被执行人。

详 述

1.《变更追加规定》第1条规定："执行过程中，申请执行人或其继承人、权利承受人可以向人民法院申请变更、追加当事人。申请符合法定条件的，人民法院应予支持。"

执行当事人的变更追加不仅关乎多方主体的切身利益，而且涉及审执关系、执行效率、程序保障等诸多问题，为平衡各方利益，尊重既有体制机制，变更追加当事人必须始终坚持法定原则，即应当限于法律和司法解释明确规定的执行追加范围，既不能超出法定情形进行追加，也不能直接引用有关实体裁判规则在执行程序中追加。

2.最高人民法院执行局《强制执行指导与参考·第11辑》中有文章指出："在市场经济条件下，企业的基本目标即为营利，而要实现营利就应当鼓励交易、维护交易安全，这就必须有一种相对稳定的交易秩序状态，为此应尽量减少因个案的执行而影响到更多的利益主体的数量。实际上，已变更或追加的被执行主体，其涉及的利益主体除被执行人外，还有其本身的债权人和股东，从信赖推定的角度上讲，已变更或追加的被执行人只是其债权人和股东信赖的对象，与被执行人的债权人无关。因此，从保护交易安全，维护交易稳定上讲，应当对有关变更或追加被执行主体问题，理解为'一次变更或追加'，不能无限变更或追加。另外，如果允许无限变更和追加被执行主体，在无限扩张执行机构裁决权的同时，也会加大社会对执行机构的依赖，增加执行机构工作难度。"

3.江西省高级人民法院执行局在《民事执行实务疑难问题解答第（13）期（追加、变更执行主体专刊）》中已就不能连续追加被执行人等问题发布了相关答复意见。"套娃"公司出资人如何追加股东为被执行人？例：案件被执行人为A公司，该公司未缴纳出资的股东为B公司，B公司因其股东C公司未缴纳出资而无履行能力……对于这种套娃式公司，如何采取强制执行措施？能否继续追加股东C为被执行人？（若股东C为公司，因股东D公司未缴纳出资而无履行能力，能否继续追加至非企业法人为止？）

答：有限责任公司仅以其出资额为限对公司债务承担有限责任，股东未按照公司法以及公司章程规定足额缴纳出资或未经合法程序抽逃出资，构成出资义务不履行或不完全履行违约之债，公司债权人可以代位向股东行使债权，公司股东应在其未缴纳出资、抽逃出资范围内承担连带清偿责任。因此，当被执行人A公司的股东B公司未缴纳或未足额缴纳出资、抽逃出资时，依法可以追加B公司为被执行人。在裁定A公司的股东B公司为被执行人并责令其在未缴纳出资、抽逃出资范围内承担连带清偿责任后，B公司即构成本案债务人。如果B公司的财产不足以清偿生效法律文书确定的连带债务，且B公司的股东C公司存在未缴纳或未足额缴纳出资、抽逃出资情形，由于连续追加将引起新的复杂法律关系以及追加事由的变化，实践中除刑事追缴外一般不宜连续追加被执行人股东的股东为被执行人，当事人可以依法另行诉讼主张权利。

4.《江苏省高级人民法院关于执行疑难若干问题的解答》规定："发起人出资不实，可以追加其他发起人为被执行人，与该发起人一起在出资不实的范围内向公司债权人承担连带赔偿责任。其他股东出资不实，可以追加发起人为被执行人，与出资不实的股东向公司债权人承担连带赔偿责任。股东认缴出资的期限未到，可以先采取保全措施，待认缴期限届满后再采取执行措施。股东被追加为被执行人后，股东的股东仍然有出资不实或者抽逃出资的事实的，一般不再连续追加股东。"

八、到期债权执行专题

（一）到期债权执行的基本规则是什么？

简 答

按照《民事诉讼法解释》第501条以及《执行规定》第七部分"被执行人到期债权的执行"的相关规定，对到期债权，按照如下程序执行。

1.申请执行人或被执行人向人民法院提出申请。执行实践中，由申请执行人、被执行人提供到期债权线索或具体信息，执行部门再向次债务人调查并作笔录。

2.人民法院作出冻结债权的裁定。

3.人民法院作出到期债权履行通知书，通知次债务人向申请执行人直接履行，内容包括五项：

（1）次债务人直接向申请执行人履行其对被执行人所负债务；

（2）次债务人不得向被执行人清偿；

（3）次债务人在收到履行通知后十五日内履行；

（4）次债务人对履行到期债权有异议的，应当在十五日内提出；

（5）违背上述义务的法律后果。

4.次债务人对履行到期债权有异议的，应在收到履行通知后的十五日内提出。

（1）异议一般以书面形式提出；

（2）可以口头提出，由执行人员记入笔录，次债务人应签字或盖章；

（3）无履行能力或与申请执行人无直接法律关系，不属于到期债权异议。

5.次债务人提出异议的，人民法院对提出的异议不进行审查。

6.次债务人提出异议的，人民法院不得对次债务人强制执行。

（1）部分承认、部分有异议的，可对其承认部分强制执行；

（2）申请执行人仍继续主张对次债务人强制执行的，告知其可以被执行人、次债务人为被告，提出代位权诉讼；

（3）如果该到期债权已经过生效法律文书确认，次债务人即使提出异议（予以否认），仍然可以裁定强制执行。

7.次债务人没有提出异议又不履行的，执行法院作出裁定，对其强制执行。

8.被执行人放弃对次债务人债权或延缓履行期限的意思表示无效，执行法院仍可在次债务人无异议又不履行的情况下裁定强制执行。

9.次债务人擅自向被执行人履行，除与被执行人承担连带清偿责任外（即裁定强制执行），可以追究妨害执行责任。

10.裁定对次债务人强制执行后，不得对次债务人向第四方享有的到期债权强制执行。

11.次债务人向申请执行人履行了债务或已被强制执行后，人民法院出具书面证明。

12.如果次债务人的其他债权人，认为次债务人应当向其清偿，而不是向被执行人清偿，进而不应由申请执行人对该到期债权申请执行，可以向执行法院提出案外人异议，即排除"申请执行人对该到期债权执行"的异议。

详 述

1.对到期债权的执行方式有多种，德国、日本、韩国与我国台湾地区普遍规定的有收取命令、移转命令、支付转给命令等形式。

所谓收取命令，就是执行法院以命令的形式允许申请执行人直接收取被执行人对于第三人的债权。

所谓移转命令，就是执行法院以命令的形式将被执行人对于第三人的债权转移给申请执行人，以清偿其债权。

所谓支付转给命令，就是执行法院让第三人向执行法院支付其对于被执行人的债务，再由人民法院转给申请执行人的命令。

我国强制执行制度目前对于到期债权的设计，采取了收取命令的形式，但是实践中更多采取了支付转给命令的形式。

2.关于《民事诉讼法解释》"该他人对到期债权有异议，申请执行人请求对异议部分强制执行的，人民法院不予支持"。

次债务人对于其与被执行人之间的债权债务关系有异议的，执行法院不得继续执行该债权，而应由申请执行人根据《民法典》合同编，通过代位权诉讼救济权利。《民法典》合同编规定："因债务人怠于行使其债权或者与该债权有关的从权利，影响债权人的到期债权实现的，债权人可以向人民法院请求以自己的名义代位行使债务人对相对人的债权，但是该债权专属于债务人自身的除外。代位权的行使范围以债权人的到期债权为限。债权人行使代位权的必要费用，由债务人负担。"

3.关于《民事诉讼法解释》"利害关系人对到期债权有异议的，人民法院应当按照民事诉讼法第227条[①]规定处理"。

对于到期债权的执行，应当防止侵害相关权利人的权利。但是，相

[①] 对应《民事诉讼法》（2021年修正）第234条。

关权利人与该第三人的法律地位不同，不能享受同等的保护。如果相关权利人对该到期债权有异议，如主张是该到期债权的真实权利人，可以按照《民事诉讼法》第227条的规定进行救济。

这里需要注意：第一，相关权利人按照《民事诉讼法》第227条的规定进行救济，应该符合该条文规定的要求——享有足以排除执行的权益。第二，关于"利害关系人"的称谓。这里的利害关系人就是《民事诉讼法》第227条中的"案外人"。这里的"利害关系人"并非《民事诉讼法》第225条①中的"利害关系人"。

（二）诉讼保全阶段，能否对负有到期债务的次债务人之财产，直接采取查封、扣押、冻结措施？

简 答

按照《民事诉讼法解释》的规定②，人民法院可以在诉讼中作出裁定和协助执行通知书，针对被执行人对次债务人的到期债权采取保全措施。

但是，冻结到期债权的实质是冻结抽象的债权债务关系，而不是直接冻结次债务人所拥有或支配的财产。

---

① 对应《民事诉讼法》（2021年修正）第232条。
②《民事诉讼法解释》第159条："债务人的财产不能满足保全请求，但对他人有到期债权的，人民法院可以依债权人的申请裁定该他人不得对本案债务人清偿。该他人要求偿付的，由人民法院提存财物或者价款。"

（三）执行法院能否在未发出履行到期债务通知的情况下，裁定次债务人向申请执行人履行？

简 答

按照《民事诉讼法解释》《执行规定》的规定以及一般观点：

人民法院不得在未向次债务人发出履行到期债务通知告知其异议权利的情况下，直接裁定由次债务人向申请执行人履行。

（四）次债务人未在指定期限内提出异议，能否再次提出执行异议？按何种程序审查？

简 答

按照一般观点：

1.次债务人未在指定期限内提出异议，可以再次提出债务已履行完毕的异议。

到期债权法律关系中的次债务人未在指定期限内提出异议而又不履行的，执行法院有权裁定对其强制执行，此时该次债务人之法律地位已近似于被执行人，故应取得不劣于被执行人的程序救济权利。对于已裁定准予强制执行之到期债权次债务人，理应可以提出异议而主张其已履行向债务

111

人即被执行人所负到期债务。否则，将导致该次债务人难循其他明确救济途径，且较大可能在实体上也难获公平结果。

2.次债务人未在指定期限内提出异议，再次提出债务已履行完毕的异议，适用《民事诉讼法》第232条规定的执行异议程序审查。

由于次债务人该项抗辩系在其已被裁定强制执行之后，其法律地位已近似于被执行人，故其所提异议可以定义为执行异议，应当按执行异议程序进行审查。

最高人民法院执行案例参考

【案号】（2018）最高法执监484号

【案例要旨】1.已裁定准予强制执行之到期债权次债务人，可以提出异议而主张其已履行向债务人即被执行人所负到期债务。2.次债务人在强制执行进程中主张债务已履行完毕之异议，按照执行异议程序进行审查。

【案情概要】针对Z公司、J集团公司建设工程分包合同纠纷一案，江苏省宿迁中院于2014年9月23日作出的（2014）宿中民初字第0054号民事判决已经发生法律效力。因J集团公司未履行该判决确定的义务，Z公司向宿迁中院申请强制执行。

执行过程中，宿迁中院于2017年4月17日作出（2017）苏13执恢45号之二履行到期债务通知书，要求K医院在收到通知之日起十五日内直接向Z公司履行其对J集团公司所负的到期债务350万元，并不得向J集团公司清偿。如有异议，应当在收到本通知后的十五日内向宿迁中院提出，逾期不履行又不提出异议的，宿迁中院将依法强制执行。

2017年4月20日，宿迁中院将该通知书送达K医院，签收人为陈某某。因K医院在法定的异议期内未提出异议，也未向Z公司履行，宿迁中院于2017年5月9日作出（2017）苏13执恢45号之二执行裁定书，裁定强制执行J集团公司对K医院的到期债权350万元。后宿迁中院于2017年5月17

日冻结K医院在中国工商银行某县支行账号为09×××74账户以及在某县信用联社营业部账号为62×××24账户。

K医院于2017年5月22日向宿迁中院提出书面异议，请求撤销宿迁中院（2017）苏13执恢45号之二执行裁定书，解除对异议人在中国工商银行某县支行账号为09×××74账户、在某县信用联社营业部账号为62×××24账户的冻结。事实与理由：第一，人民法院未依法向K医院送达履行到期债务通知书，也未形成告知相关后果的执行笔录，剥夺了当事人在法定期限内提出异议的权利。第二，人民法院实体程序欠缺，作出上述裁定违法。债权是否存在且已到期的认定标准只有两个：一是次债务人自认，二是经过生效法律文书确认。本案中，在既无K医院认可，也无生效法律文书确认的前提下，不应认定K医院对J集团公司负有到期债务。第三，K医院下欠J集团公司的工程款已经全部支付，对其不负有到期债务。

宿迁中院于2017年5月22日立案受理后，依法组成合议庭进行审查。宿迁中院认为本案的争议焦点为：一、宿迁中院是否已向K医院合法送达了履行到期债务通知书。二、K医院是否对J集团公司负有到期债务。

宿迁中院认为：第一，宿迁中院于2017年4月20日将履行到期债务通知书以及协助执行通知书、执行裁定书等文书送达K医院，先后经该院办公室工作人员、财务经理引导，最终由财务经理联系该院一位陈姓院长签收上述文书，并在送达回证上署名"陈某某"。宿迁中院执行员于2017年5月17日到某县对K医院在中国工商银行某县支行账户进行冻结时，当时在场的K医院法定代表人唐某某以及随行财务科长均陈述该院"陈总"签收的文书。上述事实足以认定宿迁中院已向K医院合法送达了履行到期债务通知书。至于K医院在异议书中提出的宿迁中院未向该院法定代表人或其授权人员送达相关文书的主张，宿迁中院认为，宿迁中院执行员经K医院工作人员指引，向该院陈姓院长送达了相关文书并由其签字，该陈姓院长的签收行为应当认定为履行职务行为，该行为对K医院具有法律约束力，法律后果亦应由K医院承担。因此，K医院主张的宿迁中院未合法送达履行到期债务通知书的主张不能成立。第二，《执行规定》第65条规定，次债务人在履行通知指定的期限内没有提出异议，而又不履行的，执行法院有权裁定对其强制执行。本案中，K医院在宿迁中院履行到期债务通知书指定的十五日期限内未提出异议，宿迁中院对其强制执行符合法律规定，并无不当。至于K医院是否下欠J集团公司工程款，不属于执行异议案件审查范围，宿迁中院在此不予理涉。

综上，宿迁中院裁定驳回K医院的异议申请。

K医院不服，向江苏高院申请复议称：第一，执行法院未向其送达履行到期债务通知书并形成告知相关后果的执行笔录，剥夺了其依法提出异议的权利。第二，本案中没有充分证据证明K医院对J集团公司存在到期债务，K医院对J集团公司不负任何债务。第三，本案不应适用《民事诉讼法》第225条的规定审查处理，而应适用《民事诉讼法》第227条的规定审查办理，宿迁中院（2017）苏13执异31号执行裁定适用法律错误。第四，本案涉及K医院的实体权利，人民法院应赋予K医院救济权利。

被执行人J集团公司称，K医院不欠我公司工程款，债务已经履行完毕。

江苏高院复议审查过程中，K医院对已经签收履行到期债务通知书以及协助执行通知书的事实予以认可，但表示执行法院未在送达履行到期债务通知书以及协助执行通知书时制作执行笔录和告知异议权利。

江苏高院归纳本案的争议焦点为：一、宿迁中院是否已向K医院合法送达了履行到期债务通知书。二、宿迁中院对K医院采取强制执行措施是否符合法律规定。三、本案适用法律程序是否正确。

江苏高院认为：第一，《执行规定》第61条规定，被执行人不能清偿债务，但对本案以外的次债务人享有到期债权的，人民法院可以依申请执行人或被执行人的申请，向次债务人发出履行到期债务通知书。履行到期债务通知书必须直接送达次债务人。本案中，执行人员经K医院办公室工作人员和财务经理引导,将履行到期债务通知书以及协助执行通知书送达该院陈姓行政副院长,并由该陈姓行政副院长予以签收,应认定为执行法院已经依法直接送达了履行到期债务通知书。此外,履行到期债务通知书中明确载明"如有异议,应当在收到本通知后的十五日内向最高人民法院提出,逾期不履行又不提出异议的,最高人民法院将依法强制执行"。K医院签收该履行到期债务通知书后,应视为其已经知晓异议权以及不行使异议权的法律后果。在送达履行到期债务通知书时当场制作执行笔录和口头告知异议权利,并非直接送达的法定程序,执行法院是否做出上述行为不影响直接送达的法律效力。因此,K医院以执行法院未在送达履行到期债务通知书时当场制作笔录和口头告知异议权利为由,主张执行法院未直接送达履行到期债务通知书,剥夺了其异议权利,没有事实和法律依据,依法不予支持。第二,《执行规定》第65条规定,次债务人在到期履行通知书指定的期限内没有提出异议,而又不履行的,执行法院有权裁定对其强制执行。本案中,K医院在签收履行到期债务通知书后,既未在履行到期债务通知书指定的十五日内提出异议,也未自动履行,执行法院对其采取强制执行措施符合上述法律规定,并无不当。第三,《民事诉讼法》第227条规定,执行过程中,案外人对执行标的提出书面异议的,人民法院应当自收到书面异议之日起十五日内审查,理由成立的,裁定中止对该标的的执行;理由不成立的,裁定驳回。案外人、当事人对裁定不服,认为原判决、裁定错误的,依照审判监督程序办理;与原判决、裁定无关的,可以自裁定送达之日起十五日内向人民法院提起诉讼。按照上述规定,对被执行负有债务的次债务人所提的异议,并非案外人对执行标的的异议,而是属于次债务人对执行行为提出的异议,不应适用《民事诉讼法》第227条审查处理。宿迁中院适用《民事诉讼法》第225条审查处理,并无不当。K医院是否对J集团公司仍然负有未付工程款债务,属于次债务人与被执行人之间的实体权利义务关系,在执行异议和复议程序中不予理涉。由此引发的纠纷，K医院可依法向J集团公司提起诉讼另行主张。

综上，江苏高院裁定驳回K医院的复议申请。

K医院向最高人民法院申诉称：第一，宿迁中院向K医院送达了履行到期债务通知书，认为K医院对J集团公司存有到期债务，要求K医院直接向Z公司履行到期债务。履行到期债务通知书载明了十五日的异议期。K医院因其与J集团公司的债权债务已履行完毕，故未在履行到期债务通知书规定的异议期内提出异议。2017年11月24日，黑龙江省某县人民法院作出（2017）黑1225民初1584号民事判决，认定K医院与J集团公司不存在债权债务关系。K医院仅仅因为错过了异议期限就承担不存在的巨额债务，极不公平。第二，宿迁中院将被执行人J集团公司的到期债权列为执行标的，案外人对该债权是否存在提出的异议，属于《民事诉讼法》第227条规定的案外人对执行标的的异议，江苏高院未适用该条，而适用《民事诉讼法》第225条，属于适用法律错误。第三，（2016）苏执复138号案的案情与本案几乎完全相同，且本案承办人也是（2016）苏执复138号案的合议庭成员，但本案的裁判结果却与该案完全相反，同案不同判。综上，请求最高人民法院撤销江苏高院（2017）苏执复155号执行裁定以及宿迁中院（2017）苏13执异31号执行裁定。

K医院向最高人民法院申诉时，提交一份黑龙江省某县人民法院于2017年11月24日作出的（2017）黑1225民初1584号民事判决书，该判决书裁判理由部分载明"本案经法庭调查以及对双方出示的证据的质证认证，原告K医院与被告J集团公司的建设工程施工合同已履行完毕，不存在债权债务关系"。K医院据此主张其与J集团公司的建设工程施工合同已履行完毕，双方不存在债权债务关系。

围绕K医院的申诉事由以及本案异议、复议程序重点审查问题，最高人民法院归纳本案争议焦点为：一、本案是否应当适用《民事诉讼法》第

225条规定的执行异议程序进行审查。二、K医院在执行异议程序中提出到期债权已履行完毕的抗辩，是否应予审查认定。

一、关于能否适用《民事诉讼法》第225条规定的执行异议程序问题。K医院主张被执行人J集团公司对K医院的到期债权系本案执行标的，K医院提出异议认为该债权已履行完毕，因而K医院应当被界定为《民事诉讼法》第227条规定的案外人，本案应当适用案外人异议程序进行审查。最高人民法院认为，《民事诉讼法》第227条所规定的案外人异议程序，其程序适用情形基本限于案外人对执行标的主张所有权、使用权等实体权属，案外人提出异议的目的在于阻止执行标的经强制执行而转让、交付。本案中，被执行人J集团公司对K医院的到期债权系本案执行标的，K医院所提异议虽然在形式上指向该到期债权，但其异议主张系认为债权已履行完毕而无需直接向申请执行人清偿，并非对该到期债权主张类似于所有权的实体权属。K医院所提异议之实质与案外人异议有本质区别，故宿迁中院以及江苏高院将其定位于执行程序中的利害关系人，并进而通过《民事诉讼法》第225条规定的执行异议程序审查其诉求，符合《民事诉讼法》的程序原理以及相应规则。

二、关于执行异议程序中是否应当对K医院所提债权履行完毕抗辩予以审查认定。按照本案查明事实，宿迁中院因被执行人J集团公司未能履行债务，依据申请执行人Z公司的申请，向K医院发出履行到期债务通知，因K医院到期未提出异议又未直接向申请执行人履行债务，宿迁中院裁定对K医院强制执行。宿迁中院上述执行行为完全符合相关法律以及司法解释的规定，K医院因到期未提出异议且未履行债务，而由宿迁中院裁定强制执行，应当自行承担相应法律后果。但是，K医院在司法解释所规定的到期债权履行异议期期满后，方提出债务已履行完毕的抗辩，对此，宿迁中院以及江苏高院大致认为凡到期债权法律关系中的次债务人未按司法解释规定的期限提出异议，即已丧失执行程序中的抗辩权，故不予审查认定。

到期债权异议期满后是否丧失抗辩问题，在执行实践中确属疑难问题，也存有较大争议。

最高人民法院认为，按照《执行规定》第65条的规定，到期债权法律关系中的次债务人未在指定期限内提出异议而又不履行的，执行法院有权裁定对其强制执行，此时该次债务人之法律地位已近似于被执行人，故应取得不劣于被执行人的程序救济权利。被执行人可以提出执行异议，主张其已履行生效法律文书所确定债务，人民法院应当对该项异议进行审查，进而认定债务是否确已履行；相应地，对于已裁定准予强制执行之到期债权次债务人，理应可以提出异议而主张其已履行向债务人即被执行人所负到期债务。如不保障到期债权次债务人此项程序救济权利，将导致该次债务人难循其他明确救济途径，且较大可能在实体上也难获公平结果。一旦如此，该次债务人因主观或客观原因而未行使到期债权异议权，其行为后果不免过于严苛。概括之，到期债权次债务人未按期提出异议而又不履行，人民法院得以对其裁定强制执行；而在对其强制执行进程中，该次债务人仍可提出债务已履行完毕的抗辩。依上分析，K医院虽超出异议期提出债务履行完毕抗辩，但宿迁中院仍应在执行异议程序中对其主张进行审查，认定债务是否确已履行完毕，并进而认定是否继续对K医院强制执行。因宿迁中院并未对K医院此项抗辩予以审查，有必要由该院对本案重新审查作出认定。此外，K医院向最高人民法院申诉时所提交黑龙江省某县人民法院民事判决，属本案复议裁定作出后发生的新的法律事实，能否据此认定K医院与J集团公司的债权债务已履行完毕，需宿迁中院在异议重审程序中一并审查认定。

综上，因宿迁中院并未在执行异议程序中对K医院所主张到期债权是否履行完毕的抗辩进行审查，且又发生可能影响案件认定的新的法律事实，故本案应由宿迁中院通过执行异议程序重新审查，在查明本案所涉到期债权是否确已履行完毕后，重新作出认定结论。最高人民法院裁定如下：一、撤销江苏高院（2017）苏执复155号执行裁定以及宿迁中院（2017）苏13执异31号执行裁定；二、本案由江苏省宿迁市中级人民法院重新审查处理。

（五）对被执行人欠付工程款的第三人，界定为协助执行义务人还是到期债权次债务人？

简答

按照一般观点：

对被执行人欠付工程款的次债务人，应当界定为到期债权次债务人。

因承揽建设工程而产生债权债务，该类案件往往法律关系复杂，明显不属于劳务报酬关系。在被执行人为工程承包方、次债务人为工程发包方的情况下，如申请执行人主张对次债务人予以强制执行，只能适用"被执行人到期债权的执行"相关制度。

详述

《民事诉讼法》以及《执行规定》第36条所规定负有"支取收入"义务的协助执行人，具有特定含义，系指负有向被执行人给付工资、奖金、劳务报酬等义务的用人单位。协助执行人系民事诉讼法以及相关司法解释所规定的特定概念，与到期债权第三人法律地位截然不同。到期债权第三人属于对执行标的有法律上利害关系的人，不具有协助执行人的法律地位，应排除于协助执行人范围。两者的差异在于：

1.概念不同

（1）协助执行人，是指作为民事执行主体以外的单位或者个人，根据人民法院执行部门的通知,负有配合人民法院执行部门采取执行措施,实现生效法律文书内容的义务主体。协助执行通常发生在执行标的物由单位或个人占有、使用、保管、登记等情形,表现为:协助冻结、扣划储户存款,协助扣留、提取本单位职工的工资收入,协助办理财产的查封、扣押、冻结、冻结登记或办理财产的过户手续,协助交出保管的执行标的物,协助调查等。

协助执行义务与一般意义上的配合协助义务不同,协助执行义务由法律或司法解释所确定,只有那些负有法律或司法解释所确定的协助执行义务的主体,方可成为协助执行义务人,进而才有可能因违反协助执行义务而承担罚款等法律责任。协助执行人是特定的部分单位和个人,规定于《民事诉讼法》、《民事诉讼法解释》以及《执行规定》等法律和司法解释之中,包括:

第一,金融机构,包括银行(含其分理处、营业所和储蓄所)、非银行金融机构、其他有储蓄业务的单位,规定于《中国人民银行、最高人民法院、最高人民检察院、公安部关于查询、冻结、扣划企业事业单位、机关、团体银行存款的通知》。

第二,被执行人存在尚未支取收入的有关单位,规定于《执行规定》第29条。

第三,工作职责包括财产查封、扣押、冻结、冻结登记的有关单位,规定于《执行规定》第35条。

第四,被执行人应得的已到期的股息或红利等收益的有关企业,规定于《执行规定》第36条。

第五,被执行人享有投资权益或股权的有限责任公司、其他法人企业,规定于《执行规定》第38条。

正如有观点指出:在司法机关人员执行公务时,一切有关人员和组织都负有配合、协助义务,但只有符合一定条件的主体才负有协助执行义务；违反配合、协助义务的，可构成对执行公务的妨害；违反协助执行义务的构成拒不协助执行；违反配合、协助义务的，应当适用《民事诉讼法》第114条第1款第（5）项和《民事诉讼法解释》第187条，违反协助执行义务的，应当适用《民事诉讼法》第117条、《民事诉讼法解释》第192条（协助执行义务人为单位）以及第188条第（5）项（协助执行义务人为个人）。[1]

（2）到期债权第三人，是指在民事执行程序中，被执行人不能清偿债务，但对第三人享有到期债权，人民法院根据申请执行人的申请，对第三人的财产进行强制执行，该第三人即为到期债权第三人。

2.法律地位不同

协助执行人不是执行当事人，协助执行的结果是协助人民法院执行被执行人的财产，并不是对协助执行人的财产强制执行。在对到期债权第三人的执行中，人民法院一旦对第三人强制执行，第三人则处于被执行人的地位。

3.义务来源不同

协助执行人的义务来源于其自身优势地位所带来的客观上能够协助人民法院执行、调查的能力。

从本质上来说，对第三人到期债权的执行是一种对财产的执行方式，只是这里的财产作为债权的方式存在。对它的执行与对动产的执行、对不动产的执行在本质上并无不同，都是对被执行人财产的执行方式。

4.法律后果不同

协助、配合执行是有关单位和个人的法定义务。民事执行权具有公权性，因此，执行部门代表国家所作出的协助执行通知书具有强制性，收到

---

[1] 参见夏从杰：《关于协助执行几个实用问题的解答》，载微信公众号"金陵瀍语"2017年8月20日。

协助执行通知书的单位和个人负有协助执行的义务，不得拒绝，否则要承担相应的法律责任。

到期债权第三人有权拒绝人民法院履行债务的要求。到期债权第三人在履行通知指定的期间内提出异议的，人民法院不得对第三人强制执行，对提出的异议不进行审查。

最高人民法院执行案例参考

【案号】（2016）最高法执监25号

【案例要旨】1.在被执行人为工程承包方、次债务人为工程发包方的情况下，适用到期债权执行相关制度。2.申请执行人执行程序中按照到期债权执行制度对次债务人申请执行，前提是次债务人对债务并未提出异议，一旦提出异议，则不得对次债务人强制执行，且对异议不进行审查。

【案情概要】江苏省无锡市锡山人民法院于2013年3月25日受理X公司与李某某、H建设公司买卖合同纠纷一案。在该案财产保全过程中，锡山人民法院依X公司的申请冻结了H建设公司的部分银行账号。2013年6月3日，在X公司与李某某、H建设公司均在场的情况下，锡山人民法院作出（2013）锡法商初字第0144号民事调解书：李某某结欠X公司钢材款903.43481万元以及利息损失63万元；付款方式以及期限为李某某于2013年6月底前支付20万元，同年8月底前、同年10月底前各支付200万元，同年12月底前支付100万元，2014年3月底前支付200万元，余款246.43481万元于2014年5月底前支付结清；如李某某未能按约支付上述款项，则由李某某另行承担逾期付款的违约金，且X公司可立即向人民法院全额申请执行余欠款项。

在作出上述调解书的同时，锡山人民法院向H建设公司送达了（2013）锡法商初字第0144号民事裁定书以及协助执行通知书，要求该公司即日起停止支付李某某在其公司工程进度款中扣除应支付的农民工工资、管理费用等之外的必需部分，累计满1000万元后可以支付给李某某；每期协助款项以X公司与李某某达成的调解协议确定的付款额度为限。H建设公司代理人表示，H建设公司亳州市某小区C区项目一部分工程分包给李某某，工程额为9000余万元，应当支付的进度款已经全部支付，付了4300多万元，余款大概每一个半月支付一次，在扣除农民工工资、管理费用等必需部分后协助人民法院扣留并按工程完成进度、业主方付款以及上述调解协议支付。当日，X公司向锡山人民法院申请撤回对H建设公司的起诉并请求对该公司诉讼保全账号解冻，锡山人民法院裁定准许X公司解冻账号的请求，并于次日解冻账号。

因李某某未能履行上述调解书确定的义务，X公司于2013年8月26日向锡山人民法院申请强制执行。锡山人民法院立案执行后，李某某表示因H建设公司审批给他的工程款（200余万元）远远低于其报批工程款，故其无力支付，具体工程报批等事务由其项目经理邵某某承办。锡山人民法院于2013年10月23日至某小区C区项目部，留置送达（2013）锡法执字第0683号民事裁定书以及协助执行通知书，要求提取李某某在H建设公司到期工程款1000万元。H建设公司当场表示其已付给李某某200多万元工程款，但李某某工程进度未达到其节点要求，将来会协助人民法院执行，但拒签相关法律文书。后H建设公司协助向X公司支付了20万元。

锡山人民法院又于2013年12月9日作出（2013）锡法执字第0683-1号执行裁定书，对李某某在H建设公司到期应收工程款中的1000万元予以强制执行，并于次日扣划H建设公司银行存款350万元并冻结银行存款650万元。

H建设公司向锡山人民法院提出执行异议称，李某某在其公司已无债权，锡山人民法院强制执行1000万元到期债权违反法律规定，请求撤销锡山人民法院（2013）锡法执字第0683-1号执行裁定书，解除被冻结的银行账户存款650万元，并返还已扣划的350万元。

锡山人民法院经审查认为，本案在审理期间，H建设公司为案件被告，在同意协助执行后，X公司撤回对其起诉和保全申请，H建设公司应严格按照锡山人民法院（2013）锡法商初字第0144号民事裁定书以及协助执行通知书的要求履行协助义务。其协助义务有两条：一是扣留义务，即对自2013年6月3日起其收到的李某某的工程款予以扣留，对于其中可支付的农民工工资、必需的管理费用应由人民法院审核同意后支付，当扣留总额累计满1000万元后可以支付给李某某；二是支付义务，即该公司应按照调解协议确定的时间和额度向人民法院支付或以其他妥当的方式保证申请执行人X公司收到该款项。李某某承包的工程在2014年春节停工，在此之前按照调解协议确定的时间和额度，H建设公司应当协助支付520万元，但H建设公司仅支付了20万元。而H建设公司的扣留义务至少应从2013年1—3月进度款开始，从该笔进度款开始，H建设公司支付李某某的1895.1355万元中，未按锡山人民法院要求扣留李某某工程款并擅自向他人支付货款、材料费、租赁费等款项超过500万元。H建设公司应为擅自支付行为承担相应的民事责任，应在500万元范围内对其强制执行。锡山人民法院（2013）锡法执字第0683-1号执行裁定书对1000万元工程款强制执行的数额过高，应予纠正。据此，锡山人民法院将该院（2013）锡法执字第0683-1号执行裁定书中对被执行人李某某在H建设公司到期应收工程款1000万元予以强制执行的数额变更为500万元，驳回H建设公司的其他异议请求。

H建设公司向无锡中院申请复议。X公司亦申请复议称，H建设公司擅自支付的工程款超过H建设公司应协助扣留并提取的到期工程款1000万元，应当维持（2013）锡法执字第0683-1号执行裁定。无锡中院经审查认为，由于被执行人李某某不能清偿债务，人民法院可以执行李某某对次债务人享有的到期债权。锡山人民法院在审理本案时已于2013年6月3日作出民事裁定书以及协助执行通知书，并依法送达H建设公司，要求该公司即日起停止支付李某某在其公司工程进度款中扣除农民工工资、管理费用等之外的必需部分，累计满1000万元后可以支付给李某某。H建设公司收到上述民事裁定书以及协助执行通知书后，未提出异议，且认可在扣除农民工工资以及管理费用等必需部分后协助人民法院扣留，并按工程完成进度、业主方付款以及调解协议支付。故H建设公司应按人民法院协助执行通知书的相关要求，并按工程完成进度、业主方付款以及调解协议，向人民法院履行协助执行义务，如未履行或未完全履行协助义务而导致申请执行人的利益损失，应当承担相应的民事责任。2013年6月3日之后，H建设公司应当对收到的李某某的工程款予以扣留，对农民工工资、管理费用等款项亦应由人民法院审核同意后再行支付，不得在未经人民法院审核同意的情况下擅自支付。H建设公司协助人民法院扣留李某某工程款的义务至少应从2013年1—3月工程进度款开始，从该笔进度款开始，H建设公司审批同意后向B投资公司申报的李某某的工程进度款共计1717万元，而H建设公司向李某某支付的款项为1895.1355万元，上述支付的款项中，除向X公司支付的20万元之外，H建设公司支付上述其他款项都未经人民法院审核同意，应当认定为擅自支付。锡山人民法院协助执行通知书确定的协助义务为1000万元，因H建设公司已协助人民法院执行20万元，该20万元应当从协助执行款项中予以扣除，故H建设公司还应当协助人民法院执行980万元。据此，无锡中院裁定：一、撤销锡山人民法院（2014）锡法执异字第0021号执行裁定书；二、驳回H建设公司的复议申请；三、将锡山人民法院（2013）锡法执字第0683-1号执行裁定书中对被执行人李某某在H建设公司到期应收工程款1000万元予以强制执行的数额变更为980万元；四、驳回X公司的其他复议请求。

H建设公司向江苏高院申诉。江苏高院认为，按照原《最高人民法院关于适用〈中华人民共和国民事诉讼法〉若干问题的意见》第105条，债务人的财产不能满足保全请求，但对次债务人有到期债权的，人民法院可以依债权人的申请裁定该次债务人不得对本案债务人清偿。该次债务人要求偿付的,由人民法院提存财物或价款。按照《执行规定》第61条、第63条的规定,被执行人不能清偿债务,但对本案以外的次债务人享有到期债权的,人民法院可以依申请执行人或被执行人的申请,向次债务人发出履行到期债务的通知。履行通知必须直接送达次债务人。次债务人在履行通知指定的期间内提出异议的,人民法院不得对次债务人强制执行,对提出的异议不进行审查。本案中,锡山人民法院在诉讼阶段于2013年6月3日向H建设公司送达民事裁定和协助执行通知书时,并未核实李某某是否在H建设公司确有到期债权并按照该规定作出裁定,故该院向H建设公司送达协助执行通知书要求提取H建设公司应支付李某某的到期工程款,没有事实和法律依据。该院立案执行后,在未向H建设公司发出履行到期债务通知书并交代异议权的情况下适用《民事诉讼法》第243条裁定提取李某某在H建设公司的1000万元到期工程款,后又另裁定扣划,均违反法定程序,且适用提取收入的法律条款亦属适用法律错误。综上,锡山人民法院要求H建设公司承担擅自支付的法律责任无事实和法律依据,该院(2013)锡法执字第0683号民事裁定、(2013)锡法执字第0683-1号执行裁定、(2014)锡法执异字第0021号执行裁定和无锡中院(2015)锡执复字第002号执行裁定均应撤销。据此,江苏高院裁定如下:一、撤销无锡中院(2015)锡执复字第002号执行裁定和锡山人民法院(2014)锡法执异字第0021号执行裁定;二、撤销锡山人民法院(2013)锡法执字第0683号民事裁定以及协助执行通知书、(2013)锡法执字第0683-1号执行裁定。

X公司向最高人民法院申诉,请求撤销江苏高院(2015)苏执监字第00169号执行裁定,维持无锡中院(2015)锡执复字第002号执行裁定。X公司主要申诉事由为:(一)H建设公司在本案中系协助执行人,江苏高院认定H建设公司系到期债权次债务人,适用法律错误。(二)H建设公司擅自向李某某支付工程款,属拒不履行协助执行义务,应当按照《执行规定》第36条、第37条的规定承担相应责任。(三)按照安徽省亳州市中级人民法院（2014）亳民一初字第00181号民事判决，李某某对H建设公司已不具有债权，X公司只能通过执行程序寻求救济。

围绕X公司的申诉事由，最高人民法院归纳本案焦点问题如下：其一，H建设公司在本案中应当定位为协助执行人或是到期债权次债务人。其二，执行法院能否对H建设公司名下财产予以强制执行。

关于H建设公司的定位。《民事诉讼法》以及《执行规定》第36条所规定负有"支取收入"义务的协助执行人，具有特定含义，系指负有向被执行人给付工资、奖金、劳务报酬等义务的用人单位。本案被执行人李某某与H建设公司因承揽建设工程而产生债权债务，该类案件往往法律关系复杂，明显不属于前述劳动者与用人单位所发生的劳务报酬关系。在被执行人为工程承包方、次债务人为工程发包方的情况下，如申请执行人主张对次债务人予以强制执行，只能适用《执行规定》关于"被执行人到期债权的执行"相关制度。因此，江苏高院将H建设公司定位为到期债权执行中的次债务人，适用法律正确。

关于能否对H建设公司予以强制执行。《执行规定》第61条至第69条规定了"被执行人到期债权的执行"相关制度。对于被执行人到期债权的执行，必须符合三项要件：一是次债务人向被执行人负有金钱债务。二是该债务已届履行期限。三是次债务人对该债务并未提出异议。申请执行人执行程序中按照到期债权执行制度对次债务人申请执行，前提是次债务人对债务并未提出异议，一旦提出异议，则不得对次债务人强制执行，且对异议不进行审查，这是现行法律对限缩执行裁量权的制度要求。本案立案执行后，执行法院于2013年10月23日向H建设公司送达相关法律文书，要求该公司支付到期工程款1000万元，H建设公司表示李某某工程进度未达到节点要求，即对债务尚未届满履行期限提出异议。执行法院扣划H建设公司银行存款350万元并冻结银行存款650万元后，H建设公司再次以李某某在其公司已无债权为由提出执行异议。H建设公司在本案中系作为到期债权次债务人，该公司在执行过程中已对债务提出异议，无论异议是否成立，执行法院均不应进行实质审查，应释明申请执行人提起代位权诉讼予以救济，而不得对H建设公司予以强制执行。实际上，安徽省亳州市中级人民法院（2014）亳民一初字第00181号民事判决已确认H建设公司对李某某不负有债务，反而李某某应向H建设公司负有返还工程款义务。因此，江苏高院认定执行法院不应直接对H建设公司予以强制执行的认定结论，具有相应事实与法律依据。

综上，最高人民法院裁定驳回X公司的申诉请求。

九、执行威慑惩戒制度（限制高消费、失信被执行人名单、罚款、拘留、限制出境、拘执罪等）专题

（一）限制高消费制度与失信被执行人制度的区别与联系？

简 答

1.按照《限制高消费规定》《失信被执行人规定》以及一般规定，限制高消费制度与失信被执行人制度之间的主要区别是：

（1）性质不同

限制高消费制度与罚款、拘留、限制出境等性质相同，系民事诉讼法以及司法解释确立的"强制措施"。

失信被执行人制度以人民法院牵头主导，由全社会共同参与，系对负有生效法律文书确定的债务且不诚信的被执行人所采取的，兼具惩罚与威慑功能的"信用惩戒制度"。

（2）条件不同

凡"未履行生效法律文书确定的债务"，均应当限制高消费。

只有"有履行能力而拒不履行生效法律文书确定的债务"，才会纳入失信被执行人名单。

（3）扩展主体不同

被执行人为单位的，可以对被执行人的法定代表人、主要负责人、直接责任人、实际控制人采取限制高消费措施。

被执行人为单位的，不得将被执行人的法定代表人、主要负责人、直接责任人、实际控制人纳入失信被执行人名单。①

2.按照《限制高消费规定》《失信被执行人规定》以及一般规定，限制高消费制度与失信被执行人制度之间的主要联系是：

（1）先采取限制高消费措施，如存在"有履行能力而拒不履行"情形，再纳入失信被执行人名单。

（2）关于纳入失信被执行人名单的后果，限制高消费系其中最重要的一环。

（二）对限制高消费或纳入失信被执行人名单不服，如何寻求救济？

简 答

按照《失信被执行人规定》《善意执行意见》以及一般观点：

1.被执行人认为人民法院对其采取纳入失信被执行人名单措施违反法律规定的，可以依照《失信被执行人规定》第11条、第12条之规定处理，

---

①《善意执行意见》：单位是失信被执行人的，人民法院不得将其法定代表人、主要负责人、影响债务履行的直接责任人员、实际控制人等纳入失信名单。

九、执行威慑惩戒制度（限制高消费、失信被执行人名单、罚款、拘留、限制出境、拘执罪等）专题

即"纠正—复议"。①

2.被执行人认为人民法院采取的限制消费措施违反法律规定的，参照失信被执行人名单的异议处理方式执行，即"纠正—复议"。②

（三）法定代表人变更，能否对原法定代表人采取限制高消费措施？

简 答

按照《限制高消费规定》以及一般观点：

被限制消费的单位法定代表人发生变更的，仍能够以"影响债务履行的直接责任人员"或"实际控制人"为主体，对原法定代表人采取限制高消费措施。

---

①《失信被执行人规定》第12条："公民、法人或其他组织对被纳入失信被执行人名单申请纠正的，执行法院应当自收到书面纠正申请之日起十五日内审查，理由成立的，应当在三个工作日内纠正；理由不成立的，决定驳回。公民、法人或其他组织对驳回决定不服的，可以自决定书送达之日起十日内向上一级人民法院申请复议。上一级人民法院应当自收到复议申请之日起十五日内作出决定。"

②《善意执行意见》第18条："畅通惩戒措施救济渠道。自然人、法人或其他组织对被纳入失信名单申请纠正的，人民法院应当依照失信名单规定第十二条规定的程序和时限及时审查并作出处理决定。对被采取限制消费措施申请纠正的，参照失信名单规定第十二条规定办理。人民法院发现纳入失信名单、采取限制消费措施可能存在错误的，应当及时进行自查并作出相应处理；上级法院发现下级法院纳入失信名单、采取限制消费措施存在错误的，应当责令其及时纠正，也可以依法直接纠正。"

（四）何种情形下，被执行人虽应予纳入失信名单或限制消费，但却不得采取惩戒措施？

简 答

按照《善意执行意见》的规定，被执行人虽然存在有履行能力而拒不履行生效法律文书确定义务、无正当理由拒不履行和解协议的情形，但属于下列情形的，人民法院不得对被执行人采取纳入失信名单或限制消费措施：

1.人民法院已经控制其足以清偿债务的财产；

2.申请执行人申请暂不采取惩戒措施。

（五）何种情形下，可以对被执行人及有关人员解除限制消费措施？

简 答

按照《善意执行意见》的规定：

1.单位被执行人被限制消费后，其法定代表人、主要负责人、影响债务履行的直接责任人员、实际控制人以因私消费为由提出以个人财产从事消费行为，经审查属实的，人民法院应予准许。

2.单位被执行人被限制消费后,其法定代表人、主要负责人确因经营管理需要发生变更,原法定代表人、主要负责人申请解除对其本人的限制消费措施的,应举证证明其并非单位的实际控制人、影响债务履行的直接责任人员。人民法院经审查属实的,应予准许,并对变更后的法定代表人、主要负责人依法采取限制消费措施。

3.被限制消费的个人因本人或近亲属重大疾病就医,近亲属丧葬,以及本人执行或配合执行公务,参加外事活动或重要考试等紧急情况亟需赴外地,向人民法院申请暂时解除乘坐飞机、高铁限制措施,经严格审查并经本院院长批准,可以给予其最长不超过一个月的暂时解除期间。

上述人员在向人民法院提出申请时,应当提交充分有效的证据并按要求作出书面承诺;提供虚假证据或者违反承诺从事消费行为的,人民法院应当及时恢复对其采取的限制消费措施,同时依照《民事诉讼法》第114条从重处理,并对其再次申请不予批准。

(六)搜查措施的启动要件有哪些?

简 答

按照一般观点,搜查的启动条件包括:

1.执行依据所确定的履行期限已经届满

只有生效法律文书所确定的履行期限已经届满,人民法院才可以对被执行人采取搜查措施。

2.被执行人不履行生效法律文书确定的义务

生效法律文书确定的履行期限届满后,如果被执行人自愿履行法律文书所确定的义务,就没有必要对其采取搜查措施,只有在生效法律文书确定的履行期限届满后,被执行人仍然拒绝履行其义务的,人民法院才有可能对其采取搜查措施。

3.人民法院认为被执行人具有隐匿行为

人民法院在决定是否对被执行人采取搜查措施时,具有自由裁量权。如果执行人员通过调查发现被执行人存在隐匿行为,或者申请执行人提供被执行人存在隐匿行为的线索,人民法院就可以决定对被执行人采取搜查措施。

详 述

1.搜查的定义

民事执行程序中的搜查,是指被执行人不履行生效法律文书确定的义务并有隐匿行为的,对被执行人住所地、隐匿地进行搜索、检查的执行措施。搜查这一执行措施的采取,无形中对被执行人造成一种威慑,也便于查明被执行人的财产状况以及其他违法情况,同时也可以根据搜查查明的情况,及时采取查封、扣押、冻结等执行措施,给执行工作带来主动。

2.民事执行程序中的搜查与刑事搜查的区别

(1)搜查主体不同。刑事搜查是侦查机关在侦查程序中所拥有的权力,按照我国刑事诉讼法的相关规定,搜查的主体包括公安机关、国家安全机关、人民检察院、监狱以及军队保卫部门等机关所属的侦查部门。民事执行程序中的搜查,其行使主体仅限于人民法院。

(2)搜查要件不同。民事执行中的搜查与刑事搜查在搜查要件上的不同,主要体现在搜查令状上。刑事搜查要求搜查人员在采取搜查措施之前,应持有由人民检察院或公安机关签发的搜查证。民事执行中的搜查要求搜查人员在采取搜查措施之前需持有由人民法院院长签发的搜查令,该搜查令不仅在签发主体上与刑事搜查的搜查证不同，而且在所记载的内容上也存在着较大的差异。

（3）搜查目的不同。根据我国刑事诉讼法的相关规定，刑事搜查的主要目的是发现犯罪嫌疑人的犯罪证据，民事执行中的搜查的目的则在于帮助人民法院发现被执行人所隐匿的财物，以保障生效法律文书的顺利执行。

（4）搜查范围不同。根据《刑事诉讼法》第136条的规定，刑事搜查的范围包括犯罪嫌疑人以及可能隐藏罪犯或者犯罪证据的人的身体、物品、住处和其他有关的地方；民事执行中的搜查的范围仅限于被执行人人身、被执行人住所以及财物隐匿地，与刑事搜查的搜查范围存在着较大的不同。

（5）搜查条件不同。人民法院启动民事执行中的搜查，前提必须是被执行人存在隐匿财物的情形，或被执行人拒绝提供有关财产状况的证据材料，只有在这两种情况下，人民法院才可以发出搜查令；刑事搜查的条件是，犯罪嫌疑人存在犯罪嫌疑，公安机关或人民检察院认为有必要对犯罪嫌疑人进行搜查以收集其犯罪证据或查获犯罪嫌疑人。

3.适用搜查措施的典型情形

《民事诉讼法》第255条规定："被执行人不履行法律文书确定的义务，并隐匿财产的，人民法院有权发出搜查令，对被执行人及其住所或者财产隐匿地进行搜查。采取前款措施，由院长签发搜查令。"

执行过程中，被执行人隐匿财产、会计账簿等资料的，人民法院按照《民事诉讼法》第114条第1款第（6）项"拒不履行人民法院已经发生法律效力的判决、裁定"进行处理，即罚款、拘留；构成犯罪的，追究刑事责任。除此之外，人民法院还应当责令被执行人交出隐匿的财产、会计账簿等资料。在采取以上强制措施之后，被执行人仍拒不交出的，人民法院可以采取搜查措施。

4.实施搜查措施时的要求

（1）人民法院对被执行人采取搜查措施时，执行法官、执行员应当穿着法官制服，司法警察应当穿着警察制服并佩戴警衔标志。

（2）人民法院决定采取搜查措施时，必须由院长签发搜查令，然后才能实施搜查。

（3）人民法院对被执行人采取搜查措施时，执行法官、执行员应当携带工作证、执行公务证，司法警察还应当携带警官证。

（4）人民法院对被执行人采取搜查措施时，应当通知相关利害关系人到场。

（5）人民法院对被执行人采取搜查措施时，应当由女执行人员搜查妇女身体。

（6）人民法院在搜查中发现应当依法采取查封、扣押、冻结措施的财产，按照《民事诉讼法》第252条第2款、第254条规定的方式处理，即：

首先，对被查封、扣押、冻结的财产，执行员必须造具清单，由在场人员签名或者盖章后，交被执行人一份。被执行人是公民的，也可以交他的成年家属一份。

其次，财产被查封、扣押、冻结后，执行员责令被执行人在指定期间履行法律文书确定的义务。被执行人逾期不履行的，应当拍卖被查封、扣押、冻结的财产；不适于拍卖或者当事人双方同意不进行拍卖的，可以委托有关单位变卖或者自行变卖。国家禁止自由买卖的物品，交有关单位按照国家规定的价格收购。

（7）搜查应当制作搜查笔录，由搜查人员、被搜查人以及其他在场人签名、捺印或者盖章。拒绝签名、捺印或者盖章的，应当记入搜查笔录。

（七）申请执行人如何提起拒不执行判决、裁定罪的自诉案件？

> 简 答

按照《关于审理拒不执行判决、裁定刑事案件适用法律若干问题的解释》的规定，申请执行人提交相应证据证明同时具有下列情形，人民法院认为符合《刑事诉讼法》第210条第（3）项规定的，以自诉案件立案审理：

1.负有执行义务的人拒不执行判决、裁定，侵犯了申请执行人的人身、财产权利，应当依法追究刑事责任的。

2.申请执行人曾经提出控告，而公安机关或者人民检察院对负有执行义务的人不予追究刑事责任的。

按照《关于审理拒不执行判决、裁定刑事案件适用法律若干问题的解释》的官方解读，具有下列情形之一的，属于"不予追究被告人刑事责任"的情形：

（1）公安机关、检察机关作出《不予立案通知书》或者《不起诉决定书》的；

（2）申请执行人向公安机关、检察机关报案，公安机关、检察机关不予接收材料、不予答复的。

（八）被执行人不履行行为义务，如何处理？

简答

按照《民事诉讼法》以及《民事诉讼法解释》的规定，被执行人不履行行为义务，按照如下方式处理：

1.采取"间接执行"措施，即采取罚款、拘留、限制高消费、限制出境等强制措施，威慑被执行人履行。（理论上称之为"间接执行"。与之相对地，例如拍卖变价给付，理论上称之为"直接执行"。）

2.委托他人履行，理论上称之为"替代执行"。与之相对地，必须由被执行人直接履行的，理论上称之为"不可替代执行"。

（1）该义务可由他人完成的，人民法院可以选定代履行人，替代被执行人完成该行为义务。

（2）代履行费用的数额由人民法院根据案件具体情况确定，由被执行人预先支付。被执行人未预先支付的，人民法院对该费用强制执行。

详述

1.关于可以替代履行行为与不可替代履行行为。

《民事诉讼法》第259条规定了两种对"行为义务"的执行方式：一是强制执行，二是委托他人履行（替代执行）。理论上一般认为，这两种执行方式分别对应两种不同性质的行为义务：不可替代履行的行为义务、可以替代履行的行为义务。

行为是否可以替代履行，区分的标准是行为性质。如果行为在性质上

九、执行威慑惩戒制度（限制高消费、失信被执行人名单、罚款、拘留、限制出境、拘执罪等）专题

专属于义务人，则为不可替代履行的行为；如果行为在性质上能够由他人代为完成，则是可以替代履行的行为。前者如某著名演员的演出义务，后者如拆除障碍物的义务。

理论上关于行为是否可以替代的划分标准并不统一。主要有限定说与非限定说两种主张。非限定说认为，行为是否具有可替代性，应就能否满足执行债权为标准判断，如果一项行为由被执行人履行与由其他人履行，对于债权人的法律价值与经济价值并无不同，该项行为则为可替代行为。该项行为的债务人资格纵然在实际上无法由他人取代，只要能以债务人的代理人资格或机关代表资格而为该项行为，该项行为也属于可替代行为。凡是事实行为与意思表示行为都是可替代行为，都可以由他人替代债务人完成。[①]限定说认为，除了非限定说要求的条件外，一项行为在性质上必须允许他人以自己的地位进行，才能认定该行为的可替代性。如签名行为或债务人承受票据债务的行为，他人都不能以自己地位取代债务人资格，所以都是不可替代行为。[②]

区分行为是否可以替代，主要是为了适用不同的执行方法。可替代行为一般采用替代执行方法，不可替代行为的执行一般采用间接执行方法。

2.《民事诉讼法解释》第503条第1款规定："被执行人不履行生效法律文书确定的行为义务，该义务可由他人完成的，人民法院可以选定代履行人；法律、行政法规对履行该行为义务有资格限制的，应当从有资格的人中选定。必要时，可以通过招标的方式确定代履行人。"

该条文包括三项内容。第一项内容是执行法院选定代履行人的条件。具体条件有两个：一是被执行人不履行行为义务，二是该行为义务可由他

[①] [日]山本卓：《注解强制执行法（4）》，转引自陈荣宗：《强制执行法》，台北三民书局1999年版，第602页。

[②] 陈荣宗：《强制执行法》，台北三民书局1999年版，第602页。

人完成。此时，执行法院可以选定代履行人。实践中，常见的可以替代履行行为是一些事务性行为，如拆除障碍物等。交付种类物的执行中，购买种类物并予以交付也是一种可以替代履行行为。第二项内容是对于某种特定资格代履行人的指定问题。常见的是交付建筑物达不到要求需要改良的案例。此时被执行人拒不履行改良义务，执行法院可以在有建筑资质的主体中指定代履行人完成该改良义务。第三项规定了确定代履行人的方式。一般来说，通过招标这种公开方式确定代履行人，可以引入竞争机制达到有效降低成本的目的，也能打消当事人的顾虑与猜疑，是一种应优先予以考虑的方法。但是实际上执行程序中的替代履行行为千差万别，在制度实施初期，不宜作硬性要求，所以本条文仅将招标作为可供选择的方法之一予以规定。

3.《民事诉讼法解释》第503条第2款规定："申请执行人可以在符合条件的人中推荐代履行人，也可以申请自己代为履行，是否准许，由人民法院决定。"

该条规定了申请执行人能否成为代履行人的问题。该条规定了申请执行人可以推荐，也可以自行申请成为代履行人，基于如下两个理由：第一，被执行人怠于履行生效法律文书已经确定的行为义务，申请执行人具有实现生效法律文书确定权利的正当性与追切性。第二，替代履行的行为一般是事务性行为，申请执行人与被执行人之间的利益冲突在履行事务性行为时表现得并不突出。当然，为了防止具体案件中当事人之间的利益冲突，该条还是规定了人民法院在申请执行人推荐、自荐代履行人时的决定权。

4.我国台湾地区对于替代履行制度有明确而具体的规定。其"强制执行法"第127条第（1）项规定："依执行名义，债务人应为一定行为而不为者，执行法院得以债务人之费用，命第三人代为履行。"

德国《民事诉讼法》第887条也对"可以代替的作为"进行了详细的

九、执行威慑惩戒制度（限制高消费、失信被执行人名单、罚款、拘留、限制出境、拘执罪等）专题

规定："（一）债务人不履行某种作为，而此种作为是第三人可以实行的，第一审受诉人民法院依申请授权债权人，以债务人的费用，实行之。（二）债权人可以同时申请，判令债务人预付实行该项作为的费用，如实行该项作为支出超额费用时，有权再次请求。（三）本条规定不适用于对物之交付或给付的强制执行。"此外，韩国《民事执行法》第260条[①]、日本《民事执行法》第171条与美国《联邦诉讼规则》第70条[②]也都规定了可替代行为的执行问题。

5.执行实践中，应当注意以下几点：

其一，由于间接执行涉及对被执行人自由与精神的强制，具有更强的严厉性，因此当一个行为能够适用替代执行的方法时，一般不采用间接执行措施。

其二，在代履行人的问题上，执行法院不仅具有指定的权力，也负有监督的责任。如果代履行人不能切实履行职责，执行法院有权予以更换。

其三，道歉是一种兼具两种行为性质的特殊行为。在报纸刊物上登载道歉内容，是可替代行为；当面道歉，是不可替代行为。

6.关于代履行费用的数额，由执行法院根据案件的具体情况确定。

执行案件中需要替代履行的行为各不相同，其费用只能由人民法院根据具体案情确定。由于是预先估计，所以只能是大致的数额，具体数额需待行为完成后才能最终确定。

代履行的费用由被执行人预先支付。由于被执行人怠于履行行为义务，该费用理应由其预先支付。被执行人未预先支付的，执行法院可以对该费用强制执行。由于执行法院采取了替代履行的执行方法，被执行人的行为履行义务转化成了交付代履行费用的义务。当被执行人怠于履行该金钱债

[①] 参见［韩］姜大成：《韩国民事执行法》，朴宗根译，法律出版社2010年版，第424—425页。
[②] 参见杨与龄：《强制执行法论》，中国政法大学出版社2002年版，第563页。

权给付义务时，执行法院可以作出交付代履行费用的法律文书，作为执行依据，对被执行人予以强制执行。由于被执行人是代履行费用的承担者，对于代履行费用的具体支出情况以及合理性，享有知情权与监督权，因此被执行人有在代履行结束后查阅、复制相关费用清单以及凭证的权利。

我国台湾地区对于替代履行中的费用也有规定，台湾地区"强制执行法"第127条第（2）项规定："前项费用，由执行法院酌定数额，命债务人预行支付或命债权人代为预纳，必要时，并得命鉴定人鉴定其数额。"

十、迟延履行利息与迟延履行金专题

（一）如何正确区分和计算本金、一般债务利息、违约金以及迟延履行利息？

简答

按照《民事诉讼法》的规定，被执行人未按判决、裁定和其他法律文书指定的期间履行给付金钱义务的，应当加倍支付迟延履行期间的债务利息。

按照《迟延履行利息司法解释》的规定，加倍计算之后的迟延履行期间的债务利息，包括迟延履行期间的一般债务利息和加倍部分债务利息。

1.迟延履行期间的一般债务利息，按照生效法律文书确定的方法计算；生效法律文书未确定给付该利息的，不予计算。

2.加倍部分债务利息的计算方法为：

加倍部分债务利息=债务人尚未清偿的生效法律文书确定的除一般债务利息之外的金钱债务×日万分之一点七五×迟延履行期间。

详述

以一份典型案例以及判决主文为例，说明如何区分和计算本金、一般债务利息、违约金以及加倍部分债务利息。

2019年1月1日，甲与乙签订借款合同，约定甲向乙出借人民币100万元，借款期限一年，年利率10%，到期违约应加付年化利率为10%的违约金。甲于当日履行出借义务。但是，乙始终未履行任何偿付义务。

2020年6月1日，甲向人民法院起诉请求已偿付借款本金、利息以及违约金。

2021年1月1日，人民法院作出生效判决："甲应当在本判决生效之日起向乙支付所欠全部债务，其中本金100万元，利息20万元，违约金按照合同约定履行。到期未履行付款义务，应当按照《民事诉讼法》第253条的规定加倍支付迟延履行期间的债务利息。"

2022年1月1日，甲向人民法院申请执行，此时，甲以及人民法院如何核算执行金额？

1. 本金：100万元。

2. 一般债务利息：100万元×10%×3年=30万元（未按复利计算）。

（1）一般债务利息，是指在生效法律文书中，按照实体法规定所确定的利息。

（2）即使判决主文核算了定额的一般债务利息，也应当在判决生效后，按照合同约定，继续计算一般债务利息。

（3）应当说明的是，并不是所有的金钱给付案件都有一般债务利息，侵权损害赔偿等案件通常就没有支付一般债务利息的内容。

3. 违约金：100万元×10%×2年=20万元。

需要明确的是，金融借款合同纠纷中的罚息，应当定义为逾期后的一般债务利息。

4. 迟延履行利息（迟延履行期间的加倍部分债务利息）：

自2021年1月1日起，按照100万元×日万分之一点七五×迟延履行期间的实际天数的方法计算。

（1）按照《民事诉讼法》第253条规定加倍计算之后的"迟延履行期间的债务利息"是一个整体概念，包括迟延履行期间的一般债务利息和加倍部分债务利息两部分。

（2）加倍部分债务利息，也称为迟延履行利息，是指执行程序中，被执行人因迟延履行，按照《民事诉讼法》第253条的规定而应多支付的利息。

（3）迟延履行利息与一般债务利息起算时间不同。迟延履行利息是从生效法律文书指定的履行期间届满时开始计算；一般债务利息是从当事人约定的时间开始计算。

（4）生效法律文书没有确定一般债务利息时，仍应当适用相同的利率标准计算迟延履行利息。

（5）迟延履行利息采用单独的计算方法，与一般债务利息的计算没有关系。通俗地讲，就是两者"各算各的，互不影响"。

（二）被执行人支付迟延履行利息，是否必须由申请执行人提出申请？

简 答

按照一般观点：

无论申请执行人是否申请，执行法院都应当依职权计算迟延履行利息。

详 述

首先，根据《民事诉讼法》的明确规定，被执行人迟延履行的，应当支付迟延履行利息。

其次，按照《执行规定》的规定，执行法院在执行前的准备过程中应向被执行人发出执行通知书，责令被执行人承担迟延履行利息或者迟延履行金。

因此，通过文义解释的方法，计付迟延履行利息，是执行法院必须采取的一项执行措施，并不以当事人申请为启动要件。

（三）被执行人财产不足以清偿全部债务的，如何确定本金、一般债务利息、违约金以及迟延履行利息的清偿顺序？

简答

按照《迟延履行利息司法解释》的规定，被执行人的财产不足以清偿全部债务的，应当先清偿生效法律文书确定的金钱债务，再清偿加倍部分债务利息，但当事人对清偿顺序另有约定的除外。

1.先清偿生效法律文书确定的金钱债务，一般包括本金、一般债务利息、违约金。关于本金、一般债务利息的清偿顺序，参照《民法典》第561条确定的顺序进行清偿：

（1）实现债权的有关费用；

（2）一般债务利息；

（3）本金。

2.支付迟延履行利息。迟延履行利息与一般债务利息不同，计算迟延履行利息只是一项执行措施，相比生效法律文书所确定的债权较为次要。所以，迟延履行利息应当后于生效法律文书所确定的债权受偿。

3.当事人对清偿顺序另有约定的，按照约定的顺序清偿。

（四）再审撤销原审生效判决，迟延履行期间债务利息的起算点如何确定？

简答

按照一般观点：

1.迟延履行利息，应从再审审理后重新作出的生效判决指定的履行期间届满时开始计算。

2.已被依法撤销的原生效判决，不能作为被执行人支付迟延履行期间债务利息的依据。

（五）迟延履行利息的截止计算日期如何确定？

简答

按照《迟延履行利息司法解释》的规定：

1.划拨、提取存款、收入、股息、红利等财产的，相应部分的加倍部分债务利息计算至划拨、提取之日。

2.对被执行人财产拍卖、变卖或以物抵债的，计算至成交裁定或抵债裁定生效之日。

3.对被执行人财产通过其他方式变价的,计算至财产变价完成之日。

背景

迟延履行利息应当计算至被执行人履行完毕之日,这是一般规定。但是,具体时间点如何确定,有两种观点:

第一种观点认为,迟延履行利息应计算至人民法院查封、扣押、冻结控制被执行人财产时(保全执行)。

第二种观点认为,迟延履行利息应计算至终局执行时。对于终局执行中的具体时间点,应当为人民法院将被执行人金钱财产完全控制或者变价时。

《迟延履行利息司法解释》采纳的是第二种观点:尽管财产在人民法院控制下被执行人已经无法处分被保全财产,但财产变价时间段的产生根本原因是被执行人未清偿债务,被执行人应当承担由此产生的不利后果。

(六)《迟延履行利息司法解释》施行之前,尚未执行完毕部分的迟延履行利息应该如何计算?

简答

按照《迟延履行利息司法解释》的规定,生效判决作出在《迟延履行利息司法解释》施行之前,且在《最高人民法院关于在执行工作中如何计算迟延履行期间的债务利息等问题的批复》施行之后(大多数案件情况如此），迟延履行期间的债务利息按照如下方式计算：

1.在《迟延履行利息司法解释》施行之前的部分，应当适用《最高人民法院关于在执行工作中如何计算迟延履行期间的债务利息等问题的批复》，即"计算'迟延履行期间的债务利息'时，应当按照中国人民银行规定的同期贷款基准利率计算"——清偿的迟延履行期间的债务利息=清偿的法律文书确定的金钱债务×同期贷款基准利率×2×迟延履行期间。

2.在《迟延履行利息司法解释》施行之后的部分，应当适用《迟延履行利息司法解释》，即"加倍部分债务利息=债务人尚未清偿的生效法律文书确定的除一般债务利息之外的金钱债务×日万分之一点七五×迟延履行期间"。

（七）迟延履行金的计算标准是什么？申请执行人所主张损失数额难以认定时，如何确定迟延履行金数额？

简 答

1.按照《民事诉讼法》以及《民事诉讼法解释》，迟延履行金具有两种计算标准：

（1）已经造成申请执行人损失的，双倍补偿；

（2）没有造成申请执行人损失的，由人民法院按照具体案件情况决定。

2.执行实践中，申请执行人往往以损失巨大为由主张高额迟延履行金，《民事诉讼法》以及《民事诉讼法解释》尚未对该种情形如何处理作出规定。按照一般观点：

在申请执行人所主张损失赔偿金额以及损失类型不易通过执行程序直接认定的情况下，执行法院可以按照没有造成损失情形而确定迟延履行金数额，也即"按照具体案件情况酌情决定"。

最高人民法院执行案例参考

【案号】（2015）执监字第207号

【案例要旨】申请执行人提出损失赔偿金额过高，所主张损失类型亦较为复杂，不宜通过执行程序直接予以认定，执行法院可以按照没有造成损失情形而确定迟延履行金数额。

【案情概要】湖南高院于2011年7月28日作出（2011）湘高法民二初字第2号民事判决，判决T公司、R公司向J公司和X公司支付转让款、违约金、教育配套费以及办理项目建设各项手续的协助义务等九项内容。其中判决第二项为：T公司、R公司于判决生效之日起十日内向J公司、X公司支付因未及时配合办理Y山庄项目相关手续的违约金（该违约金由两部分组成：第一部分以34747108.68元为基数，自2010年7月30日起至10月30日止，按千分之一的标准计算确定；第二部分以148489212.16元为基数，自2010年10月31日起至Y山庄项目所有配合手续办妥之日止，按日千分之一的标准计付）；第七项为：T公司和R公司协助J公司和X公司办理Y山庄项目和披塘路项目的相关建设、审批、申报、销售、按揭、贷款、验收、结算、争议事项处理等需要以R公司名义办理的事项。该案经最高人民法院二审后，于2012年12月24日作出（2012）民二终字第23号民事判决，维持原判第七项的判决内容；对于原判第二项对T公司、R公司未及时配合办理Y山庄项目相关手续违约金的判决内容，该判决书第四项改判为：判令T公司、R公司在判决生效之日起十日内向J公司和X公司支付违约赔偿金（该赔偿金包括两部分：第一部分以1521.3万元为基数，自2010年7月30日起按中国人民银行同时期同档次贷款基准利率计算至本判决指定履行期限届满之日止；第二部分以148489212.16元为基数，按日万分之一的比例自2010年10月30日起计算至本判决指定履行期限届满之日止）。

判决生效后，因T公司、R公司未按期履行支付股权转让款违约赔偿金义务，未履行配合办理Y山庄项目和披塘路项目相关手续的义务。J公司、X公司于2013年1月23日向湖南高院申请强制执行。

2013年1月30日，湖南高院向T公司、R公司发出《执行通知书》，限其于2013年2月1日前，按照最高人民法院（2012）民二终字第23号民事判决书确定的义务履行完毕，逾期不履行，将依法强制执行。但T公司、R公司未按要求履行。2013年2月1日，湖南高院扣划了诉讼保全中冻结的T公司银行存款100517742.31元并支付给申请执行人。2013年2月20日，湖南高院再次通知T公司、R公司履行生效判决确定的协助配合义务，并告知如仍不积极履行，将依法承担支付迟延履行金的法律责任。其间，湖南高院因T公司、R公司未履行配合办理Y山庄项目和披塘路项目相关手续义务，先后八次组织J公司、X公司和T公司、R公司进行协调。T公司和R公司以另案纠纷未解决和协助配合存在风险为由，未全面履行生效判决确定的协助办理Y山庄项目和披塘路项目手续的义务。

2013年9月5日，湖南高院作出（2013）湘高法执字第1-2号执行裁定，将本案指定张家界中院执行。张家界中院于2013年10月9日立案执行后，要求T公司、R公司履行协助配合义务，T公司以履行协助配合义务存在风险、R公司以履行协助配合义务必须经T公司审查同意为由，拒绝立即履行协助配合义务。张家界中院遂于2013年10月14日分别作出（2013）张中执字第90-1号、第90-2号罚款决定，对T公司、R公司分别罚款90万元、60万元。T公司不服罚款决定，向湖南高院提出复议申请，湖南高院经复议审查认为T公司拖延本案全面履行、其拒不履行行为造成本案长时间不能执结，已构成拒不履行人民法院已经发生法律效力的判决、裁定行为，故作出（2013）湘高法执字第64号复议决定，驳回了T公司的复议申请。2013年10月16日，张家界中院将T公司被冻结的银行存款人民币2000万元扣划至该院执行局账户，并强制提取由T公司保管的披塘路和Y山庄的相关竣工验收、结算资料。自2013年11月上旬至2014年4月，张家界中院于2013年11月6日、11月8日、11月20日、11月21日以及2014年1月16日、2月25日、2月27日、3月28日就披塘路和Y山庄两项目的竣工验收、工程款结算、按揭贷款等需要T公司、R公司应履行协助配合义务的相关事项进行强制执行。虽然T公司、R公司最终在执行人员的临场监督下不得不履行了部分义务，如加盖R公司印章等协助配合义务，但对于每次强制执行因无法当场履行而需要随后协助配合的事项，R公司则无视张家界中院强制执行时责令其限期履行的要求，仍以各种理由故意拖延履行。如：对于办理住房公积金贷款所需R公司的财务报表，T公司、R公司拒绝向J公司、X公司提交；张家界中院于2014年2月25日责令R公司于2014年3月20日前提交，但R公司未予提交。对于J公司、X公司在执行人员未到场时向R公司依生效判决提出的请求协助配合的事项，R公司则根本不予协助配合，致使该两个项目的竣工验收、工程款结算、按揭贷款等事项未能完成。

因T公司、R公司拒不履行判决书确定的配合义务，J公司、X公司向张家界中院提出申请，要求T公司、R公司支付迟延履行金并赔偿由此造成的损失。2014年4月2日，张家界中院作出（2013）张中执字第90-9号执行裁定：对于T公司、R公司拒不履行生效判决确定的应当配合办理Y山庄项目和披塘路项目相关手续的义务的行为，按照《民事诉讼法》第253条"被执行人未按判决、裁定和其他法律文书指定的期间履行给付金钱义务的，应当加倍支付迟延履行期间的债务利息。被执行人未按判决、裁定和其他法律文书指定的期间履行其他义务的，应当支付迟延履行金"、《最高人民法院关于适用〈中华人民共和国民事诉讼法〉若干问题的意见》第293条"被执行人迟延履行的，迟延履行期间的利息或迟延履行金自判决、裁定和其他法律文书指定的履行期间届满的次日起计算"以及第295条"被执行人未按判决、裁定和其他法律文书指定的期间履行非金钱给付义务的，无论是否已给申请执行人造成损失，都应当支付迟延履行金。已经造成损失的，双倍补偿申请执行人已经受到的损失；没有造成损失的，迟延履行金可以由人民法院根据具体案件情况决定"的规定，参照最高人民法院（2012）民二终字第23号民事判决第四项确定本案迟延履行金。迟延履行金分两部分确定，第一部分以1521.3万元为基数，自2013年2月1日起按中国人民银行同时期同档次贷款基准利率计算至被执行人全面履行协助配合义务完毕之日止；第二部分以148489212.16元为基数，按日万分之一的比例自2013年2月1日起计算至被执行人全面履行协助配合义务完毕之日止。同时，考虑到按上述标准确定的迟延履行金不足以弥补申请执行人因融资成本高于法定贷款利率、部分损失无法举证等原因遭受的额外损失，可参照已经造成损失的情形双倍计算予以补偿。裁定被执行人T公司、R公司支付J公司、X公司2013年2月1日至2014年3月31日的迟延履行金14795741.79元。

被执行人T公司、R公司以及申请执行人J公司、X公司对（2013）张中执字第90-9号执行裁定均不服，向张家界中院提出书面异议。

被执行人T公司、R公司的主要异议事由为：（一）协助配合义务的实质为R公司盖章，在湖南高院对本案的执行中，其已经完全适当履行了该义务。（二）执行依据并未确定该协助配合义务的履行期限，迟延履行金的起算日期和计算期限纯属主观臆断。（三）参照执行依据确定的违约赔偿金计算标准，确定迟延履行金的计算依据，且双倍适用，缺乏事实与法律依据。综上，请求撤销（2013）张中执字第90-9号执行裁定。针对被执行人T公司、R公司的异议事由，申请执行人J公司、X公司辩称：被执行人拒不履行配合义务是本案诉讼的根本原因。执行过程中，被执行人以各种理由拖延、推诿、拒办，每次签字盖章都需要执行法院亲临现场监督，只要执行法院离场，其配合义务立即停止。虽然在执行法院监督下，被执行人履行了一些义务，但距离配合事项的完成十分遥远。被执行人称其已经履行完毕配合义务与事实不符，对其拒不履行行为应予严惩。

申请执行人J公司、X公司的主要异议理由为：（一）被执行人拒不履行协助配合义务对申请执行人造成的损失巨大，且申请执行人对此已经提交充分证据证明，裁定不予支持其损害赔偿请求是错误的。（二）迟延履行金远不足以弥补申请执行人的巨大损失。综上，请求作出新的裁定，全面支持申请执行人的赔偿请求。针对申请执行人J公司、X公司的异议事由，被执行人T公司、R公司辩称：合同约定申请执行人在项目建设中的一切风险由其自负，申请执行人提出的损失子虚乌有。执行依据并未明确协助配合义务的履行期限，应对被执行人已经履行的配合义务予以认定，请求终结执行或由执行法院一次性将被执行人应尽的协助配合义务固定下来，以尽快终结执行。

张家界中院经审查认为：本案因T公司、R公司在最高人民法院判决作出后，不自觉履行判决确定的配合义务，J公司、X公司申请强制执行。湖南高院立案受理后即向T公司、R公司发出执行通知，限其按照最高人民法院（2012）民二终字第23号民事判决确定的义务于2013年2月1日履行完毕。但T公司、R公司依然没有按指定期限履行义务。2013年2月20日，湖南高院再次通知T公司、R公司履行协助配合义务，并告知不积极履行协助配合义务的法律责任。在T公司、R公司仍不积极履行配合义务的情况下，湖南高院和张家界中院先后近20次组织协调、督促、强制执行，在每次协调、督促、强制执行中，T公司、R公司均以各种理由拖延、推诿、拒办，其已履行的部分配合义务均在执行法院的督促、强制执行甚至被处以罚款的情况下完成，至今仍在拖延、拒办应当履行的配合义务。如张家界中院于2014年2月25日责令R公司2014年3月20日提交财务报表，但R公司在指定期限到期后仍不提交。既然T公司、R公司能在执行法院的督促、强制执行下完成部分配合义务，说明其拖延、推诿、拒办的理由是不能成立的。湖南高院在本案立案受理后便向T公司、R公司发出《执行通知书》，责令其在指定期限内履行判决书确定的义务，又于2013年2月20日再次通知履行协助配合义务，张家界中院在执行过程也多次限期履行配合义务，但T公司、R公司仍然需要执行法院亲临现场督促甚至强制执行才履行部分配合义务，至今仍有部分配合义务未予履行，其行为显然属于"未按判决、裁定和其他法律文书指定的期间履行其他义务"的行为，且T公司、R公司因拒不履行生效判决确定的协助义务而被处以罚款，其拒不履行生效判决确定的协助义务的行为，也被湖南高院（2013）湘高法执复字第64号复议决定认定，依照《民事诉讼法》第253条关于"被执行人未按判决、裁定和其他法律文书指定的期间履行其他义务的，应当支付迟延履行金"的规定，T公司、R公司应当支付迟延履行金。T公司、R公司提出异议主张判决没有指定配合义务的履行期限，且已在人民法院的执行中完成了配合义务，不属于迟延履行的情况，执行裁定确定的迟延履行金的起算日期和计算期限属于主观臆断等理由不能成立，也与事实不符，不予支持。

在合同履行过程中，T公司、R公司不履行合同约定的配合协助义务，应当承担的是支付违约赔偿金责任，对此，最高人民法院（2012）民二终字第23号民事判决第四项已经作出了判决。经过诉讼并经人民法院判决后，T公司、R公司不履行人民法院判决其应当按合同约定履行的配合协助义务，按照《民事诉讼法》第253条的规定，应当承担的是支付不履行判决确定义务的迟延履行金责任。因此，（2013）张中执字第90-9号执行裁定对T公司、R公司不履行判决确定的配合协助义务的行为，参照最高人民法院生效判决确定的违约赔偿金的计算方法确定迟延履行金的计算，并无不当。由于T公司、R公司不履行判决确定的配合义务，造成J公司、X公司投资不能及时收回以及对第三人违约、项目维修维护等方面的各种巨大损失，虽然因举证方面的原因尚不能证实具体金额，但该损失显然客观存在。(2013)张中执字第90-9号执行裁定依照《最高人民法院关于适用〈中华人民共和国民事诉讼法〉若干问题的意见》第295条"被执行人未按判决、裁定和其他法律文书指定的期间履行非金钱给付义务的,无论是否已给申请执行人造成损失,都应当支付迟延履行金。已经造成损失的,双倍补偿申请执行人已经受到的损失;没有造成损失的,迟延履行金可以由人民法院根据具体案件情况决定"的规定,参照本案执行依据即最高人民法院(2012)民二终字第23号民事判决第四项违约赔偿金的标准,双倍计算迟延履行金,符合法律规定和客观事实。T公司、R公司提出异议称裁定书参照最高人民法院生效判决确定的违约赔偿金的计算标准确定迟延履行金的计算依据且双倍适用缺乏事实和法律依据的理由不成立,不予支持。

虽然J公司、X公司因T公司、R公司拒不履行判决书确定的配合义务造成的损失客观存在,但其提交的证据尚不足以证明损失具体金额,且张家界中院已双倍计算迟延履行金,其提出异议称对其提出的损失赔偿请求裁定不予支持是错误的理由不成立,不予支持。J公司、X公司可在损失确定或补强证据后另行提出此项请求或直接提起民事诉讼。

综上,张家界中院经审判委员会讨论决定,于2015年2月3日作出(2015)张中执异字第2号执行裁定:驳回J公司、X公司、T公司、R公司的执行异议。

T公司、J公司、X公司均不服张家界中院(2015)张中执异字第2号执行裁定,向湖南高院申请复议。各方当事人所提执行复议事由与向张家界中院所提执行异议理由基本一致。湖南高院经审查认为,按照《民事诉讼法》第253条"被执行人未按判决、裁定和其他法律文书指定的期间履行给付金钱义务的,应当加倍支付迟延履行期间的债务利息。被执行人未按判决、裁定和其他法律文书指定的期间履行其他义务的,应当支付迟延履行金"的规定,被执行人迟延履行配合义务,应当支付迟延履行金。该院对张家界中院罚款决定予以维持,已确认了T公司、R公司存在未履行配合义务的事实，在罚款后，被执行人仍未积极履行配合义务，致两建设项目至今未完成，其未依照生效判决履行义务的事实是存在的。至于应当支付的迟延履行金数额，《民事诉讼法》以及相关司法解释只作出了原则性规定，没有具体的计算方式，执行法院参照最高人民法院民事判决第四项对于T公司、R公司未予及时配合办理Y山庄项目相关手续违约赔偿金的判决标准双倍计算迟延履行金并无不当。因此，对被执行人T公司申请复议请求不予支持。申请执行人J公司、X公司提出其损失大于确定的金额，但未提出能够认定的有效依据，对其复议请求，也不予支持。

综上，湖南高院于2015年7月28日作出（2015）湘高法执复字第34号执行裁定：驳回J公司、X公司、T公司的复议申请。

T公司不服湖南高院上述复议裁定，向最高人民法院申诉，请求撤销张家界中院（2015）张中执异字第2号执行裁定、湖南高院（2015）湘高法执复字第34号执行裁定以及张家界中院（2013）张中执字第90-9号执行裁定。主要事由为：（一）本案执行依据仅原则性要求T公司履行协助配合义务，履行内容并不明确，不具有可执行性。（二）执行法院对于本案迟延履行金的计算缺乏事实与法律依据。（三）即使T公司存在迟延履行协助配合义务行为，也应通过另案诉讼方式追究其违约责任，不能由张家界中院在执行程序中增加T公司的金钱给付义务。

针对T公司申诉事由，申请执行人J公司、X公司提交书面意见称：T公司等拒不履行生效判决的事实清楚、性质恶劣，应予严惩。执行法院对迟延履行金的认定事实清楚，适用法律正确，湖南高院、张家界中院相关执行裁定应予维持。

最高人民法院对张家界中院、湖南高院所查明事实予以确认。最高人民法院在执行监督程序中，另查明如下事实：

2010年至2011年，J公司、X公司将100余份购房发票、购房合同、车位合同等交T公司、R公司盖章，本案二审判决生效后，经湖南高院多次催促后，被执行人于2013年4月以及5月才将上述购房发票、购房合同、车位合同中的一部分盖章返回。2010年7月以及12月，J公司、X公司将25份住房公积金贷款保证合同、抵押合同交T公司、R公司盖章，截至2013年8月，被执行人仍然未盖章返回。披塘路建设工程于2009年底建设完工并通车，因结算、验收需要提交相关资料以及财务原始资料，J公司、X公司于本案执行阶段，多次要求T公司、R公司提交，但被执行人均拒绝提交。最终，由张家界中院于2013年11月20日向T公司强行提取。

J公司、X公司向张家界中院要求T公司、R公司支付迟延履行金并赔偿由此造成的损失，包括Y山庄延期交房违约责任、Y山庄未收回银行以及公积金贷款违约责任、车位无法销售所导致融资损失、Y山庄物业管理费损失、部分业主强行入住导致政府罚款、披塘路以及Y山庄项目维护维修费用以及其他融资损失等，共计逾3亿余元。

最高人民法院认为，针对T公司的申诉请求，本案焦点问题如下：一、本案生效判决所确定协助配合义务的给付内容是否明确。二、被执行人T公司是否存在迟延履行生效判决所确定义务的事实。三、张家界中院对本案迟延履行金数额的计算是否符合法律规定。

关于本案生效判决给付内容是否明确的问题。按照最高人民法院（2012）民二终字第23号民事判决以及湖南高院（2011）湘高法民二初字第2号民事判决，T公司、R公司应当协助J公司、X公司办理Y山庄项目和披塘路项目的相关建设、审批、申报、销售、按揭、贷款、验收、结算、争议事项处理等需要以R公司名义办理的事项。本案生效判决对T公司、R公司所应当履行的非金钱给付义务进行了概括列举，T公司、R公司应当依J公司、X公司的要求，积极配合办理以R公司名义出具的Y山庄以及披塘路项目相关建设手续。因此，本案执行依据具有明确的行为履行给付内容。T公司关于本案执行依据不具有可执行性的申诉事由，最高人民法院不予支持。

关于T公司是否存在迟延履行事实的问题。按照本案查明事实，案涉

Y山庄和披塘路项目相关建设手续，需以R公司名义对外出具。本案二审判决生效后，申请执行人J公司、X公司要求被执行人T公司、R公司协助配合办理相关手续，包括在申报审批申请表等材料上签字、在相关合同书以及发票上盖章、提供许可证以及原始财务资料等。但是，T公司无正当理由而不予积极配合，部分合同以及发票在执行法院通知催办下方得以签字盖章，部分材料则由执行法院强行提取，部分材料经执行法院通知催办仍然不予提交。综上，湖南高院、张家界中院对T公司构成迟延履行的认定，具有充分事实依据。

关于本案迟延履行金的计算是否符合法律规定的问题。首先，《民事诉讼法》第253条规定，被执行人未按判决、裁定和其他法律文书指定的期间履行其他义务的，应当支付迟延履行金。对被执行人处以迟延履行金的目的：一是对申请执行人损失予以补偿，二是对被执行人迟延履行行为予以惩戒。因被执行人T公司已构成迟延履行，张家界中院裁定其支付迟延履行金，具有相应事实和法律依据。其次，原《最高人民法院关于适用〈中华人民共和国民事诉讼法〉若干问题的意见》第295条对于迟延履行金规定了两种计算标准：第一，已经造成申请执行人损失的，双倍补偿；第二，没有造成申请执行人损失的，由人民法院按照具体案件情况决定。本案申请执行人J公司、X公司向张家界中院提出损失赔偿金额高达3亿余元，所主张损失类型亦较为复杂，不宜通过执行程序直接予以认定。因此，执行法院按照没有造成损失情形而确定迟延履行金数额，具有相应法律依据。对于迟延履行金数额的参照标准，系本案二审判决有关T公司、R公司未及时配合办理相关手续所应承担的违约赔偿金。案涉违约赔偿金与迟延履行金均因T公司、R公司未履行配合协助义务而应予承担，故该参照标准具有较强的合理性。因此，执行法院对于本案迟延履行金的计算标准与数额裁量，并无不当。

综上，最高人民法院裁定驳回了T公司的申诉请求。

十一、执行和解专题

（一）构成执行和解，需具备什么条件？

简 答

按照《执行和解规定》的规定以及一般观点，构成执行和解，需具备如下条件：

1.当事人需达成和解协议。

2.和解协议或以书面形式，或以口头形式。

3.以书面形式达成和解协议，需各方当事人共同向人民法院提交。

4.以书面形式达成和解协议，仅一方当事人向人民法院提交，但其他当事人以书面表述、笔录记载等方式予以认可。

5.以口头形式达成和解协议，由执行法官将和解协议内容予以笔录记载，并由各方当事人签名盖章。

（二）达成执行和解的法律效果是什么？

简答

按照《执行和解规定》的规定以及一般观点，达成执行和解，产生如下法律效果：

1.人民法院裁定中止执行，在未履行完毕之前，不得做结案处理；只有执行和解协议履行完毕的，人民法院才能按"执行完毕"作执行结案处理。

2.对被执行人采取的查封、扣押、冻结等限制性执行措施并不当然解除；但是，如果申请执行人书面申请，人民法院可以解除查封、扣押、冻结。

（三）被执行人不履行执行和解协议，申请执行人如何救济？

简答

按照《执行和解规定》的规定以及一般观点，被执行人不履行执行和解协议，申请执行人可以选择申请恢复执行原生效法律文书，也可以选择向执行法院提起诉讼请求履行执行和解协议（履行执行和解协议之诉）。

1.选择申请恢复执行原生效法律文书

（1）被执行人不履行执行和解协议，自约定履行期间届满之日，申请

161

执行人可以在《民事诉讼法》第246条规定的二年执行时效期间内申请恢复执行原生效法律文书，并适用诉讼时效中止、中断规则。

（2）人民法院经审查，被执行人不履行执行和解协议情形成立的，则裁定恢复执行。

（3）人民法院经审查，执行和解协议履行完毕，裁定不予恢复执行。

（4）人民法院经审查，执行和解协议未届履行期限，裁定不予恢复执行。

（5）人民法院经审查，执行和解协议未届履行期限，但符合《民法典》第578条，即不能履行执行和解协议（预期违约）的，裁定恢复执行。

（6）人民法院经审查，执行和解协议正在履行之中，裁定不予恢复执行。

（7）针对恢复执行裁定、不予恢复执行裁定（驳回恢复执行申请裁定），当事人、利害关系人依照《民事诉讼法》第232条规定提出执行异议。

（8）恢复执行后，执行和解协议已经履行部分予以扣除（一般指金钱债务）。

2.选择向执行法院提起诉讼请求履行执行和解协议——"履行执行和解协议之诉"

（1）如申请执行人选择恢复执行，又就履行执行和解协议提起诉讼，人民法院裁定不予受理。

（2）申请执行人就履行执行和解协议提起诉讼，执行法院裁定终结原生效法律文书的执行，按照"终结执行"结案处理。

背 景

设计申请执行人有权选择恢复执行或者提起履行执行和解协议之诉这一制度的原因：

1.《民事诉讼法》第237条第2款仅规定，被执行人不履行执行和解协议的，人民法院可以根据当事人的申请，恢复对原生效法律文书的执行，但并未否定申请执行人就履行执行和解协议提起诉讼的权利。换言之，申请执行人就履行执行和解协议提起诉讼的，只要符合《民事诉讼法》规定的起诉条件，就应予以受理。

2.实际上，赋予被执行人在执行和解时作出的承诺以约束力，是促使被执行人认真对待执行和解，避免执行和解制度成为拖延执行手段的重要保障。执行和解协议是当事人之间的真实意思表示，应当予以尊重。如果被执行人不履行执行和解协议，申请执行人只能恢复执行，在执行和解协议约定的给付内容对申请执行人更有利时，不仅不利于对申请执行人的保护；客观上还意味着，被执行人可以通过不履行执行和解协议获益，与诚实信用原则完全相悖。

3.即便赋予申请执行人就履行执行和解协议提取诉讼的权利，也不会出现滥诉问题。一般情况下，执行和解协议中债权人放弃部分债权的案件占到全部执行和解案件的80%以上。对这些案件，恢复执行显然对申请执行人更加有利，只要把选择权交给申请执行人，就不会出现诉讼案件大量增加的情形。

4.申请执行人就执行和解协议提起诉讼，并不当然构成重复诉讼。根据《民事诉讼法解释》第247条，重复诉讼的条件是后诉与前诉的诉讼请求相同或者后诉的诉讼请求实质上否定前诉裁判结果。而申请执行人就履行执行和解协议提起的诉讼，与前诉的诉讼请求不同（前诉并非履行执行和解协议），也不否定前诉的结果（和解协议实际上以前诉的结果为基础），并不构成重复诉讼。

5.实践中，有些执行和解纠纷难以通过恢复执行解决。例如，执行和解协议中约定双方合作建房，建造一方已经开始施工的，要恢复执行就相当困难，返还折抵价款等问题也难以在执行程序中解决。虽然这部分案件在全部执行案件中占比较低，但司法解释仍应在不影响其他案件处理的前提下，为此类案件提供良好的解决方案。

（四）执行和解协议履行完毕，但超出履行期间的，申请执行人能否请求恢复执行？

简 答

按照《执行和解规定》的规定以及一般观点：

1.被执行人虽将执行和解协议履行完毕，但超出履行期间的，申请执行人请求恢复原生效法律文书的执行，人民法院仍不予准许，将裁定不予恢复，即驳回恢复执行申请。

举例说明，执行和解协议约定被执行人应于2月1日向申请执行人支付100万元，被执行人于3月1日将100万元汇入申请执行人的银行账户。如果申请执行人于3月15日向人民法院申请恢复执行，人民法院应当不予恢复执行。

2.但是，如果申请执行人因被执行人迟延履行遭受损害，可以向执行法院另行提起诉讼，请求损害赔偿——"执行和解协议损害赔偿之诉"。

（五）被执行人提交执行外和解协议，人民法院应如何处理？

简 答

1.所谓执行外和解协议：

（1）主要指当事人自行达成但未提交人民法院的和解协议。至于该和解协议达成于执行过程中，或申请执行之前，暂且不论。

（2）此外，某一方当事人单方提交其他当事人并未书面认可的和解协议，也属于执行外和解协议。

2.如果被执行人在执行过程中提交执行外和解协议，人民法院按照如下方式处理：

（1）被执行人在执行过程中提交执行外和解协议，势必提出相应诉求，该诉求按照《民事诉讼法》第232条规定的执行异议程序进行审查。

（2）人民法院经审查执行外和解协议履行完毕的，裁定终结执行。

（3）人民法院经审查执行外和解协议正在履行之中的，裁定中止执行。

（4）人民法院经审查执行外和解协议未届履行期限的，裁定中止执行。

（5）人民法院经审查执行外和解协议虽已成立，但被执行人并未实际履行和解协议的，裁定驳回异议，继续执行。

详述

1.执行外和解协议，不成立执行和解，人民法院不能直接裁定中止执行。

2.但是，在实体方面，该和解协议与执行和解协议并无差别。换言之，该和解协议即便未共同提交人民法院，当事人之间的实体权利义务状态也已经发生变化。在其他大陆法系国家地区，债务人此时可以提起债务人异议之诉，主张和解已经消灭债权人的请求。[1]

3.按照《异议复议规定》，对于债务人主张债权消灭、丧失强制执行力等执行依据生效后的实体事由提出排除执行异议的，参照《民事诉讼法》第232条的执行行为异议程序进行处理。

---

[1] 参见杨与龄：《强制执行法论》，中国政法大学出版社2002年版，第6页。

十二、执行担保专题

（一）什么是执行担保？执行担保的法律效果是什么？

简 答

《民事诉讼法》第238条规定："在执行中，被执行人向人民法院提供担保，并经申请执行人同意的，人民法院可以决定暂缓执行及暂缓执行的期限。被执行人逾期仍不履行的，人民法院有权执行被执行人的担保财产或者担保人的财产。"

1.按照《民事诉讼法》以及《执行担保规定》以及一般观点，执行担保具有广义和狭义之分。

（1）广义的执行担保

广义的执行担保，将所有涉及执行程序的担保均纳入执行担保的范畴。包括：执行和解中的担保，为解除保全措施提供的担保，第三人撤销之诉中第三人为中止执行提供的担保，执行异议复议中被执行人、利害关系人为停止处分措施提供的担保以及申请执行人为继续执行提供的担保，案外人异议中案外人为解除控制措施提供的担保以及申请执行人为继续执行提供的担保，案外人执行异议之诉中申请执行人为继续执行提供的担保，不予执行程序中被执行人为中止执行提供的担保，被执行人为解除限制出境措施提供的担保，被执行人为不被纳入失信名单提供的担保等。

（2）狭义的执行担保

狭义的执行担保，仅指担保人依照《民事诉讼法》第238条的规定，为担保被执行人履行生效法律文书确定的全部或部分义务，向人民法院提供的担保，即仅指暂缓执行担保。

2.提供执行担保，但暂缓执行期限届满后被执行人仍不履行义务，产生如下效果：

（1）依申请执行人的申请恢复执行。

（2）直接裁定执行担保财产或者保证人的财产。

详 述

广义的执行担保，虽然都和执行程序有关，但与《民事诉讼法》第238条规定的执行担保尚有区别。

一方面，提供担保的主体各不相同，担保事项也差异较大。例如，第三人撤销之诉中，第三人担保的是，一旦因中止执行给申请执行人造成损害，其所应负担的赔偿责任；被执行人为解除限制出境措施提供的担保，则可能仅仅担保出境后及时归国。

另一方面，执行担保的法律效果是不经诉讼程序，直接要求相应主体承担责任，是对当事人程序保障的限制，应当有法律的明确规定。

因此，《执行担保规定》将执行担保的概念明确限定在《民事诉讼法》第238条，即仅指《民事诉讼法》第238条规定的暂缓执行担保。

（二）提供执行担保事项未能实现，能否追加执行担保人为被执行人？

简 答

按照《执行担保规定》规定：

暂缓执行期限届满后被执行人仍不履行义务，或者暂缓执行期间担保人有转移、隐藏、变卖、毁损担保财产等行为的，人民法院可以依申请执行人的申请恢复执行，并直接裁定执行担保财产或者保证人的财产，但不得将担保人变更、追加为被执行人。

背 景

1.执行实践中，人民法院对担保财产或保证人强制执行的操作模式并不一致，有的直接执行，有的先裁定后执行，有的裁定追加第三人为被执行人，有的裁定直接执行担保财产等。

对此问题主要有三种观点：

第一种观点认为，应当追加担保人为被执行人。首先，让担保人对执行债务承担责任，就应当把担保人追加为被执行人；其次，通过追加程序，显得更加严肃，可以避免追责的随意性；最后，追加担保人为被执行人后可以对担保人适用查控系统，对其进行失信惩戒，有利于案件的执结。

第二种观点认为，执行担保分为人保和物保。在物保的情况下，可以解释为被执行人责任财产的扩张，因此并非必须追加担保人为被执行人。但对于人保，以追加保证人为被执行人为宜。

第三种观点认为,《民事诉讼法》第238条规定"人民法院有权执行被执行人的担保财产或者担保人的财产",应当理解为直接执行,无需变更、追加。首先,执行担保人是以提供担保的方式加入本案执行程序的,其与讼争的诉讼标的、案件事实无任何瓜葛,并不是既判力主观范围扩张的对象,与变更、追加的制度基础不同。其次,执行阶段追加被执行人应遵循法定原则,但变更追加执行当事人的司法解释中并没有关于追加执行担保人的规定。再次,《民事诉讼法》第238条"有权执行被执行人的担保财产或者担保人的财产"的表述,也无"追加"之意,"直接裁定执行担保财产或者保证人的财产"比"裁定追加担保人"更符合法律的原意。最后,对于只有先变更、追加为被执行人才能适用查控系统的说法,是混淆了法律问题和技术问题,换言之,只要优化查控系统,实现人民法院作出执行担保财产的裁定或执行保证人的裁定,就可以在系统对其财产予以查控,即可解决上述问题。

最终,《执行担保规定》采纳了第三种观点。

2.《民事诉讼法解释》第471条规定,被执行人在人民法院决定暂缓执行的期限届满后仍不履行义务的,人民法院可以直接执行担保财产,或者裁定执行担保人的财产,但执行担保人的财产以担保人应当履行义务部分的财产为限。

但是,对于该条的理解,《最高人民法院民事诉讼法解释理解与适用》一书中记载,第三人提供保证或是财产作为担保的,执行中应先作出裁定,追加第三人为被执行人,并列出四点理由,包括:符合追加当事人的法理;强制执行是严厉的公权力行为,在程序上应将担保人追加为被执行人,才宜执行其财产;有利于担保人寻求救济;便于采取将担保人列入失信被执行人名录、限制高消费等措施。

（三）执行程序或保全程序中，第三人提供执行担保，是否需对被执行人所负全部债务承担连带清偿责任？

简 答

按照一般观点：

第三人提供担保，只需依照第三人所出具担保书或所签订担保条款的具体内容，针对所承诺的担保事项、在担保范围内、按照承诺的担保方式承担担保责任。

详 述

无论是广义执行担保还是狭义执行担保，都存在担保事项、担保范围、担保方式问题，凡不符合三者任意之一，第三人均不需要承担担保责任。

所谓担保事项，也可理解为《执行担保规定》所规定的"被担保的债权种类以及数额"，即第三人为被执行人所应做出的何种事项提供担保。例如：第三人保证被执行人按期履行生效判决所确定的金钱债务；第三人保证被执行人按期履行执行和解协议中确定的金钱债务；第三人保证民事诉讼的被告按确定日期参加庭审；第三人保证代为承担保全申请人因保全错误而承担的民事赔偿责任等。

所谓担保范围，一般而言，包括"主债权以及利息、违约金、损害赔偿金和实现债权的费用"。但是，"保证合同另有约定的，按照约定"。

所谓担保方式，包括一般保证、连带责任保证两类。

最高人民法院执行案例参考

【案号】（2016）最高法执监71号

【案例要旨】保证人未明确表示为被执行人所负金钱债务提供连带责任担保，只需按照其承诺的保证事项承担保证责任，无需对被执行人所负金钱债务承担连带清偿责任。

【案情概要】2007年8月16日，常州中院立案受理了原告张某某（反诉被告）与被告唐某（反诉原告）民间借贷纠纷一案。因唐某持有美国绿卡，经常在境外居留，张某某于立案当日向常州中院提交《限制被告唐某出境申请书》，请求限制唐某出境，S公司为此提供担保。

2007年8月17日，常州中院作出（2007）常民一初字第78号民事决定书。该决定书载明：该院经审查认为，唐某是本案被告，本案尚在审理中，故唐某系在国内有未了结民事案件当事人，其出境可能造成案件难以审理和执行。因此，原告张某某要求对唐某限制出境，符合法律规定，应予支持。依照最高人民法院、最高人民检察院、公安部、国家安全部《关于依法限制外国人和中国公民出境问题的若干规定》第2条的规定，决定如下：对唐某采取边控措施，在未提供经济担保或本经济纠纷案件未了结之前不得离境。

唐某向常州中院提交了落款时间为2007年8月29日的《限制出境复议申请书》，认为承诺书系在张某某胁迫之下出具，其与张某某之间不存在债权债务关系，常州中院限制其出境无事实依据。现其愿意提供担保，请求撤销对其限制出境的民事决定。唐某在该申请书尾部签字，F公司、F江苏分公司在担保人栏盖章。

唐某还向常州中院提交了落款时间为2007年8月29日的《解除边控措施的申请书》，载明："现唐某因有急事需出国办理，因此依据我国《民事诉讼法》的有关规定向常州中院提起申请，同时提供担保，请求解除对唐某的边控措施。"唐某在该申请书尾部签字，F公司和F江苏分公司在担保人栏盖章。唐某并向常州中院提供了加盖F公司公章的该公司企业法人营业执照复印件，以及加盖了F江苏分公司公章的该分公司企业营业执照复印件。

2007年8月29日，常州中院作出（2007）常民一初字第78-1号民事决定书。该决定书载明：该院受理原告张某某与被告唐某民间借贷纠纷一案中，被告唐某以需出境办理紧急事务为由，向该院提出申请，请求解除对其采取的边控措施，并已提供担保。该院经审查认为：被告唐某已提供了担保，其请求符合法律规定。依照最高人民法院、最高人民检察院、公安部和国家安全部《关于依法限制外国人和中国公民出境问题的若干规定》的相关规定，决定如下：解除对唐某采取的边控措施。

在本案一审审理中，唐某本人参加了常州中院于2008年9月23日组织的开庭。2009年8月13日，常州中院作出（2007）常民一初字第78号民事判决：一、驳回本诉原告张某某的诉讼请求；二、驳回反诉原告唐某的诉讼请求。本诉案件受理费45064元，保全费5000元，合计50064元由张某某负担；反诉案件受理费100元由唐某负担。

张某某不服上述判决，向江苏高院提起上诉。江苏高院于2010年4月21日作出（2010）苏民终字第0005号民事判决：一、维持常州中院（2007）常民一初字第78号民事判决第二项，即驳回唐某的反诉请求；二、撤销常州中院（2007）常民一初字第78号民事判决第一项，即撤销驳回张某某的诉讼请求；三、唐某于本判决生效之日起十日内支付张某某63万美元。

因唐某未履行上述生效判决确定的给付义务，张某某以唐某为被执行人向常州中院申请强制执行，常州中院于2010年6月21日立案执行。

张某某向常州中院提交了落款时间为2010年5月28日的《追加被执行人申请书》，认为唐某持有美国绿卡，长期居留美国，本案难以执行，根据《执行规定》第85条的规定,本案应当追加F公司为被执行人,并由其承担保证责任。

2010年7月28日,常州中院向张某某作出(2010)常执字第138号通知,载明:该院认为,F公司以及F江苏分公司的书面担保行为没有明示为唐某提供财产担保,该担保行为也不是为解除财产保全措施而提供的担保。按照《执行规定》第85条的规定,张某某要求追加F公司为本案被执行人的理由不能成立,该院不予支持,该院决定不予追加F公司为本案被执行人。

2010年10月28日,常州中院作出(2010)常执字第138号民事裁定书,载明:被执行人唐某已移居美国,在本辖区无财产可供执行。执行中,按照张某某的申请,该院依法对唐某采取了限制出境的边控措施。2010年9月16日,该院向张某某送达了《执行措施告知书》《执行情况告知书》《执行风险告知书》等,告知其该院已采取的执行措施,要求其于2010年9月30日前再次提供被执行人可供执行的财产或财产线索,并征求其对该院拟裁定终结本次执行程序的意见,但在规定的期限内,张某某既未提供被执行人可供执行的财产或财产线索,也未对该院拟终结本次执行程序提出异议。该院认为,在被执行人暂无财产可供执行且申请执行人对该院终结本次执行程序不持异议的情况下,该院可裁定终结本次执行程序。依照《民事诉讼法》第233条第(6)项的规定,裁定:终结该院(2010)苏民终字第0005号民事判决书的本次执行程序。如张某某发现被执行人有可供执行财产或财产线索,可以向该院再次提出执行申请,张某某再次提出执行申请不受申请执行期间的限制。

2011年11月28日,常州中院向F公司、F江苏分公司发出(2010)常执字第138号通知书,载明:"……责令你公司于收到本通知书之日起十五日内,偕同唐某前来江苏高院履行法定义务。逾期履行,将依法追究你公司相应的法律责任。"就此,F公司向常州中院提交落款时间为2011年12

月1日的《情况说明》，载明："……经核查我公司相关人员，我公司从未对通知书提及的人和事提供任何担保。我公司江苏分公司在申请注册时仅为非法人性质的分支机构，并不具备提供担保的资质。我公司自2006年初即已对江苏分公司的经营能力评估后决定不再继续经营，从而也未办理江苏分公司2006年度的工商年审手续。"

2010年8月11日，张某某向常州中院提出国家赔偿申请，由于该案处于执行程序中，常州中院未予受理。2011年8月11日，常州中院立案受理了张某某申请的国家赔偿案件。2011年10月10日，常州中院作出（2011）常法赔字第1号国家赔偿决定书：驳回张某某要求该院赔偿其63万美元以及利息和95128元诉讼费用的赔偿请求。张某某不服，向江苏高院赔偿委员会申请作出赔偿决定。江苏高院于2013年8月18日作出（2012）苏法委赔字第001号国家赔偿决定书，载明："江苏高院审判委员会研究认为：本案中，F公司和F江苏分公司对唐某申请解除限制出境措施提供担保，张某某要求追加担保人为被执行人，责令其承担因唐某拒不履行生效法律文书确定的义务而产生的法律责任，依法应当予以支持。常州中院不予追加F公司和F江苏分公司为被执行人的决定，应予纠正。本案中，尽管常州中院对唐某解除限制出境措施违反法律规定，但由于相关案件的执行程序尚未终结。而且，常州中院需要通过恢复案件执行依法追加上述两个担保人为被执行人。因此，张某某的赔偿申请尚不具备国家赔偿案件受理条件，该赔偿请求无法进入赔偿程序，依法应予驳回。依照《最高人民法院关于人民法院赔偿委员会审理国家赔偿案件程序》第19条第（2）项、第20条的规定，决定：一、撤销常州中院（2011）常法赔字第1号国家赔偿决定书；二、驳回张某某的国家赔偿申请。"

2013年10月8日，常州中院作出（2010）常复执字第0138号民事裁定，载明：2013年8月18日，江苏省高级人民法院赔偿委员会作出（2012）苏法委赔字第001号国家赔偿决定书，经江苏省高级人民法院审判委员会研究认为，张某某要求追加担保人F公司以及F江苏分公司为被执行人，责令其承担因唐某拒不履行生效法律文书确定的义务而产生的法律责任，依法应当予以支持。据此，依照《民事诉讼法》第154条第1款第（11）项、《执行规定》第85条的规定，裁定：追加F公司以及F江苏分公司为本案被执行人，在63万美元以及迟延履行期间的债务利息范围内承担连带还款责任。

2013年10月16日，常州中院向中国银行股份有限公司深圳某支行以及招商银行股份有限公司深圳某支行送达协助冻结存款通知书，冻结F公司的人民币以及美元账户。2013年10月18日，常州中院将F公司的部分款项划入常州市政府非税收入专户。

F公司不服常州中院于2013年10月8日作出的关于追加该公司为被执行人的（2010）常复执字第0138号民事裁定，向常州中院提起执行异议称：F公司不是本案的债务人，且在张某某提出追加F公司为被执行人后，常州中院未通知F公司行使抗辩权，故常州中院追加F公司为被执行人违反程序。《解除边控措施的申请书》上F公司印章系他人伪造，F江苏分公司印章无法确定真伪。请求常州中院委托鉴定机构对上述两印章的真伪进行司法鉴定。《解除边控措施的申请书》的标题和内容均明确系解除边控措施，未约定任何经济担保。在F公司印章真伪未经鉴定，且唐某仍在中国边境自由出入的情况下，常州中院对F公司银行账户的冻结、划拨行为不符合法律规定。综上，请求撤销常州中院（2010）常复执字第0138号民事裁定书，解除对F公司银行账户的冻结、划拨，向F公司返还已被划拨的923800元。

常州中院异议审查认为：在诉讼期间，唐某因被限制出境，而于2007年8月29日向该院提交《解除边控措施的申请书》，尽管F公司对该申请书上作为担保人的盖章不予认可，但F江苏分公司则认可了该申请书上作为担保人盖章的真实性，并承认了加盖其所称的私刻的F公司的印章。因此，

F江苏分公司应当是该申请书上确定的担保人，由此，因F江苏分公司不具备法人资格，其所产生的民事责任应当由设立其的具有法人资格的F公司承担，对此，《公司法》第14条第1款中规定"分公司不具有法人资格，其民事责任由公司承担"，故无论F公司是否认可申请书上的担保人盖章或该印章的真实性，F公司均应当承担由F江苏分公司对外所产生的民事责任。至于F公司对以上申请书中的担保内容持有异议，认为该申请书中写明的是对解除边控措施的申请，未约定任何经济担保。对此，唐某在案件审理中因申请并提供担保而被解除限制出境措施以后多次往返我国境内外，其在诉讼中被江苏省高级人民法院终审判决向张某某承担付款责任。然而，由于唐某未履行生效判决确定的付款义务，致使张某某向该院申请强制执行。虽然该院于2010年9月9日又对唐某作出限制出境决定，但唐某仍未履行付款义务，且又未发现其有可供执行的财产，因其不在境内，以至没有结果。《执行规定》第85条规定，"人民法院在审理案件期间，保证人为被执行人提供保证，人民法院据此未对被执行人的财产采取保全措施或解除保全措施的，案件审结后如果被执行人无财产可供执行或其财产不足清偿债务时，即使生效法律文书中未确定保证人承担责任，人民法院有权裁定执行保证人在保证责任范围内的财产"。同时，《担保法》第19条规定"当事人对保证方式没有约定或约定不明确的，按照连带责任保证承担保证责任"。本案中，在唐某出具《解除边控措施的申请书》后所发生的涉及F公司和F江苏分公司的情况，符合前述法律和司法解释规定的情形。又由于江苏省高级人民法院赔偿委员会作出生效的国家赔偿决定书中经该院审判委员会研究认为，张某某要求追加担保人F公司和F江苏分公司为被执行人，责令其承担因唐某拒不履行生效法律文书确定的义务而产生的法律责任，依法予以支持。因此，在本案被执行人唐某无财产可供执行或财产不足清偿债务的情况下，该院裁定追加F公司和F江苏分公司为被执行人，并无不当。由此，该院裁定冻结、划拨F公司的银行存款，符合法律规定。

综上所述，F公司提出的异议，不能成立，该院不予采纳。常州中院依照《民事诉讼法》第225条的规定，作出（2013）常执异字第48号执行裁定：驳回F公司提出的执行异议。

F公司不服上述裁定，向江苏高院申请复议。江苏高院认为，本案的争议焦点是：常州中院按照F公司以及F江苏分公司为唐某解除限制出境申请提供的担保，追加F公司以及F江苏分公司为被执行人，并冻结、划拨F公司以及F江苏分公司相应财产的执行行为，是否有事实和法律依据。

江苏高院认为：常州中院按照F公司以及F江苏分公司为唐某解除限制出境申请提供的担保，追加F公司以及F江苏分公司为被执行人，并冻结、划拨F公司以及F江苏分公司相应财产的执行行为，有事实和法律依据。

一、F公司关于其并未在《限制出境复议申请书》《解除边控措施的申请书》上加盖印章，F江苏分公司未经授权无权代表其进行担保的主张不能成立。《限制出境复议申请书》《解除边控措施的申请书》上F公司印章均为F江苏分公司负责人薛某某加盖，该印章亦在公司登记机关对外公示的《分公司变更登记申请事项》上加盖，故《解除边控措施的申请书》上F公司公章亦对外使用，应当认定该公章可以代表F公司。另外，F公司请求对《解除边控措施的申请书》上其公章的真伪进行鉴定，但在常州中院两次书面通知F公司向鉴定单位按期交纳鉴定费用，并明确告知逾期不交的法律后果的情况下，F公司至今仍未交纳鉴定费用，应当承担对其不利的法律后果。

二、F公司以及其分公司为唐某解除限制出境措施提供担保的性质为充分有效的经济担保，而非对人身、行为或信誉提供的担保，常州中院据此追加F公司以及其分公司为被执行人，并冻结、划拨F公司以及F江苏分公司相应财产的执行行为，有事实和法律依据。1.按照相关法律、司法解释的规定，为解除限制出境申请提供的担保应当为充分有效的经济担保。首先,《民事诉讼法执行程序解释》第38条规定:在限制出境期间,被执行人履行法律文书确定的全部债务的,执行法院应当及时解除限制出境措施;被执行人提供充分、有效的担保或者申请执行人同意的,可以解除限制出境措施。其次,最高人民法院、最高人民检察院、公安部、国家安全部《关于依法限制外国人和中国公民出境问题的若干规定》第3条规定,"人民法院、人民检察院、公安机关和国家安全机关在限制外国人和中国公民出境时,可以分别采取以下办法:……2.根据案件性质及当事人的具体情况,分别采取监视居住或取保候审的办法,或令其提供财产担保或交付一定数量保证金后准予出境"。最后,最高人民法院《第二次全国涉外商事海事审判工作会议纪要》第95条规定:限制出境采取扣留有效出境证件方式的,被扣证人或者其担保人向人民法院提供有效担保(提供担保的数额应相当于诉讼请求的数额)或者履行了法定义务后,人民法院应立即口头通知被扣证人解除限制等。上述规定均明确为限制出境人员提供的担保必须是充分有效的经济担保,F公司以及其分公司如为被限制出境人员解除限制出境申请提供担保,对此应当明知。2.按照常州中院(2007)常民一初字第78号限制出境决定书的内容,F公司以及其分公司亦应知晓其提供的担保为经济担保。该民事决定书明确对唐某采取限制出境措施的原因在于其出境可能造成案件难以审理和执行,并且唐某在未提供经济担保或本经济纠纷案件未了结之前不得离境。F公司以及其分公司自愿为处于诉讼之中的唐某提供解除边控措施的担保,应当知晓上述决定书的内容,亦应知晓其提供的须为经济担保,常州中院方能解除边控措施。F公司认为该担保仅为保证唐某能参加庭审,因唐某曾参加一审庭审,故其担保责任已经履行完毕,该主张不能成立。限制出境的目的并非仅是使被限制出境人顺利出庭应诉,其根本目的在于保证生效判决得到有效执行,故为限制出境申请提供担保的效力应当维持至生效法律文书得到执行之时。况且,对解除边控措施提供的担保并非平等主体间的担保,而是担保人向人民法院作出的保证。F江苏分公司向常州中院提交《解除边控措施的申请书》时,还提供了加盖公章的F公司以及其分公司的营业执照复印件,常州中院有理由相信《解除边控措施的申请书》系F公司以及其分公司的真实意思表示,常州中院据此解除对唐某的边控措施,并根据《执行规定》第85条的规定追加F公司以及其分公司为被执行人有事实和法律依据。

3.常州中院依据江苏高院审判委员会意见追加F公司以及其分公司为被执行人并无不当。江苏高院(2012)苏法委赔字第001号国家赔偿决定书已经生效,江苏高院审判委员会研究认为本案应当追加F公司以及其分公司为被执行人,责令其承担因唐某拒不履行义务而产生的法律责任。在本案事实并未出现重大变化的情况下,应当依照上述生效赔偿决定书的意见予以执行。常州中院在追加F公司以及其分公司为本案被执行人之后,依法冻结、划拨其相应财产的执行行为亦无不当。

综上,江苏高院依照《民事诉讼法》第225条,《民事诉讼法执行程序解释》第8条、第9条的规定,作出(2014)苏执复字第00078号执行裁定:驳回F公司的复议申请,维持常州中院(2013)常执异字第48号执行裁定。

F公司不服江苏高院复议裁定,向最高人民法院申诉称:(一)F公司所作担保,系在本案一审审理阶段为解除唐某限制出境而提供担保,并不符合《执行规定》第85条所规定的情形。(二)按照公司法以及公司登记管理条例的相关规定,分公司的经营范围不得超出公司的经营范围,F江苏分公司为唐某提供担保构成无权代理,应当由薛某某自行承担责任。综上,江苏高院与常州中院认定事实不清,适用法律错误,请求撤销江苏高院(2014)苏执复字第00078号执行裁定、常州中院(2013)常执异字第48号执行裁定以及常州中院(2010)常复执字第0138号民事裁定。

最高人民法院认为,本案焦点问题为:常州中院能否追加F公司以及F江苏分公司为被执行人并冻结、扣划相应财产。

首先，常州中院于本案一审审理阶段，按照原告张某某的申请，依照最高人民法院、最高人民检察院、公安部、国家安全部《关于依法限制外国人和中国公民出境问题的若干规定》所规定"有未了结民事案件"之情形，决定对唐某限制出境。虽然F公司以及F江苏分公司在《解除边控措施的申请书》担保人栏上加盖印章，但并未载明保证方式、保证范围、保证责任承担等内容，即并未明确表示为唐某由民事判决所确定的金钱债务提供连带责任担保。按照本案查明事实，只能认定F公司以及F江苏分公司仅就唐某解除限制出境后能够参加一审诉讼而提供担保。由于唐某本人已参加本案一审诉讼，F公司以及F江苏分公司所担保事项已经完成，无需继续承担担保责任。江苏高院以有关司法解释以及文件规定解除限制出境应当提供经济担保为依据，推定F公司以及F江苏分公司所提供担保属经济担保，明显超出两公司真实意思表示，过分加大保证人责任。

其次，执行过程中追加被执行人，必须严格遵循法定原则：凡法律以及司法解释无明确规定，不能扩大自由裁量而超出法定情形追加。本案所涉解除限制出境中的追加保证人问题，无任何法律以及司法解释予以规定，因此，常州中院追加F公司以及F江苏分公司为被执行人，缺乏相关法律依据。江苏高院以及常州中院所适用的《执行规定》第85条，系关于解除财产保全中保证责任的规定，不能扩大解释而适用于解除限制出境中的保证责任。

综上，常州中院追加F公司以及F江苏分公司为被执行人并冻结、扣划相应财产的执行行为，缺乏事实与法律依据，应当予以纠正，最高人民法院裁定如下：撤销江苏高院（2014）苏执复字第00078号执行裁定；撤销常州中院（2013）常执异字第48号执行裁定；撤销常州中院（2010）常复执字第0138号民事裁定。

（四）什么是执行和解中的担保？执行和解中的担保法律效果如何？

简答

1.执行和解中的担保，并非狭义的执行担保，而属于《执行和解规定》单独设定的制度。

所谓执行和解中的担保，是指执行和解协议约定担保条款，担保人向人民法院承诺在被执行人不履行执行和解协议时自愿接受直接强制执行。

2.按照《执行和解规定》的规定：

（1）构成执行和解中的担保后，如果裁定恢复执行原生效法律文书，依照申请执行人申请，人民法院可以直接裁定执行担保财产或者保证人的财产。

（2）即便构成执行和解中的担保，人民法院亦不得追加担保人为被执行人。

详述

1.人民法院直接依据执行和解协议中的担保条款裁定执行担保财产或保证人的财产需要满足以下条件：

第一，执行和解协议中有担保条款。

第二，担保人向人民法院作出承诺。

第三，承诺的内容是在被执行人不履行直接和解协议时，自愿接受直接强制执行。

第四，因被执行人不履行执行和解协议，人民法院已经恢复执行。

第五，申请执行人提出申请。

2.执行和解协议中的担保条款中没有明确约定担保数额的，恢复执行原生效法律文书后，担保人应当在原生效法律文书全部债务金额范围内承担担保责任。原因是：根据法律、司法解释的规定，被执行人不履行执行和解协议，申请执行人可以要求恢复执行。对这一法律后果，担保人在提供担保时是明知的。

十三、执行分配专题

（一）执行分配制度的基本架构是怎样的？

简 答

按照《民事诉讼法解释》《执行规定》的规定以及一般观点：

1.被执行人资能抵债的分配顺序

《执行规定》第55条："多份生效法律文书确定金钱给付内容的多个债权人分别对同一被执行人申请执行，各债权人对执行标的物均无担保物权的，按照执行法院采取执行措施的先后顺序受偿。多个债权人的债权种类不同的，基于所有权和担保物权而享有的债权，优先于金钱债权受偿。有多个担保物权的，按照各担保物权成立的先后顺序清偿。"

（1）实现债权费用（诉讼费、保全费、执行费等）首先清偿。

（2）优先受偿权人（主要指担保物权、建设工程款优先权）优先受偿；建设工程款优先权，又优先于担保物权。

（3）多个担保物权，按照设立先后顺序受偿。

（4）交付特定物的债权，优先于无担保普通金钱债权。

（5）其他普通金钱债权，按照查封、扣押、冻结顺序先后受偿。

2.被执行人资不抵债（对于资不抵债，一般均从宽把握）的分配顺序

（1）被执行人为公民或者其他组织（狭义的"参与分配制度"）

《民事诉讼法解释》第508条："被执行人为公民或者其他组织，在执行程序开始后，被执行人的其他已经取得执行依据的债权人发现被执行人的财产不能清偿所有债权的，可以向人民法院申请参与分配。对人民法院查封、扣押、冻结的财产有优先权、担保物权的债权人，可以直接申请参与分配，主张优先受偿权。"

《民事诉讼法解释》第510条："参与分配执行中，执行所得价款扣除执行费用，并清偿应当优先受偿的债权后，对于普通债权，原则上按照其占全部申请参与分配债权数额的比例受偿。清偿后的剩余债务，被执行人应当继续清偿。债权人发现被执行人有其他财产的，可以随时请求人民法院执行。"

第一，实现债权费用（诉讼费、保全费、执行费等）。

第二，优先受偿权人（主要指担保物权、建设工程款优先权）优先受偿；建设工程款优先权，又优先于担保物权。

第三，多个担保物权，按照设立先后顺序受偿。

第四，交付特定物的债权，优先于无担保普通金钱债权。

第五，其他普通金钱债权，原则上按照债权数额的比例受偿。（对于首封普通金钱债权人，可以制定地方规范性文件，给予额外补偿，故为"原则上"。）

（2）被执行人为企业法人（"执转破"制度）

《民事诉讼法解释》第516条规定："当事人不同意移送破产或者被执行人住所地人民法院不受理破产案件的，执行法院就执行变价所得财产，在扣除执行费用及清偿优先受偿的债权后，对于普通债权，按照财产保全和执行中查封、扣押、冻结财产的先后顺序清偿。"

对于被执行人为企业法人的，必须以一定方式告知当事人申请破产。如当事人各方均不申请破产，按照如下顺序受偿：

第一，实现债权费用（诉讼费、保全费、执行费等）首先清偿。

第二，优先受偿权人（主要指担保物权、建设工程款优先权）优先受偿；建设工程款优先权，又优先于担保物权。

第三，多个担保物权，按照设立先后顺序受偿。

第四，交付特定物的债权，优先于无担保普通金钱债权。

第五，其他普通金钱债权，按照查封、扣押、冻结顺序先后受偿。

背 景

执行程序与破产程序在处理对象、制度功能上都存在重合之处。执行程序中，同样需要处理多个债权人申请执行，而债务人财产不足以清偿全部债务的问题。

对此，《执行规定》（2008年，2020年修正）确立了处理此类问题的方法。《执行规定》第55条第1款确立了对于多个普通债权执行的基本原则，就是要按照"执行法院采取执行措施的先后顺序受偿"。

从上述规定看，《执行规定》处理此类问题的思路清晰且符合法理。第88条的规定符合执行法的基本原则，执行程序就是实现个别债权的程序，一般情况下不考虑其他债权的平等受偿问题。然后在区分被执行人是否具有破产资格的基础上，用两个条文（第89条、第90条）分别规定了不同的处理方法，来解决债权的公平受偿问题——企业法人通过破产程序，自然人与其他组织通过参与分配程序。

从执行程序与破产程序衔接的角度看，上述条文不存在争议与困惑。存在争议与困惑的是《执行规定》第96条，该条规定："被执行人为企业法人，未经清理或清算而撤销、注销或歇业，其财产不足清偿全部债务的，应当参照本规定90条至95条的规定，对各债权人的债权按比例清偿。"

该条规定了参与分配制度对于企业法人的例外适用情形，但是在实践中存在扩大适用的倾向。原因主要有如下几个：第一，破产程序启动困难。第二，本法条适用的标准之一"歇业"并非严格的法律概念，也没有明确的标准，存在解释的空间。

正是由于对企业法人扩大适用了参与分配制度，所以加剧了执行积案与"破产法困境"的问题。

（二）普通债权人申请执行分配，是否必须取得执行依据？

简答

按照《民事诉讼法解释》的规定以及一般观点：

无论参与分配还是未能执转破后的执行分配，普通债权人均需取得执行依据。

（三）优先受偿权人申请执行分配，是否必须取得执行依据？

简答

按照《民事诉讼法解释》的规定以及一般观点：

无论参与分配还是未能执转破后的执行分配，优先受偿权人均可以在未取得执行依据的情况下,直接申请执行分配,主张优先受偿权。

> **详 述**

优先受偿权资格,或者是源于查封、扣押、冻结前的担保物权,或者是基于法律的特殊规定,应予以优先保护。

对于源于查封、扣押、冻结前抵押权的债权人而言,抵押权的强制执行程序要求其必须提前行使抵押权,这本身就不利于抵押权人,如果再要求其事先必须取得执行依据,则完全破坏了抵押权制度的目的。

(四)执行分配争议救济制度的基本架构是怎样的?

> **简 答**

按照《民事诉讼法解释》《民事诉讼法执行程序解释》以及一般观点:
1.关于参与分配——分配方案异议以及分配方案异议之诉
(1)执行法院应当制作财产分配方案。
(2)债权人或者被执行人对分配方案有异议的,收到分配方案之日起十五日内提出书面异议。需要说明的是,此处的"异议",并非执行异议,而属于《民事诉讼法执行程序解释》确立的特殊程序,即分配方案异议。
(3)执行法院应当将分配方案异议,通知未提出异议的债权人、被执行人。
(4)未提出异议的债权人、被执行人自收到通知之日起十五日内未提出反对意见的,执行法院依异议人的意见对分配方案审查修正后进行分配。
(5)未提出异议的债权人、被执行人自收到通知之日起十五日内提出反对意见的,通知异议人。

(6)异议人自收到通知之日起十五日内,以提出反对意见的债权人、被执行人为被告,向执行法院提起诉讼。

(7)异议人逾期未提起诉讼的,执行法院按照原分配方案进行分配。

(8)分配方案异议之诉期间,执行法院可以进行分配,但应当提存与争议债权数额相应的款项。

2.对于未能执转破后的执行分配——参照参与分配制度中的分配方案异议以及分配方案异议之诉

《民事诉讼法解释》第516条关于未能执转破后的执行分配,只规定到应当"在扣除执行费用及清偿优先受偿的债权后,对于普通债权,按照财产保全和执行中查封、扣押、冻结财产的先后顺序清偿"。

实际上,未能执转破后的执行分配,也应当制作分配方案,对于此分配方案的救济,也应当是分配方案异议以及分配方案异议之诉。

(五)多个法院对执行财产查封、扣押、冻结,由哪个人民法院主持拍卖变价?

简 答

按照《执行规定》的规定[1]以及一般观点:

---

[1]《执行规定》第56条规定:"对参与被执行人财产的具体分配,应当由首先查封、扣押或冻结法院主持进行。首先查封、扣押、冻结的法院所采取的执行措施如系为执行财产保全裁定,具体分配应当在该院案件审理终结后进行。"

多个法院对执行财产查封、扣押、冻结，由首封人民法院拍卖变价。

（六）协助执行通知书载明的查封、扣押、冻结期限超出法定期限，轮候查封、扣押、冻结是否自然生效？

简 答

按照一般观点：

协助执行通知书载明的查封、扣押、冻结期限超出法定期限，轮候查封、扣押、冻结自然生效。

1.现行司法解释对查封、扣押、冻结期限有明确规定，各级人民法院均应当严格遵守，查封、扣押、冻结被执行人财产时，不得超过相关司法解释规定的期限以及续行期限。

2.因《查封规定》《民事诉讼法解释》所规定期限均属于必须遵循之强行性规范，在先查封、扣押、冻结人民法院若突破查封、扣押、冻结期限以及续行期限应当承担不利后果，即不得对抗轮候在后的查封、扣押、冻结。轮候在后的查封、扣押、冻结，自前一查封、扣押、冻结超出法定期限幅度之日起生效。

3.轮候在后的查封、扣押、冻结，应当载明期限，自生效之日起计算期限。

4.即使查封、扣押、冻结期限以及续行期限超出法定期限幅度，该查封、扣押、冻结对协助执行义务人、被执行人仍发生效力。

（七）在先查封、扣押、冻结法院不启动拍卖变价程序，轮候债权人如何救济？

简 答

1.轮候债权人为普通债权人

按照《异议复议规定》的规定，他案债权人"认为人民法院的执行行为违法，妨碍其轮候查封、扣押、冻结的债权受偿的"，可以向在先查封、扣押、冻结人民法院提出执行异议，要求尽快启动处置程序。

2.轮候债权人为优先受偿权人

按照《首封与优先权批复》以及一般观点：

（1）首先查封、扣押、冻结超过六十日，且首先查封、扣押、冻结人民法院尚未发布拍卖公告或者进入变卖程序的，申请执行人向优先债权执行法院提出申请，优先债权执行法院可以要求将首先查封、扣押、冻结人民法院该查封、扣押、冻结财产移送执行。

（2）首先查封、扣押、冻结人民法院不予移送或者与优先债权执行法院发生其他争议的，优先债权执行法院可以逐级报请双方共同的上级人民法院指定该财产的执行法院。

背 景

1.轮候债权人为普通债权人

一段时期以来，首先查封、扣押、冻结人民法院出于地方保护，长期控制执行标的物而不采取变价处分措施，致使轮候查封、扣押、冻结案件的债权人长期未得到受偿，或者首先查封、扣押、冻结人民法院执行措施不当，比如以补正裁定的方式扩大原查封、扣押、冻结不动产面积，侵害轮候查封、扣押、冻结案件债权人的合法权益，导致其受偿金额减少甚至无法受偿。

2.轮候债权人为优先债权人

执行分配中，司法解释对首先查封、扣押、冻结人民法院的处置权作了规定，即对参与被执行人财产的具体分配，应当由首先查封、扣押、冻结人民法院主持进行。该规定符合执行工作规律以及执行实践，但有时会造成担保物权实现过分迟延。尤其是如果对查封、扣押、冻结财产享有的担保物权几乎涵盖查封、扣押、冻结财产的全部价值时，首先查封、扣押、冻结人民法院出于自身案件执行的效果考虑，往往并不积极采取财产变价处分措施，以拖延程序来迫使轮候查封、扣押、冻结的担保物权人放弃一部分权利，实现首先查封、扣押、冻结人民法院申请执行人的部分受偿。

（八）首先查封、扣押、冻结为保全执行措施，优先债权执行法院能否商请移送财产处置权？

简 答

按照《首封与优先权批复》的官方解读（理解适用与答记者问）以及《财产保全规定》：

1.首先查封、扣押、冻结为保全执行措施，已超过六十日的，优先债权执行法院可以要求将财产移送执行。

2.首先查封、扣押、冻结为保全执行措施,已超过一年的,在先轮候查封、扣押、冻结的执行法院(无论该法院是否为优先债权执行法院)可以要求保全法院将财产移送执行。

> **背景**

《首封与优先权批复》制定时,考虑过区分保全查封、扣押、冻结与执行查封、扣押、冻结,后来,经过综合考量:

1.保全查封、扣押、冻结一般会比执行查封、扣押、冻结在财产处分上更为迟延,更有移送的必要。

2.将保全阶段查封、扣押、冻结的财产移送执行不会影响到审理程序。原因在于,查封、扣押、冻结"负担优先债权的财产",保全申请人的利益在逻辑上仅及于查封、扣押、冻结财产除去优先债权的余额。将查封、扣押、冻结财产移送优先债权人民法院处分并未损害债权人的利益,也未危及查封、扣押、冻结制度。

3.最终,为了简明规则,《首封与优先权批复》统一规定了六十日的期限。

(九)分配方案异议以及异议之诉审查期间,人民法院能否发放执行款项?

> **简答**

按照《民事诉讼法解释》、《民事诉讼法执行程序解释》"诉讼期间进行分配的,执行法院应当将与争议债权数额相应的款项予以提存"、《善意执行意见》以及一般观点：

1.执行分配方案异议以及异议之诉审查期间，人民法院可以发放无争议款项。①

2.对于争议款项，应当予以提存。

详述

异议人提起分配方案异议之诉的目的本身就是阻却有争议款项的分配，提存与争议债权数额相应的款项是法律以及司法解释明确规定的内容，主要是为了保障债权人公平合法受偿的权利。

法律以及司法解释只规定了应当提存与争议债权数额相应的款项，人民法院将无争议的款项发放给相应的债权人，并不违反法律规定，亦未损害其他债权人的合法权益。

（十）建设工程款优先权尚未经生效法律文书确认，执行分配应当如何处理？

简答

按照偏主流观点，执行分配中，相关债权人要求行使建设工程优先权，但尚未经生效法律文书确认的，可分两种情况予以处理：

---

① 《善意执行意见》："案款到账后且无争议的，人民法院应当按照规定在一个月内及时发还执行债权人；部分案款有争议的，应当先将无争议部分及时发放。"

1.根本未取得执行依据

（1）如果被执行人对其申请的工程款金额无异议，且经执行法院审查承包人提供的建设工程合同以及相关材料合法有效，亦未发现承包人和被执行人恶意串通损害国家、集体和第三人利益的，应准许其优先受偿。

（2）如果被执行人对其申请的工程款金额有异议，执行法院应当告知承包人另行诉讼。执行法院对工程变价款的分配程序须待诉讼有结果后方可继续进行。享有建设工程款优先权的工程款的具体金额应由审判部门或仲裁机构确定，按照审执分立的原则，除非法律或司法解释特别授权，执行部门一般不得对实体问题进行裁判。

2.执行依据中仅确认属于工程款但未载明具有优先权

对于此类情形，执行部门应当认定申请执行人对于执行依据确认的工程款具有优先受偿权，执行依据不必明确载明"该笔工程款具有优先权"。

背景

1.从法律性质看，承包人是否享有建设工程优先权以及优先权部分具体金额，属于实体问题，本质上应由审判部门通过诉讼程序或者由仲裁机构通过仲裁程序予以确认。

2.执行实践中，大部分关于工程款纠纷的执行依据（判决、仲裁裁决等），或者根本不确认承包人是否享有建设工程优先权，或者不对工程款中优先受偿权部分的具体金额加以明确。

面对此种执行依据，执行部门往往陷于窘境。一方面，由执行部门执行程序中确认承包人享有建设工程优先权以及具体金额，有"以执代审""自审自执"之嫌，不符合审执分立的基本原则，也不能给当事人的权利提供充分的救济；另一方面，如果由执行部门确认优先权部分的具体金额，必然需要另行委托审计机构或者鉴定机构，对工程造价以及其中的优先权部分进行审计或鉴定。这将导致如下问题：一是增加当事人诉累；二是影响执行效率；

三是容易出现当事人自行委托和人民法院委托而得出的鉴定审计结果相互矛盾的情形。

3.审判部门在关于工程款纠纷的裁判文书中,应当按照当事人的诉请,确认承包人是否享有建设工程优先权;如果享有,则应确认其具体金额。这就要求审判部门在委托鉴定时,应当告知鉴定机构不但要鉴定出总工程款,而且要将工程款的各组成部分的具体金额分别列明,以便审判部门在裁判时确认、计算享有优先受偿权的工程款部分的具体金额。

(十一)普通金钱债权与交付特定物的债权产生执行竞合,如何处理?

简 答

按照一般观点:

1.根据《执行规定》第55条第2款的规定,多个债权人的债权种类不同的,基于所有权和担保物权而享有的债权,优先于金钱债权受偿。按照最高人民法院对前述条文的理解适用,如果各种债权同时出现,请求交付标的物的债权,优先于一般金钱债权执行。

2.参照《查封规定》第17条、《异议复议规定》第28条以及2019年9月《全国法院民商事审判工作会议纪要》第127条的指导精神,交付特定物的债权一般基于标的物的买受法律关系,如相应交易真实、合法、有效,依法具有排除普通金钱债权查封的优先性。

十四、仲裁裁决执行专题

（一）仲裁裁决的执行管辖如何确定？

简 答

按照《民事诉讼法》《仲裁法解释》的规定，仲裁裁决的执行，其确定管辖的连接点只有两个：

1. 被执行人住所地的中级人民法院。
2. 被执行的财产所在地的中级人民法院。

（二）仲裁裁决的执行管辖，是否只能是中级人民法院？

简 答

按照《仲裁执行规定》的规定，中级人民法院受理仲裁裁决执行申请后，可以再行指定基层人民法院管辖，但需具备如下要件：

1. 执行标的额符合基层人民法院一审民商事案件级别管辖受理范围。

2.被执行人住所地或者被执行的财产所在地在被指定的基层人民法院辖区内。

（三）仲裁裁决不予执行的管辖如何确定？

简 答

按照《仲裁执行规定》的规定，被执行人、案外人对仲裁裁决执行案件申请不予执行的，依如下规则确定管辖：

1.由受理执行申请的中级人民法院另行立案审查处理。

2.执行案件已指定基层人民法院管辖的，基层人民法院移送中级人民法院另行立案审查处理。

（四）仲裁裁决给付内容不明确的处理途径是什么？

简 答

按照《仲裁执行规定》的规定：

1.仲裁裁决给付内容不明确导致无法执行的，人民法院裁定驳回执行申请。

2.仲裁裁决文字、计算错误以及存在遗漏事项的，人民法院可以书面告知仲裁庭补正或说明，或者调阅仲裁案卷查明。穷尽上述途径后，仍然无法执行的，裁定驳回执行申请。

3.申请执行人驳回执行申请裁定不服的，可以向上一级人民法院申请复议。

详述

1.仲裁裁决执行内容不明确，主要指五类情形：

（1）权利义务主体不明确；

（2）金钱给付具体数额不明确或者计算方法不明确导致无法计算出具体数额；

（3）交付的特定物不明确或者无法确定；

（4）行为履行的标准、对象、范围不明确；

（5）仅确定继续履行合同，但对继续履行的权利义务，以及履行的方式、期限等具体内容不明确。

2.对于仲裁裁决文字、计算错误以及存在遗漏事项的，通过告知仲裁机构补正和调阅仲裁案卷查明的双重机制解决。补正程序在《仲裁法》中早有规定，《仲裁法》第56条规定："对裁决书中的文字、计算错误或者仲裁庭已经裁决但在裁决书中遗漏的事项，仲裁庭应当补正；当事人自收到裁决书之日起三十日内，可以请求仲裁庭补正。"经过这两个机制，仍然无法确定执行内容的，才可以驳回执行申请，这也体现了充分支持仲裁的立场。

3.对于包括仲裁裁决在内的各类执行依据不明确问题，应当一律采用驳回执行申请的方式处理。此前，对于执行依据不明确不具体的，实践中存在不予受理、驳回执行申请或者终结执行三种主要做法。

4.仲裁裁决执行案件的制度设计应与仲裁的便捷高效精神相符，尽可能减少司法审查程序，提高审查效率。因执行内容不明确具体而裁定驳回执行申请后，当事人可以向上一级人民法院申请复议，而不是通过执行异议、复议程序进行救济。

（五）裁定不予执行或裁定驳回不予执行申请后，是否有继续救济的程序？

简 答

按照《仲裁执行规定》的规定：

1.裁定不予执行仲裁裁决后，申请执行人提出执行异议或者申请复议的，人民法院不予受理。

2.裁定不予执行仲裁裁决的，申请执行人可以在与被执行人达成仲裁合意后重新申请仲裁，也可以向人民法院起诉。

3.裁定驳回不予执行仲裁裁决申请后，被执行人提出执行异议或者申请复议的，人民法院不予受理，后续途径唯有继续执行。

背 景

《民事诉讼法解释》第478条规定了人民法院裁定不予执行仲裁裁决后，当事人不能再提出执行异议或者复议进行救济。

对于驳回不予执行仲裁裁决申请后，是否可以提出执行异议并未规定，最高人民法院在个案的答复和案件处理中曾明确：人民法院裁定驳回不予执行申请的，当事人也不得对该裁定提出执行异议或复议。

《仲裁执行规定》第22条将这一实践做法予以固定。

（六）案外人申请不予执行，被裁定不予执行或驳回不予执行申请后，是否有继续寻求救济的程序？

简答

按照《仲裁执行规定》的规定：

1.案外人申请不予执行，人民法院裁定不予执行，申请执行人或被执行人可以向上一级人民法院申请复议。

2.案外人申请不予执行，人民法院裁定驳回不予执行申请，案外人可以向上一级人民法院申请复议。

背景

对于被执行人申请不予执行制度，《民事诉讼法解释》第478条已经为当事人设置了救济程序，即重新申请仲裁或者向人民法院起诉。

案外人申请不予执行制度，为《仲裁执行规定》首次设立。

仲裁裁决的执行力面临接受案外人挑战的可能，当事人、案外人对审查结果也没有其他救济程序可以遵循，有必要增设上级人民法院的复议审查，以确保该制度严格规范适用。

（七）仲裁调解书能否申请不予执行？

简答

按照《仲裁执行规定》的规定：

1.被执行人申请不予执行仲裁调解书，人民法院不予支持，即裁定驳回不予执行申请。

2.案外人可以向人民法院申请不予执行仲裁调解书，人民法院应当按照相应标准审查并作出裁定。

十五、公证债权文书执行专题

（一）公证债权文书的执行管辖如何确定？

简 答

按照《公证债权文书执行规定》的规定，公证债权文书执行案件，按照如下连接点确定管辖：

1. 被执行人住所地人民法院。
2. 被执行的财产所在地人民法院。

公证债权文书执行的级别管辖，参照第一审民商事案件及财产案件级别管辖确定。

（二）公证债权文书与执行证书，哪个是据以受理执行申请的执行依据？

简 答

按照《公证债权文书执行规定》的规定以及一般观点：

1.执行依据限定为赋强公证债权文书。

2.执行依据仅为公证债权文书本身,不含执行证书。

3.债权人在申请执行时应一并提交执行证书,作为证明履行情况等内容的证据。

4.人民法院根据公证债权文书并结合申请执行人的申请确定给付内容。

详 述

1.关于执行依据限定为赋强公证债权文书

《公证法》第37条规定:"对经公证的以给付为内容并载明债务人愿意接受强制执行承诺的债权文书,债务人不履行或者履行不适当的,债权人可以依法向有管辖权的人民法院申请执行。前款规定的债权文书确有错误的,人民法院裁定不予执行,并将裁定书送达双方当事人和公证机构。"

《公证债权文书执行规定》第1条规定:"本规定所称公证债权文书,是指根据公证法第三十七条第一款规定经公证赋予强制执行效力的债权文书。"

作为公证债权文书执行案件的执行依据,仅包括经公证赋予强制执行效力的债权文书,不含其他经公证证明的债权文书。

2.关于执行依据不含执行证书

(1)现行法律以及司法解释并未对执行证书作出规定

《公证程序规则》第55条规定:"债务人不履行或者不适当履行经公证的具有强制执行效力的债权文书的,公证机构应当对履约情况进行核实后,依照有关规定出具执行证书。债务人履约、公证机构核实、当事人就债权债务达成新的协议等涉及强制执行的情况,承办公证员应当制作工作记录附卷。执行证书应当载明申请人、被申请执行人、申请执行标的和申请执行的期限。债务人已经履行的部分,应当在申请执行标的中予以扣除。因债务人不履行或者不适当履行而发生的违约金、滞纳金、利息等,可以应债权人的要求列入申请执行标的。"

《公证联合通知》第6条规定："公证机关签发执行证书应当注明被执行人、执行标的和申请执行的期限。债务人已经履行的部分，在执行证书中予以扣除。因债务人不履行或不完全履行而发生的违约金、利息、滞纳金等，可以列入执行标的。"第7条规定："债权人凭原公证书及执行证书可以向有管辖权的人民法院申请执行。"

2000年《公证联合通知》首次要求债权人凭公证书和执行证书向人民法院申请强制执行。2006年司法部《公证程序规则》规定的内容与《公证联合通知》大体一致，并强调执行证书应当在法律规定的执行期限内出具。

（2）执行依据不含执行证书的主要原因

第一，执行依据的确定需要遵循法定原则。执行依据属于民事诉讼基本事项，而《民事诉讼法》以及《公证法》都只规定一方当事人不履行公证债权文书，即可申请强制执行，未涉及执行证书。

第二，实践表明，执行证书不足以作为执行依据。公证机构出具执行证书的程序要求并不严格，部分公证机构不切实履行债务核实职责，未能实际向债务人核实债务履行情况，导致一些执行证书载明的履行情况与事实不符，当事人双方对执行证书的内容往往争议较大，将执行证书作为执行依据缺乏程序保障。

3.关于执行证书作为证明履行情况等内容的证据

《公证债权文书执行规定》第3条规定："债权人申请执行公证债权文书，除应当提交作为执行依据的公证债权文书等申请执行所需的材料外，还应当提交证明履行情况等内容的执行证书。"第4条规定："债权人申请执行的公证债权文书应当包括公证证词、被证明的债权文书等内容。权利义务主体、给付内容应当在公证证词中列明。"

虽然公证债权文书执行案件的执行依据为公证债权文书，不含执行证书，但考虑到执行证书是在长期实践中探索形成的，并且在核实债务履行情况方面亦能起到一定作用，故债权人在申请执行时应一并提交执行证书，作为证明履行情况等内容的证据。当然，债权人还需要同时提交申请执行书等法律、司法解释规定的申请执行所需的其他材料。

4.关于根据公证债权文书并结合申请执行人的申请确定给付内容

例如：公证债权文书载明债权数额为100万元，签发执行证书时，载明未清偿债务为70万元。债权人向人民法院申请执行80万元，债务人声称仅余50万元未履行。人民法院在开始执行时，以80万元为执行数额。

（三）申请执行公证债权文书，同时提交执行证书的意义是什么？

简答

按照《公证债权文书执行规定》的规定以及一般观点：

1.债权人申请执行公证债权文书，以公证债权文书为执行依据。

2.同时，债权人必须提交执行证书，证明履行情况。债权人未提交执行证书的，裁定不予受理或驳回执行申请。这是《公证债权文书执行规定》对执行实践惯例、对《公证程序规则》以及《公证联合通知》、对解决实际问题的需要这三方面的统一协调。

3.公证机构不予出具执行证书，当事人还可以就公证债权文书涉及的民事权利义务争议直接提起诉讼。

（四）公证债权文书原始合同文本已约定通过诉讼、仲裁解决争议，能否认定债务人未承诺接受强制执行？

简 答

按照一般观点：

1.即使被证明的债权文书已约定通过诉讼、仲裁解决争议，还需审查债务人是否在公证证词中承诺接受强制执行。

2.如两者均无，则可认定债务人未承诺接受强制执行，人民法院可以裁定不予受理或驳回执行申请。

详 述

《公证程序规则》第42条规定："公证书应当按照司法部规定的格式制作。公证书包括以下主要内容：（一）公证书编号；（二）当事人及其代理人的基本情况；（三）公证证词；（四）承办公证员的签名（签名章）、公证机构印章；（五）出具日期。公证证词证明的文书是公证书的组成部分。有关办证规则对公证书的格式有特殊要求的，从其规定。"

《公证债权文书执行规定》第4条规定："债权人申请执行的公证债权文书应当包括公证证词、被证明的债权文书等内容。权利义务主体、给付内容应当在公证证词中列明。"

《公证债权文书执行规定》第5条规定："债权人申请执行公证债权文书，有下列情形之一的，人民法院应当裁定不予受理；已经受理的，裁定驳回执行申请：（一）债权文书属于不得经公证赋予强制执行效力的文书；（二）公证债权文书未载明债务人接受强制执行的承诺；（三）公证证词载明的权利义务主体或者给付内容不明确；（四）债权人未提交执行证书；（五）其他不符合受理条件的情形。"

（五）公证债权文书载明的民间借贷年利率超出"合同成立时一年期贷款市场报价利率四倍"，超出部分如何处理？

简 答

按照《公证债权文书执行规定》的规定[①]以及一般观点，人民法院对超出"合同成立时一年期贷款市场报价利率四倍"部分的利息，不纳入执行范围。

（1）《民间借贷规定》对民间借贷利率的规制，采取的上限是"合同成立时一年期贷款市场报价利率四倍"，也即年利率在"合同成立时一年期贷款市场报价利率四倍"以下之民间借贷利率受强制执行的保护。

（2）《民事诉讼法》对公证债权文书不予执行的前提确定为"确有错误"，而对民间借贷利率的规制由司法解释确定，或者说仅指引人民法院司法行为，而不约束公证机关，故即便公证债权文书确定的利率超出"合

[①]《公证债权文书执行规定》第11条规定："因民间借贷形成的公证债权文书，文书中载明的利率超过人民法院依照法律、司法解释规定应予支持的上限的，对超过的利息部分不纳入执行范围；载明的利率未超过人民法院依照法律、司法解释规定应予支持的上限，被执行人主张实际超过的，可以依照本规定第二十二条第一款规定提起诉讼。"

207

同成立时一年期贷款市场报价利率四倍",亦不能认为"确有错误"。因此,《公证债权文书执行规定》规定超出"合同成立时一年期贷款市场报价利率四倍"部分利息"不纳入执行范围"。①

最高人民法院执行案例参考②

【案例要旨】1.人民法院对超出法定利率部分的利息,不纳入执行范围。2.在公证文书所涉给付内容能够区分执行的情况下,如部分内容具有不予执行情形,则应当仅对该部分不予执行,而对其余部分准许执行。

【案情概要】2013年1月16日,金某某与Y公司签订一份《借款合同》,约定Y公司向金某某借款人民币1亿元,期限为2013年1月16日至4月10日,借款利息为月利率2%,利息需每月付清。如Y公司支付利息出现逾期,金某某有权立即终止合同。借款汇入户为农业银行或本票。如Y公司逾期还款,应按借款本金的万分之八每天向金某某支付滞纳金,并承担金某某为实现债权支付的全部费用(包括但不限于诉讼费、公证费、评估费、拍卖费、律师费、执行费、交通费、住宿费),S公司自愿为本合同项下Y公司借款偿还提供连带保证责任,保证期限为二年。如Y公司不能按约履行还款义务,Y公司、S公司自愿放弃全部诉权,接受人民法院强制执行。对Y公司履行还款义务的核实方式为金某某至无锡市X公证处以特快专递方式发函通知Y公司,Y公司收件地点为宜兴市常红南路××号,收件人为夏某某。金某某发函后五日内,Y公司应向公证机构提供已履行还款义务或获金某某许可延期还款的凭证,否则公证机构可应金某某的申

---

① 《公证债权文书执行规定》出台之前(对应2015年《民间借贷规定》),大部分地方法院按自行理解,对超出年利率24%以上的利息,一般采取部分不予执行的方式处理,也即24%以内予以执行,超出部分不予执行。

② 在《民间借贷规定》施行前,对民间借贷利率的规制采取的上限是银行同类贷款利率的四倍。虽目前的规制上限有修改,但本案的分析思路仍有较高的借鉴意义。

请出具执行证书。同日，金某某与Y公司又签订《股权质押协议书》，约定Y公司在S公司持有的9949.65万股、占S公司80.97%的股权质押给金某某，作为Y公司1亿元借款的还款保证。如到期无法偿还，则金某某有权申请所属地人民法院对质押股权强制执行。嗣后，双方为此办理了股权质押登记手续。

2013年1月22日，江苏省无锡市X公证处以《公证书》对上述借款合同进行了公证并赋予合同强制执行的效力。

2013年1月24日，金某某将两张金额共5000万元的中国农业银行的本票交付Y公司，2013年1月25日，金某某将三张金额共5000万元的中国农业银行的本票交付Y公司，均由Y公司工作人员李某签收。

2013年3月6日，江苏省无锡市X公证处又出具了《公证书》。该公证书载明，债权人金某某于2013年1月25日向债务人Y公司实际交付了全部借款1亿元，按照合同规定，Y公司应于2013年2月25日将当月利息200万元（按2%计算）交付给债权人，担保人S公司提供连带责任保证。因债务人违反协议约定，逾期未付。债权人于2013年2月26日依照合同约定，以特快专递方式发函通知Y公司以及S公司还款，自发函之日起满五日公证处未收到债务人或担保人提交的已履行债务或获债权人许可延期还款的证明，故江苏省无锡市X公证处依据金某某2013年3月5日的申请出具执行证书。债权人金某某可持此执行证书，向有管辖权的人民法院申请强制执行。执行标的为：借款本金人民币1亿元、利息、滞纳金以及债权人为实现债权支出的相关费用。

2013年5月6日，金某某向无锡中院申请执行，请求按照公证债权文书和执行证书，强制执行Y公司1亿元以及其利息、滞纳金和金某某为实现债权支出的相关费用。后金某某提交《关于申请强制执行内容和金额的说明》，明确执行标的为：借款本金1亿元以及该款自2013年1月25日起至清偿之日止，按银行同期同类贷款基准利率的四倍计算的利息或滞纳金以及执行过程中的相关费用。

Y公司自2013年5月21日起,即就本案执行依据、评估、拍卖执行行为多次向无锡中院提出执行异议。理由之一为:执行法院应当按照《民事诉讼法》第238条的规定对公证执行证书的内容进行审查,公证机关对债权债务不真实和违法的高利贷行为予以公证并赋予强制执行效力,且执行证书未标明执行标的数额,执行法院应当审查后裁定不予执行。

申请执行人金某某辩称:本案的执行证书和公证债权文书完全依法作出,不存在《民事诉讼法》第238条所说的确有错误情形,人民法院强制执行合法。本案借款以及利息约定均系双方真实意思表示,即使约定利率超过银行同期贷款基准利率四倍,按《关于人民法院审理借贷案件的若干意见》第6条规定,仅是超过四倍的利息不受法律保护。现金某某申请强制执行时已明确执行标的为本金1亿元以及该款自2013年1月25日起至清偿之日止,按人民银行同期贷款基准利率的四倍计算的利息以及承担相关执行费用。

无锡中院对Y公司所提执行异议于2013年8月28日立案审查处理。经审查认为:关于本案公证债权文书、公证的执行债权文书是否违法和确有错误,是否应该执行问题。对公证机关依法赋予强制执行效力的债权文书,一方当事人不履行,对方当事人申请人民法院执行,人民法院应当执行。公证债权文书确有错误的,人民法院裁定不予执行。而人民法院对公证债权文书确有错误的审查主要围绕两个方面:一是债权是否存在且合法;二是当事人是否自愿接受强制执行。本案中,金某某与Y公司、S公司于2013年1月16日签订的借款合同中约定的利息以及滞纳金确实高于同期同类银行贷款利率的四倍,但按照《关于人民法院审理借贷案件的若干意见》第6条的规定:民间借贷的利率可以适当高于银行的利率,各地人民法院可按照本地区的实际情况具体掌握,但最高不得超过银行同类贷款利率的四倍(包含利率本数)。超出此限度的,超出部分的利息不予保护。并未认定该借贷关系违法,故约定的利息和滞纳金过高并不能成为公证债权文书确有错误而不予执行的理由。另在借款合同中双方明确约定如不能按约履行还款义务,Y公司自愿放弃诉权,接受人民法院强制执行,故公证机关对本案债权文书赋予强制执行效力并无不当。现金某某在执行中已明确强制执行的标的仅为借款本金1亿元以及该款自2013年1月25日起至清偿之日止,按银行同期同类贷款基准利率的四倍计算的利息或滞纳金以及执行过程中的相关费用,符合相关法律规定,予以立案执行正确。综上,无锡中院于2013年10月8日作出(2013)锡执异字第0037号执行裁定,驳回了Y公司提出的执行异议。

Y公司不服无锡中院上述异议裁定,向江苏高院申请复议。事由之一为:无锡市X公证处公证书内容违反国家强制性、禁止性法律规定,应裁定不予执行。Y公司与金某某签订的借款合同约定月息2%,还约定逾期还款每天万分之八的滞纳金,远超人民银行同期流动资金贷款的四倍利率,金某某的借款属于高利贷。按照《民事诉讼法》第238条的规定,公证债权确有错误的,人民法院应裁定不予执行。人民法院以及申请执行人均无权变更公证书内容或采取变通方法。S公司为Y公司提供的借款担保无效。

江苏高院认为,Y公司的复议理由不能成立,应予驳回。理由如下:1.最高人民法院《关于人民法院审理借贷案件的若干意见》第6条规定,民间借贷的利率可以适当高于银行的利率,各地人民法院可按照本地区的实际情况具体掌握,但最高不得超过银行同类贷款利率的四倍(包括利率本数)。超出此限度的,超出部分的利息不予保护。本案中,金某某已将1亿元借款给付Y公司,借款合同约定如Y公司不能按期还款,其自愿放弃全部诉权,接受人民法院强制执行。虽然借款合同中约定的利率超过银行同期同类贷款利率的四倍,但在执行过程中,金某某向执行法院明确按银行同期同类贷款基准利率的四倍计算利息或滞纳金,故本案执行的标的数额不违反最高人民法院《关于人民法院审理借贷案件的若干意见》第6条的规定。2.依据Y公司提供的S公司董事会决议，到会董事人数符合S公司章程规定，大会三名董事一致同意为本案借款进行担保。S公司虽为其控股股东Y公司向金某某借款提供担保，但本案金某某并没有申请对S公司的财产进行强制执行。综上，Y公司关于本案执行依据错误应不予执行的主张，于法无据。江苏高院经院审判委员会讨论决定，于2014年6月3日作出（2013）苏执复字第0092号执行裁定，驳回了Y公司的复议申请。

Y公司不服江苏高院上述复议裁定，向最高人民法院申请执行监督。申诉事由为：公证书所涉借款合同利息以及滞纳金超出银行同期贷款利率四倍，即使申请执行人放弃部分利息，也属于违反法律强制性规定，应当依法不予执行。

最高人民法院认为：关于案涉公证文书是否不予执行。案涉借款合同所约定利息以及滞纳金，确已超出相关司法解释规定的银行同期贷款利率四倍标准。Y公司据此认为，公证文书已违反强制性规定，即使金某某放弃超出四倍利率部分，仍应当整体不予执行。关于公证文书部分内容具有不予执行情形如何处理，现行立法与司法解释并未直接规定，需要按照相关法律精神与类比制度加以阐释解决。最高人民法院认为，如果因公证文书部分内容具有不予执行情形而整体不予执行，对债权人而言显失公平，也不利于维护公证文书效力的稳定性。因此，在公证文书所涉给付内容能够区分执行的情况下，如部分内容具有不予执行情形，则应当仅对该部分不予执行，而对其余部分准许执行。《仲裁法解释》第19条与《民事诉讼法解释》第477条，对于仲裁裁决部分内容具有撤销或不予执行情形的处理规则，亦体现了上述法律精神，公证文书的司法审查应当加以参照。本案中，申请执行人金某某已放弃超出四倍利率部分的执行，无锡中院亦仅按照四倍利率予以执行，这种执行方式既公平保护了债权人权益、合理维护了公证文书效力,又避免Y公司合法权益遭受实际损害。因此,最高人民法院对Y公司的该项主张不予支持。综上,最高人民法院裁定驳回了Y公司的申诉请求。

(六)债务人不履行公证债权文书,债权人应当在多长期间内申请出具执行证书?

简 答

按照一般观点:

债务人不履行公证债权文书的,债权人应当在《民事诉讼法》规定的二年申请执行时效内向公证机关申请执行证书,且参照适用诉讼时效的中止、中断制度。

详 述

1.《公证联合通知》规定,债务人不履行或不完全履行公证机关赋予强制执行效力的债权文书的,债权人可以向原公证机关申请执行证书。那么,债权人应在多长期间内申请出具执行证书?关于此问题,《公证联合通知》并未规定,最为直接的规定见于2006年7月1日开始施行的《公证程序规则》,该规章第55条规定:"执行证书应当在法律规定的执行期限内出具。"

2.如何理解2006年《公证程序规则》之"法律规定的执行期限"?2006年《公证程序规则》施行之时,执行期限适用1991年《民事诉讼法》,即公民一年、法人六个月。此后,2007年《民事诉讼法》将原申请执行期限制度变更为二年的申请执行时效制度，且适用诉讼时效的中止、中断。自此，申请执行时效制度适用至今。

（七）仅包含担保协议的公证债权文书能否强制执行？

简 答

按照《公证债权文书执行规定》的规定以及一般观点：

1.公证债权文书赋予强制执行效力的范围，同时包含主债务和担保债务的，人民法院依法予以受理执行。

2.仅包含主债务的，对主债务部分的执行申请依法予以受理执行，对担保债务部分的执行申请不予受理。

3.仅包含担保债务的，对担保债务部分的执行申请依法予以受理执行，对主债务部分的执行申请不予受理。

详 述

公证机关可以赋予附担保协议的债权文书强制执行效力。

1.从立法看，现行法律并未单独对公证债权文书所附担保协议的强制执行作出限制性规定

合法有效的公证债权文书及其强制执行公证书作为人民法院执行依据之一，其执行效力所及的范围应当与判决书、调解书、仲裁裁决书等其他执行依据相同；如果单独对附担保协议的公证债权文书执行效力作出限制，显然缺乏法律规定。按照《民法典》和《民事诉讼法》，担保物权人可以依据抵押合同、质押合同直接申请人民法院强制执行，担保物权实现方式

呈现更多样、更便捷、更有效率的立法价值取向。据此，未经公证的担保合同可以通过非讼程序，直接申请人民法院强制执行；那么当事人认可的担保协议，经过公证机构确认并出具执行证书后，当然具有强制执行效力，否则有违立法精神。

2.从合同看，借款合同所附的担保协议具备成为公证债权文书的特点

第一，内容特定性。无担保的商业性借贷属高风险的融资行为，绝大多数的商业性借贷都有担保，而债权文书中最重要的类型就借款合同。担保合同作为借款合同的从合同，其内容也表现为以货币、物品、不动产、有价证券以及财产性权益等偿付债务，符合公证债权文书特点。

第二，债权确定性。担保方式中保证、抵押、质押等法律关系均具有担保债权内容明确具体，各方当事人无异议的特点。至于留置、定金两种担保方式：按照留置权的定义与特征，留置物为债权人直接占用，不涉及强制执行；而且留置权的行使一般不会事先约定，极少出现留置合同申请公证的情形。定金通常出现在当事人双方存在对待给付义务的双务合同中，由于公证仅对给付义务由一方债务人承担，债权债务关系已明确的债权文书予以公证，并赋予强制执行效力，因此，对定金这种担保方式而言，主合同不符合公证赋予强制执行效力的条件，也就不会产生担保协议是否具有强制执行效力的争议。

第三，当事人自愿性。如果担保是由债务人提供，担保义务与债务履行主体合一，担保人与债务人意思表示也是一致的，在自愿申请公证的前提下，担保人肯定属于自愿。如担保合同是由第三人提供的担保，公证机构则应当取得担保人的同意，即担保人同意赋予附担保协议债权文书强制执行效力，并同意在债务人不履行的情况下接受人民法院强制执行。

3.从执行看，附担保协议的债权文书被公证机构赋予强制执行效力后，担保合同的执行效力具有独立性

按照《民法典》第388条的规定，主合同无效担保合同无效；反之即

使担保合同无效，主合同仍然有效。前述规定的意义在于明确了担保合同的相对独立性和主合同的完全独立性，因此，在有担保协议的债权文书中，主合同与从合同分别存在。此时的从合同，既可能是单独订立的书面合同，也包括主合同中的担保条款，当事人之间具有担保性质的信函、传真等。既然合同有主从之分，当附担保协议的债权文书进入公证程序发生强制执行效力时，担保合同的执行效力也应与主合同有所区分。按照《公证联合通知》第1条的规定，债权文书具备具有给付货币、物品、有价证券的内容；债权债务关系明确，债权人和债务人对债权文书有关给付内容无疑义；载明债务人不履行义务或不完全履行义务时，债务人愿意接受依法强制执行的承诺的情况下，公证机构有权赋予其强制执行效力。此时，主合同具有强制执行效力，在没有取得担保人（仅指第三人担保情形）明示同意的情况下，担保合同没有强制执行效力，公证机构亦不能对担保人出具执行证书；执行法院对担保人财产也不能采取强制执行措施。此外，按照《公证联合通知》，债权债务关系是否"明确"是公证机构对债权文书赋予强制执行效力的法定条件。虽然，有担保的债权合同相对于无担保的债权合同，待证事实有可能会更复杂，但其债权债务的法律关系并不一定含混不清，有无担保不应成为衡量债权债务是否明确的标准；更不能将有担保的债权债务关系认定为法律关系不明确，进而拒绝对担保合同予以公证。在担保合同内容真实、合法、明确，且担保人明示若债务人不履行或不适当履行给付义务，自愿接受强制执行的情况下，公证机构据此公证并赋予强制执行效力并无不当，人民法院依法应予立案执行。

背 景

本问题产生争议的根源在于《公证联合通知》中没有明确公证效力是否及于担保人、担保物。

2003年，最高人民法院执行局刊物《强制执行指导与参考》公布《海南中行股权质押复函》，认为担保协议不属于公证管辖范围。此后，关于公证机构赋予强制执行效力包含担保协议的公证债权文书能否强制执行的法律适用问题产生争议，长期困扰公证机构和执行部门，实践中各地做法不一。

（八）公证债权文书裁定不予执行、裁定驳回不予执行申请的救济程序，分别是什么？

简答

按照《公证债权文书执行规定》的规定：

1.公证债权文书被裁定不予执行的：

（1）申请执行人可以就该公证债权文书涉及的民事权利义务争议向人民法院提起诉讼。

（2）当事人对不予执行裁定提出执行异议或者申请复议的，人民法院不予受理。

2.驳回不予执行申请裁定的：

（1）被执行人可以向上一级人民法院申请复议。

（2）上一级人民法院可以裁定撤销原裁定并不予执行该公证债权文书，或者裁定驳回复议申请。

（九）被执行人主张不予执行公证债权文书的事由有哪些？

简 答

按照《公证债权文书执行规定》的规定以及一般观点：

1.程序性事由：有下列情形之一的，按照《公证债权文书执行规定》第12条，通过《民事诉讼法》第245条的"公证债权文书不予执行程序"救济：

（1）被执行人未到场且未委托代理人到场办理公证的；

（2）无民事行为能力人或者限制民事行为能力人没有监护人代为办理公证的；

（3）公证员为本人、近亲属办理公证，或者办理与本人、近亲属有利害关系的公证的；

（4）公证员办理该项公证有贪污受贿、徇私舞弊行为，已经由生效刑事法律文书等确认的；

（5）其他严重违反法定公证程序的情形。

2.实体性事由：有下列情形之一的，按照《公证债权文书执行规定》第22条、第23条，通过"债务人异议之诉程序"救济，即在执行程序终结前，以申请执行人为被告，向执行法院提起诉讼，请求不予执行公证债权文书。人民法院可以判决不予执行，或者判决驳回诉讼请求（继续执行）：

（1）公证债权文书载明的民事权利义务关系与事实不符；

（2）经公证的债权文书具有法律规定的无效、可撤销等情形；

（3）公证债权文书载明的债权因清偿、提存、抵销、免除等原因全部或者部分消灭。

需要注意的是，按照《公证债权文书执行规定》第24条，对于"公证债权文书载明的民事权利义务关系与事实不符""经公证的债权文书具有法律规定的无效、可撤销"两类情形，在案件进入执行程序之前，债权人（非申请执行人）可以就公证债权文书涉及的民事权利义务争议直接提起诉讼。

十六、刑事裁判涉财产部分执行专题

（一）人民法院负责执行的刑事裁判涉财产部分包括什么？

> 简　答

人民法院负责执行的刑事裁判涉财产部分，基本上依据《刑法》第64条的规定，即"犯罪分子违法所得的一切财物，应当予以追缴或者责令退赔；对被害人的合法财产，应当及时返还；违禁品和供犯罪所用的本人财物，应当予以没收。没收的财物和罚金，一律上缴国库，不得挪用和自行处理"。

按照《刑事裁判涉财执行规定》，人民法院负责执行的刑事裁判涉财产部分具体包括：

1.财产刑

我国的刑罚体系是由生命刑、自由刑、财产刑和资格刑组成。财产刑是国家对犯罪人适用的以剥夺犯罪人财产权益为内容的各种刑罚的总称，包括罚金和没收财产刑。

2.责令退赔

所谓责令退赔，分两个层面理解：一是"退"，指人民法院责令犯罪分子将其犯罪所得原物退还给被害人；二是"赔"，在犯罪分子已将赃款赃物用掉、毁坏或挥霍的情况下，责令按照赃款赃物的等额价款或者相同种类物赔偿被害人。

3.处置随案移送的赃款赃物

刑事审判中，对于随案移送的赃款赃物，除依法退还被害人的财产以及依法销毁的违禁品外，必须由人民法院执行部门变现处置后上缴国库。

4.没收随案移送的供犯罪所用的本人财物

供犯罪所用的本人财物是指供犯罪分子进行犯罪活动而使用的属于个人所有的财物，如走私所用的车辆、船舶等。人民法院应当将随案移送的供犯罪所用的本人财物依法没收后，由执行部门变现处置后上缴国库。

5.其他应当由人民法院执行的相关事项

《刑事裁判涉财执行规定》于2014年9月1日通过，当时，关于审判时尚未追缴到案或者尚未足额退赔违法所得由哪个司法机关继续追缴，存在较大分歧，而中办、国办正在制定相关文件，故《刑事裁判涉财执行规定》留出敞口性条款，避免与此后的规定相冲突。此后出台的中办、国办《关于进一步规范刑事诉讼涉案财物处置工作的意见》第9条规定，对审判时尚未追缴到案或者尚未足额退赔的违法所得，人民法院应当判决继续追缴或者责令退赔，并由人民法院负责执行。因此，"其他应当由人民法院执行的相关事项"，也就是判处"继续追缴"的执行案件，由人民法院执行部门执行。

详 述

我国刑事诉讼中被害人的权益保护处于刑事附带民事诉讼与追缴、责令退赔二分的局面：按照《刑诉法解释》第176条的规定，被告人非法占有、处置被害人财产的，应当依法予以追缴或者责令退赔；被害人提起附带民事诉讼的，人民法院不予受理。追缴、退赔的情况，可以作为量刑情节考虑。该条规定确立了追缴与责令退赔的强行适用性，对于非法占有、处置被害人财产的情形，不允许通过附带民事诉讼的方式进行救济。其中，刑事附带民事诉讼适用于因人身权利受到犯罪侵犯或者财物被犯罪毁坏而遭受物质损失的情形；追缴与责令退赔适用于因犯罪分子非法占有、处置被害人财产而使其遭受物质损失的情形。刑事附带民事诉讼是一种特殊的诉讼形式，是刑事诉讼与民事诉讼的结合，但不能简单地理解为两者的简单相加或合并。本质上，附带民事诉讼仍属于民事诉讼，决定申请执行或者放弃权利由被害人自己主张，本质上应归类于民事案件，适用民事执行的相关规定，不属于刑事裁判涉财产部分的执行范围。

（二）追缴和责令退赔的区别是什么？如何把握两者之间的关系？

简答

按照一般观点：

1.追缴适用于赃款赃物尚在的情形。责令退赔适用于赃款赃物已被用掉、毁坏或挥霍的情形。最高人民法院1999年10月27日《全国法院维护农村稳定刑事审判工作座谈会纪要》规定："如赃款赃物尚在的，应一律追缴；已被用掉、毁坏或挥霍的，应责令退赔。"

2.追缴是一种程序性措施，只是对违法所得的暂时性处理，而非实体处分。追缴并未确定违法所得最终如何处置，只表示剥夺犯罪分子的违法所得，至于违法所得的最终处理结果如何，还要按照违法所得的性质来决定：如果是被害人的合法财产，应当及时返还；如果是违禁品和供犯罪所用的本人财物,应当予以没收并上缴国库。责令退赔强调对原财物债权人的赔偿,系针对犯罪分子违法所得的相关财物不存在时的处置,属于最终的实体处置。

3.追缴的财物,应系经过刑事裁判确认的非法财物。责令退赔的财物,可以是犯罪分子非法所得的财物;在非法所得被犯罪分子挥霍、消耗、灭失等情况下,无法退赔被害人的,也可以拍卖、变卖犯罪分子个人合法财物进行退赔。

详述

1.关于责令退赔的定性。责令退赔是对被害人民事财产权利的救济措施,虽然立法将其规定在《刑法》第64条中,但其依然属于对民事财产权利的保护。犯罪人实施犯罪行为将被害人财产非法占有、处置,构成对被害人民事财产权利的损害,但由于这种行为达到情节严重的程度,具有较大社会危害性,从而触犯刑律构成犯罪,成为刑法的调整对象,法律责任也在刑法中规定,行为人据此承担的是一种刑事责任。责令退赔实际上是以刑法规范"面目"出现的被害人民事财产权利救济措施。

2.中办、国办《关于进一步规范刑事诉讼涉案财物处置工作的意见》第9条规定,对审判时尚未追缴到案或者尚未足额退赔的违法所得,人民法院应当判决继续追缴或者责令退赔,并由人民法院负责执行,其他国家机关配合。需要说明的是,侦查机关能够追缴的,基本上已经追缴在案,不能追缴或者难以追缴的,在被告人有可能转移、隐匿财产的情况下,即便移交执行部门也难以追缴,因此,刑事判决应当尽量减少"继续追缴"的判项,在刑事裁判时,赃款赃物已经证明不存在或者难以追缴在案的情况下,应当尽可能判处"责令退赔",这样既能维护被害人的合法权益,也可以避免执行主体不明或难以追缴的实际问题。

> **背景**

《刑法》第64条规定:"犯罪分子违法所得的一切财物,应当予以追缴或者责令退赔。"刑法将追缴与责令退赔并列,二者自然有所区别。但是,刑事审判部门往往因难以查清赃物持有人,或者难以查清是否属于善意取得,一般笼统判决继续追缴赃物发还被害人。

(三)责令退赔与刑事附带民事诉讼、普通民事诉讼的区别是什么?

> **简答**

按照一般观点:

1.责令退赔适用于犯罪分子非法占有、处置被害人财产而使其遭受物质损失的情形;刑事附带民事诉讼、普通民事诉讼不处理对违法所得责令退赔的问题,而是仅限于被害人因人身权利受到犯罪行为侵犯和财物被犯罪行为损毁而遭受的物质损失。

2.被告人承担刑事附带民事责任或者普通民事责任的财产,系被告人合法所有的财产,即民法上的"责任财产";而应当退赔被害人的财产,则是犯罪人违法所得的财产,对此《刑法》第64条已有明确规定,在法律评价上,这些财产并不属于犯罪人合法所有,具有违法性,应当返还被害人。

（四）追缴和责令退赔案件中的被害人，能否作为申请执行人主张权利？

简 答

按照偏主流观点，追缴和责令退赔案件中的被害人，可以作为申请执行人主张权利。

详 述

这个问题要区分几个层面理解分析：

1.按照《刑事裁判涉财执行规定》的立意，追缴和责令退赔案件中的被害人不能列为申请执行人。

强制执行理论中，执行的启动分申请执行与移送执行两类。按照《刑事裁判涉财执行规定》第7条，刑事裁判涉财产部分，由人民法院刑事审判部门移送立案部门审查立案，再由执行部门负责执行。

依此立意，刑事裁判涉财产部分执行案件，属于移送执行。因此，无论在启动方式上，还是在裁判文书的主体列明上，被害人均不能作为申请执行人主张权利。

该立意的法理在于：刑事案件为司法机关代表国家行使侦查、起诉、审判和执行的法定职权，法律未赋予被害人申请执行的权利，执行的启动不以当事人的申请为必要条件，人民法院应当依职权移送立案执行。

2.《刑事裁判涉财执行规定》关于移送执行的此项立意，考量之一，似在于"继续追缴"的执行主体方面。

关于审判时尚未追缴到案的赃款赃物由哪个司法机关继续追缴，一直以来，存在较大分歧。

于公安机关立场：公安、检察、人民法院等各政法机关均有继续追缴的责任和义务，在侦查机关已经侦查终结的情况下，继续承担追缴任务不具现实性，应当由人民法院执行部门予以执行。

于人民法院立场：其一，按照《刑法》第64条的规定，追缴是政法机关的共同职责，不能因人民法院判决继续追缴，就将此作为人民法院之义务；其二，侦查机关享有刑事侦查权，可以采取多种措施手段，而人民法院的措施手段有限，难以承担继续追缴任务；其三，侦查机关能够追缴的，基本上已经追缴在案，而不能追缴或者难以追缴的，即便移交人民法院也难以追缴。站在人民法院立场上，如果将刑事裁判涉财产部分执行案件确定为申请执行，那么大量追缴案件中的被害人将向人民法院申请执行，因该类案件执行的困难性，会降低执行完毕率，增加大量未结积案。

3.基于制度更新、问题产生、司法解释的进一步解释、实践需要等多方面因素，追缴和责令退赔案件中的被害人，可以作为申请执行人主张权利。

（1）《刑事裁判涉财执行规定》实施后，中办、国办业已出台《关于进一步规范刑事诉讼涉案财物处置工作的意见》。按照该意见第9条，判决"继续追缴"的案件，由人民法院负责执行。

（2）《刑事裁判涉财执行规定》之立意，将案件启动方式确定为移送执行，已导致若干问题。主要是，部分人民法院认为被害人在程序上不能以申请执行人名义主张权利。问题突出表现在：

其一，《终结本次执行程序规定》第9条规定，终结本次执行程序后，申请执行人发现被执行人有可供执行财产的，可以向执行法院申请恢复执行。申请恢复执行不受申请执行时效期间的限制。执行法院核查属实的，应当恢复执行。终结本次执行程序后的五年内，执行法院应当每六个月通过网络执行查控系统查询一次被执行人的财产，并将查询结果告知申请执行人。符合恢复执行条件的，执行法院应当及时恢复执行。

刑事裁判之被害人，也即民法意义上的债权人，在发现被执行人有可供执行财产时，在根据《终结本次执行程序规定》第9条向执行法院申请恢复时，部分执行法院以被害人不属于申请执行人为由，对该项恢复执行申请不予处理。

其二，《终结本次执行程序规定》第16条规定，终结本次执行程序后，当事人、利害关系人申请变更、追加执行当事人，符合法定情形的，人民法院应予支持。变更、追加被执行人后，申请执行人申请恢复执行的，人民法院应予支持。《变更追加规定》第1条规定，执行过程中，申请执行人或其继承人、债权受让人可以向人民法院申请变更、追加当事人。

刑事裁判之被害人，也即民法意义上的债权人，在发现被执行人有可供执行财产时，在依据上述规定向执行法院申请追加被执行人时，部分执行法院以被害人不属于申请执行人为由，对该项追加申请不予处理。

（3）《刑事裁判涉财执行规定》并未明确规定追缴和责令退赔案件中的被害人不能列为申请执行人。关于追缴和责令退赔案件中的被害人不能列为申请执行人，仅系立意，并非明确规定，故具有进一步解释的空间。

特别提示：2013年4月1日，河南省高级人民法院曾就《刑法》第64条适用中的有关问题请示最高人民法院，其中涉及"如果判决追缴违法所得的财物，判决生效后，被害人能否向人民法院申请执行"的问题。

彼时，《最高人民法院关于适用刑法第六十四条有关问题的批复》最终未对此问题进行回应，但承办起草者在解读中表明：批复征求意见稿曾规定"追缴被告人违法所得的判决生效后，被害人申请人民法院执行的，人民法院应当受理，在执行过程中可以协调相关部门予以配合。查明被告人确实没有财产可供执行的，可以裁定终结本次执行程序。裁定终结本次执行程序后,发现被告人有可供执行的财产的,应当恢复执行"。主要考虑的是,按照《刑法》第64条的规定,追缴或者责令退赔是公安、司法机关的共同职责,并不因为人民法院判决追缴,就变成人民法院的义务。但是,为有效维护被害人合法权益,避免有关部门相互推诿,故特别强调,被害人申请人民法院执行的,人民法院应当受理。被害人申请人民法院执行,人民法院如果移交公安机关,既无法律依据,也不合适。但是,考虑到追缴的本质是追赃,与前期的刑事侦查工作相关,故人民法院在执行过程中可以协调公安机关等相关部门予以配合。但是,在征求意见过程中,由于意见分歧大,且最高人民法院正在研究制定财产刑执行方面的规范性文件,经协调,拟将刑事追缴、退赔的执行问题与财产刑执行问题,统筹考虑,一并规范。因此,《批复》未涉及刑事追缴、退赔的执行内容。

这说明,对于追缴和责令退赔案件中的被害人能否被列为申请执行人,最高人民法院内部是有相当大的分歧的,那么,《刑事裁判涉财执行规定》就存在进一步解释的空间。

(4)执行实践中,已有大量执行案件裁判文书,将被害人作为追缴和责令退赔案件的申请执行人。

(五)刑事裁判涉财产执行的被执行人财产不足以偿付全部债务,如何确定清偿顺序?

简答

刑法、刑诉法以及相关司法解释均已明确民事债务优先于财产刑的执行,体现了被害人、被害人亲属、债权人权益优先于国家权益的一般原则。

按照《刑事裁判涉财执行规定》的规定，刑事裁判涉财产执行的被执行人名下财产不足以偿付全部债务，按照下列顺序清偿：

1.人身损害赔偿医疗费用。人身损害赔偿医疗费用是受害人为抢救、治疗已经支出的费用，按照权利实现的紧急程度和必要程度，应当先予支付。

2.具有优先受偿权的民事债务。按照《刑事裁判涉财执行规定》第13条第2款的规定，债权人对执行标的依法享有优先受偿权，主张优先受偿的，人民法院应当在人身损害赔偿医疗费用受偿后予以支持。

3.退赔被害人的损失。刑事案件的被害人对非法占有、处置的财产主张权利，只能通过刑事诉讼程序予以解决，无法通过刑事附带民事诉讼或民事程序予以救济。被害人对被执行人的债权为物权性质的债权，在赃物追缴不能的情况下，应由被执行人在原物价值内予以退赔，优先于其他民事债权具有合理性。

4.其他民事债务。此处的民事债务包括民事诉讼确定的一般民事债务与刑事附带民事诉讼确定的民事赔偿债务，两者并无实质性区别，应为同一执行顺序。

5.罚金。

6.没收财产。

（六）刑事裁判将涉案财物错误认定为赃款赃物，案外人如何救济？

简 答

按照《刑事裁判涉财执行规定》的规定，案外人可以提出书面异议进行救济。

详述

该异议系司法解释设定的特殊执行救济程序,属于《民事诉讼法》第232条的执行异议,而不属于普通意义上的案外人异议。

该项案外人异议涉及对生效刑事裁判内容的审查,本应一律通过审判监督程序处理,但如一概启动再审程序,将过于耗费司法资源,也有损司法效率;但如一律通过执行程序简单审查,又超出执行部门职责范围,也不利于程序公正。因此,对于该项案外人执行异议,人民法院将视情况采取如下处理方式:

1.执行部门初步认为刑事裁判关于赃款赃物的认定能够通过裁定补正的,将执行异议申请移送刑事审判部门,由刑事审判部门审查决定是否采取裁定补正的方式予以纠正。

(1)对于案外人的执行异议,刑事审判庭认为异议不成立的,裁定驳回;认为异议理由成立的,裁定补正。

(2)刑事审判部门在是否裁定补正的审查中,如认为需要通过审判监督程序处理,可以提起本院院长发现程序。

2.执行部门初步认为刑事裁判关于赃款赃物的认定根本错误的,告知案外人通过审判监督程序救济。

背景

1.人民法院以裁判方式认定赃款赃物

赃款赃物系犯罪分子用抢劫、抢夺、盗窃、诈骗、敲诈勒索、贪污、受贿、走私等非法手段取得的金钱和物质。《刑法》第64条规定:犯罪分子违法所得的一切财物,应当予以追缴或者责令退赔;对被害人的合法财产,应当及时返还;违禁品和供犯罪所用的本人财物,应当予以没收。没收的财物和罚金,一律上缴国库,不得挪用和自行处理。《刑事诉讼法》第245条规定:人民法院作出的判决,应当对查封、扣押、冻结的财物及其孳息作出处理。人民法院作出的判决生效以后,有关机关应当根据判决对查封、扣押、冻结的财物及其孳息进行处理。对查封、扣押、冻结的赃款赃物及其孳息,除依法返还被害人的以外,一律上缴国库。按照上述法律以及司法解释:其一,唯有人民法院有权对涉案财物的性质进行最终认定。其二,人民法院必须对涉案财物是否属于赃款赃物作出认定。其三,人民法院应当以裁判的方式对涉案财物是否属于赃款赃物进行认定。对于案外人而言,人民法院如错误认定赃款赃物,将侵犯案外人的合法财产权利,导致其合法财产作为赃款赃物被处理。

2.刑事裁判涉财产执行中的异议,一律通过执行异议程序审查

一般认为,刑事裁判涉财产执行没有民事执行程序中的申请执行人,而是由人民法院依职权主动启动。由于没有申请执行人,刑事裁判涉财产执行中,执行异议之诉的提起受到限制:案外人异议之诉中,案外人为原告,申请执行人为被告;申请执行人异议之诉中,申请执行人为原告,案外人为被告。因此,典型的案外人异议之诉和申请执行人异议之诉在刑事裁判涉财产执行中是不存在的。正是基于这种考虑,《刑事裁判涉财执行规定》第14条规定,刑事裁判涉财产执行过程中,无论是当事人、利害关系人认为执行行为违反法律规定而提出书面异议,还是案外人对执行标的主张足以阻止执行的实体权利而提出书面异议,执行法院均依照《民事诉讼法》执行异议程序进行处理。刑事裁判涉财产执行的救济无法导入执行异议之诉,这就决定了人民法院对于案外人提出异议的案件,不得不通过执行异议程序进行实体审查。如果刑事裁判将涉案财物错误认定为赃款赃物,案外人提出异议,也应当按照执行异议程序进行审查。

最高人民法院执行案例参考

【案例要旨】 民事执行过程中，另案刑事判决对执行标的物是否属于刑事案件执行财产不明确，且申请执行人对此提出异议认为应该对执行标的物继续执行的，人民法院应当将相关异议材料移送刑事审判部门处理，由刑事审判部门以适当方式予以明确，或者由申请执行人通过刑事审判监督程序向负责刑事审判的人民法院提起申诉。

【案情概要】

案情一：

2017年5月27日，成都市温江区人民法院对J公司、代某某等人被控犯非法吸收公众存款罪一案作出（2015）温江刑初字第367号刑事判决。该判决载明，已查封Z矿业公司证号为T511×××703的铅锌矿探矿权。判决第17项中载明：公安机关查封、登记保管在案的财产作为责令被告单位、被告人返还集资参与人的可供执行的财产。该判决已发生法律效力。公安机关对涉案探矿权的查封时间为2014年12月16日。

367号刑事判决所列"证据"第五部分"查封、扣押、冻结、登记保存情况"第5项载明："协助查封通知书，证实成都市公安局温江区分局（以下简称温江区公安分局）查封了……Z矿业公司证号为T511×××703的铅锌采矿权。"

谢某某对温江区人民法院367号刑事判决不服，以判决认定案涉探矿权属于赃款赃物，属于涉案财产，属于责令被告单位、被告人返还集资参与人的可供执行财产有误为由，向该院提出申诉。该院经审查认为，该判决未直接将公安机关查封、登记保管在案的所有财产认定为被告人以及被告单位违法所得并判决对其直接予以执行。该院认为367号刑事案件审理程序合法，事实认定清楚，适用法律正确，谢某某的申诉理由不能成立，于2017年11月24日作出（2017）川0115刑申1号驳回申诉通知书，驳回谢某某的申诉。

案情二：

谢某某与黄某、Z矿业公司借款合同纠纷一案，成都中院于2015年1月30日作出（2014）成民初字第1458号民事判决：一、被告黄某在本判决发生法律效力之日起十日内偿还原告谢某某借款本金580万元以及利息（按中国人民银行同期贷款利率的四倍标准从2013年11月19日起按本金580万元计算至本判决确定的给付之日止）；二、被告Z矿业公司对被告黄某的上述支付义务承担连带清偿责任；三、被告Z矿业公司承担担保责任后，有权向被告黄某追偿。

在本案诉讼过程中，成都中院于2014年7月23日作出（2014）成民保字第570-1号民事裁定，对Z矿业公司位于四川省凉山彝族自治州甘洛县的铅锌矿探矿权在限额701.8万元范围内予以冻结。在本案执行过程中，成都中院对查封的案涉探矿权予以评估拍卖，评估价值为1030.43万元，S公司于2016年10月18日以1030.43万元竞得上述探矿权，并已交清拍卖价款。

2016年11月4日，成都中院作出（2015）成执字第1248号之三执行裁定书，确认案涉探矿权归S公司所有，并于同年11月11日向S公司送达该裁定书，向四川省国土资源厅送达拍卖成交裁定和协助执行通知书，该厅以温江区公安分局有查封且温江区公安分局明确要求不能办理过户为由，拒绝签收上述法律文书。后成都中院与温江区公安分局、温江区"处非办"进行多次协调，未果。2016年12月2日，成都中院再次向四川省国土资源厅送达拍卖成交裁定以及协助执行通知书，该厅签收。但截至成都中院撤销拍卖，因上述探矿权存在公安机关的轮候查封，四川省国土资源厅一直未予办理权属转移登记。

在本案执行卷宗中，存有一份温江区公安分局给成都中院的函，载明：我局侦办的代某某等人非法吸收公众存款案，对涉案探矿权进行查封，该案还在温江区人民法院审理过程中。现你院对该探矿权进行拍卖，我局获得此消息后，特此发函，对此探矿权进行商榷。该函落款日期为2016年10月27日。后成都中院经研究，鉴于处置的案涉探矿权涉及非法吸收公众存款刑事案件以及公安机关的来函要求，决定上述拍卖价款暂停支付申诉人谢某某，待刑事判决生效后再行研究处理。

S公司以取得探矿权的目的无法实现为由，请求撤销拍卖，退还拍卖款项。2017年10月18日，成都中院作出（2015）成执字第1248号之五执行裁定：本案拍卖标的物涉及非法吸收公众存款刑事案件被公安机关查封且涉及非法吸收公众存款刑事案件的退赔执行，致使买受人竞买的探矿权办理权属转移登记事实上不能履行。据此，裁定撤销对Z矿业公司案涉探矿权的本次拍卖。2018年5月21日，买受人S公司向成都中院申请退还案涉探矿权拍卖款，成都中院遂将拍卖款退还给S公司。

2018年7月28日，成都中院作出（2018）川01执恢180号执行裁定，对本案恢复执行并指定给温江区人民法院执行。

异议、复议与监督：

谢某某向成都中院提起执行异议，请求纠正成都中院对Z矿业公司探矿权撤销拍卖的执行行为。主要理由如下：（一）案涉探矿权是依法拍卖的，自拍卖成交之时起，探矿权对应的物权已经灭失，已不具备撤销拍卖的前提条件。（二）公安机关对案涉探矿权的查封为轮候查封，四川省国土资源厅以公安机关不同意解除查封为由拒绝办理探矿权的过户手续，属行政违法行为，成都中院对此未采取相应措施，亦属不作为。案涉探矿权的过户并不存在法律意义上的障碍。（三）竞买人S公司请求撤销拍卖，并不符合《异议复议规定》第21条关于撤销拍卖的条件。（四）367号刑事判决并没有将案涉探矿权直接认定为被告人以及被告单位的违法所得并判决对其直接予以执行，温江区人民法院作出的（2017）川0115刑申1号通知书对此已进一步明确。（五）从实际情况看，案涉探矿权也不属于刑事案件的赃物或者违法所得，刑事案件不应对其执行。1.Z矿业公司早在2006年就通过竞买的方式取得案涉探矿权，而刑事案件中代某某等人的非法吸收公众存款的犯罪行为发生在2012—2014年。2.刑事案件在审理中已查明，Z矿业公司没有参与非法吸收公众存款的犯罪行为，通过非法吸收公众存款所获得的非法资金也没有流入Z矿业公司，Z矿业公司亦非刑事案件的被告人。3.从工商登记来看，刑事案件被告人代某某不是Z矿业公司的股东、高级管理人员或实际控制人。即使代某某是公司的上述人员，其个人的犯罪行为，也应该以其个人财产而不应用公司财产来承担退赔义务。成都中院认为，已经发生法律效力的367号刑事判决，对Z矿业公司位于四川省甘洛县的探矿权予以查封，该判决第17项中载明：公安机关查封、登记保管在案的财产作为责令被告单位、被告人返还集资参与人的可供执行的财产。本案拍卖的Z矿业公司的探矿权，与上述财产系同一财产，Z矿业公司的上述探矿权因涉及刑事案件的退赔执行，故不能再作为民事案件的财产予以执行处置。因此，该院作出撤销本次拍卖的执行裁定正确，谢某某的异议请求不能成立。据此，成都中院裁定驳回谢某某的异议请求。

谢某某不服成都中院的异议裁定，向四川高院申请复议。四川高院认为，本案应审查的焦点问题是成都中院撤销拍卖是否符合法律规定。已发生法律效力的367号刑事判决所列"证据"第五部分"查封、扣押、冻结、登记保存情况"第5项载明公安机关查封了案涉探矿权，该判决主文第17项载明"公安机关查封、登记保管在案的财产作为责令被告单位、被告人返还集资参与人的可供执行的财产"。谢某某对上述判决不服，向温江区人民法院申诉。虽然该院（2017）川0115刑申1号驳回申诉通知认为刑事判决未直接将公安机关查封、登记保管在案的所有财产认定为被告人以及被告单位违法所得并判决对其直接予以执行，但从上述刑事判决表述内容来看，已将案涉探矿权纳入刑事案件可供执行财产的范围。成都中院异议裁定认定案涉探矿权不能作为民事案件财产予以执行处置有事实和法律依据，处理结果并无不当，谢某某的复议理由不能成立。据此，四川高院裁定驳回谢某某复议申请。

谢某某不服四川高院复议裁定，向最高人民法院申诉。最高人民法院认为，从申诉人谢某某的申诉事由以及本案异议、复议审查的重点问题来看，虽然申诉人在申诉事由第1项至第3项中主张案涉探矿权已依法拍卖成交，不具备撤销拍卖的条件，成都中院不应该撤销拍卖。但是，按照四川高院、成都中院对于案涉探矿权属于刑事案件执行财产的认定，即使拍卖未被撤销，成都中院亦无法将拍卖款发还申诉人，申诉人主张的权益仍无法实现。所以，申诉人谢某某的核心诉求应为其申诉事由的第4项至第5项：案涉探矿权不属于367号刑事案件的执行财产。综上，最高人民法院归纳本案的争议焦点为：一、案涉探矿权是否属于367号刑事案件执行财产；二、成都中院是否应当撤销对案涉探矿权的拍卖。

一、关于案涉探矿权是否属于367号刑事案件执行财产的问题。案涉探矿权是否属于刑事案件执行财产，涉及刑事裁判内容的审查，实质上取决于温江区人民法院367号刑事判决对此如何认定。按照《刑事裁判涉财执行规定》第6条的规定，刑事裁判涉财产部分的裁判内容，应当明确、具体。判处追缴或者责令退赔的，应当明确追缴或者退赔的金额或财物的名称、数量等相关情况。367号刑事判决主文第17项"公安机关查封、登记保管在案的财产作为责令被告单位、被告人返还集资参与人的可供执行的财产"的内容，对案涉探矿权是否属于该刑事案件执行财产并未予以明确。在谢某某就此向温江区人民法院提起申诉时，温江区人民法院（2017）川0115刑申1号通知书"结合判决书全文，本案未直接将公安机关查封、登记保管在案的所有财产直接认定为被告人以及被告单位的违法所得并判决对其直接予以执行"的表述，也未将该问题进一步澄清。由此看来，367号刑事案件的相关裁判内容，对案涉探矿权是否属于刑事案件执行财产仍然不够明确、具体，尚待进一步确认。

二、关于成都中院是否应当撤销对案涉探矿权的拍卖的问题。本案属于民事执行案件中发生的争议，从《最高人民法院、最高人民检察院、公安部关于办理非法集资刑事案件适用法律若干问题的意见》第7条规定来看，对于民事执行案件过程中，执行法院发现或得知执行标的物属于非法集资刑事案件涉案财物的，应当中止执行并将有关材料移送相关机关，等待刑事判决就执行标的物作出明确认定后，再做进一步处理。但本案的不同之处在于，温江区人民法院367号刑事判决已经生效，但其对民事执行案件的执行标的物即案涉探矿权是否属于刑事案件执行财产并未明确。在此情况下，执行法院不应直接依据前述第7条的规定撤销拍卖并将探矿权交由刑事案件处理。事实上，对于刑事判决对涉财产部分执行内容不明确具体时应该如何处理，《刑事裁判涉财执行规定》第15条已有相应规定。按照该条规定，在刑事裁判涉财产部分执行过程中，案外人认为刑事判决对涉案财物是否属于赃款赃物认定错误，向执行法院提起书面异议，可以通过裁定补正的，执行部门应当将异议材料移送刑事审判部门处理；无法通过裁定补正的，应当告知异议人通过审判监督程序处理。在民事执行过程中，另案刑事判决对执行标的物是否属于刑事案件执行财产不明确，且申请执行人对此提出异议认为应该对执行标的物继续执行的，人民法院应当参照前述第15条规定的精神，将相关异议材料移送刑事审判部门处理，由刑事审判部门以适当方式予以明确，或者由申请执行人通过刑事审判监督程序向负责刑事审判的人民法院提起申诉。本案中，申诉人谢某某虽已向温江区人民法院提起申诉，但温江区人民法院的驳回申诉通知书对其异议反映的问题仍未进一步明确。本案探矿权财产价值较高，对本案申请执行人谢某某和367号刑事案件被害人均关系重大，成都中院异议裁定和四川高院复议裁定在刑事审判部门未予明确的情况下，认定案涉探矿权属于367号刑事案件执行财产，并以此为由认定撤销拍卖合法有效，属认定基本事实不清，依法应予以撤销。虽然成都中院已将本案指定温江区人民法院执行，但根据《异议复议规定》第4条第1款的规定，本案仍应发回成都中院重新审查。成都中院在重新审查过程中，应当参照《刑事裁判涉财执行规定》第15条规定的程序，由温江区人民法院刑事审判部门就案涉探矿权是否属于367号刑事案件执行财产予以明确。如是，则成都中院撤销拍卖合法有效，应驳回谢某某的异议请求；如否，执行法院应在民事执行案件中对案涉探矿权采取拍卖等执行措施。

综上，最高人民法院参照《民事诉讼法》第204条，依照《执行规定》第129条的规定，裁定如下：一、撤销复议裁定、异议裁定；二、本案由成都中院重新审查。

十七、执行异议复议程序专题

（一）当事人、利害关系人可以针对何类情形提出执行异议？

简 答

按照《民事诉讼法》《异议复议规定》的规定，以及一般观点，当事人、利害关系人可以在如下情形中提出执行异议：

1.司法解释规定应当作为执行异议案件受理的情形。按照《异议复议规定》第5条、第7条，包括：

（1）查封、扣押、冻结、拍卖、变卖、以物抵债、暂缓执行、中止执行、终结执行等各类执行措施。执行措施，是指执行人员在实施强制执行时所采取的具体方法和手段。

（2）执行的期间、顺序等执行部门应当遵守的法定程序。法定程序，是指执行法院依照我国《民事诉讼法》以及相关司法解释的规定应遵守的程序手续。

（3）他案债权人认为人民法院的执行行为违法，妨碍其轮候查封、扣押、冻结债权受偿的。

（4）拍卖程序中的竞买人认为拍卖程序如果违法，影响其公平竞价权利的。

（5）优先购买权人认为执行行为对其程序权利造成影响的。对优先购买权人程序权利造成影响，仅限于未通知承租人参与竞买等程序性问题。但是，如果相关优先购买权人对执行法院所采取查封、扣押、冻结共有财产、涤除租赁权等执行行为提出异议，则应当按照案外人异议进行审查。

（6）协助义务人认为人民法院的协助执行要求超出其协助范围或者违反法律规定，直接影响其合法权益的。

2.即使并不明显符合执行异议案件受理情形，也应尽可能将当事人、利害关系人所提反对意见，作为《异议复议规定》第5条、第7条所规定"其他侵害合法权益的行为"，纳入执行异议审理范畴。

执行异议程序是《民事诉讼法》确立的为数不多的救济程序之一，对于当事人针对执行进程、措施所提反对意见，即使并不明显符合司法解释所规定应当作为执行异议案件受理的情形，如果能排除当事人、利害关系人滥用异议权利的合理怀疑，在人民法院审执内部分离的大原则下，应当尽可能将该反对意见作为执行异议案件予以受理，最大限度保障当事人、利害关系人的救济渠道。

3.下列两类常见情形，不能作为执行异议案件受理：

（1）申请执行人认为执行法院消极不作为，长期未能将案件执行完毕。

（2）上级人民法院提级执行或指定其他人民法院执行，以及执行法院依法委托其他人民法院执行等人民法院内部管理行为。

背 景

《民事诉讼法》第225条[①]将可以提出执行异议的对象规定为"违反法律规定的执行行为"，没有对异议对象进行限缩性的界定。这产生了两方

---

① 此处为2017年修正文本，本条对应《民事诉讼法》（2021年修正）第232条。

面问题：一方面，部分当事人、利害关系人不确定能否针对某种执行进程、措施等，通过执行异议程序进行救济。另一方面，大量当事人、利害关系人滥用异议权利，影响执行效率。《异议复议规定》第5条、第7条对执行异议的对象，也即当事人、利害关系人可以针对何类执行行为提出执行异议进行了界定。但是，《异议复议规定》仅将实践中较为常见的若干类执行行为纳入执行异议的范畴，虽有保底性的"其他"型条款，但有的人民法院存在认识误区，以不符合《异议复议规定》罗列执行行为为由，对当事人、利害关系人所提异议请求不予受理或者不予理会，这也导致部分当事人、利害关系人无救济途径可循。

最高人民法院执行案例参考

【案例要旨】执行异议程序设定之目的，在于依当事人、利害关系人的申请，通过审执分离监督机制，由执行裁决部门评判执行实施行为是否符合法律规定，从而维护当事人、利害关系人合法权益。对于当事人、利害关系人所主张事由以及请求混杂不清时，需要先行概括归纳，再行分析是否属于执行异议审查范围，尽可能作为执行异议案件予以受理，最大限度保障当事人、利害关系人的救济渠道。

【案情概要】T公司于2014年11月向最高人民法院申诉称：沈阳中院于2007年12月26日作出执行裁定，确认T公司名下房产由L公司竞买取得。因L公司未能按期交付拍卖款，沈阳中院于2008年6月16日撤销上述执行裁定，但是，L公司在此期间已占用案涉房产，并破坏了房屋整体结构。之后，沈阳中院对案涉房产再次拍卖，三次流拍后，沈阳中院于2009年12月28日作出（2006）沈法执字第857号执行裁定，确认案涉房产交由申请执行人S银行以物抵债，所余债权债务由S银行多退少补，但是，该行至今未补缴剩余差额。T公司申诉请求为：1.S银行未补缴剩余差额，拍卖以及以物抵债行为应属无效，请求撤销沈阳中院（2006）沈法执字第857号执行裁定，对案涉房产重新评估拍卖。2.L公司未在法定期限内交付拍卖款，违反拍卖法的规定，应当予以赔偿。3.S银行未补缴剩余差额，应当向T公司赔偿利息损失。4.沈阳中院在L公司未交付拍卖款项的情况下，将案涉房产转移给L公司占有，致使房屋结构受损，应当予以国家赔偿。T公司另称，该公司近年来已多次就上述事项向沈阳中院以及辽宁高院申诉，但是始终未得到答复和处理。最高人民法院向辽宁高院发出督办函，一并将T公司申诉材料转去，要求辽宁高院督促沈阳中院按照《民事诉讼法》第225条的规定，对T公司申诉事项依法予以审查处理；同时，最高人民法院向T公司书面通知了上述督办情况。

沈阳中院将该案作为执行异议案件予以受理。执行异议查明：该院于2006年8月10日作出（2006）沈中民（3）合初字第317号民事判决；于2006年4月10日作出（2006）沈中民（3）合初字第93号民事判决。两案立案执行后，鉴于S银行泰山支行对T公司抵押的82956平方米国有土地使用权和28714平方米房产享有优先受偿权，中国建设银行股份有限公司沈阳X支行对T公司抵押的27072平方米国有土地使用权土地和29327平方米房产享有优先受偿权，两案件均为同一被执行人、抵押物均在同一地点，故该院于2007年4月6日决定对两案合并执行，整体进行评估拍卖。经委托评估，总价为112988164元，其中抵押给S银行泰山支行资产的评估值为63868241元；抵押给中国建设银行股份有限公司沈阳X支行资产的评估值为49119923元。2007年6月28日，经第三次拍卖，由L公司以5785万元拍定。

由于买受人L公司资金出现问题，一直未能付清全部拍卖价款。2007年12月25日，沈阳中院组织L公司、T公司以及S银行泰山支行三方进行协调，达成书面协议。T公司同意将抵押给S银行泰山支行的房地产卖给L公司，并配合买受人办理过户手续，买受人支付T公司留守人员工资、水电等费用24万元，双方同时还签订了房地产转让合同。

2007年12月26日，沈阳中院作出（2006）沈法执字第494号拍卖确认裁定，S银行泰山支行的抵押资产以27743860元归买受人L公司所有。L公司遂进驻拍卖标的场地。其间，L公司委托他人将生产车间的120余根钢结构斜拉杆、电线杆、电线以及灯具等配套设施拆除。

2008年，T公司提出执行异议，认为L公司违约，没有及时缴纳拍卖价款以及补偿款，请求重新评估拍卖。2008年8月16日，沈阳中院作出（2006）沈法执字第857-1号执行裁定，撤销了2007年12月26日（2006）沈法执字第494号拍卖确认裁定，重新整体评估拍卖，评估费由T公司承担。

2008年9月5日，沈阳中院委托辽宁B评估有限公司对涉案房地产进行整体评估。评估价为130246200元。其中，S银行泰山支行抵押部分的评估价为69780400元；建行抵押部分的评估价为60465803元。2009年9月17日，委托辽宁G拍卖有限公司对案涉房产予以拍卖，三次均流拍。

就S银行泰山支行抵押部分，第三次拍卖保留价为35727565元。经S银行泰山支行申请，沈阳中院于2009年12月28日作出（2006）沈法执字第857号执行裁定：一、位于沈阳市新城子区马刚乡马刚村的一宗国有土地使用权以及18处房产所有权归申请执行人S银行泰山支行所有。财产权自该裁定送达申请执行人时起转移。所余债权债务，由申请执行人多退少补。二、申请人S银行泰山支行可持该裁定书到房产管理机构办理相关产权过户登记手续。该以物抵债裁定于2009年12月28日分别送达双方当事人。

就中国建设银行股份有限公司沈阳X支行抵押部分，第三次拍卖保留价为30958489元。由于L公司实际占有使用期间，擅自将房产中支撑厂房结构的斜拉杆拆除，破坏了房屋整体结构，中国建设银行股份有限公司沈阳X支行拒绝接收抵债。

沈阳中院归纳T公司异议事由为：（一）S银行泰山支行未补交差额价款，应视为以物抵债行为无效，请求撤销以物抵债裁定。（二）L公司违反拍卖、变卖规定，被撤销的拍卖行为，应对T公司予以赔偿。（三）S银行泰山支行未补交差额价款，应向T公司赔偿利息损失。（四）沈阳中院在L公司未交付拍卖价款的情况下，将标的物交付，致使房屋结构受损，应承担国家赔偿责任。

沈阳中院认为：根据《民事诉讼法执行程序解释》第5条规定，执行过程中，当事人、利害关系人认为执行法院的执行行为违反法律规定的，可以依照《民事诉讼法》第225条的规定提出异议。本条限定在执行过程中异议人的异议请求，均不属于执行异议和复议的审查范围。沈阳中院依照《民事诉讼法》第225条，《异议复议规定》第2条第1款、第3款的规定，作出（2015）沈中执异字第546号执行裁定：驳回异议人T公司的申请。

T公司向辽宁高院申请复议，请求裁定撤销异议裁定。主要理由为：（一）沈阳中院适用法律错误，不应适用《异议复议规定》第2条第1款、第3款，应适用第21条的规定进行处理。（二）其复议请求符合法律规定，属于人民法院受案范围，按照《民事诉讼法执行程序解释》第5条的规定，可以依照《民事诉讼法》第225条的规定提出异议。1.沈阳中院在L公司未交付拍卖款的情况下将标的物交付给L公司，致使房屋结构受损。2.在L公司没有解决完其公司损失的情况下，将L公司的保证金退还。3.（2006）沈法执字第875号执行裁定确定申请执行人多退少补，至今多余部分未退还其公司。（三）沈阳中院的执行行为严重违反法律规定，侵害其合法权益，按照法律规定其有权提出执行异议。

辽宁高院认为，《民事诉讼法》第225条规定："当事人、利害关系人认为执行行为违反法律规定的，可以向负责执行的人民法院提出书面异议。"因此，所提异议只针对执行行为的，才属执行异议。不是针对执行行为的异议，不符合执行异议的受理条件，不应予以受理，受理后发现的，应驳回申请。本案中，T公司主张L公司违反拍卖、变卖规定，被撤销的拍卖行为，应对T公司予以赔偿；沈阳中院在L公司未交付拍卖价款的情况下，将标的物交付，致使房屋结构受损，应承担国家赔偿责任的异议请求，是对L公司和沈阳中院因上述拍卖和交付行为给其造成的损失进行赔偿的请求，不属执行异议审查范围。T公司认为L公司和沈阳中院因上述拍卖和交付行为，给其造成损失，请求赔偿，可以通过其他法律途径解决。T公司主张沈阳中院（2006）沈法执字第875号执行裁定确定申请执行人多退少补，申请执行人至今多余部分未退还其公司的异议请求，是针对沈阳中院没有实施的行为提出的异议，不属执行异议。综上，T公司的异议不属执行异议，不符合执行异议受理条件，不应予以受理，受理后发现的，应驳回申请。辽宁高院依照《民事诉讼法》第225条、《异议复议规定》第2条第1款的规定，裁定如下：驳回T公司的异议申请。

T公司不服辽宁高院复议裁定，向最高人民法院申诉，请求撤销辽宁高院（2016）辽执复23号执行裁定以及沈阳中院（2015）沈中执异字第546号执行裁定。主要事实与理由为：（一）沈阳中院执行行为存在违法情形。1.《拍卖变卖规定》规定，拍卖成交或者以流拍的财产抵债的，人民法院应当作出裁定，并于价款或者需要补交的差价全额交付后十日内，送达买受人或者承受人。沈阳中院在L公司没有补交差价款的前提下，违规送达（2006）沈法执字第857号执行裁定，并组织双方交接，将拍卖房产所有权转移给L公司，违反了《拍卖变卖规定》。2.《拍卖变卖规定》规定，重新拍卖的价款低于原拍卖价款造成的差价、费用损失以及原拍卖中的佣金，由原买受人承担，人民法院可以直接从其预交的保证金中扣除。沈阳中院应当在L公司保证金中扣除拆改房屋整体结构，造成房屋贬值的相关费用。沈阳中院虽然对L公司发出恢复原状通知，但没有采取任何措施追究其法律责任，并将2700万元的保证金全部返还L公司，损害了T公司的合法权益。3.L公司在两年多的时间内未能补足拍卖差价款，造成重新拍卖的后果。由于L公司的违约，T公司多承担了两年多的银行贷款利息。沈阳中院应当按照《拍卖变卖规定》相关规定，责令L公司赔偿T公司银行欠款利息。4.按照沈阳中院"多退少补"的执行裁定，S银行泰山支行应当返还给T公司1500万元，但是S银行泰山支行在接收T公司房产后，并没有履行"多退"义务。T公司多次请求沈阳中院责令S银行返还剩余款项，迟至今日仍未返还。（二）T公司执行异议符合法律规定，应予受理审查。1.T公司请求沈阳中院责令S银行泰山支行返还多余款项、L公司恢复房屋原状或赔偿贬值损失、L公司承担流拍责任，并不是要求沈阳中院承担赔偿责任，不具有国家赔偿的属性。2.L公司破坏了房屋整体结构，因自身原因致使第一次拍卖流拍，上述行为均发生在沈阳中院执行程序中。沈阳中院应当追究L公司的法律责任，T公司对此提出执行异议，要求沈阳中院履行其职能，于法有据。3.沈阳中院（2006）沈法执字第857号执行裁定确定申请执行人S银行泰山支行多退少补，T公司因该裁定而丧失了对该房地产的权利。

最高人民法院归纳本案焦点问题为：T公司所主张异议事由以及请求，是否属于执行异议程序审查范围。

最高人民法院认为，《民事诉讼法》第225条所规定的执行异议程序，系现行立法所设定的主要执行救济制度之一。执行异议程序设定之目的，在于依当事人、利害关系人的申请，通过审执分离监督机制，由执行裁决部门评判执行实施行为是否符合法律规定，从而维护当事人、利害关系人的合法权益。

T公司所主张异议事由以及请求极为混杂，表述亦不甚清晰，需要先行概括归纳，再行分析是否属于执行异议审查范围。综合T公司异议程序、复议程序以及向最高人民法院申诉时所主张事由以及请求，可以大致归纳为五个方面：其一，L公司竞买成交后尚未补足拍卖价款，沈阳中院即作出拍卖成交裁定并将交付房产，致使L公司进场毁坏房屋结构，违反了《拍卖变卖规定》有关规定。其二，由于L公司未补足拍卖价款，T公司多承担了银行贷款利息，沈阳中院应当按照《拍卖变卖规定》有关规定，责令L公司予以赔偿。其三，沈阳中院因L公司未补足拍卖价款而对房产重新拍卖，应当在L公司预交保证金中扣除拆改房屋结构的损害赔偿费用,但是,沈阳中院将2700万元保证金全部返还给L公司,违反了《拍卖变卖规定》有关规定。其四,S银行泰山支行尚未补交抵债差价款,沈阳中院即已作出以物抵债裁定,违反《拍卖变卖规定》有关规定,该裁定应予撤销。其五,S银行泰山支行接收T公司房产后,至今并未补交抵债差价款,沈阳中院应当对该部分差价款予以强制执行。

关于T公司前三项事由以及请求。该公司在具体表述时,曾提及请求L公司赔偿或国家赔偿。实际上,该三项异议事由包含两层含义:一是请求沈阳中院确认未补足拍卖款即作出成交裁定、交付房产以及未责令赔偿利息损失、退还保证金等执行行为违反法律规定,二是请求L公司赔偿或国家赔偿。对于请求确认执行行为违反法律规定,直接指向沈阳中院是否违反《拍卖变卖规定》第23条至第25条,应当由沈阳中院通过执行异议程序审查并进行确认。对于请求L公司赔偿或国家赔偿,确实不应由执行异议程序审查处理,但是,该两类赔偿事项因执行行为而发生,与执行行为直接关联,沈阳中院也应当在裁定确认执行行为是否违反法律规定时,同时明确告知T公司可以遵循的法律救济途径。

关于T公司第四项异议事由以及请求,即以物抵债裁定违反法律规定而请求撤销。该项主张指向沈阳中院是否违反《拍卖变卖规定》第23条,属于典型的执行异议程序审查范围。

关于T公司第五项异议事由以及请求,即请求沈阳中院对S银行泰山支行所应补交差价款强制执行。因S银行泰山支行至今未补交且提出债权金额已高于标的物价值,针对T公司该项主张以及S银行泰山支行的抗辩,亦需沈阳中院通过执行异议程序判定S银行泰山支行是否具有补交义务,进而审查是否应当对未补交部分强制执行。

综上,经逐一分析T公司所主张异议事由以及请求,无论该公司作何表述,究其诉求实质,或主张执行行为违反法律规定,或主张因执行行为产生关联损失而请求赔偿，沈阳中院应当纳入执行异议程序进行审查或审查后明确告知其救济程序。辽宁高院复议裁定以及沈阳中院异议裁定判定T公司所主张事由以及请求不属于执行异议程序审查范围，认定事实不清、适用法律错误，损害了当事人的程序救济权利，应予纠正。

参照《民事诉讼法》第204条，按照《执行规定》第129条以及《异议复议规定》第2条规定，裁定如下：一、撤销辽宁省高级人民法院（2016）辽执复23号执行裁定以及辽宁省沈阳市中级人民法院（2015）沈中执异字第546号执行裁定；二、本案由辽宁省沈阳市中级人民法院对T公司的执行异议进行审查。

（二）是否唯有以书面形式提出的执行异议才能被受理？

简 答

按照《信访案件办理意见》的规定及一般观点：

信访当事人未提交《执行异议申请》，但以"申诉书""情况反映"等形式主张执行行为违反法律规定或对执行标的主张实体权利的，执行法院应当参照执行异议申请予以受理。

详 述

执行实践中，部分人民法院严格限定执行异议的形式，只对那些明确提出《执行异议申请》的案件，才作为执行异议案件受理。究其本因，或许是对法条掌握过于严苛，但更多的是为其不受理执行异议找托辞。对此，《信访案件办理意见》适当放宽了受理执行异议的形式要求：对于未提交《执行异议申请》，但以"申诉书""情况反映"等形式主张执行行为违反法律规定或对执行标的主张实体权利的，应当参照执行异议申请予以受理。

（三）执行法院未在法定异议期限内受理执行异议，当事人、利害关系人此后如何救济？

简 答

按照《信访案件办理意见》的规定：

1.当事人、利害关系人在异议期限之内已经提出异议，但是执行法院未予立案审查，如果当事人、利害关系人在异议期限之后继续申诉信访（申请执行监督），执行法院应当作为执行监督案件立案审查，以裁定方式作出结论。

2.当事人、利害关系人不服执行监督裁定，向上一级人民法院继续申诉信访，上一级人民法院还应当作为执行监督案件立案审查，以裁定方式作出结论。

详 述

《异议复议规定》将当事人、利害关系人提出执行异议的期限，限定在执行程序终结之前（对终结执行措施提出异议的除外）。

因部分人民法院对执行异议未予受理，执行程序终结后，当事人、利害关系人仍请求纠正执行错误，已不能按照执行异议立案审查，导致当事人、利害关系人丧失法律救济权利。因此，必须对该类案件给予补充救济，纳入法律程序处理。《信访案件办理意见》规定：对于在异议期限之内已经提出异议，但是执行法院未予立案审查的案件，应当作为执行监督案件立案审查，以裁定方式作出结论；当事人、利害关系人不服执行监督裁定，向上一级人民法院继续申诉信访，上一级人民法院应当作为执行监督案件立案审查，以裁定方式作出结论。

这里需要说明两个问题：第一，关于"异议期限"。按照《异议复议规定》，一般执行异议应当在执行程序终结之前提出；按照《关于对人民法院终结执行行为提出执行异议期限问题的批复》，终结执行异议应当在六十日内提出。第二，由于该项执行监督系对未受理执行异议的补充救济，自然应当参照适用《信访案件办理意见》所确立的执行异议三级审查原则，当事人、利害关系人不服上一级人民法院作出的执行监督裁定，再上一级人民法院也应当立案监督。

（四）申请执行人认为执行法院消极执行，能否提出执行异议？

简 答

按照《民事诉讼法》的规定以及一般观点：

申请执行人认为执行法院消极执行，不能通过执行异议程序予以救济。

详 述

《民事诉讼法》第232条与第233条的规定赋予了执行当事人不同的救济途径。

第232条是对于执行行为异议程序的规定，其异议事由主要包括执行法院采取的具体执行措施和执行过程中应当遵守的具体法定程序。当事人、利害关系人认为具体执行措施或程序违反法律规定，并对其合法权益造成侵害的，可以依照第232条的规定提起执行异议。

第233条是对于督促执行程序的规定，执行法院在法定期限内未执行的，申请执行人可申请上一级人民法院督促执行，督促事由是执行法院消极执行、怠于执行。

申请执行人认为人民法院执行不力，消极执行，请求尽快执行，并不要求撤销或更正具体执行行为，通过上一级人民法院督促执行才是正当的救济途径。

（五）对指定执行不服，能否提出管辖权异议或执行异议？

简答

按照一般观点：

1.当事人对指定执行不服的，不属于管辖权异议的范围，不能提出管辖权异议。指定执行是上一级人民法院出于方便执行、利于执行、防止地方保护主义等目的，结合辖区内工作整体部署而做出的决定，体现了上级人民法院对下级人民法院的执行监督权。在指定执行中，被指定人民法院依据上级人民法院的指定获得管辖权。

2.指定执行作为上级人民法院对下级人民法院的执行监督和管理行为，既不是具体的执行措施，也不是具体的执行程序，不属于执行行为的范围，当事人对指定执行不服的，也不能根据《民事诉讼法》第232条的规定提出异议。

详述

根据《异议复议规定》第7条的规定,《民事诉讼法》第232条规定的"执行行为",主要是指查封、扣押、冻结等各类执行措施,执行的顺序、期间等应当遵守的法定程序,以及人民法院在执行过程中作出的侵害当事人、利害关系人的其他行为。

(六) 对上级法院出具的协调决定书不服,是否可以提出执行异议?

简答

按照一般观点:

上级人民法院依职权对下级人民法院间产生的执行争议作出协调处理决定,是行使监督、管理职能的体现,不属于执行法院在执行过程中作出的具体执行行为,不属于法律规定的执行异议案件的受理范围。

(七) 当事人、利害关系人不服执行复议裁定,是否仍有救济途径?

简答

按照《信访案件办理意见》的规定:

1.当事人、利害关系人不服执行复议裁定，可以向上一级人民法院申诉信访。

2.上一级人民法院应当作为执行监督案件立案审查，以裁定方式作出结论。

详 述

《民事诉讼法》以及司法解释并未赋予当事人、利害关系人对执行复议裁定向上一级人民法院寻求救济的法律渠道。当事人、利害关系人向上一级人民法院继续主张权利，实际上属于法律程序之外的申诉信访。

对于该类申诉信访，如果再行立案审查，则定性为《执行规定》所规定的执行监督程序。对复议裁定是否一律立案监督、立案监督后作出何种法律文书，并不明确具体。之前的执行实践中，部分人民法院一律不予立案监督，部分人民法院一律立案监督，另有部分人民法院则仅对人大代表、政协委员关注案件立案监督；该类案件立案监督后，部分人民法院作出执行裁定，部分人民法院作出通知书，另有部分人民法院则以内部函形式处理。

《信访案件办理意见》规定：当事人、利害关系人不服执行复议裁定，向上一级人民法院申诉信访，上一级人民法院应当作为执行监督案件立案审查，以裁定方式作出结论。该条规定的目的在于：第一，异议复议程序系对执行实施行为的监督，执行不规范问题依然突出，理应增加、强化监督；第二，与其规则模糊而导致监督不统一以及选择性监督，不如一律予以监督；第三，民事申请再审一律立案审查，执行程序应当予以参照；第四，通知书、内部函等处理方式，或效力欠缺，或有失公开，故对复议裁定的监督也应作出裁定。

（八）上一级人民法院已针对复议裁定作出执行监督裁定，当事人、利害关系人能否针对该裁定再行申请监督？

简 答

按照一般观点：

1.上一级人民法院已经针对复议裁定作出执行监督裁定，当事人、利害关系人一般不能再行申请执行监督。

2.但是，并不完全排除最高人民法院针对其申诉启动执行监督程序。

详 述

《信访案件办理意见》虽然规定了当事人、利害关系人不服执行复议裁定可以申请执行监督，但是并未规定不服该执行监督裁定能否再行申请监督。该意见未规定这个问题并非遗漏，而是有意设计。

我们应当对该问题做如下理解：其一，该意见第20条规定："当事人、利害关系人提出执行异议，经异议程序、复议程序及执行监督程序审查，最终结论驳回其请求，如果仍然反复申诉、缠访闹访，可以依法终结信访……"既然执行异议经过三级审查即可信访终结，意为第四级人民法院无需再行立案审查。因此，第四级人民法院即最高人民法院对于当事人、利害关系人不服执行监督裁定的申诉信访，不再作为执行监督案件立案审查；也可理解为当事人、利害关系人不能针对该监督裁定再行申请监督。其二，如果该意见明确规定执行异议经过三级审查不再监督，有可能导致一部分明显错误的案件缺乏救济纠错途径，故有必要设计一个缺口，即不规定三级审查不再监督，待真正有必要救济纠错时，可参照《民事诉讼法》第198条"院长发现程序"或《执行规定》第71条、第72条启动执行监督程序，第四级人民法院即最高人民法院仍然保留对高级人民法院所作执行监督裁定的再行监督权。

（九）对执行监督不服，能否通过提出执行异议救济？

简答

按照一般观点：

执行监督并不属于《民事诉讼法》第232条所规定的执行行为，当事人、利害关系人如对执行监督不服，不应再行通过提出执行异议的方式予以救济。当事人、利害关系人如对执行监督不服，仍可根据《执行规定》第71条、第72条的规定，另行通过执行监督程序予以救济。

详述

执行监督与当事人、利害关系人提出执行异议等执行救济是两个不同的概念，是作为两种不同的纠错机制同时存在的。执行监督行为并不属于《民事诉讼法》第232条所规定的执行行为，当事人、利害关系人如对执行监督不服，不应再行通过提出执行异议的方式予以救济，否则将导致程序的循环往复。

十八、案外人异议以及案外人执行异议之诉专题

（一）广义的执行异议之诉分为几类？狭义的执行异议之诉又指什么？

> 简 答

1.按照《民事诉讼法》《民事诉讼法解释》《民事诉讼法执行程序解释》《变更追加规定》等法律以及司法解释：

执行异议之诉分为案外人执行异议之诉、申请执行人执行异议之诉以及分配方案异议之诉、变更追加异议之诉四类。

2.但是，一般所称的执行异议之诉，指案外人执行异议之诉、申请执行人执行异议之诉；通常所指或所称的执行异议之诉也就是案外人执行异议之诉。

> 背 景

1991年《民事诉讼法》确立案外人异议制度，直至2007年《民事诉讼法》方确立执行异议之诉制度，再由2008年《民事诉讼法执行程序解释》确立分配方案异议之诉制度，又由2016年《变更追加规定》确立变更追加异议之诉制度。执行异议之诉问题之所以复杂而难以解决，大致出于以下几

个原因。

一是虽异议之诉制度建立时间已不算短，但在相当长时间内，执行裁判与执行实施并未分离，异议案件一般由执行实施庭法官提交立案，案外人提出的异议并未全部进入异议程序，故案外人异议之诉问题并未明显涌入视野，相应的研究也就没有及时跟上。

二是异议之诉问题，一般涉及民事权利对抗。物权法设定的物债对抗、物物对抗规则本就不多；公司法除了那句"不登记不对抗第三人"之外，关于股权对抗也几无规则。既有的实体规则，往往基于民事私权交易的纠纷情境，故而无以或难以直接适用于基于限制性执行措施、处分性执行措施情境，由本不相干的两方主体，基于同一执行标的物而产生的"你死我活"纠纷情境。

三是我国经济活动内容与德日法并不相同，彼所谓执行中的权利对抗规则本也不多，少有的舶来制度也极难直接移植适用。

（二）执行异议之诉与第三人撤销之诉的区别？

简答

《民事诉讼法》第234条规定，执行过程中，案外人对执行标的提出书面异议的，人民法院应当自收到书面异议之日起十五日内审查，理由成立的，裁定中止对该标的的执行；理由不成立的，裁定驳回。案外人、当事人对裁定不服，认为原判决、裁定错误的，依照审判监督程序办理；与原判决、裁定无关的，可以自裁定送达之日起十五日内向人民法院提起诉讼。

《民事诉讼法》第59条规定,第三人因不能归责于本人的事由未参加诉讼,但有证据证明发生法律效力的判决、裁定、调解书的部分或者全部内容错误,损害其民事权益的,可以自知道或者应当知道其民事权益受到损害之日起六个月内,向作出该判决、裁定、调解书的人民法院提起诉讼。人民法院经审理,诉讼请求成立的,应当改变或者撤销原判决、裁定、调解书;诉讼请求不成立的,驳回诉讼请求。

按照一般观点,执行异议之诉与第三人撤销之诉两者存在以下区别:

1. 执行异议之诉是一种特殊的执行救济制度;第三人撤销之诉则属普通的民事诉讼程序制度。

2. 执行异议之诉的目的在于阻止、排除或者许可对特定标的的执行;第三人撤销之诉则是通过提起新诉改变生效判决、裁定或者调解书。

3. 执行异议之诉是在执行程序开始后引发的诉讼,须经过执行部门审查和作出裁定的前置程序;第三人撤销之诉可由第三人直接提起,无前置程序。

4. 执行异议之诉与原判决、裁定无关,针对执行标的物;第三人撤销之诉与原判决、裁定相关,针对生效法律文书。

5. 执行异议之诉只能在执行程序终结前提出;第三人撤销之诉在诉讼终结后的一定期限内均可适用,而不限于执行阶段。

(三)执行异议之诉与案外人申请再审程序的区别?

简 答

《民事诉讼法》第234条规定,执行过程中,案外人对执行标的提出书面异议的，人民法院应当自收到书面异议之日起十五日内审查，理由成立的，裁定中止对该标的执行；理由不成立的，裁定驳回。案外人、当事人对裁定不服，认为原判决、裁定错误的，依照审判监督程序办理；与原判决、裁定无关的，可以自裁定送达之日起十五日内向人民法院提起诉讼。

《民事诉讼法解释》第423条规定，根据《民事诉讼法》第227条[①]规定，案外人对驳回其执行异议的裁定不服，认为原判决、裁定、调解书内容错误损害其民事权益的，可以自执行异议裁定送达之日起六个月内，向作出原判决、裁定、调解书的人民法院申请再审。

按照一般观点，执行异议之诉与案外人申请再审程序两者存在以下区别：

1.执行异议之诉是执行救济制度；案外人申请再审是审判监督制度。

2.执行异议之诉解决的是执行标的物应否执行的问题；案外人申请再审解决的是生效法律文书的对错问题。

3.执行异议之诉针对执行中审查认定属于被执行人的标的物，而非执行依据中确定执行的标的物；案外人申请再审针对的标的则是执行依据确定的标的物。

需要说明的是，因确认判决原则上不具有执行力，而案外人申请再审程序又以案外人异议程序为前置，故案外人申请再审程序所针对的民事判决，一般只能是交付特定物的民事判决。

---

① 此为2017年文本，本条对应《民事诉讼法》（2021年修正）第234条。

（四）案外人在保全程序中已提出异议，能否在执行程序中再次提出异议？

简 答

按照一般观点：

1.诉讼保全程序中已提出过案外人异议的，进入执行程序后，不能再次提出案外人异议。

2.案外人于诉讼保全程序中基于实体权利提出排除执行的异议，按照《民事诉讼法》第234条所规定之案外人异议程序，由执行部门进行审查。

3.如果案外人于诉讼保全程序中所提排除执行异议已经过审查处理，应当按照法律以及司法解释的规定，通过执行异议之诉进行救济。

最高人民法院执行案例参考

【案号】（2015）执复字第46号

【案例要旨】1.诉讼保全程序中已提出过案外人异议的，进入执行程序后，不能再次提出案外人异议。2.案外人异议裁定作出后，如变更执行法院，案外人可以向现阶段的执行法院提出案外人异议之诉。

【案情概要】2014年1月24日，中信S分行因与T集团借款纠纷一案在石家庄中院申请诉前保全。石家庄中院作出（2014）石立保字第00013号民事保全裁定书，冻结被申请人T集团2亿元的银行存款或查封其等值的其他财产。同年1月28日，石家庄中院向河北省保定市国土资源局送达（2014）石综保字第00013号协助执行通知书，其中查封了被申请人T集团位于保定市江城路，土地证号为13×××671，面积为298133.16平方米的土地使用权，查封期限为2014年1月28日至2016年1月27日。

2014年3月7日，B公司向石家庄中院提出执行异议，认为土地证号为13×××671，面积为298133.16平方米的土地使用权应当归案外人所有，请求立即解除查封，停止该执行行为。石家庄中院于2014年7月15日作出（2014）石执审字第00141号执行裁定，认为不动产物权的变更应以登记机关的产权登记为依据，尽管异议人称该公司与被执行人T集团签订了《资产转换协议》，本案标的物（保定市江城路，土地证号为13×××671的土地使用权）早已在查封前由B公司占有，但因未办理产权变更登记手续，查封该标的物时，上述财产仍登记在被执行人T集团名下，故查封行为并无不妥。案外人B公司异议理由不予支持，遂依照《民事诉讼法》第227条的规定，驳回案外人B公司的异议。石家庄中院该裁定书同时附有提示，告知了《民事诉讼法》第227条的相关内容。

2015年1月29日，中信S分行依据河北高院于2014年11月24日作出的（2014）冀民二初字第9号民事判决申请强制执行。执行过程中，B公司向河北高院再次提出执行异议称：2013年10月，异议人与T集团签订了《资产置换协议》，按照协议约定，异议人全面履行了合同义务，且标的物早在查封前已由案外人占有，标的物未办理过户登记手续系因河北高院查封，案外人没有过错。请求解除对标的物即位于河北省保定市江城路，土地证号为13×××671，面积为298133.16平方米的土地使用权的查封。

河北高院认为：该案查封标的物是由石家庄中院依照其（2014）石立保字第00013号民事裁定书进行诉前保全时查封的，并非该院对（2014）冀民二初字第9号民事判决强制执行时查封，案外人在异议申请书中所诉不实，同时未提及其曾向石家庄中院提出案外人异议并被驳回的事实。关于石家庄中院（2014）石执审字第00141号驳回案外人异议执行裁定的效力问题，该裁定未经撤销，仍然有效，故案外人再次提出案外人异议不妥，不应立案。综上，裁定驳回B公司案外人异议立案申请。

B公司向最高人民法院申请复议。主要事由为：（一）保全程序中的执行异议与执行程序中的执行异议属不同程序，河北高院以石家庄中院在财产保全程序中作出驳回案外人异议裁定而拒绝对执行程序中的案外人异议立案审查，属适用法律错误；（二）该公司所提异议符合《异议复议规定》第28条的规定，应予支持；（三）B公司于2014年9月25日才收到石家庄中院驳回异议裁定，此时河北高院已裁定对中信S分行与T集团借款纠纷一案提级管辖，故石家庄中院作出驳回异议裁定系程序违法，导致B公司收到驳回异议裁定后已无司法救济途径。

最高人民法院复议程序查明：（一）河北高院于2014年7月23日作出（2014）冀立民终字第99号民事裁定：中信S分行与T集团、B公司借款纠纷一案，因诉讼标的已超过2亿元，由该院管辖；（二）最高人民法院于2015年12月10日对B公司进行了询问，B公司称，石家庄中院作出驳回案外人异议执行裁定后，该公司既未向石家庄中院提起诉讼，亦未向河北高院提起诉讼。

最高人民法院认为，本案焦点问题为：石家庄中院作出驳回B公司案外人异议执行裁定后，该公司能否向河北高院再行提出案外人异议申请。首先，案外人于诉讼保全程序中或执行程序中基于实体权利提出排除执行异议，性质上均属于《民事诉讼法》第227条所规定之案外人异议，均由执行部门进行审查，适用法律与审查程序完全一致。B公司于诉讼保全程序中向石家庄中院所提"土地使用权归其所有，请求解除查封"的异议请求，与该公司于执行程序中向河北高院所提的异议请求完全一致，均属于对执行财产主张所有权以排除执行，其他案件当事人亦完全一致，前后两次异议申请争议标的完全重合。因此，在石家庄中院已审理并驳回B公司案外人异议后，河北高院不能再次审理该公司异议申请。其次，关于该公司所提异议是否符合《异议复议规定》第28条的问题，因石家庄中院已驳回其案外人异议，河北高院不能再次审理，最高人民法院亦不予审理。最后，石家庄中院于2014年7月15日作出案外人异议裁定之时，河北高院尚未对中信S分行与T集团、B公司借款纠纷一案提级管辖，石家庄中院所作案外人异议裁定具有法律效力，程序方面并无不当。河北高院提级管辖之后，本案保全人民法院已转为河北高院。B公司如不服案外人异议裁定，完全可以按照法律、司法解释的规定与裁定书的提示，自裁定送达之日起十五日内向河北高院提出案外人异议之诉，并未丧失救济途径。

综上，B公司的复议请求缺乏事实与法律依据，最高人民法院裁定驳回保定B公司的复议请求。

（五）案外人怠于提出异议，案外人之债权人能否代位提出异议？

简 答

按照一般观点：

案外人怠于提出异议，案外人之债权人可以代位提出异议。

执行程序中，人民法院对某项财产采取执行措施，案外人本可依据相应实体权利依据提出异议，但因各种原因未提出，致使案外人自身执行责任能力减弱，进而致使案外人之债务人减弱受偿可能，损害其合法权益。在此情况下，案外人之债权人可以代案外人之位提出异议，主张排除执行；人民法院应当将案外人之债权人列为案外人，按照案外人异议程序审理该项诉请。

最高人民法院执行案例参考

【案号】（2014）执申字第243号

【案例要旨】 案外人未提出异议，案外人之债权人以人民法院执行登记在案外人名下财产侵害其债权为由提出异议，实际上是为保全自己的债权而代案外人提出异议，异议事由系基于对涉案财产主张实体权利，异议的根本目的在于排除执行。因此，该异议本质上是一种实体性异议，应当参照《民事诉讼法》第227条的规定进行审查处理。

【案情概要】 1998年4月17日，深圳中院作出（1997）深中法经一初字第637号民事调解书。因N电业公司未按调解书内容履行，B公司向深圳中院申请强制执行。深圳中院在执行过程中，于2006年3月9日裁定查封了登记在案外人H发电厂名下位于佛山市南海区里水镇沙涌村土地证号为国用（2007）×××832、国用（2007）×××834的土地使用权。2010年9月29日，深圳中院将上述执行案件委托中山中院执行。

2012年12月4日，N电业公司和H发电厂共同向中山中院出具《情况说明》。内容为："H发电厂名下位于南海区里水镇沙涌村土地证号为国用（2007）×××832、国用（2007）×××834的土地使用权系N电业公司投入，由于历史原因登记在H发电厂名下，上述两土地使用权的所有权人均为N电业公司。在人民法院在以N电业公司为被执行人的案件中，应将证号为国用（2007）×××832、国用（2007）×××834的土地使用权作为N电业公司财产予以查封并变现（拍卖、变卖、抵债）处理，用以清偿N电业公司债务。"

中山中院委托中山市D拍卖有限公司对H发电厂名下土地使用权以及地上建筑物进行拍卖。2013年7月3日，经过公开拍卖，买受人邹某某成功竞买上述土地使用权以及地上建筑物。邹某某已将拍卖价款足额交付到执行法院的账户。7月30日，中山中院作出（2011）中中法执委字第3—5

号执行裁定,将土地使用权以及地上建筑物归买受人邹某某所有。

F公司认为中山中院拍卖H发电厂的财产严重影响其作为H发电厂债权人的利益,于2013年7月5日向中山中院提出执行异议,并在执行异议审查期间向中山中院提交了相关证据,拟证明F公司对H发电厂具有合法债权,其系本案利害关系人。

中山中院认为,本案执行过程中,H发电厂于2012年12月4日书面确认登记在其名下土地使用权系N电业公司所有,按照《查封规定》第2条第3款规定,对上述土地使用权进行查封并处置符合法律规定。关于F公司主张其是H发电厂的债权人,执行法院处置登记在H发电厂名下的财产损害其利益的问题,其对H发电厂享有的债权并未经生效的法律文书所确定,即F公司与H发电厂之间没有确定的法律关系,其对拍卖涉案土地提出异议于法无据,不予支持。中山中院作出(2013)中中法执异字第8号执行裁定,驳回F公司的异议请求。

F公司向广东高院申请复议。广东高院认为,本案争议焦点是人民法院执行程序中如何确认登记在案外人名下不动产的权属问题。本案涉案的佛山市南海区里水镇沙涌村土地使用权,均登记在案外人佛山市H发电厂名下,按照《物权法》第9条规定,可确认涉案土地使用权属于案外人H发电厂所有。中山中院在异议审查过程中未对涉案土地使用权的权属作出认定,对此予以纠正。虽然H发电厂和N电业公司出具《情况说明》,确认上述二宗土地使用权的所有权人均为N电业公司,但该《情况说明》并不能发生改变涉案土地使用权属于H发电厂的效力。因此,H发电厂和N电业公司主张涉案土地使用权属于N电业公司所有,没有法律依据,不予支持。当事人如对涉案土地使用权主张权属,可另循其他法律途径解决。因H发电厂书面确认上述二宗土地使用权属N电业公司所有,中山中院据此对涉案土地使用权采取查封措施,符合《查封规定》第2条第3款之规定,但该法律规定并没有明确人民法院可以执行处置。因此中山中院(2013)中中法执异字第8号执行裁定认为处置涉案土地使用权符合上述法律规定，显属错误，予以纠正。中山中院拍卖处置涉案土地使用权前，尚未出现H发电厂的债权人向执行法院主张权利的情况。涉案土地使用权拍卖成交后，F公司才于2013年7月5日向中山中院提出执行异议，请求停止涉案标的物的强制执行措施。而且，拍卖标的物的买受人邹某某现已经完全支付拍卖款。如H发电厂对外存在债权人，其也可以从相关拍卖款中得以实现其债权。因此，为保护买受人的合法权益，中山中院对涉案标的物的拍卖行为应予维持。因本案拍卖标的物的权属归H发电厂所有，因此，拍卖价款属于H发电厂的财产，拍卖价款必须首先满足H发电厂债权人的债权需要。鉴于F公司已向佛山市南海区人民法院提起诉讼，其债权是否得到法律保护，应由人民法院对该诉讼依法作出生效裁判后才能予以确认。在该诉讼作出生效裁判前，中山中院应停止处分拍卖标的物的价款。因此，F公司请求停止分配拍卖款的理由成立。

广东高院裁定撤销中山中院（2013）中中法执异字第8号执行裁定，暂停对涉案土地使用权拍卖款的处分，待人民法院对F公司诉H发电厂以及某电化公司金融借款合同纠纷一案作出生效裁判后再依法处理。

B公司不服向最高人民法院申诉。最高人民法院认为，本案焦点问题是，应通过何种程序确定涉案土地使用权能否执行。

依据《民事诉讼法》的规定，案外人或利害关系人提出异议主要有两种情形，一种是认为执行行为违反法律规定提出的异议，这种异议本质上是一种程序性异议，人民法院应当依据《民事诉讼法》第225条的规定进行审查，当事人、案外人不服的，可以向上一级人民法院申请复议。另一种是基于对执行标的主张所有权或其他阻止执行标的转让、交付的实体权利提出的异议，这种异议本质上是一种实体性异议，人民法院应当根据《民事诉讼法》第227条的规定进行审查，在异议审查程序中，应当以形式审查为主，理由成立的，裁定中止对该标的的执行；理由不成立的，裁定驳回。案外人、当事人任何一方对裁定不服的，均可以提起执行异议之诉或通过审判监督程序寻求救济。

本案中，在中山中院查封、拍卖登记在案外人H发电厂名下土地使用权的情况下，案外人H发电厂作为登记债权人，本来可以提出执行异议寻求救济，但由于H发电厂未提出异议，导致其债权人F公司的债权有不能实现之虞。在这种情况下，F公司以人民法院执行登记在案外人H发电厂名下土地使用权侵害其债权为由提出异议，实际上是为保全自己的债权而代案外人H发电厂提出异议，异议的主体虽然是案外人的债权人，但异议事由系基于对涉案土地使用权主张实体权利，异议的根本目的在于排除对涉案土地使用权的执行。因此，该异议本质上是一种实体性异议，只有参照《民事诉讼法》第227条的规定进行审查处理，才能为各方当事人提供充分的程序保障，确保最终通过异议之诉对涉案土地使用权的权属和能否执行的问题作出裁判。相反，对F公司提出的异议，如果根据《民事诉讼法》第225条的规定审查，因异议审查程序和复议程序中均应坚持形式审查为主的原则，因此无法对涉案土地使用权的真实权属和能否执行的问题从实体上作出裁判，无法从根本上解决本案中的实质争议。综上，在案外人对执行标的享有排除执行的实体权利而怠于提出异议，导致其债权人的债权有不能实现之虞时，案外人的债权人代位提起案外人异议的，人民法院应当参照《民事诉讼法》第227条的规定审查处理。中山中院和广东高院对本案根据《民事诉讼法》第225条的规定审查处理，法律适用错误，应予纠正。

经最高人民法院审判委员会讨论决定，参照《民事诉讼法》第170条，依照《执行规定》第129条的规定，裁定如下：一、撤销广东高院执行复议裁定；二、撤销中山中院执行异议裁定；三、指令中山中院重新审查。

（六）执行标的物已被查封、扣押、冻结，案外人能否提起确权之诉？

简答

按照《依法制裁规避执行意见》《执行权合理配置意见》以及一般观点：

执行标的物被查封、扣押、冻结后，案外人单独提起确权之诉的，人民法院不予受理，案外人应当依照《民事诉讼法》第234条即案外人异议程序主张权利。

详述

1.《民事诉讼法解释》第312条规定，案外人可以在提起执行异议之诉的同时，提出确认其权利的诉讼请求。

但是，案外人能否不通过执行异议之诉，另行提起确权之诉，然后再依据确权之诉案件的裁判结果主张排除强制执行？

按照一般观点以及《依法制裁规避执行意见》第9条和第11条、《执行权合理配置意见》第26条的规定，案外人对已经被人民法院查封、扣押、冻结的财产主张确权，只能依照《民事诉讼法》第234条的规定提起案外人异议，进而导入执行异议之诉，而不能另行提起确权之诉。案外人提起确权之诉的，应当不予受理或裁定驳回起诉。

2.关于查封、扣押、冻结执行标的物后，案外人能否单独提起确权之诉的问题，曾存在较大争议，如今案外人不能单独提起确权之诉已几成通说。原因如下：

其一，异议之诉兼具双重功能，执行程序启动（查封、扣押、冻结）后，案外人只能选择异议之诉行使确权诉权，此系特别救济程序。

其二，执行标的物一经查封、扣押、冻结，则推定包括案外人在内的不特定主体已明知查封、扣押、冻结事实，如准许其提出确权之诉，则易引发恶意滥诉而阻碍执行。

其三，申请执行人不能作为该类确权之诉之第三人参加确权诉讼，其合法权利不能保障。

其四，如准许案外人提起确权之诉，又未禁绝异议之诉，易产生相反判决。

（七）执行异议之诉案件，管辖如何确定？

简答

按照《民事诉讼法解释》以及一般观点：

1.执行异议之诉案件由执行法院管辖。

《民事诉讼法》第234条仅规定不服案外人异议裁定，向人民法院提起诉讼，未对哪一人民法院管辖进行规定。异议之诉案件一审管辖采执行法院专属管辖还是采被告所在地的普通管辖，曾有争议。2015年《民事诉讼法解释》第304条已规定异议之诉案件出执行法院管辖。

2.管辖人民法院变更：

（1）执行实施案件因指定执行、提级执行、委托执行，以及执行实践中参照审判程序移送管辖制度或依照《首封与优先权批复》移送执行，导致执行法院变更的，执行异议之诉案件由变更后的人民法院管辖。变更执行法院后，由变更后的人民法院对变更前的人民法院的执行进程进行合法性评判，即由变更后的人民法院而不是变更前的人民法院负责执行裁判，更有利于多方利益，理由在此不赘述。

（2）变更后的人民法院是原执行法院的下级人民法院的，由原执行法院管辖。下级人民法院不便于对上级人民法院在先的执行进程进行合法性评判，故仍由上级人民法院自行负责执行裁判为妥。该规则，因已有《异议复议规定》第4条第2款的在先规定，虽上下级审判部门之间的所谓领导关系并不如执行部门如此强烈，且下级审判部门评判上级执行部门的合法性也不太为过，但与《异议复议规定》保持一致，较为妥当。

（3）执行法院变更前已经受理的执行异议之诉案件，移送变更后的人民法院审理。

（八）执行异议之诉案件，如何收取诉讼费？

简答

按照一般观点：

1.针对执行标的提起的执行异议之诉案件的受理费，以当事人请求排除强制执行的标的财产金额或者价额为计算基数，按照《诉讼费用交纳办法》第13条第（1）项规定的财产案件标准收取。

2.异议之诉案件收取诉讼费，或可按财产案件以标的金额交纳，或可按件交纳，或可按件但确权部分以标的金额交纳。异议之诉案件本质为财产纠纷，按财产案件标准收取诉讼费比较合理。

（九）执行异议之诉审理期间，执行标的物拍卖成交的，如何处理？

简 答

按照一般观点：

执行异议之诉案件审理期间，针对异议指向的执行标的物拍卖成交的，不影响对案件继续审理。

详 述

执行标的物以拍卖成交等方式执行完毕，案外人仍有基于得利判决申请执行回转标的物的可能；且异议之诉兼有确权功能，即使不能回转，确权也具有相应意义。

按照《民事诉讼法执行程序解释》第16条以及《民事诉讼法解释》第315条，案外人异议以及案外人执行异议之诉审查、审理期间，不得对执行标的进行处分。另根据《异议复议规定》第6条，案外人异议应当在异议指向的执行标的执行终结之前提出。即使前述规定也同时设计了提供担保继续执行的但书，异议之诉审理以及再审审查期间执行标的物执行完毕也并不多见。

（十）执行异议之诉审理期间，债务清偿完毕的，如何处理？

简 答

按照一般观点，执行异议之诉审理期间，申请执行人的债权已经得到清偿，案外人未撤回起诉的，按照下列情形分别处理：

1.按照第一审程序审理的，裁定驳回起诉。

2.按照第二审程序审理的，裁定撤销原判决，驳回起诉。

3.但是，如果案外人同时提出确权请求，对排除执行诉讼请求作出驳回起诉或终结审查的处理，对确权请求则继续审理。

详 述

1.债权得到清偿或执行程序终结，异议之诉的诉求基础已不复存在，故应当按照相应方式终结审理程序。

2.异议之诉兼具排除执行与确权双重功能，债权得到清偿或执行程序终结，排除执行之诉求基础已不复存在，但确权诉求基础仍存，需要进行审理评定。

（十一）执行异议之诉审理期间，案外人提起给付之诉，如何处理？

简 答

按照一般观点：

执行异议之诉审理期间，案外人以被执行人为被告就该执行标的物单独提起给付之诉，或者案外人在执行异议之诉中同时提出被执行人继续履行合同、交付标的物等具有债权给付内容的诉讼请求的，人民法院应予审理，并可以就案外人排除强制执行的诉讼请求先行判决。

详 述

异议之诉同时审理给付诉请，有利于诉讼效率。例如，基于债权请求权的诸多异议之诉类型，执行裁判庭支持案外人排除执行诉请后，案外人如有给付主张，尚需向民商庭提出给付之诉，则不利于解决纠纷矛盾。

（十二）一般房屋买受人提起执行异议之诉，如何处理？

简 答

按照《异议复议规定》以及一般观点，案外人以其系该不动产买受人为由，提起执行异议之诉，请求排除强制执行，需同时具备如下要件：

1.案外人已与被执行人签订书面买卖合同。

2.买卖合同合法有效。

3.买卖合同签订于人民法院查封、扣押、冻结之前。

4.案外人在查封、扣押、冻结之前已合法占有不动产。

5.案外人已支付全部价款，或者已按照合同约定支付部分价款且将剩余价款交付执行。

6.非因案外人自身原因未办理不动产权属转移登记。

| 详 述

对此类问题，本属巨大争议，但自《异议复议规定》以利益衡量为实质原则作出定论后，各方已逐步接受此理念以及规则，即异议之诉中具备多要件的一般不动产买受人能够对抗普通债权人。

（十三）如何理解一般房屋买受人执行异议之诉审查中"非因案外人自身原因未办理不动产权属转移登记"？

| 简 答

按照一般观点，非因案外人自身原因未办理不动产权属转移登记，包括两种情形：

1.案外人具有向房屋登记机构递交过户登记材料，或者向出卖人提出办理过户登记请求等积极行为。

2.虽无上述积极行为,但举证证明其未办理过户登记有合理客观理由。

（十四）商品房买受人提起执行异议之诉，如何处理？

简 答

按照《异议复议规定》以及一般观点，案外人以其系商品房的买受人为由，提起执行异议之诉，请求排除强制执行，需同时具备如下要件：

1.案外人已与房地产开发建设主体签订书面买卖合同。

2.书面买卖合同合法有效。

3.书面买卖合同签订于查封、扣押、冻结之前。

4.所购商品房系用于居住且案外人名下无其他用于居住的房屋，或者名下虽已有一套房屋，但所购商品房仍属于基本居住需要。

5.已支付的价款超过合同约定总价款的50%。

（十五）以房抵债案外人提起执行异议之诉，如何处理？

简 答

按照一般观点：

1.对于一般房屋，双方当事人签订以房抵债协议，但未办理产权变更登记手续，以房抵债的债权人主张排除执行，只要以房抵债协议是真实的，且签订于人民法院采取强制执行措施之前，并已经实际占有的，就应当保护实际债权人的利益，即可以排除执行。申请执行人享有的是普通债权，而以房抵债的债权人对于涉案房屋进行了实际占有，具备准物权的性质，应优先于普通债权。

2.对于商品房，以房抵债案外人不属于普通意义上的商品房买受人，案外人不能享受特殊保护，即不能对抗强制执行。

最高人民法院执行案例参考

【案号】（2016）最高法民申948号

【案例要旨】即使案外人所主张以房抵债事项能够成立，但以房抵债行为在性质上属于商事交易，案外人已明显不属于一般意义上的商品房买受人，不能享受特殊保护，即不能对抗强制执行。

【案情概要】2012年10月23日，肖某某与B公司签订《郴州市商品房认购协议》，约定肖某某认购B公司开发的郴州市青年大道雅景新村项目第27栋×××号商品房，面积为123.57平方米（建筑面积最终以房产局测绘面积为准）；该商品房单位成交价格（按建筑面积）为每平方米1926元；买受人付款方式为一次性付款；买受人在签订此认购协议后，应向出卖人支付认购金238000元。同日，B公司出具收到肖某某第27栋×××号购房款238000元的收据给肖某某，但肖某某实际未支付现金给B公司。

2013年6月20日，B公司向F物业公司出具《收楼确认书》，载明肖某某已办理好相关购房手续，房款已付清，请为业主办理好接房手续。B公司于2011年12月31日办理第27栋商品房预售许可证，但因未办理验收手续，无法办理过户手续。

一审人民法院在审理湖南J公司诉B公司建设施工合同纠纷一案过程中，湖南J公司向其申请财产保全。一审人民法院于2014年1月27日向郴州市房产管理局送达（2013）郴民诉保字第30号民事裁定书和协助执行通知书,查封了B公司开发的雅景新村包括第27栋×××号房在内的房产。

2014年5月19日,肖某某向一审人民法院提出执行异议,并出具证明,该证明主要载明因李某向肖某某借款1000000元,2012年10月,李某还款762000元,并用一套房屋抵借款,由B公司售楼部出具238000元的收据,原1000000元借据由李某收回。一审人民法院于2014年6月3日作出(2014)郴执异字第44号民事裁定,驳回异议人肖某某的异议。

肖某某提起案外人执行异议之诉,诉讼请求是:(一)确认位于郴州市青年大道雅景新村第27栋×××号房为肖某某所有;(二)停止对郴州市青年大道雅景新村第27栋×××号房的执行,即解除对该房产的查封。

肖某某提供的账号为298×××6204的银行交易流水显示,2011年1月5日至2012年12月28日,该账号向陈某的622×××7384账号汇入2760000元,陈某的622×××7384账号向298×××6204账号汇入4845000元。在一审庭审过程中,肖某某又陈述其于2010年4月、5月共借款2000000元给B公司,B公司出具了欠条。肖某某陈述,2010年4月、5月,其借款200万元给B公司,并按照B公司的要求将借款汇入指定的陈某的个人账户。借款时,B公司口头约定待房屋建好后,以房子成本价抵扣借款。该笔借款的期限为2个月,肖某某与B公司之间存在反复借款、还款行为。肖某某陈述,其与陈某和李某之间的借款金额具体为多少不清楚,双方亦未结算,但本金基本还清,利息未结算,现亦无法证明哪笔借款系抵偿的房款。肖某某提供的个人业务存款凭证显示,2012年1月9日、5月23日,肖某某分别向陈某的账户存入540000元、550000元。

一审人民法院认为,本案系案外人执行异议之诉,双方争议的焦点是涉案房产是否属于肖某某所有,是否应对涉案房产排除执行、解除查封。《查封规定》第17条规定:被执行人将其所有的需要办理过户登记的财产出卖给第三人,第三人已经支付部分或者全部价款并实际占有该财产,但尚未办理产权过户登记手续的,人民法院可以查封、扣押、冻结;第三人已经支付全部价款并实际占有，但未办理过户登记手续的，如果第三人对此没有过错，人民法院不得查封、扣押、冻结。依据以上法律规定，如同时满足以下三个要件：一、已经支付全部价款；二、有实际占有事实；三、对未办理产权过户登记手续无过错，则肖某某的诉讼请求应得到支持。现肖某某与湖南J公司争执的关键是肖某某是否付清了涉案房产的购房款。B公司与肖某某于2012年10月23日签订《郴州市商品房认购协议》，按照合同约定，肖某某应于当日支付认购金238000元，但肖某某实际并未支付现金。肖某某在庭审中主张已经以B公司2010年4月、5月向肖某某的借款抵清购房款，但未提供B公司的借款凭证或肖某某的银行转账凭证予以证实，对该主张不予支持。在举证过程中，肖某某提供账号为298×××6204的银行交易流水，拟证明B公司的法定代表人陈某向肖某某借款1500000元至2000000元，并用陈某的该借款抵清了涉案房产的购房款，但肖某某未提供证据证实该账号的户主是肖某某，即使是肖某某的账号，从该账号与陈某的622×××7384账号的资金往来可以看出，在此期间，陈某已经向2980×××6204账号多汇入2085000元，无法证实以陈某的借款抵购房款的事实。且肖某某在向人民法院提出执行异议时，又主张是陈某之妻李某向其借款1000000元未还，故与B公司协商从李某的借款中抵购房款238000元，对此主张，肖某某也未提供证据予以证实。肖某某就涉案房款的支付，陈述自相矛盾，提供的银行转账单又不能证实肖某某以借款抵扣购房款的事实，故肖某某要求确认涉案房产属其所有的诉讼请求没有充分的证据予以支持，应予以驳回。肖某某请求排除执行、解除查封的理由也不能成立，不予支持。综上，一审人民法院判决：驳回肖某某的诉讼请求。

肖某某不服一审判决，向二审人民法院提起上诉。二审中，肖某某提供了两份证据，1.开户查询资料，拟证明尾号6204的账户是肖某某的。2.个人业务存款、取款凭证共四份，拟证明肖某某从其个人账户上分2次取款存入陈某尾号5160的个人账户共计1090000元。

二审人民法院认为：本案属于执行异议之诉。从工商登记情况来看，B公司属于有限责任公司，虽陈某系B公司的法定代表人，李某与陈某系夫妻关系，但从法人独立人格角度出发，个人债务不应与公司债务混同。故肖某某上诉提出的陈某、李某、B公司系一个整体的主张，无法律依据，不应支持。

本案双方争议的是涉案房产应否确认归肖某某所有的问题。肖某某与B公司签订《郴州市商品房认购协议》，认购B公司开发的郴州市青年大道雅景新村项目第27栋×××号商品房，虽然B公司开具了收到购房款的收据，但肖某某实际未支付现金给B公司。肖某某主张系以借款抵销购房款，但在借款抵销购房款的事实上，肖某某在执行异议阶段、本案一审以及二审中陈述均不一致，且除提供其与陈某相关银行往来流水外，并未提供相应的借款协议或合同以及双方就借款抵房款达成相关合意的证据。故在肖某某与陈某或李某的借贷事实不清楚的情况下，其提出以借款抵购房款而支付了全部价款缺乏事实依据。一审人民法院按照《查封规定》第17条的规定，驳回肖某某要求确认涉案房产属其所有以及排除执行、解除查封涉案房产的诉讼请求，并无不当。综上，判决如下：驳回上诉，维持原判。

肖某某向最高人民法院申请再审称：（一）一审、二审判决认定的基本事实缺乏证据证明。肖某某与陈某或李某的借贷事实真实存在，肖某某通过借款抵充购房款的方式支付了全部价款，但是一审、二审判决对上述事实未予认定。（二）二审判决适用法律错误。二审判决应当按照《查封规定》第17条的规定，却错误适用了《民事诉讼法》第170条第1款第（1）项的规定。综上，肖某某依照《民事诉讼法》第200条第（2）项、第（6）项的规定，向最高人民法院申请再审。

最高人民法院合议庭初步审查意见是，本案为执行异议之诉，故本案的焦点问题为：肖某某是否具有足以排除强制执行的权益。不动产买受人与出卖人已订立买卖合同，但尚未办理物权登记，执行法院依据物权登记而对出卖人名下之不动产予以查封。该类情形下，不动产买受人之物的交付请求权能否对抗申请执行人之金钱债权或其他请求权，在物权法与强制执行法领域，长期存在重大争议。即使2004年《查封规定》已针对部分特定案件情形作出规定，但争议仍然存在。按照物权法以及强制执行法一般原理，物权取得以及变动采取登记生效原则，不动产买受人如尚未进行物权变更登记，不能认为已取得物权，出卖人仍系不动产所有人，申请执行人自然可以通过该不动产而偿付债权，也即未取得物权登记之不动产买受人不能对抗申请执行人。但是，特定情形下，不动产买受人可以取得足以对抗申请执行人的权益。2015年《异议复议规定》对于案外人异议审查中不动产买受人与金钱债权申请执行人的对抗问题，区分一般不动产买受人、商品房消费者两类主体，作出两条规定。该司法解释虽仅适用于案外人异议案件，未明确适用于案外人异议之诉案件，但是所确定的规则可资参照。

本案被执行人B公司系房地产开发公司，案外人肖某某与被执行人B公司订立《郴州市商品房认购协议》，故本案可参照《异议复议规定》关于商品房消费者保护条件所确定的规则或原理进行分析认定。对于案外人购买房地产开发公司所出售商品房的，如符合如下要件，则可对抗执行：其一，查封之前已签订合法有效的书面买卖合同。其二，已支付50%以上房款。其三，不动产买受人系普通消费者，即购房自住。

按照本案查明事实，案外人肖某某与被执行人B公司于案涉房产查封之前确已签订书面买卖合同。关于是否已支付购房款项，本案一审、二审期间争议颇大，肖某某主张B公司法定代表人陈某以及其配偶李某以案涉房屋折抵欠款，故购房款已支付完毕；而一审、二审认为以房抵债事项证据不足。最高人民法院认为，B公司是否以房抵债或是肖某某是否将购房款支付完毕并非本案要件事实。如前所述，未取得登记之不动产买受人一般不能对抗执行；因考虑到对民生权益的特殊保护，只有当案外人属于普通消费者,即单纯出于自住目的而购房而不是出于投资等特殊目的而购房,方可以对抗执行。即使肖某某所主张与陈某、李某存在借款关系以及购房款已通过欠款抵偿事项能够成立,本案所涉房产总价款仅20余万元,而肖某某与陈某、李某之间的大笔民间借贷款项已远远超出房屋价款,以房抵债行为在性质上属于商事交易,肖某某已明显不属于一般意义上的商品房消费者,不能享受特殊保护,即不能对抗强制执行。

最高人民法院合议庭原本的一致意见认为,本案一审、二审人民法院认定肖某某不具有排除强制执行的权益,并无不当,应予维持。但就在审查期间,肖某某向最高人民法院提交了一份《申请书》:因其已与湖南J公司达成执行和解,特申请撤回再审申请。肖某某一并提交了其与湖南J公司签订的和解协议书,协议约定由肖某某一次性补偿湖南J公司22000元,案涉房产归肖某某所有。最高人民法院认为,肖某某申请撤回再审申请的意思表示真实,不违反法律规定,最终裁定准许肖某某撤回再审申请。

(十六)被拆迁人提起执行异议之诉,如何处理?

简 答

按照一般观点:

在拆迁人作为被执行人的案件中,对尚未办理房屋产权登记手续的拆迁安置房进行强制执行的,已经签订了拆迁补偿安置协议的被拆迁人(案外人)在执行异议被驳回后,可以提起执行异议之诉。经审理确认拆迁人与被拆迁人在人民法院查封之前已经签订合法有效的拆迁补偿安置协议,并且在拆迁补偿安置协议中明确约定了拆迁用房的具体位置、用途,能够明确指向执行标的的,因其已享有足以对抗第三人的特殊债权,对被拆迁人排除执行的诉讼请求应当予以支持。

(十七)预告登记人提起执行异议之诉,如何处理?

简 答

按照一般观点:

《民法典》第221条第1款规定:当事人签订买卖房屋的协议或者签订其他不动产物权的协议,为保障将来实现物权,按照约定可以向登记机构申请预告登记。预告登记后,未经预告登记的权利人同意,处分该不动产的,不发生物权效力。

房屋或其他不动产买受人进行预告登记的,其对房屋或其他不动产的请求权就具有了物权效力,即具有了排他效力,可以对抗第三人,故预告登记人提出执行异议之诉请求阻却执行的,应予支持。

(十八)未进行产权变更的原配偶提起执行异议之诉,如何处理?

简 答

按照一般观点:

婚姻法对于不动产的处分区别于一般的物权变动,虽然房屋的产权变更未作登记，但如果双方对于房屋权属的约定是明确的，双方也非假离婚而逃避债务，则应当支持案外人排除执行的诉讼请求。

执行实践中，双方离婚，往往约定将房屋归属于负责抚养子女的一方，为防止对方再婚，通常不变更房屋的产权归属。此时，若允许执行，则其基本生活将无保障。因此，只要不是双方串通恶意逃债，应当支持其排除执行的诉讼请求。

（十九）隐名权利人提起执行异议之诉的基本处理原则是什么？

简 答

按照偏主流观点：

隐名代持问题极为复杂。所谓隐名代持，也即实际权利人与名义登记、名义公示人不一致。隐名权利人所提起执行异议之诉，不应当设计非此即彼的审查标准，即或一律支持，或一律不支持。

详 述

首先，不动产、车辆、股权以及银行、证券账户的所谓登记、公示效力并不完全一致；其次，不同情形下的隐名代持，其利益衡量基础皆不同。单就借名买房而言，非京户口借用亲戚名义购置唯一住房，与商事企业借用大量身份证囤积商铺、住宅，两者虽均不为法制所倡导（因属地方政策，故不能认为违反法制），但似前者应在司法审理中给予同情，起码此种利益衡量已被确认。

我认为，不同情形的隐名代持，对于相应的案外人异议之诉，应制定不同方案：

1.房屋代持，可予支持，需具备如下要件：

（1）案外人举证证明其有合理理由；

（2）其理由不违反法律、行政法规；

（3）案外人出资购买；

（4）自用且唯一；

（5）长期占有使用；

（6）被执行人明确认可。

2.机动车代持，可予支持，所需具备要件大致同上。需分析的是，执行实践中，极难对机动车扣押拍卖，往往仅做扣押登记而不能实际扣押。那一小部分已扣押车辆，往往系企业停车场封存年久失用车辆，往往登记于甲乙丙名下，对于甲乙丙提出的异议之诉，因其未占有使用，可予驳回。

3.借用房地产开发资质，应予驳回：现行立法以及司法解释虽然并未明确规定无效，但是探究相关法律以及行政法规的明确规定以及制定目的，房地产开发主管部门对于借用房地产开发资质明显采取禁止、限制至少是不鼓励的态度。

需强调的是，与借用施工资质不同，现行司法解释并未对借用房地产开发资质问题进行规定，不能认为一律无效。再需强调的是，借用房地产开发资质与房地产合作开发亦不同，房地产合作开发的特征是共担风险、共享利润。

4.股权代持，已是老大难问题。我认为，案外人异议因审查执行部门是否坚持外观登记而采取冻结措施，故对案外人异议一律驳回。但是，对于案外人异议之诉，可予支持，但需具备如下要件：

（1）实际出资；

（2）代持协议清晰完整；

（3）公司其他股东全部认可（要采取较之《公司法解释（三）》"其他

股东半数以上同意"更严格的要件）；

（4）案外人举证证明其实际参与公司管理（股东会、董事会、任免权、重大事项参与等）。

5.银行、证券账户代持问题，应予驳回，应无过多异议：

（1）存款账户实名登记：一是基本法律要求（印象中似无正向法律规定，但人民银行以及银保监会关于反洗钱、一行一人一基本账户等诸多法规均可推导）；二是存款账户太过重大敏感，如默认可隐名代持，已超越公民容忍底线。

（2）证券账户系证券交易长链条中的重要一环，默认证券账户可隐名代持，无异于证券交易可民事撤销一般。

（二十）借名买房人提起执行异议之诉，如何处理？

简 答

按照偏主流观点：

根据物权变动登记生效和公示公信原则，案外人与被执行人之间的借名登记约定不能对抗善意的申请执行人，因此，对案外人排除执行的请求应当不予支持。

详 述

1.在借名买房情形中，借名人与出名人通常会相互约定，借名人以出名人名义购买房屋并办理产权登记，该房屋的占有、使用、收益、处分权限仍归借名人享有。借名人与出名人之间的借名登记契约，只在其内部产生债权债务关系，而不发生物权变动的效果，不能据此认定借名人是不动产物权的所有权人。借名人可以请求将房屋过户至自己名下，其享有的是债权请求权，而非物权，其不能阻却执行。

2.基于物权公示原则，设立或转让物权，必须采用法律规定的公示方式，才能取得对抗第三人的效果。因此，在借名买房的情况下，借名人与出名人之间的借名登记约定不得对抗善意的申请执行人。

3.借名登记合同是借名人与出名人之间的合意，借名人对房屋登记在他人名下本身具有过错，而且借名协议通常是为了规避国家法律与政策，对由此产生的风险理应自行承担。

（二十一）房地产开发挂靠人提起执行异议之诉，如何处理？

简答

按照一般观点：

不具有房地产开发资质的房地产挂靠人（案外人），以具备房地产开发资质的房地产开发企业（被执行人）的名义开发房地产，并将建设用地使用权、房屋所有权登记在房地产开发企业（被执行人）名下，当房地产开发企业（被执行人）负担债务，进入执行程序后，房地产挂靠人（案外人）主张排除执行的，应当不予支持。

详述

1.对于借用房地产开发资质问题，现行立法以及司法解释虽然并未明确规定无效，但是探究相关法律以及行政法规的明确规定以及制定目的，房地产开发主管部门对于借用房地产开发资质明显采取禁止、限制至少是不鼓励的态度。

2.建设用地使用权与房屋所有权作为物权，均应当以登记为公示要件。挂靠协议不能对抗申请执行人，应由挂靠人承担不利后果。

最高人民法院执行案例参考

【案号】（2017）最高法民申496号

【案例要旨】执行异议之诉审查中，不具有房地产开发资质的房地产挂靠人主张排除执行的，应当不予支持。

【案情概要】对于李某与T房地产公司、刘某某民间借贷一案，烟台仲裁委于2011年12月20日作出（2011）烟仲字第660号调解书，内容为T房地产公司同意于2011年12月27日前返还李某贷款本金600万元、利息、违约金等。因T房地产公司未履行调解书确认的还款义务，李某向山东省烟台中院申请强制执行，烟台中院执行立案后，将案件指令山东省烟台市福山区人民法院执行。

福山区人民法院在执行本案过程中，查封了T房地产公司名下的房产一宗，其中包含H家电公司主张的位于烟台市福山区福海路M市场的房产证号为烟房权证福股份制字第Z×××67号的房产。2015年2月5日，福山区人民法院作出（2012）福执字第285-4号执行裁定书，变更杜某某为申请执行人。2015年5月4日烟台中院以（2015）烟执提字第2号执行裁定书，将该案提至烟台中院执行，执行案号为（2015）烟执字第284号。

在上述案件执行过程中，H家电公司提出案外人执行异议，主张案涉建筑工程系其以T房地产公司的名义开发建设，故房地产的初始登记均登记在T房地产公司名下，但所有权实为H家电公司享有，现H家电公司在办理该项目的房产证、土地证变更过程中，请求解除对该房地产的查封。

烟台中院于2015年5月20日作出（2015）烟执异字第134号执行裁定书，认为虽然案涉房产的土地使用权以及房屋均登记在T房地产公司名下，但按照H家电公司与T房地产公司签订的协议书、与烟台市某建筑设计院有限公司签订的建设工程勘察合同以及烟台市福山区经济贸易局的请示报告等证据，案涉工程的所需资金全部由H家电公司投入，因此，案涉工程的所有权已经发生了争议。在财产所有权存在争议的情况下，烟台中院执行程序暂不宜对该房产以及土地使用权采取处分性执行措施。据此依照《民事诉讼法》第227条、《民事诉讼法执行程序解释》第15条的规定，裁定中止对案涉房产的执行。

原告杜某某不服该执行裁定书，提起申请执行人执行异议之诉，请求：（一）继续执行位于烟台市福山区福海路证号为烟房权证福股份制字第Z×××67号项下的房产和证号为福国用（2003）字第××号项下的国有土地使用权；（二）诉讼费用由H家电公司负担。被告H家电公司辩称，诉争的国有土地使用权虽然登记在T房地产公司名下，但被告与T房地产公司对该土地使用权的归属约定明确，被告有权依据双方协议约定享有该国有土地使用权。本案诉争的国有土地使用权虽然登记在T房地产公司名下，但这是被告借用其资质过程中的必然行为，并不涉及该国有土地使用权产权的转移，原告不能以该土地使用权未办理变更登记而主张诉争土地使用权系T房地产公司所有，其主张继续执行该国有土地使用权的诉讼请求没有事实和法律依据，请求人民法院依法驳回。被告T房地产公司陈述称，诉争房产属于被告H家电公司所有，T房地产公司对该房产不享有任何权利，请求人民法院驳回原告的诉讼请求。

烟台中院一审查明：2002年6月18日，原福山区文化局与H家电公司签订《合同书》，约定福山电影公司土地由H家电公司投资开发，H家电公司向政府支付拆迁补偿费，政府将土地以及原有建筑物移交H家电公司，H家电公司享有独立开发权。2002年9月2日，福山区委宣传部、原文化局出台《福山电影公司改制方案》，载明原福山电影公司经营场所所占土地的50%转让给H家电公司建设商业用房。2008年3月31日，按照M市场公司提交的办理房地产变更手续的申请，原福山区经济贸易局向福山区人民政府提报了《关于为M市场公司办理房地产变更手续的请示》，其中载明按照区政府2002年9月13日区长办公会纪要精神，H家电公司在福山区电影院旧址上，开发建设"福山M市场"，由于H家电公司无开发资质，经政府同意，以T房地产公司名义开发，全部资金由H家电投入。按照M市场公司申请，特请示将该项目待售房以及自留房全部变更至M市场公司名下。该请示经相关领导人员签字。H家电公司主张虽然提交了变更过户申请，但考虑直接从T房地产公司过户至商户名下可节省相关费用，故再未办理整体过户，只是将部分需要过户到M市场公司的部分房产办理了过户，现在案涉房产中的地下室和四楼、五楼已在M市场名下，但未交任何费用，也未与T房地产公司签订任何协议；另有部分楼层已出售，并有部分出售房产已办理了产权证书。2003年3月19日，烟台市国土资源局福山分局与T房地产公司签订了《国有土地使用权出让合同书》，其中载明出让土地为4761平方米，用于建设综合用地项目。H家电公司的法定代表人李某某在上述土地出让合同落款处T房地产公司法定代表人（委托代理人）处签字。2003年3月28日，T房地产公司取得案涉土地国有土地使用证，其中载明土地用途为综合，使用权类型为出让。

2002年12月17日，H家电公司与T房地产公司签订《协议书》，其中载明经甲方研究决定同意乙方以甲方开发经营资质，在福海路东、福山老电影院内开发建设商住楼，开发项目所有权属于乙方，所需全部资金由乙方投入；甲方负责为乙方提供所开发项目，审批、报建、规划、开施工手续等需要甲方证明的材料以及文件，协助乙方搞好日常施工，负责对乙方所开发的项目的产权办理业务联系等，乙方交纳所开发项目所有开施工手续费用，负责所开发项目的工程进度、工程质量、资金投入；乙方按工程总价（以建设管理部门核定平方造价为准）的0.5%向甲方支付工程全面工作管理的全部费用。T房地产公司在诉讼中出具证明称，2002年12月17日双方签订协议，其只是借用H家电公司开发经营资质，协助办理开发手续，并收取了5万元（999万元×0.5%≈5万元）管理费，全部项目投资以及办理一切手续的费用都是H家电公司出资的，T房地产公司没有出资，所以项目建成后，一切产权都是H家电公司的。2003年2月，H家电公司作为建设单位（合同甲方）与烟台市某建筑设计院有限公司（合同乙方）签订《建设工程勘察合同》，其中载明甲方委托乙方进行福山M市场商业综合楼工楼工程的岩土工程勘察。就案涉工程其他配套工程的建设、H家电公司主张系其出资建设，诉讼中其提供了消防工程、幕墙工程、电信设施工程、消防设备、电梯工程、电力工程、市政给水工程等施工合同，其中部分工程的发包人为H家电公司，部分工程的发包人为M市场公司，或H家电公司与M市场公司共同作为发包人。

一审人民法院认为，本案中，被告H家电公司以对登记在被告T房地产公司名下的案涉房地产享有所有权为由提起案外人执行异议，诉讼中亦主张享有案涉土地的使用权和建设项目的所有权，因此，被告H家电公司应对其享有的案涉土地的使用权和房产所有权负有举证证明责任。对此，分析如下：一、虽然被告H家电公司提交的2002年6月18日与原福山区文化局签订的合同书和2002年9月2日的《福山电影公司改制方案》、同年10月8日的政府会议纪要等证据中载明将原福山电影公司的部分土地协议转让给被告H家电公司的内容，但被告H家电公司提供的收据复印件尚不足以证明其已全部履行了《合同书》约定的付款义务。二、被告T房地产公司于2003年3月19日与烟台市国土资源局福山分局就案涉国有土地使用权签订了《国有土地使用权出让合同书》，并于2003年3月28日取得案涉土地的国有土地使用证的事实清楚，被告H家电公司主张上述出让合同只是为了办理土地手续所用以及其已向土地管理部门缴纳过相关税费未提供证据证明；被告H家电公司答辩主张其与被告T房地产公司双方协议约定了案涉土地使用权的归属，但双方并未依法办理登记，双方之间的协议不产生土地使用权变更的法律后果。三、虽然被告H家电公司与被告T房地产公司在2002年12月17日签订的《协议书》以及诉讼中被告T房地产公司出具的证明均载明被告H家电公司借用被告T房地产公司的资质进行相关开发建设，但被告H家电公司与T房地产公司均未提交充分证据证明双方已实际履行协议书中确定的权利义务，并且借用资质进行房地产开发本身也属于法律、行政法规所禁止的行为。四、被告H家电公司虽提交了其作为工程发包人与相关单位签订的勘察、配套等部分工程的施工合同，但其提交的案涉房产的土建、安装工程的建设工程施工合同则是T房地产公司作为发包人与施工单位签订，另还有部分配套工程又系M市场公司作为发包人与施工单位签订，被告H家电公司未提供证据证明上述案涉建设相关施工合同的工程款全部由其支付。五、M市场公司与被告H家电公司均系独立法人，依法享有独立的财产权利。被告H家电公司提交的案涉建筑的消防验收意见书载明的主体并非被告H家电公司，而其提交的要求办理案涉房地产变更手续的请示则载明应将案涉房地产变更至M市场公司名下，并非变更至其公司名下，并且其还认可事实上已有部分房产的产权办理到了M市场公司的名下。六、案涉房产所有权以及土地使用权属于不动产物权，应当按照物权法的规定确定其权属。《物权法》第9条规定，不动产物权的设立、变更、转让和消灭，经依法登记，发生效力；未经登记，不发生效力，但法律另有规定的除外。该法第17条规定，不动产权属证书是权利人享有该不动产物权的证明。综上所述，在被告H家电公司并未就其主张的其已合法取得案涉土地的使用权以及案涉房产系其全部投资建设的事实提供充分证据证明，而案涉房产和土地使用权又依法登记在被告T房地产公司名下的情况下，被告H家电公司以其对案涉房地产享有所有权要求排除原告杜某某对案涉房地产的执行，不合前述法律和司法解释的规定。原告杜某某要求继续执行案涉位于烟台市福山区福海路证号为烟房权证福股份制字第Z×××67号项下的房产和证号为福国用（2003）字第×××号项下的国有土地使用权，理由正当，依法予以支持。判决：准许执行案涉房产。

H家电公司上诉。二审人民法院认为：从本案认定的事实来看，案涉被查封的房地产登记在T房地产公司名下，H家电公司主张其借用T房地产公司的资质进行开发，是案涉房产的实际投资人，提供了合同书、会议纪要以及收据复印件等加以证明，但借用资质开发为法律所禁止，且H家电公司未提供充分证据证明相关合同已实际履行、合同款项已经全部由其支付。案涉房产于2006年已经竣工验收，部分房产已经出售并转移登记在他人名下，H家电公司主张案涉房地产系其投资建设，应归其所有，但没有对案涉房地产长期未办理过户作出合法解释，其关于规避税费的主张，表明未过户系自身原因，因此，原审人民法院认定H家电公司未提供充分证据证明其对案涉房地产享有足以排除强制执行的民事权益，判决准予执行，并无不当。判决如下：驳回上诉，维持原判。

H家电公司向最高人民法院申请再审称：案涉房产属于H家电公司所有，登记在T房地产公司名下仅因借用其资质进行开发，并不导致其所有权发生转移。H家电公司于2002年6月18日与原福山区文化局签订合同书，约定H家电公司以协议转让的方式取得案涉土地，该公司对案涉土地享有独立开发权，享有工程产权。H家电公司提交转账支票凭证存根、公司账目以及记账凭证等新证据，足以证明案涉房产的土地转让费用、案涉工程建设的工程款以及税费全部由H家电公司支付，H家电公司切实履行了合同约定的付款义务，H家电公司与T房地产公司的资质借用协议已实际履行，案涉房产理应属于H家电公司所有，足以排除执行。综上，H家电公司按照《民事诉讼法》第200条第(1)项的规定向最高人民法院申请再审。杜某某提交意见称：(一)H家电公司无法证明土地出让金由其缴纳以及房产由其全部投资建设。(二)即使案涉房产由H家电公司投资建设，但未经产权变更登记并不发生物权变动效果，不具有对抗第三人的效力。(三)案涉房产于2006年7月13日竣工验收，申请执行人于2011年10月12日申请查封，H家电公司长达5年之久未办理变更登记，存在过错。(四)不动产登记具有公示公信力，是市场交易中判断交易双方资信、履行能力的重要依据。(五)H家电公司借用资质开发房地产，违反禁止性规定，不能取得所有权。

最高人民法院对双方当事人进行询问时，针对案涉房产长时间未办理过户登记的原因向H家电公司发问，该公司法定代表人李某某表示原因是"涉及二手房交易的费用"。经调阅本案二审卷宗，H家电公司在二审庭审期间关于长时间不办理过户登记的原因亦解释为"避免交易费用"。

最高人民法院在审查中，归纳本案焦点问题为：案外人H家电公司是否具有足以排除执行的民事权利，并对本案涉及的各类问题进行了细致的分析。

(一)本案各方当事人法律关系的分析

1.关于本案各方当事人执行法律关系的分析。本案中，杜某某为申请执行人，T房地产公司为被执行人，H家电公司为案外人。

2.关于本案被执行人与案外人民事法律关系的分析。按照本案一审、二审人民法院已查明无争议事实，H家电公司与T房地产公司构成房地产开发资质借用关系，也就是通俗所称的房地产开发挂靠关系。案涉房地产实际由H家电公司开发建设，因该公司不具备房地产开发资质而借用T房地产公司名义，故案涉房地产登记于T房地产名下。(1)案涉土地使用权实际由H家电公司出让取得，仅借用T房地产公司名义。(2)H家电公司与T房地产公司就借用资质开发房地产事宜签订有明确的协议，双方约定案涉房地产由H家电公司实际开发建设，T房地产公司仅提供开发经营资质并收取管理费。（3）案涉房地产由H家电公司实际出资开发建设。

3. H家电公司与T房地产公司并不构成合作开发房地产合同关系。或有意见认为，H家电公司与T房地产公司构成合作开发房地产合同[①]关系。《最高人民法院关于审理涉及国有土地使用权合同纠纷案件适用法律问题的解释》第15条[②]规定合作开发房地产合同只需一方当事人具备房地产开发经营资质的，即可认定合同有效。因合同有效，案外人H家电公司之民事权利即受法律保护，应当认定其能够排除执行。按照《最高人民法院关于审理涉及国有土地使用权合同纠纷案件适用法律问题的解释》，合作开发房地产合同的基本内容是指当事人提供土地使用权、资金等作为共同投资，共享利润、共担风险而合作开发房地产。该类法律关系的核心是"共享利润、共担风险"。基于此核心界定，约定提供土地使用权的当事人不承担经营风险而只收取固定利益、约定提供资金的当事人不承担经营风险而只分配固定数量房屋、约定提供资金的当事人不承担经营风险而只收取固定数额货币、约定提供资金的当事人不承担经营风险而只以租赁或者其他形式使用房屋等，均不认定为合作开发房地产合同关系，而认定为土地使用权转让、借款等法律关系。按照前述分析，案涉土地使用权实际由H家电公司出让取得，仅借用T房地产公司名义；H家电公司与T房地产公司就借用资质开发房地产事宜签订有明确的协议，双方约定案涉房地产由H家电公司实际开发建设，T房地产公司仅提供开发经营

[①] 第14条 本解释所称的合作开发房地产合同，是指当事人订立的以提供出让土地使用权、资金等作为共同投资，共享利润、共担风险合作开发房地产为基本内容的协议。

[②] 第15条 合作开发房地产合同的当事人一方具备房地产开发经营资质的，应当认定合同有效。当事人双方均不具备房地产开发经营资质的，应当认定合同无效。但起诉前当事人一方已经取得房地产开发经营资质或者已依法合作成立具有房地产开发经营资质的房地产开发企业的，应当认定合同有效。

资质并收取管理费；案涉房地产由H家电公司实际出资开发建设。实际上，本案当事人H家电公司与T房地产公司并不构成合作开发房地产合同关系，而仅仅构成房地产开发资质借用的挂靠关系。

（二）H家电公司作为借用房地产开发资质的案外人，不享有足以排除强制执行的民事权益

1.基于利益衡量分析，借用房地产开发资质违反立法精神，借用资质的案外人不应在异议之诉中受法律保护。对于异议之诉的审理，或曰民事权利的对抗，本质上系利益衡量和价值判断问题。相关司法解释将"没有资质的实际施工人借用有资质的建筑施工企业名义"的建设工程施工合同，定性为无效。对于借用房地产开发资质问题，现行立法以及司法解释虽然并未明确规定无效，但是探究相关法律以及行政法规的明确规定以及制定目的，房地产开发主管部门对于借用房地产开发资质明显采取禁止、限制至少是不鼓励的态度。《城市房地产管理法》第30条规定房地产开发企业应当具备名称、组织机构、固定经营场所、注册资本、足够的专业技术人员等条件。《城市房地产开发经营管理条例》第5条规定房地产开发企业，应当有100万元以上的注册资本、4名以上持有资格证书的专职技术人员、2名以上持有资格证书的专职会计人员。第9条规定房地产开发主管部门应当对备案的房地产开发企业核定资质等级。房地产开发企业应当按照核定的资质等级，承担相应的房地产开发项目。第34条规定未取得资质等级证书或者超越资质等级从事房地产开发经营的，由县级以上人民政府房地产开发主管部门予以行政处罚。基于上述规定，可以认为，房地产开发关系到国计民生和社会公共安全，作为一个特种行业，房地产的开发经营应受房地产市场准入许可限制，其经营者应是依照《城市房地产管理法》第30条规定设立的房地产开发企业法人，否则不得进行房地产开发经营。

2.具体到本案，案涉房产长期未变更登记系由案外人自身原因导致，

其本身存在过错，不应在异议之诉中给予保护。H家电公司在本案一审、二审审理期间始终主张案涉房产系其借用T房地产公司的房地产开发资质而投资建设，并提交相应证据对借用资质事项予以证明，T房地产公司对此也予以认可。H家电公司据此认为案涉房产虽登记于T房地产公司，但是实际权利应当归属于H家电公司。基于H家电公司上述主张，一审、二审人民法院针对包括H家电公司是否实际履行合作开发房地产合同以及是否实际支付合同相应款项在内的一系列问题进行了审查，并认定H家电公司不能证明合同已实际履行以及款项已全部支付。针对一审、二审人民法院所审查的合同履行和款项支付问题，H家电公司向最高人民法院申请再审时提交若干证据，意欲证明H家电公司合同已实际履行以及款项已全部支付，进而主张案涉房产属该公司所有并排除执行。案外人执行异议案件应当重点审查案外人是否为债权人、权利的合法性与真实性以及权利能否排除执行等三个方面。对于案外人权利能否排除执行问题的审查，"非因自身原因未办理过户登记"应当作为要件之一。本案一审、二审以及再审审查期间，H家电公司均自认未将案涉房产变更登记至其名下是为了避免交易费用，这足以认定案涉房产未办理过户登记系H家电公司自身原因而导致。最高人民法院认为，即使H家电公司所主张的借用资质开发房地产以及已经实际履行合同、交付款项等事实能够予以确认，但是案涉房产未登记在H家电公司名下系因该公司自身消极不行使登记权利而导致，故H家电公司所主张的权利不能排除执行。

依据上述审查意见，最高人民法院最终裁定驳回了H家电公司的再审申请。

（二十二）机动车买卖挂靠人提起执行异议之诉，如何处理？

简 答

按照偏主流观点：

基于我国特殊的车辆、船舶经营管理规定，车辆、船舶往往要挂靠在有经营资格的运输公司名下方能投入营运，由此导致车辆、船舶的实际所有人与登记所有人相脱离。人民法院针对登记在被执行人名下的机动车、船舶等特殊动产标的物实施强制执行，案外人以其与被执行人之间存在挂靠关系，其是标的物实际所有权人为由，要求对该标的物排除执行，经审理查明案外人确系执行标的物的所有权人的，对其排除执行的请求一般应予支持。

（二十三）账户借用人提起执行异议之诉，如何处理？

简 答

按照偏主流观点：

对被执行人账户中的资金实施强制执行，案外人以该账户中的资金系其误汇，其系资金的实际所有权人等为由，提起执行异议之诉，人民法院应当按照银行账户记载的情况确认资金的归属，对账户借用人提起的执行异议之诉，不予支持。

详述

1.《民法典》第224条规定："动产物权的设立和转让，自交付时发生效力，但是法律另有规定的除外。"货币作为一种特殊动产，其本身存在无法辨别的困难，同时又是一种价值符号，流通性系其生命。被执行人银行账户是行使货币流通手段的一种方式，在银行账户发挥其流通功能的情形下，账户内货币的占有与所有高度一致，只要货币合法转入即属于法律规定的合法交付行为，所有权自交付时发生转移。

2.该问题的基本处理规则以及精神，应与银行账户代持（不排除执行）一致。但是，案外人可依法另行主张权利，如何主张需进一步研究，大致为向被执行人提起不当得利之诉。

（二十四）抵押权人等优先受偿权人申请执行，案外人能否排除执行？

简答

按照偏主流观点：

1.对于不动产代持之案外人，其基于代持协议而对标的物享有显名期待利益，抵押权人依据法律规定直接取得标的物变价，具有极强的法定信赖利益，不动产代持之案外人不得对抗抵押权人。

2.对于一般不动产买受人，需考虑抵押权设定时间与不动产买受多要件固定之时点比较。如抵押权设定在先，则案外人未尽注意义务，不能对抗抵押权人；如抵押权设定在后，则应保护案外人的实际买受利益，可对抗抵押权人。

3.对于商品房买受人，绝大多数商品房销售法律关系中，土地使用权早前已向银行设定抵押，抵押权自然及于房屋，或该房屋已做在建工程抵押，如判定商品房买受人不能对抗抵押权人，不利于弱势主体保护，与自《异议复议规定》之后已逐步接受的理念相左，故商品房买受人可以对抗抵押权人。

背 景

《异议复议规定》对于一般不动产买受人、商品房买受人均规定了能够排除执行的规则，而设定情境之申请执行人为普通债权人，未明确包括抵押权人，而实践中申请执行人往往为银行等金融机构，均系抵押权人，《异议复议规定》相关规定的适用产生不同理解，即一般房产买受人、商品房买受人只能够对抗普通债权人，还是能够对抗包括抵押权人在内的认可债权人。

（二十五）承租人提起执行异议，是按照执行异议还是案外人异议程序审查？审查标准是什么？

简 答

1.按照对《异议复议规定》第31条的理解：
承租人以享有不动产租赁权为由对抗执行，无论请求阻止标的物拍

299

卖，还是阻止标的物受让人移交占有不动产，均按照案外人异议程序审查，进入导入异议之诉审理。

2.按照以及参照《异议复议规定》第31条，另按照一般观点，案外人以享有不动产租赁权为由主张排除强制执行，共需具备如下要件：

（1）案外人与被执行人已订立书面租赁合同。

（2）租赁合同已发生法律效力。

（3）租赁合同订立于人民法院对不动产查封、扣押、冻结之前，或者在抵押权人抵押登记之前。

（4）案外人已对不动产持续占有使用。关于持续占有使用，应当理解为已交付租金并采取明显方式在不动产内生活、生产、经营、装修等，以产生对不特定第三人的公示效果。

（5）案外人与被执行人约定的不动产租赁费用符合常理。

（6）案外人已提供了真实的不动产租赁费用支付凭据。

背 景

1.有意见认为，带租赁拍卖中的排除执行请求通过执行异议解决，不带租赁拍卖中的排除执行请求通过异议之诉解决。

笔者认为，带租拍卖或不带租拍卖的异议审查，均不属于对执行标的物的异议，均按照执行异议程序审查为妥，也不可能进入异议之诉的审查范畴。

所谓带租拍卖，即承租人在拍卖成交后仍占有房屋；所谓不带租拍卖，即承租人在拍卖前已搬离房屋或拍卖成交后需搬离房屋。首先，无论带租拍卖还是不带租拍卖的异议审查，均不涉及租赁合同效力问题。其次，涉租赁拍卖中的异议问题，只涉及承租人在拍卖成交后能否继续占有房屋，而不涉及人民法院能否推进拍卖。最后，即使竞买成交人不能及时占有不动产，将损耗其买受意义，但毕竟不动产所有权以登记生效为基本原则，不占有不等于不所有，而异议之诉"排除执行"的严格意义在于阻止所有权变更。

综上，无论带租拍卖还是不带租拍卖，只产生是否移交标的物也就是是否清租的问题，均不会产生不能转移标的物所有权也就是"排除带租赁（不带租赁）强制执行"的问题。

2.《异议复议规定》第31条虽未明确将承租人界定为案外人，也未明确如该司法解释前文称"排除执行"，而是明确"在租赁期内阻止向受让人移交占有被执行的不动产"，但按上下条文顺序，易理解为最高人民法院已有此认定，且该规定的理解适用进一步将承租人界定为案外人。

笔者认为，《异议复议规定》并未明确作此界定，即已为异议之诉司法解释预留空间，建议完全将承租人对抗问题排除在异议之诉受理范畴之外，稳定异议之诉的制度基础。

3.对不动产租赁于执行领域产生的争议，大体无非清租（承租人离场）与不清租（承租人不离场）而已，至于清租发生在拍卖启动前或后，那是提高成交率的问题，与是否清租无关。这类问题，《异议复议规定》第31条的规则大可使用；部分高级人民法院或中级人民法院已做了诸多研究，制定了诸多文件，来解决"一定标准条件下"的清租或清偿或涤除租赁问题。这类问题，大致是要解决抵押、查封、租赁三个时点以及租赁是否真实、租赁是否规避债务问题，也就是"一定标准条件下"的具体规则，最高人民法院以一批复即可完全解决。

4.或有意见表示租赁是否真实、租赁是否规避债务问题不能由异议程序解决，应归于诉讼。但是，较之异议之诉"排除执行"的制度基础问题，不可因小废大。前述最高人民法院批复，也可设计或释明申请执行人撤销租赁合同专类诉讼。

5.部分认为承租人执行异议应当按照案外人异议审查的意见，提出承租人能否排除抵押权人之强制执行的标准为：

（1）承租人在债权人设立抵押权之前已经与被执行人签订合法有效的房屋租赁合同，且已按约支付租金，并实际占有使用租赁物的，应当认定为"先租赁后抵押"。《民法典》第405条规定，抵押权设立前，抵押财产已经出租并转移占有的，原租赁关系不受该抵押权的影响。执行法院按照抵押权人的申请，在对该租赁物采取拍卖等执行措施时，如果影响到承租人租赁权的行使，对承租人要求排除执行的诉讼请求应当予以支持。

（2）承租人在债权人设立抵押权之后，与被执行人签订房屋租赁合同的，应当认定为"先抵押后租赁"。抵押权设立后抵押财产出租的，承租人不得以其租赁权对抗申请执行人（即抵押权人），其要求排除执行的，不予支持。

需要明确的是，如果最终执行异议之诉司法解释明确将承租人异议问题归入执行异议，在判断是否清租问题上，上述意见也足资参考。

最高人民法院执行案例参考

【案号】（2016）最高法民申700号

【案例要旨】 案外人以不动产租赁权为由主张排除强制执行，必须具备两项要件：其一，案外人与被执行人在人民法院对不动产予以查封之前，已订立真实有效的不动产租赁合同。其二，案外人在人民法院对不动产予以查封之前，已对不动产持续占有使用，即已交付租金并采取明显方式在不动产内生活、生产、经营、装修等，以产生对不特定第三人的公示效果。如不符合以上要件，则不能排除强制执行。

【案情概要】 Y公司因与G公司建设工程施工合同纠纷一案，向绍兴仲裁委员会申请仲裁，其间，Y公司提出财产保全申请，绍兴仲裁委员会将该财产保全申请移交浙江省绍兴市柯桥区人民法院，该院于2013年12月31日轮候查封了G公司名下位于绍兴滨海工业区马鞍镇某村1—4幢房产。

2014年9月5日,绍兴仲裁委员会作出(2013)绍裁字第408号裁决书。该裁决发生法律效力后,因G公司未自觉履行上述法律文书确定的义务,Y公司申请执行,一审人民法院拟对G公司名下房产进行拍卖。

在执行过程中,案外人潘某某对执行标的提出书面异议,以"其与被执行人G公司就绍房权证滨海字第0×××7、0×××8、0×××9、0×××0号房产已于2013年9月22日签署房屋租赁合同,其实际承租讼争房产"为由,要求确认其租赁权。一审人民法院于2014年12月12日作出(2014)浙绍执异字第27号执行裁定书,裁定案外人潘某某的异议成立。

Y公司不服,遂于2014年12月23日向一审人民法院提起诉讼,请求判令:(一)确认潘某某主张的租赁权不成立;(二)对G公司名下位于滨海工业区马鞍镇某村房产许可继续执行。一审人民法院认为:人民法院在执行被执行人的非住宅房屋时,案外人以其在涉案房屋设定抵押或者被人民法院查封之前已与被执行人签订租赁合同且租赁期未满为由,主张拍卖不破租赁的,如果租赁合同真实,合同签订于涉案房屋抵押、查封前,且案外人在抵押、查封前已依据合同合法占有涉案房屋至今的,执行中应当保护案外人的租赁权。潘某某主张其与G公司在2013年9月22日签订了租赁合同,其对讼争房屋享有租赁权,对此其需提供充分的证据证明其符合"租赁合同真实、合同签订于涉案房屋抵押查封之前、已依据合同合法占有涉案房屋至今"的情形。本案中,潘某某提交了其与G公司签订的落款日期为2013年9月22日的房屋租赁合同以及落款日期为2013年9月25日的补充租赁合同,但该合同文本的存在并不足以证明合同条款所载事项的真实存在,按照现有证据无法认定双方存在真实的厂房租赁关系。理由如下:一、该租赁合同约定,讼争房屋前十年租金800万元于2013年9月25日前一次性付清,众所周知,市场上租金经常浮动,因经营需要一次性约定18年租期不符合常理,更何况一次性支付800万元的巨额租金;二、潘某某虽提交了银行汇款凭证,证明其于2013

年9月22日向G公司支付租金800万元，但按照G公司的财务账册，该笔款项仅记载为"收往来款"，并未明确该笔款项的用途为租金，按照现有证据无法认定潘某某支付租金的事实；三、该房屋租赁合同以及补充合同并未在有关部门办理过租赁登记备案或在公证部门办理过公证；四、G公司就案涉房屋设定抵押时曾向抵押权人声明讼争房屋并未出租，其在申请贷款之前曾委托评估机构对案涉房屋进行评估，评估机构在实地查勘后于2013年11月20日作出了房地产估价报告，该报告第7页、第8页建筑物状况中亦载明案涉绍房权证滨海字第0×××9号、第0×××0号房产室内为空置状态，并拍有当时的照片留存，潘某某称自签订合同后就实际占有讼争房屋的主张与在案证据表明的事实不符；五、潘某某提交的一系列证据均不能充分证明其所主张的租赁事实。其提交的绍兴市柯桥区滨海派出所询问笔录中王某某、潘某某的陈述仅是提到G公司将厂房租赁给潘某某的事实，但租赁物的范围以及租赁期限均不明确，不能直接证明潘某某于2013年9月22日承租讼争4幢厂房的事实；其提交的落款日期为2013年9月28日与H公司签订的厂房租赁合同，在没有其他证据相佐证的情况下，亦不能证实其于抵押之前就承租讼争房屋的事实；其提交的与封某某以及某电子公司的租赁合同，因该两份房屋租赁合同均是在讼争房屋抵押登记之后签订，均不能证实讼争房屋此前的租赁情况；其提交的水电费发票均系2014年10月、11月左右开具，不能证实2013年9月租赁合同签订前后的占有使用情况以及潘某某在讼争房屋抵押前就实际占有使用讼争房屋的事实。故本案现有证据难以认定潘某某在讼争房屋抵押前与G公司成立租赁关系并实际占有使用租赁房屋的事实，按照"谁主张、谁举证"的举证责任分配原则，其应承担举证不能的不利诉讼后果，其主张的租赁权不能对抗讼争房屋的执行。本案系申请执行人执行异议之诉，所需评判的是案外人就执行标的是否享有足以排除强制执行的民事权益，杭州银行S分行提出Y公司不享有建设工程价款优先权以及本案应由绍兴市柯桥区人民法院执行的意见依法均不属于本案的审理范围,可另循合法途径解决。综上,潘某某在本案中对执行标的并不享有足以阻止执行的民事权益,其要求保护其租赁权的主张,缺乏事实和法律依据,不予支持。Y公司的诉讼请求,理由正当,予以支持。该院判决:准许对G公司名下房产继续执行。

潘某某不服一审人民法院上述民事判决,向二审人民法院提起上诉。二审人民法院认为:人民法院在执行被执行人的非住宅房屋时,案外人以其在涉案房屋设定抵押或者被人民法院查封之前已与被执行人签订租赁合同且租赁期未满为由,主张拍卖不破租赁的,如果租赁合同真实,合同签订于涉案房屋抵押、查封前,且案外人在抵押、查封前已依据合同合法占有涉案房屋至今的,执行中应当保护案外人的租赁权。潘某某提交的其与G公司签订的落款日期为2013年9月22日的租赁合同,从形式上看虽签订于涉案厂房被抵押和查封前,但其仍应对该租赁合同的真实性并已依据该合同合法占有涉案房屋至今的事实,提供充分的证据证明。一审人民法院对潘某某一审中提交的证据分析后,认为现有证据无法认定其与G公司存在真实的厂房租赁关系并阐述了详细的理由,其理由正确,应予确认。二审期间,潘某某提交了H公司与K公司签订的落款日期为2013年9月28日的《净化设备安装调试项目合同》等五组证据,以进一步证明其在涉案厂房被抵押和查封前已占有使用。潘某某提交的第一组证据系公安机关对潘某某、王某某的询问笔录。潘某某系本案当事人,王某某系本案当事人G公司的法定代表人,按照我国《民事诉讼法》第63条规定,按证据的分类应为当事人陈述,其完全可以出庭参加本案庭审,陈述其相应的观点和意见,但其均未参加一、二审庭审,放弃了法律赋予的权利。第二、三、四、五组证据,其真实性可以认定。H公司与K公司签订《净化设备安装调试项目合同》后,存在K公司施工、H公司支付工程款、工程完工后双方进行竣工验收等事实,但不能证明K公司进场施工的时间点在涉案厂房抵押查封之前还是之后。虽然依职权从（2015）绍柯民初字第334号案件卷宗材料中调取的K公司提交的竣工验收单，载明了开工、竣工、验收日期分别为2013年10月16日、12月10日、12月12日，其开工日期在涉案厂房抵押前。但是，该证据系K公司提交，潘某某从H公司取得的竣工验收单并未填写上述日期，由于该案系缺席审理，未经H公司质证，故存在K公司为诉讼而填写的可能。而且K公司提交的竣工验收单载明的验收日期与双方在竣工验收单上的签字日期为2014年2月28日也不相符。按照合同约定，K公司开工前应提交开工报告；合同签订后五日内H公司应支付30%即324000元工程款给K公司。本案中，不仅没有双方确认的开工报告，H公司也直到2013年12月10日才支付给K公司20万元工程款。另外，K公司出具的《H公司无尘室测试报告》，其封面载明的日期为2014年2月28日，但其第二页中测试报告目录载明的日期为2014年3月22日。上述证据之间存在的种种矛盾之处，不能作出合理解释。因此，潘某某二审提交的证据同样不能证明其在涉案厂房被抵押查封前与G公司成立租赁关系并实际占有使用至今的事实。综上，虽然潘某某与G公司签订的租赁合同从形式上看，其落款时间在涉案租赁厂房被抵押查封前，但本案现有证据尚不能充分证明其与G公司存在真实的厂房租赁关系，不足以阻止人民法院的强制执行。潘某某相应的上诉理由不能成立，不予支持。原判认定事实清楚，适用法律正确。判决如下：驳回上诉，维持原判。

潘某某向最高人民法院申请再审，主要事由为：（一）潘某某提交新的证据，即由浙江某律师事务所范某某律师出具的《证明》以及相关照片，证明范某某于2013年9月22日在绍兴迪荡昆仑国际1号楼某室见证了案涉租赁合同的签署过程，并由他人进行了手机拍照。据以证明潘某某与G公司房屋租赁关系的真实性以及成立时间。（二）潘某某与G公司于2013年9月22日成立房屋租赁关系；潘某某在原审中所提交以下证据，足以证明案涉房屋已在2013年9月由潘某某占有使用至今的事实：1.潘某某与H公司签订的房屋租赁合同；2.H公司与K公司所签订的净化安装工程和辅助装修相关资料；3.浙江省绍兴市柯桥区人民法院（2015）绍柯民初字第334号民事判决。因此，本案租赁合同的签订和占有使用均在案涉房屋查封之前，应当维护租赁权人的合法权益。综上，潘某某根据《民事诉讼法》第200条第（1）项、第（2）项的规定，向最高人民法院申请再审。被申请人Y公司向最高人民法院提交书面意见：（一）潘某某于原审中所提交的证据，不能形成有效证据链，不能证明案涉房屋租赁合同的真实性以及潘某某已合法占有房屋至今的事实。（二）Y公司在原审中所提交抵押合同、未出租声明书等证据，足以证明G公司未将房屋租赁给潘某某。（三）潘某某所提交《证明》等并非《民事诉讼法》所规定"新的证据"。综上，请求最高人民法院驳回潘某某的再审申请。一审第三人杭州银行S分行向最高人民法院提交书面意见，请求驳回潘某某的再审申请。

最高人民法院认为，潘某某提交的范某某律师所出具《证明》以及相关照片，并非在本案一审、二审庭审结束前因客观原因无法取得或者不能提供，不能作为《民事诉讼法》审判监督程序所规定"新的证据"，故依法不予采纳。

围绕潘某某的申请再审事由，最高人民法院归纳本案焦点问题为：潘某某能否以对案涉房屋具有租赁权为由排除强制执行。最高人民法院认为，案外人以不动产租赁权为由主张排除强制执行，必须具备两项要件：其一，案外人与被执行人在人民法院对不动产予以查封之前，已订立真实有效的不动产租赁合同。其二，案外人在人民法院对不动产予以查封之前，已对不动产持续占有使用，即已交付租金并采取明显方式在不动产内生活、生产、经营、装修等，以产生对不特定第三人的公示效果。如不符合以上两项要件，则不能排除强制执行。

再审申请人潘某某虽于本案一审、二审中提交了于人民法院查封之前所签订的房屋租赁合同，但是，仍需证明其于人民法院查封之前已对房屋持续占有使用。潘某某在本案一审、二审中提交了其与H公司签订的房屋租赁合同、H公司与K公司所签订的净化安装工程和辅助装修相关资料、（2015）绍柯民初字第334号民事判决等，据以证明已对房屋持续占有使用。最高人民法院认为，以上证据仅能证明H公司与K公司于2013年9月达成工程协议以及工程施工已实际发生，但是，并不能证明K公司在案涉房屋查封之前已经进场施工，也即不能证明案涉房屋于查封之前已由承租人以明显方式占有使用。因此，潘某某于本案一审、二审中所提交的证据，虽证明其于查封之前签订了房屋租赁合同，但不足以证明其已占有使用案涉房屋，故不能排除人民法院强制执行。对于潘某某的申请再审事由，最高人民法院依法不予支持。

综上，潘某某的再审申请不符合《民事诉讼法》第200条第（1）项、第（2）项所规定的情形。最高人民法院裁定如下：驳回潘某某的再审申请。

（二十六）担保物权等优先受偿权人提起执行异议之诉，如何处理？

简答

按照一般观点：

1.案外人以其具有优先受偿权为由提出排除执行异议，不属于异议之诉的受理范围。

2.案外人应在执行程序中直接申请进行分配,就拍卖价款、应收账款等担保财产主张权利;如有争议,按照分配方案异议以及异议之诉处理。

| 详 述

1.大多数优先受偿权人异议或异议之诉申请书以"排除执行"作为落语表象,但不能以此诉请为确定案由之依据。所谓担保物权,其最主要之权利效果,无非对标的物价款的优先受偿而已,并无所有权之排他性,故无权排除强制执行,建设工程优先权更是如此。对于此类异议或异议之诉,当按分配异议处理。此前,该问题模糊不清,目前逐渐形成主流认识。

2.有意见认为,将"未取得执行依据且优先受偿权争议"(似暗意已取得执行依据则无争议)、"优先受偿权可能损害"(似特指质押、留置),作为异议之诉审查范围;将"优先受偿顺序、数额"作为分配方案异议以及异议之诉的审查范围。

笔者认为:"未取得执行依据且优先受偿权争议""优先受偿权可能损害""优先受偿顺序、数额"三类情形,均系优先受偿权人现在或将来可能的债权清偿不能或不能完全实现而所具事由,坚持必须通过诉讼解决的原则即可,统一由分配方案异议之诉作为最后救济途径为妥。

| 背 景

关于执行分配制度。按目前司法解释架构以及概念,"参与分配"制度已经狭义化,只有自然人资不抵债适用"参与分配"制度,进而导入分配异议以及分配方案异议之诉;法人适用"执转破"制度,对于未倒闭破产的法人,按查封、扣押、冻结顺序受偿,虽未明确需作出分配方案,但各级人民法院亦应如此,而该"执转破"后的分配方案,是否适用分配异议以及分配方案异议之诉,相应制度是不清晰明确的。

当然,两类分配制度均应适用同一后续救济途径,当无过多争议。

最高人民法院执行案例参考

【案号】（2016）最高法执监92号

【案例要旨】 另案债权人主张"中止拍卖、返还财产"等请求，但实际上可归纳为对案涉拍卖款项主张优先受偿权，则不能作为案外人异议立案审查。

【案情概要】 西安中院依据（2011）西立调字第35号、第36号、第37号、第38号、第39号、第40号、第41号民事调解书，受理了农行Z支行申请执行P公司七件系列案件。执行中，西安中院于2012年3月5日作出（2012）西执民字第00019号执行裁定：查封登记在P公司名下的位于西安市雁塔区含光路Y酒店房屋（产权证号：1100104017-21-1-×××2等）以及附属设施、设备。2012年9月24日，西安中院作出（2012）西执民字第00019-2号执行裁定：拍卖被执行人P公司名下位于西安市雁塔区含光路Y酒店土地房产以及相应配套设施。2012年11月30日，西安中院作出（2012）西执民字第00019-4号执行裁定：确认B银行股份有限公司以32925.32万元的最高出价竞买成交；拍卖财产上原有的担保物权以及其他优先受偿权，亦因拍卖而消灭；解除登记在P公司名下位于西安市雁塔区含光路Y酒店土地、房产的查封；解除P公司所有的位于西安市雁塔区含光路Y酒店房屋内、地下负一层和负二层以及裙楼四层行政办公区内的家具、电器、办公用具、厨房炊具、洗衣房设备等的查封；P公司位于西安市雁塔区含光路Y酒店涉案资产（土地使用权、房产、酒店配套设施）归买受人B银行股份有限公司所有；买受人B银行股份有限公司可持本裁定到财产管理机构办理相关产权过户登记手续。西安中院遂向西安市住房保障和房屋管理局、西安市国土资源管理局发出协助执行通知，要求协助执行办理涉案房产以及土地的解除查封和过户至B银行股份有限公司的手续。2012年12月21日，西安中院向B银行股份有限公司作出（2012）西执民字第00019号移交财产通知书，并于2012年12月26日依法向B银行股份有限公司移交了拍卖的涉案财产。B银行股份有限公司在拍卖成交后已支付完全部拍卖款项，该拍卖款项已依法发还相关债权人。

2014年11月30日，案外人辛某某依据西安市房雁塔区他字第2009×××25号、第2009×××26号、第2009×××27号、第2009×××20号、第2009×××21号、第2009×××07号《房屋他项权证》，主张该六套房产被西安中院错误拍卖，提出执行异议，请求中止执行并返还财产。

西安中院经审查认为，《民事诉讼法解释》第464条规定，按照《民事诉讼法》第227条规定，案外人对执行标的提出异议的，应当在该执行标的执行程序终结前提出。据此，案外人辛某某执行异议所针对的位于西安市雁塔区含光路登记在P公司名下的六套房产已经完成权属转移，并且相关拍卖价款已经分配完毕，故案外人争议的标的物已执行完毕，依法不予受理。

西安中院于2015年9月21日作出（2015）西中执异字第00052号执行裁定：按照《民事诉讼法解释》第464条以及《异议复议规定》第2条第3款的规定，对案外人辛某某提出的执行异议申请不予受理。

辛某某不服西安中院执行异议裁定，向陕西高院申请复议称：依据西仲调字（2009）第769号、第941号、第490号调解书，（2008）雁民初字第3892号、第4214号、第4215号、第4216号、第4236号、第4305号、第2557号民事调解书以及判决书和西安市房雁塔区他字第2009×××25号、第2009×××26号、第2009×××27号、第2009×××20号、第2009×××21号、第2009×××07号《房屋他项权证》，西安中院错误地将被执行人抵押给其的上述房产进行拍卖，应予纠正。请求撤销（2015）西中执异字第00052号执行裁定。

陕西高院经审查认为，辛某某于2014年11月30日提出执行异议所指向的执行标的，已被西安中院在执行中依法拍卖，并于2012年12月26日完成移交。根据《民事诉讼法解释》第464条的规定，案外人对执行标的提出异议的，应当在该执行标的的执行程序终结前提出。辛某某在异议指向执行标的的执行程序终结后提出异议，不符合受理条件。

陕西高院于2016年1月28日作出（2016）陕执复第6号执行裁定：依照《民事诉讼法解释》第464条，《异议复议规定》第2条、第6条第2款之规定，驳回辛某某复议请求。

辛某某不服陕西高院上述复议裁定，向最高人民法院申请执行监督。主要事由为：辛某某与P公司之间签订有多个民事合同，P公司以其名下六处房产作为抵押。双方发生纠纷，西安市仲裁委员会作出多份民事调解书，雁塔人民法院作出多份民事调解书和民事判决书。辛某某依据上述生效法律文书向西安中院、雁塔人民法院申请强制执行，但执行法院久拖不执，辛某某多方申诉，均无结果。之后，西安中院执行农行Z支行与P公司借款合同纠纷系列案时，在辛某某并不知情的情况下，将包括辛某某抵押房产在内的Y酒店一并拍卖执行，侵犯了抵押权人合法权利，违法执行案外人财产；西安中院在案件执行中，违反《民事诉讼法》关于执行款项分配有关规定，拖延、不当发放执行款项，损害了其合法权益。综上，辛某某请求最高人民法院撤销陕西高院（2016）陕执复第6号执行裁定。

最高人民法院认为，辛某某在西安中院对被执行人P公司名下房产予以拍卖并移交后，以所拍卖执行标的中含有辛某某具有抵押权的六处房产，故提出"执行异议"，请求中止拍卖并返还财产。被执行人P公司由多个债权人分别申请执行，辛某某虽然向西安中院提交《执行异议申请书》，所主张事由亦表述为"中止拍卖、返还财产"等，但是，辛某某异议请求实际上可归纳为两个方面：一是以具有抵押权为由主张排除执行，二是主张对拍卖款项优先受偿。按照现行法律以及司法解释所设定的执行当事人救济途径，并综合本案整体情况进行判断，执行法院应当将辛某某作为多个债权人对同一被执行人申请执行案件中的抵押债权人,按照《执行规定》第88条的规定,以及《拍卖变卖规定》第31条"拍卖财产上原有的担保物权及其他优先受偿权,因拍卖而消灭,拍卖所得价款,应当优先清偿担保物权人及其他优先受偿权人的债权"之规定,重点审查辛某某抵押权是否真实合法以及是否享有对案涉拍卖款项的优先受偿权等问题。因此,西安中院仅仅依据辛某某所提异议之表述,将本案作为案外人异议立案审查,进而以超出异议期限为由而不予受理,与现行法律以及司法解释规定不符,亦不利于妥善保护当事人权益,应当进行重新审查。综上,最高人民法院参照《民事诉讼法》第204条、按照《执行规定》第129条的规定,裁定如下:一、撤销异议裁定、复议裁定;二、本案指令西安中院重新审查。

十九、终结本次执行程序专题

（一）终结本次执行程序，应当满足何种标准条件？

简 答

按照《终结本次执行程序规定》，终结本次执行程序，必须穷尽强制执行措施、穷尽财产调查措施和穷尽执行制裁措施，也即需同时符合如下要件：

1.采取常规的执行措施：已向被执行人发出执行通知、责令被执行人报告财产。

"责令被执行人报告财产"，应当完成下列工作：

（1）发出报告财产令；

（2）对报告的财产情况予以核查；

（3）对逾期报告、拒绝报告或者虚假报告的被执行人或者相关人员，依法采取强制措施直至启动刑事责任追究程序。

上述内容与《最高人民法院关于民事执行中财产调查若干问题的规定》衔接。

2.已向被执行人发出限制消费令，并将符合条件的被执行人纳入失信被执行人名单。

（1）只要被执行人不履行生效法律文书确定的义务，就应当向其发出限制消费令；

（2）纳入失信被执行人名单还应当符合《失信被执行人规定》列明的条件。

3.已穷尽财产调查措施，未发现被执行人有可供执行的财产或者发现的财产不能处置。

（1）穷尽财产调查措施

其一，对申请执行人或他人提供的财产线索的核实。

其二，通过网络执行查控系统对被执行人的存款、车辆以及其他交通运输工具、不动产、有价证券等财产情况进行查询。网络执行查控系统既包括由最高人民法院建立的执行案件网络查控系统，还包含执行法院所在地区已经建立的网络查控系统，执行法院应当在上述查控系统中对被执行人名下的存款、车辆以及其他交通运输工具、不动产、有价证券等财产均进行了调查，才算是完成了网络调查事项。

其三，无法通过网络执行查控系统查询财产情况的，在被执行人住所地或者可能隐匿、转移财产所在地进行必要调查。针对一些地区或者一些财产形式受网络技术发展以及个别地区或领域信息化科技手段运用水平所限，暂时还不能通过网络调查方式予以查找，对于这部分地区或形式的财产，仍应充分运用传统的财产调查方式在被执行人住所地，或者可能隐匿转移财产所在地进行查找。

其四，被执行人隐匿财产、会计账簿等资料且拒不交出的，依法采取搜查措施。《民事诉讼法》第255条、《民事诉讼法解释》第498条对搜查的适用条件和程序作了明确规定。搜查必须依照法定程序进行，由院长签发搜查令，并做好执行预案。

其五，经申请执行人申请，根据案件实际情况，依法采取审计调查、公告悬赏等调查措施。需要说明两个问题：一是采取审计调查、公告悬赏等调查措施，须以申请执行人申请为前提，人民法院原则上不依职权采取；二是是否采取审计调查、公告悬赏等调查措施，由人民法院根据案件实际情况决定。上述内容与《最高人民法院关于民事执行中财产调查若干问题的规定》衔接。

（2）未发现被执行人有可供执行的财产或者发现的财产不能处置

包含三种可能的情况：

其一，被执行人完全没有可供执行的财产；

其二，被执行人可供执行的财产被处置完毕后，未发现其他可供执行的财产；

其三，发现的财产不能处置。包括：第一，被执行人的财产经法定程序拍卖、变卖未成交，申请执行人不接受抵债或者依法不能交付其抵债，又不能对该财产采取强制管理等其他执行措施。第二，执行实践中比较突出的查封、扣押、冻结了车辆等动产的档案登记，但却未能实际控制相关财产的情况。

4.自执行案件立案之日起已超过三个月。

5.被执行人下落不明的，已依法予以查找；被执行人或者其他人妨害执行的，已依法采取罚款、拘留等强制措施，构成犯罪的，已依法启动刑事责任追究程序。

（二）未经申请执行人同意，能否终结本次执行程序？

简 答

按照《民事诉讼法解释》以及《终结本次执行程序规定》的规定，申请执行人是否同意和认可终结本次执行程序，不是人民法院能否作出终结本次执行程序决定的前提：

1.如果申请执行人同意，由申请执行人签字确认后，可以裁定终结本次执行程序；

2.如果申请执行人不同意，由执行实施庭组成合议庭审查核实并经院长批准后，可以裁定终结本次执行程序。

（三）申请执行人仍不认可终结本次执行程序，如何进一步行使救济权利？

简 答

按照《终结本次执行程序规定》的规定以及一般观点：

1.申请执行人可以针对终结本次执行程序裁定提出执行异议；

2.该执行异议由执行裁判庭审查；

3.不服执行异议裁定，可以进一步申请复议。

详 述

当事人、利害关系人对于终结执行本身可以提出异议，终结本次执行程序后执行案件仍处在广义上的"执行过程"中，而终结本次执行程序亦是人民法院作出的一项执行行为，且与当事人、利害关系人的权益休戚相关，因此，允许当事人、利害关系人就终结本次执行程序提出异议不仅合乎法律规定的内在逻辑，也能通过执行异议、复议程序充分救济当事人、利害关系人的合法权益。

（四）终结本次程序后，如发现新的财产线索，申请执行人如何实现债权？

简 答

按照《终结本次执行程序规定》的规定：

1.终结本次执行程序后，申请执行人发现被执行人有可供执行财产的，可以向执行法院申请恢复执行，申请恢复执行不受申请执行时效期间的限制。

2.终结本次执行程序后，人民法院并不解除执行措施和强制措施，主要是：限制高消费措施解除、对执行财产（如有）的限制性执行措施并不解除。

3.申请执行人可以申请延长对执行财产（如有）的限制性执行措施期限，即查封、扣押、冻结期限。

4.申请执行人可以申请追加被执行人：

（1）先申请追加被执行人；

（2）后申请恢复执行。

5.被执行人妨害执行（隐匿财产等），经申请执行人提供线索，人民法院仍然可以依法对其予以罚款、拘留；构成犯罪的，依法追究刑事责任。

详 述

1.申请执行人申请延长查封、扣押、冻结期限的，人民法院应当依法办理续行查封、扣押、冻结手续，比如一些财产不能处置的，还应当继续控制。

2.变更、追加被执行人后相当于又有了新的可供执行财产，也就符合了恢复执行的条件。此处的变更追加被执行人是指主体的改变，不包括被执行人单纯更名的情况。这在《变更追加规定》中也已经有所体现，更名和变更、追加被执行人适用的程序完全不同。

二十、执行与破产交叉专题

（一）破产程序终结后，债权人发现破产人有其他财产的，能否申请恢复对原执行案件的执行？

简　答

按照一般观点：

1.人民法院已经裁定宣告被执行人破产的，执行程序依法终结。

2.债权人发现破产人有应当供分配的相关财产的，可以按照《破产法》规定，请求人民法院进行追加分配，执行案件依法不能恢复执行。

（二）破产受理后，执行异议复议程序是否应当中止？

简　答

按照一般观点：

异议复议案件审查中，被执行人被受理破产，异议复议审查并不会直接导致执行法院继续采取执行措施,亦不是在被执行人已被受理破产的情况下对个别债权人予以清偿的确认,可以继续进行。

> **详 述**

执行异议复议程序系对具体执行行为的监督,主要包括执行行为是否具有正当性、合法性。但是,在被执行人破产案件审理期间,执行法院对被执行人采取的执行措施应一并中止。

(三)执行案件移送破产,需要具备什么条件?

> **简 答**

按照《民事诉讼法解释》以及《执行案件移送破产审查指导意见》的规定,执行案件移送破产,需要具备以下条件:

1.被执行人为企业法人。排除参照适用《破产法》规定程序的其他非法人企业。

2.被执行人或者有关被执行人的任何一个执行案件的申请执行人书面同意将执行案件移送破产审查。在被执行人或申请执行人均不同意执转破的情况下,人民法院应按《民事诉讼法解释》第516条的规定处理,即按查封、扣押、冻结顺序受偿。

3.被执行人不能清偿到期债务,并且资产不足以清偿全部债务或者明显缺乏清偿能力。一般而言,只要债务人经强制执行,没有财产或财产无法清偿全部债务,就可以认定为具备了明显缺乏清偿能力这一破产原因。

背景

关于债务人破产对债权人担保债权的不利影响。

1.债务人破产后,对担保财产采取的执行措施将被解除,执行程序将被中止,担保财产存在不当流失风险。

为维护破产程序的稳定以及公平地清理债权债务,《破产法》确立了破产程序中"禁止个别清偿原则",即人民法院受理破产申请后,债务人对个别债权人的债务清偿无效,所有债权债务应纳入破产程序的统一范畴内进行统一处理。基于以上考量,《破产法》以及相关司法解释规定债务人进入破产重整程序之后,债务人财产上的保全措施解除,执行程序中止。

第一,债务人破产后,债权人虽然依然享有对担保物的优先受偿权,但暂时丧失了破产期间对担保物的变现权。债权人作为担保物权人,在债务人到期不能清偿债务时,享有将担保物变现并就变现价值优先受偿的权利。也就是说,债权人享有两大权利:变现权和优先受偿权。而在破产程序中,根据《破产法》第109条,虽然债权人的优先受偿权依然得以保留,但变现权受到了极大限制,即在债务人破产期间,债权人无权将担保物变现,担保物需按照人民法院确认的变现时间和方式统一变现、分配。

第二,债务人破产后,债权人于担保物上所采取的保全措施将被解除,在解除保全和财产接管过程中,债务人财产存在不当流失风险。破产理念认为,一旦企业破产,其所有财产即作为破产财产纳入统一分配,任何人无权私自处分,因此财产上原有的查封、扣押、冻结等担保措施无存在意义,且会给后续处置破产财产造成不良影响,因此《破产法》规定,债务人破产后,债务人财产上的保全措施将被全部解除,这意味着即便债权人在债务人破产前通过起诉对债务人财产采取了保全措施,一旦债务人破产,所有保全措施将被解除。如果人民法院和破产管理人能做到及时接管财产，债务人财产在人民法院和管理人的统一管理下也是安全的。然而由于解封时间与管理人接管财产时间往往存在空档期，债务人如趁此空档期将担保财产隐匿、转移、买卖，可能造成债务人财产不当流失。

另外，根据《破产法》规定，人民法院受理破产申请后保全措施即应解除，但如果人民法院受理后经审查发现债务人不符合破产情形，裁定驳回破产申请，此时原担保财产即从破产财产又恢复成无查封、扣押、冻结状态的债务人财产。虽然根据《破产法解释（二）》第8条的规定，破产人民法院裁定驳回破产申请后，应当及时通知原保全人民法院按照原保全顺位恢复保全措施。但在实践中，由于人民法院之间的衔接不畅，极易产生保全上的空白地带，担保财产依然存在不当流失或者遭其他债权人"抢先查封、扣押、冻结"的情形。

2.破产案件审理周期漫长，不利于债权人及时回收债权，担保物亦存在贬值风险。

破产案件通常审理周期较为漫长，短时间内难以结案，主要因为：第一，破产案件利益方众多，协调难度大。破产案件中，除了破产企业和债权人之外，破产企业股东、职工等亦是相关利益方，且当地政府一般会介入破产过程中，主导破产进程，利益的多头化导致破产案件审理时间漫长。第二，近年来破产案件中破产重整比例逐渐提高，破产重整不仅涉及法律关系的处理，还涉及战略投资人的引入、股份的评估、转让等商业策略布局，也包括职工利益、小额债权人利益的保护等政府维稳方面的考量，任何一个环节的谈判和博弈都将影响重整的进度。因此，一个破产案件的审理，常需经历数年时间，债权人在此期间内无法回收债权，亦无法收取利息（《破产法》规定，破产期间停止计息），原有债权也可能受通货膨胀影响而贬值；同时，债权人亦损失了按时收回债权并将资金投入到新的项目可获得的预期利益。

另外，因债权人的担保物通常为房产或者股权，其变现价值受市场环境的影响较大，破产程序漫长可能导致担保物存在贬值风险，即便在项目设立时担保物价值与债权数额相等甚至超过债权数额，但很难确认数年之后担保物价值是否存在"缩水"现象。如担保物变现时价值低于债权人债权价值，则债权人仅能就担保物变现价值优先受偿，其余部分只能作为普通债权一并参与受偿，而普通债权的清偿率往往很低，这将导致债权人债权受损。

3.在破产重整情况下，债权人作为担保债权人没有制订重整计划草案的权利，人民法院亦可在一定条件下强制通过债权人反对的重整计划。

第一，债权人没有制订重整计划草案的权利。根据《破产法》第80条的规定，重整计划草案制定的主体是债务人或者管理人，债权人无权参与重整计划草案的制订过程，没有表达意愿的权利。此条规定可能意在提高重整计划草案制订的效率，但在客观上确实剥夺了债权人发表意见的权利。

第二，人民法院可以强制通过债权人提出异议的重整计划。根据《破产法》第87条的规定，部分表决组未表决通过重整计划草案的，债务人或者管理人可以在一定条件下申请人民法院强制批准重整计划草案，该规定在实质上违反了破产程序中债权人利益最大化的原则。因此，债权人所在的担保债权人组未表决通过重整计划草案的，人民法院有权强制批准重整计划草案。虽然《破产法》对强制批准规定了前提条件，即该草案要保证担保债权人就担保物将获得全额清偿，并且对其因延期清偿所受的损失将进行公平补偿，以及其担保权未受到其他实质性损害。但事实上，界定担保债权人因延期清偿所受的损失受到了公平补偿，且其担保权未受到其他实质性损害的标准比较抽象且不易操作。

第三，从目前立法上看，人民法院强制批准重整计划的行为具有终局性，不能申请复议、上诉、申请再审，导致债权人作为异议债权人丧失了救济的途径和权利。该问题越来越引起关注，不少学者都指出了救济途径缺失的弊端，认为应当赋予异议债权人向上一级人民法院复议的权利，但这仅仅是一种理论上的探讨和建议。事实上，至今针对人民法院强制批准重整计划的异议救济途径尚未搭建。

（四）执行案件移送破产，管辖法院如何确定？

简 答

按照《民事诉讼法解释》以及《执行案件移送破产审查指导意见》的规定：

1.执行案件移送破产审查，由被执行人住所地人民法院管辖。《最高人民法院关于审理企业破产案件若干问题的规定》第1条规定，企业破产案件由债务人住所地人民法院管辖。债务人住所地指债务人的主要办事机构所在地。债务人无办事机构的，由其注册地人民法院管辖。

2.以中级人民法院管辖为原则、基层人民法院管辖为例外的管辖制度：中级人民法院经高级人民法院批准，也可以将案件交由具备审理条件的基层人民法院审理。

背 景

关于执转破案件的级别管辖。

2016年6月21日，最高人民法院经商中编办同意，制定下发了《关于在中级人民法院设立清算与破产审判庭的工作方案》，要求在全国部分中级人民法院设立破产审判庭，从机构和人员配备方面推进破产审判专业化建设。

将执转破案件主要分配给中级人民法院审理：一方面，与中级人民法院设立破产审判庭工作相契合，有利于保障中级人民法院的破产案件数量，提高破产审判人员的素质，促进中级人民法院的破产审判专业化建设；另一方面，主要是考虑全国绝大多数基层人民法院没有专门的破产审判庭，破产审判人员凤毛麟角，破产案件多由民商事法官审理，破产审判专业化程度不高，在民商事案件级别管辖下移、案件量大幅增加的情况下，基层民商事法官难有精力再去处理数量不菲的执转破案件。由中级人民法院审理执转破案件，有利于平衡案件压力，从中级人民法院层面上先行推进破产审判机构和队伍专业化建设。

全国也有部分基层人民法院，如东部沿海省份的一些基层人民法院已经建立了专门的破产审判庭，破产审判人员专业水平也较高，具备审理破产案件的能力。此种情况下，可以采用由高级人民法院指定管辖的方式，将执转破案件交由相关基层人民法院审理。

（五）执行案件移送破产，如何区分已执行财产与破产财产？

简 答

按照《民事诉讼法解释》以及《执行案件移送破产审查指导意见》的规定：

1.执行案件移送破产，区分已执行财产与破产财产，关键在"执行法院收到受移送人民法院破产审判部门作出的受理破产裁定"的时点。

2.执行法院收到受移送人民法院破产审判部门作出的受理破产裁定时，下列财产，因财产所有权已经发生变动，认定为已执行财产，不属于被执行人的财产，不作为破产财产移交受移送人民法院：

（1）已通过拍卖程序处置且成交裁定已送达买受人的拍卖财产。

（2）通过以物抵债偿还债务且抵债裁定已送达债权人的抵债财产；按照一般观点，该抵债，应当包括未经拍卖变卖的以物抵债、拍卖变卖之后的以物抵债。执行法院已实际扣押但未变价处置的动产、有价证券，属于破产财产。

（3）已完成转账、汇款、现金交付的执行款。按照一般观点，虽扣划至执行法院账户，但尚未转账、汇款、现金交付至申请执行人的现金，属于破产财产。如果执行款系担保物处置变价所得，因担保物权人享有优先受偿权，应当将该变价款优先分配给担保物权人用于清偿债务，该变价款不属于破产财产。这属于执行变价款应移交的例外情形。

详 述

关于区分已执行财产与破产财产。

1.按照《破产法》第19条的规定：人民法院受理破产申请后，有关债务人财产的执行程序应当中止。对于破产和执行程序的冲突问题，破产法已有明确规定，无特殊原因，执行程序要劣后于破产程序，以保证所有债权人公平受偿。

2.执行程序优先于破产程序的例外是，如果受理破产之前，所有权已经发生了转移，出于对执行成果以及特定债权人付出努力的保护，该标的可以从破产财产中予以剔除。因此，关键在于受理破产案件的时间，破产案件以"受理"为程序开始标准是各国通例。按照法律规定，破产案件受理后的执行行为应当无效，执行财产应当交由破产人民法院依法处理。

3.《执行案件移送破产审查指导意见》第16条以列举的方式规定了审判实践中几种常见的应移交财产，并概括了其法律上的共同属性：必须是被执行人的财产，即尚未执行完毕、可以用于清偿被执行人债务的责任财产。不属于被执行人的财产，包括曾经属于被执行人所有，但因执行完毕而使所有权发生变动，不再属于被执行人的财产，因不能用以清偿被执行人的债务，故无需移交。

4.对于认定执行标的物权变动问题，应以《民法典》及其司法解释作为基本依据。即不动产以登记、动产以交付为物权变动的标准，但法律另有规定的除外。通过司法拍卖、以物抵债清偿债务的，标的物所有权自拍卖成交裁定、抵债裁定送达买受人或者接受抵债物的债权人时转移。

5.对于在破产管辖人民法院裁定受理破产申请时，已进入执行法院或第三方账户但却未分配给申请执行人的执行价款，是否属于破产程序中的债务人财产（即破产宣告后的破产财产）问题，应当认定该价款不属于债务人财产，应当将之分配给申请执行人。理由为：

其一，根据《执行案件移送破产审查指导意见》第17条规定，在受移送人民法院裁定受理破产申请时，执行法院已完成转账、汇款、现金交付的执行价款，由于已经不属于债务人的财产，故无需移交。根据反面解释，在裁定受理破产申请时，已进入执行法院或第三方账户却未分配给申请执行人的执行价款，由于尚未交付申请执行人清偿债务，仍应属于未执行完毕的被执行人财产，应予移交。

其二，强制执行的最终目的是使债权人受清偿，拍卖、变卖等执行措施仅是实现这一目的的方法和手段，实施拍卖、变卖等执行措施取得变价款，但却未实际分配给申请执行人的，债权尚未得到清偿，执行目的尚未达至，执行程序也并没有完毕。[1]如该款项此时发生意外减损，其风险亦

---

[1] 江伟主编：《民事诉讼法》（第三版），高等教育出版社2007年版，第455页。

应由被执行人承担，而不应由申请执行人承担。

其三，在参与分配制度中，此种情形一直是按未执行完毕处理。例如，《最高人民法院关于适用〈中华人民共和国民事诉讼法〉若干问题的意见》第298条规定："参与分配申请应当在执行程序开始后，被执行人的财产被清偿前提出。"虽然2015年2月4日起施行的《民事诉讼法解释》第509条对此作了文字修改，重新表述为"参与分配申请应当在执行程序开始后，被执行人的财产执行终结前提出"，但司法取向并未发生改变。

其四，破产程序启动后，按照《破产法》第19条的规定，执行程序应当中止，无论是被执行人还是人民法院都不应再对个别债权进行清偿。如果认定因先前个别执行行为而划入人民法院或第三方账户的执行变价款可以继续执行交付给申请执行人，则有违《破产法》的上述规定，应属于违法执行。因此，在人民法院裁定受理破产申请后，划入执行法院或第三方账户但却未分配给申请执行人的执行价款，应作为债务人财产，并在债务人被宣告破产后列入破产财产，根据破产程序进行公平分配。但是，如果该执行变价款是从对债务人提供的担保物进行变价处置而来，因担保权人本就对担保物的价值享有优先受偿权，将该变价款优先分配给担保权人用于清偿债务，并不损害破产程序中的其他债权人的利益，不违反公平原则，故不应受中止执行的限制。这属于执行变价款应移交的例外情形。[①]

[①] 王富博：《〈关于执行案件移送破产审查若干问题的指导意见〉的理解与适用》，载《人民司法·应用》2017年第10期。

二十一、不动产执行专题

（一）不动产超标的查封类执行异议案件的审查要点是什么？

简 答

按照一般观点，判定是否存在超标的查封不动产情形，应重点查明申请执行标的数额、执行财产评估价值，并审查两者之间是否基本对应，即是否"明显超标的额"。

1.诉讼保全的标的物是不动产，而非存款等具有明确价额的财产，无法精确计算其价值，执行法院仅能按照已成交房产的价格情况，结合周边同类房产的实际成交价格，并考虑市场需求量以及价格波动等因素，综合估算查封、扣押、冻结房产的价值。

2.当事人提供的已在房屋产权部门备案的商品房购销合同，仅能说明交易时点的价格，可以作为确定房产价值的参考因素，不能据此确定查封、扣押、冻结房产的实际价值。

3.如果财产方便执行，不存在客观或法律障碍，执行法院应当立即对执行财产启动评估程序，进而认定是否存在超标的查封情形，而不宜无任何依据驳回异议。

4.总之,对于"明显超标的额",应当从宽掌握。

最高人民法院执行案例参考

案例一

【案号】(2016)最高法执监288号

【案例要旨】执行程序中对于超标的查封争议,重点审查债权总额是否与执行标的物价值相当。

【案情概要】针对李某某、T公司与许某某民间借贷纠纷一案,防城港中院于2015年2月11日作出(2014)防市民一初字第4号民事判决,判决T公司、李某某偿还许某某借款8105.28万元、利息252万元并支付逾期还款违约金500元。

2014年7月10日,许某某曾向防城港中院申请诉前财产保全,该院依据(2014)防市立保字第2号民事裁定,冻结李某某、T公司名下人民币10000万元银行存款或查封价值相应的其他财产,将李某某、T公司位于港口区F广场名下的房产328套以及防港国用(2011)第××号,面积为14302.9平方米;防港国用(2011)第××号,面积为4143.63平方米的两宗土地予以查封,并冻结其单位和个人相应的15个银行账户。

2015年7月27日,防城港中院立案受理Z公司诉T公司建设工程施工合同纠纷,Z公司请求判令T公司支付工程进度款9057.5170万元、利息2262.56万元以及违约金1411万元,并判决其对F广场工程依法享有优先受偿权。T公司于2014年3月17日将F广场所占范围的上述2宗土地国有土地使用权为Z公司广西分公司设定了抵押,抵押金额为5000万元。

T公司已于2012年7月9日将F广场所占范围的部分土地使用权为广西某公司设定了抵押,抵押金额为2300万元。

因T公司未按时支付工程进度款,F广场项目已经停工,处于未竣工状态。T公司委托评估公司对"F广场"部分项目进行评估，该公司于2014年7月14日作出评估报告，该评估报告应用的有效期为2014年7月14日至2015年7月13日。

2016年2月19日，李某某、T公司向防城港中院提出异议，请求解除对李某某、T公司财产的超额查封。防城港中院认为：首先，房地产价格具有波动性，故对特定房地产的每一次价格评估结论具有时限性。评估公司于2014年7月12日对F广场项目所作评估结论，有效期限截至2014年12月底，故不能作为证明F广场项目价格的依据。其次，按照广西高院已经生效的（2015）桂民二终字第27号民事判决，该案的执行标的为借款本金8105.28万元、利息252万元以及迟延履行期间的双倍利息，而防城港中院查封的T公司328套房产尚属于F广场项目在建工程，该在建工程工程价款尚未完全支付，且该工程项目所占范围的部分土地使用权设定抵押给他人，按照法律的规定，工程价款和有抵押的债权均优先受偿于本案的债权。另，T公司自述其已将部分房产销售，按照《最高人民法院关于建设工程价款优先受偿权问题的批复》第2条"消费者交付购买商品房的全部或者大部分款项后，承包人就该商品房享有的工程价款优先受偿权不得对抗买受人"之规定，买受人的债权优先受偿于工程价款，故当然优先受偿于本案的债权。综上，该案所查封的财产在执行程序中通过评估、拍卖或者变卖，并在优先清偿购房款、工程价款和其他已经设立担保的债权后，剩余价款才能用于清偿该案债务，而李某某、T公司并不能提供证据证明前述剩余价款已明显超过该案执行标的总额，因此，李某某、T公司申请解除对超额部分房产的查封并解除对账号的冻结，依据不足，即裁定驳回异议人李某某、T公司的异议。

李某某、T公司不服，向广西高院申请复议。广西高院认为，本案焦点问题在于防城港中院是否存在超标的查封的情形。首先，在执行异议程序中，对执行标的数额，虽然李某某、T公司提交了评估报告，但该报告因系其单方委托并已经超出应用有效期限,且防城港中院在听证时已征询其是否申请该院委托有资质的机构对查封的财产进行评估,但其未予答复。其次,按照执行依据,本案执行标的为借款本金8105.28万元、利息252万元、逾期还款违约金500元以及逾期加倍支付迟延履行期间的债务利息。因防城港中院所查封的T公司房产属于F广场项目,该项目尚未完工验收,欠付工程价款纠纷,即Z公司诉T公司建设工程施工合同纠纷正在审理中,Z公司主张对F广场项目工程款享有优先受偿权,并已对涉本案诉讼保全查封的两宗土地使用权进行了抵押,因该案尚未审理终结,未能确定所欠工程款项数额,是否享有优先受偿权。此外,涉本案诉讼保全查封的两宗土地使用权亦为广西某公司的债权设定了抵押,担保物权的实现数额尚未能确定。因此,复议申请人主张执行法院超标的查封没有事实和法律依据。综上,广西高院裁定如下:驳回李某某、T公司的复议申请。

李某某、T公司向最高人民法院申诉,请求撤销广西高院(2016)桂执复19号执行裁定。主要事实与理由为:案涉执行标的额仅8357.33万元,而已被查封的328套房产市场价值高达4.3亿元;即使如广西高院所认定另有其他优先债权,被执行人所负全部债务也不超过2亿元。综上,执行法院已构成严重超标的查封。李某某、T公司提交了评估公司经防城港中院委托而对案涉房产于2016年5月29日作出的评估报告,案涉房产评估总价为约1.28亿元。

李某某、T公司在2016年9月14日接受询问时表示:关于广西某公司2300万元抵押债权,该公司已经起诉,但是T公司与广西某公司已达成和解,审理人民法院即将制作调解书。关于Z公司建设工程款债权,T公司已与Z公司达成和解,Z公司将于2016年9月18日撤诉。因李某某、T公司向最高人民法院陈述广西某公司、Z公司即将与被执行人达成和解,此两项事实将对案涉是否超标的查封的认定构成重大影响,故最高人民法院告知李某某、T公司可在庭后提交相关调解或撤诉法律文书；但是，李某某、T公司始终未提交相关法律文书。

最高人民法院于2016年12月19日通过远程视频方式向广西高院、防城港中院了解到相关事实：本案异议裁定、复议裁定所查明广西某公司抵押债权，已进入诉讼程序并作出判决，李某某、T公司应当偿付约2600万元；Z公司建设工程款债权尚在一审审理之中，原告已申请诉讼保全。

最高人民法院认为，针对李某某、T公司的申诉事由，本案的焦点问题为防城港中院是否构成超标的查封。执行程序中对于超标的查封争议，重点审查债权总额与执行标的物价值是否相当。关于债权总额，本案申请执行人许某某请求李某某、T公司偿付民间借贷债权约1亿元，另案广西某公司请求李某某、T公司偿付抵押债权约2600万元，另案Z公司请求李某某、T公司偿付建设工程款债权约1亿元；以上由生效法律文书确认或正在诉讼审理阶段的债权已超过2亿元。关于执行标的物价值，防城港中院对案涉房产委托评估总价约1.28亿元。两相比较，案涉债权总额已超出标的物评估价，因此，执行法院并未构成超标的查封。李某某、T公司主张超标的查封的申诉请求，缺乏事实与法律依据，应当依法予以驳回。

最高人民法院参照《民事诉讼法》第204条，依照《执行规定》第129条规定，裁定如下：驳回李某某、T公司的申诉请求。

案例二

【案号】（2015）执复字第54号

【案例要旨】1.判定执行实施案件是否存在超标的查封情形，应当先行查明案件执行标的数额。执行异议案件审查中，如对执行标的的数额未经审查即认定不存在超标的查封，则构成认定事实不清。2.被执行人如主张超标的查封，执行法院应当立即对案涉房产进行委托评估，按照委托评估价格认定是否存在超标的查封情形。

【案情概要】就沈某与C书店民间借贷纠纷一案，海南高院于2015年2月15日作出（2014）琼民一初字第9号民事判决：C书店10日内向沈某偿还借款本金7123.27万元以及利息48710928.62元，从2014年9月16日起以7123.27万元按月息1.6%计算至本金还清之日止；C书店10日内向沈某支付违约金13320956.74元，从2014年9月16日起以7123.27万元按中国人民银行同期一年期贷款利率计算违约金至全部清偿本金利息之日止。

沈某向海南高院申请立案执行，申请执行的标的额为本金7123.27万元以及相应利息、违约金（截至2015年7月20日，尚未包括诉讼费、执行费等）。海南高院于2015年7月22日立案执行。

执行中，海南高院于2015年9月2日裁定查封被执行人C书店所有的坐落于海南省三亚市河西区新风路的房产以及相应土地使用权；2015年9月23日，海南高院裁定查封被执行人C书店所有的坐落于海南省海口市金盘路厂房和海秀路的房产以及相应土地使用权。

C书店认为上述查封的财产存在超标的额情形，向海南高院提出书面异议称，2015年8月和9月裁定查封我司房产具体情况：（一）查封海南省三亚市河西区新风路的房产面积5974.68平方米，评估价值约4万元/平方米，价值2.4亿元；（二）查封我司所有的坐落于海南省海口市金盘路厂房和海秀路房产评估价格为28295元/平方米，查封抵押房产18本证，面积1572.74平方米，价值4450万元。我司只向沈某借款6107.3974万元，人民法院判决本金和利息、违约金总共不到1.2亿元，本案执行中查封海秀路18套抵押房产的价值已达3亿元，已经远远超过执行标的。在抵押房产足够偿还沈某债权的情况下，人民法院查封我司第2项房产属于超额查封。我司现因人民法院查封失去对资产的有效利用，无法融资，资产无法良性运营。如不解封给我司盘活，我司最终将失去履行本执行案件的能力。为此，请求撤销查封裁定，对超额查封的房产进行解封，即解除海南省海口市金盘路厂房和海秀路18套抵押房产的查封。为证明其主张，提供如下证据：（一）Z房地产估价有限公司2007年7月22日作出的《房地产估价报告》，证明海秀路房产的价格为28295元/平方米；（二）M房地产有限公司2015年9月22日作出的《房地产估价报告》，证明海秀路所涉房产的价格为32114.2元/平方米；（三）S房地产估价事务所2015年9月10日作出的《房地产估价报告》，证明海南省三亚市河西区新风路创新电脑城商业用途的房地产价格为42550元/平方米；（四）M房地产有限公司2015年9月23日作出的《房地产估价报告》，证明海南省三亚市河西区新风路创新综合楼（建筑面积9223.86平方米）的平均市场价值单价为40876.9元/平方米，市场价值总额37704.28万元。

沈某异议答辩称：本案经一审、二审，确定本案的本金是7123.27万元，而不是6107.3974万元，加上利息和违约金已将近2亿元。异议人提供的《评估报告》是其单方委托评估的，上述房产价值还需扣除评估费、拍卖费、过户相关税费、提前收取的租金等费用，基于以上的情况，申请执行人认为所查封的财产最后变现的价值还不足以清偿本案的债务，本案不存在超标的额查封的问题。请求驳回C书店的异议。为证明其主张，提供如下证据：（一）海口中院委托G房地产交易评估有限公司2014年4月25日作出的海国房估〔2014〕字第008号《房地产估价报告》，证明海秀路房产的价格为25471元/平方米，新民西路51号房产的价格为4130/平方米，并非如C书店所认为的那么高；（二）《××铺面销售合同》《Y拍卖有限公司拍卖成交确认书》，证明C书店当时取得海秀路房产的价值，现如果对外转让需要缴纳很高的增值税；（三）C书店股东会决议，证明C书店同意将涉案房产向答辩人抵押借款；（四）《房地产抵押合同》；（五）《他项权证》和《三亚市房地产抵押、商品房按揭登记卡》。

海南高院认为：本案争议的焦点为查封财产是否存在明显超标的额，应否解除超标的额部分财产的查封。本案申请执行的标的额为7123.27万元（计算截至2015年7月20日），该院于2015年7月30日立案执行。执行中，该院裁定查封被执行人C书店所有的坐落于海南省三亚市河西区新风路的房产以及相应土地使用权;查封被执行人C书店所有的坐落于海南省海口市金盘路厂房和海秀路的房产以及相应土地使用权。C书店认为查封的上述财产中仅海南省三亚市河西区新风路的房产已足以清偿本案的债务,满足本案的债权,对其他财产的查封应予以解除。C书店对上述查封财产估价的依据是其异议中提供的四份评估报告。查封的财产是C书店在向沈某借款时主动提供用于抵押的,C书店所提供的四份评估报告,Z房地产估价有限公司作出的《房地产估价报告》、S房地产估价事务所作出的《房地产估价报告》和M房地产有限公司作出的《房地产估价报告》是C书店单方委托评估机构所做的评估,且Z房地产估价有限公司作出的《房地产估价报告》已过期失效,以上四份评估报告在申请执行人沈某不予认可的情况下,不能作为对查封财产价值估算的依据。该院查封的上述财产至今尚未委托评估机构进行评估,其价值尚未确定。加之不动产财产评估、拍卖变现过程因受市场行情的影响,会存在诸多不确定因素,不动产财产变现过程还会产生一些合理的费用,如评估费、拍卖过户的相关税费等。综合考虑,为保证本案债权的实现,本案查封的上述财产在未委托评估机构对其价值进行评估之前,不能认定本案存在明显超标的额查封。综上,C书店异议的理由不能成立,其请求不予支持。裁定驳回C书店的异议。

C书店向最高人民法院申请复议,请求:(一)撤销海南高院(2015)琼执异字第19号执行裁定以及相关查封裁定;(二)解除对C书店名下位于海南省海口市金盘路厂房和海秀路的房产以及相应土地使用权的查封。主要理由为:(一)海南高院对本案执行标的额未经审查即驳回异议;(二)C书店所提交四份评估报告,均由具备房产评估鉴定资质的中立机构通过合法程序制作,可以作为认定查封房产价值的参考依据。本案执行标的额不到1.2亿元,查封房产价值达到3亿元,明显存在超标的查封。

最高人民法院认为,本案焦点问题在于海南高院是否存在超标的查封情形。

首先，判定执行实施案件是否存在超标的查封情形，应当先行查明案件执行标的数额。本案执行异议程序中，海南高院对执行标的数额未经审查即认定本案不存在超标的查封，已构成认定事实不清。其次，被执行人C书店所提交评估报告，因系单方委托或已超出有效期，确已不适合作为判定是否超标的查封的依据。但是，本案于2015年7月立案执行，现被执行人C书店主张超标的查封，海南高院应当立即对案涉房产进行委托评估，按照委托评估价格认定是否存在超标的查封情形。案涉房产尚未委托评估，海南高院即认定本案不存在超标的查封，亦构成认定事实不清。

综上，海南高院异议裁定对案件重要事实未经审查即认定本案不存在超标的查封，应当重新审查后作出认定，裁定如下：一、撤销海南省高级人民法院（2015）琼执异字第19号执行裁定；二、本案发回海南省高级人民法院重新审查。

（二）对于已设定抵押的土地使用权，如何判断是否构成超标的查封？

简 答

按照一般观点：

对已设定抵押的土地使用权进行查封，因不排除申请执行人通过强制执行受偿的可能，人民法院应当通过预估土地价值以及核减抵押金额，查明该部分土地剩余价值，进而对是否构成超标的查封作出认定。

最高人民法院执行案例参考

【案号】（2015）执复字第51号

【案例要旨】对于已设定抵押的土地使用权，因不排除申请执行人通过强制执行受偿的可能，异议审查人民法院应当通过预估土地价值以及核减抵押贷款金额，查明该部分土地剩余价值，进而对是否构成超标的查封作出认定。

【案情概要】云南高院在审理S公司诉G公司、蔡某某建设用地使用权纠纷一案中，依据S公司的申请，于2015年8月6日作出（2015）云高民一初字第27-1号民事裁定，对G公司限额价值985073821.13元的财产进行保全。之后，云南高院依据上述民事裁定对G公司在中国银行某支行、恒丰银行某分行、民生银行某分行等支行共计20个账户约13660611.23元予以冻结；对某小区房屋、商铺48个以及车位92个予以查封；对昆国用（2012）第0×××3号等9块土地使用权进行查封；对G公司的10辆汽车进行了查封；对G公司所持有的F公司、Z公司、W公司的股权予以冻结。

G公司用其所持有的昆国用（2012）第0×××6号土地抵押贷款2.55亿元、昆国用（2011）第0×××0号土地抵押贷款1.8亿元、昆国用（2012）第0×××3号土地抵押贷款约1.91亿元。经G公司与S公司在听证过程中一致陈述：×××号地块，对应产权证号为昆国用（2013）第0×××3号、昆国用（2012）第0×××6号；J2010-050-4号地块，对应产权证号为昆国用（2011）第0×××9号；J2010-050-5号地块，对应产权证为昆国用（2013）第0×××4号、昆国用（2014）第0×××4号土地使用权。以上五个土地权证号项下土地虽仍登记于G公司名下，但已由G公司开发建成商品房且已经实现部分销售。被查封的48套商铺、住宅以及92个车位即为该地上附着物，但该土地上的其余房屋以及车位未进行查封。

G公司对上述执行行为不服，于2015年10月21日向云南高院提出执行异议。G公司认为：本案被查封的财产中，140套房屋以及车位价值约1.2亿元；9块被查封的土地除去抵押后的剩余价值，按照出让时确定的价值约为17.84亿元，按评估以及出让价计算约为20.1亿元；车辆价值按照购车发票约为357万元；G公司所持有的三个公司的股权按照注册资本计算，共计约为720万元。以上被查封价值在19.33亿元至21.58亿元之间，超出裁定书确定的查封限额985073821.13元，已经严重超标的查封，要求对部分查封物以及部分银行账户予以解封。为证明其主张，G公司向云南高院提交以下证据材料：昆明市国有建设用地使用权挂牌交易成交确认书7份，国有建设用地使用权出让合同2份，土地估价结果一览表5份，公证书3份，房屋以及车位备案表，购车发票，银行对账单，工商登记信息以及（2015）云高民一初字第27-1号民事裁定，欲证明上述查封行为属于超标的查封行为，超标的查封金额30亿元，已经严重超标的查封，要求对部分被查封财产予以解封。

S公司认为：查封行为符合法律规定，未超标的查封，查封物甚至还不够对其债务进行受偿。查封土地上有已经建好出售的房屋，虽然土地仍登记于G公司名下，但将来这些土地要成为其卖出房屋小业主的所有物，无法实际受偿，故不能计算该部分土地价值。车辆存在折损，价值不能用发票进行认定。注册资本不能作为认定股权价值的标准。

云南高院异议审查认为，G公司提交的土地成交确认书以及国有建设用地使用权出让合同仅能证明该7块土地成交时的价格，并不能证明土地的市场价格以及实际价格；土地估价结果一览表，是G公司单方委托评估机构作出的土地评估价格，不能作为本案参考价值的标准；房屋以及车位查封备案表，仅能证实该140套房屋以及车位被查封，不能证实房屋价值；购车发票仅能说明车辆在购买时的价值，不能证明车辆在使用过程中产生的折旧以及价值；工商登记信息仅能证实被冻结股权的三公司的注册资本情况，无法证明公司实际资产情况。综上，对G公司提交的上述证据关联性不予认可,对其证明的观点不予采纳。此外,G公司提交的公证书证实该公司被查封的土地尚存在抵押优先权以及抵押金额的情况,对其真实性予以确认。

云南高院认为,本案争议的焦点问题在于是否存在超标的查封。《查封规定》第21条规定,"查封、扣押、冻结被执行人的财产,以其价额足以清偿法律文书确定的债权额及执行费用为限,不得明显超标的额查封、扣押、冻结"。本案中,被查封财产中价值最大的为9块土地的土地使用权,但该9块土地使用权中,按照土地出让时的价值计算共约13.3亿元的五个土地使用权证项下的土地已经建成房屋,且查封的140套房屋以及车位附着于该土地之上,是其建成房屋的一部分,在此情况下,虽然该五块土地已经查封,但根据房随地走、地随房走的原则,其土地价值随其房屋的建成而包含在房屋价值中,除该140个房屋以及车位的土地外,其余土地已无法在今后的执行中成为保全申请人实际受偿的资产,故上述五块土地价值不应纳入被查封标的额中进行计算。此外,剩余的四个土地使用权上还存在抵押权等优先权,故土地的残值无法精确计算,即使按照G公司提交的评估报告上的土地价值计算,亦未超出查封标的限额。最后,对于被查封的G公司的股权、车辆、房屋的资产,因本案尚处诉讼保全阶段,上述资产并未进行评估或实际处置,无法精确计算每一种资产的准确具体的价格,综合考虑市场经济情况以及本案查封标的额,本案并不存在明显超标的额查封的行为。综上所述,G公司的异议请求不能成立,应当予以驳回。据此,依照《民事诉讼法》第225条和《异议复议规定》第17条第(1)项的规定,裁定如下:驳回G公司异议请求,维持查封行为。

G公司向最高人民法院申请复议,请求:(一)撤销云南高院(2015)云高执异字第42号执行裁定;(二)解除超出申请保全金额相应财产的查封以及赔偿超额查封经济损失。主要理由为,云南高院已查封财产包括：（一）银行存款约1366万元；（二）140个房屋以及车位价值约1.2亿元；（三）除去已设定抵押之外的土地使用权价值，按土地出让价格计算约17.8亿元，按评估价计算约20亿元；（四）车辆价值357万元；（五）股权价值720万元。以上财产价值共计在19亿元至22亿元之间，而本案诉讼保全金额仅为985073821.13元，明显构成超标的查封。

最高人民法院认为，本案争议焦点为云南高院是否存在超标的查封问题。

云南高院所查封G公司主要财产，系该公司名下九处土地使用权。关于已施建房屋并开始销售的五处土地使用权，保全申请人难以通过强制执行受偿，云南高院异议裁定已认定该部分土地价值不应纳入查封标的数额，但是，对该五处土地使用权继续查封，是否确有必要以及继续查封是否构成超标的查封，云南高院的异议裁定并未作出明确认定。关于已设定抵押的三处土地使用权，因不排除保全申请人通过强制执行受偿的可能，云南高院应当通过预估土地价值以及核减抵押贷款金额，查明该部分土地剩余价值，进而对是否构成超标的查封作出认定。因此，云南高院的异议裁定认定的基本事实不清，应当重新审查，对所查封G公司财产逐项估算，进而对本案是否构成超标的查封重新作出认定。

综上，G公司部分复议请求具有相应事实与法律依据，云南高院应当对本案重新审查作出认定。最高人民法院根据《民事诉讼法》第225条、《异议复议规定》第23条第1款第（3）项之规定，裁定如下：一、撤销云南高院（2015）云高执异字第42号执行裁定；二、本案发回云南高院重新审查。

（三）土地使用权或者地上建筑物尚未区分登记，能否整体查封？

简答

按照《财产保全规定》的规定以及一般观点：

1.执行法院应当尽最大可能协调房地产登记部门，按债权金额对不动产分割查封。有两个方式可供参考：

（1）房地产登记部门暂停接收其他人民法院查封要求，尽快完成区分登记，然后执行法院重新发出分割查封的协执，房地产登记部门将原查封的时间效力延续至该分割查封。

（2）房地产登记部门先在技术上解除整体查封，但需公示该次解除的目的在于办理区分登记；完成区分登记后，执行法院重新发出分割查封协执，原查封时间效力延续至该分割查封；区分登记期间的其他人民法院查封，轮候于该分割查封。

2.如已尽最大可能协调后，仍不能实现分割查封，可以将房地产登记部门的意见予以书面记载，对地上建筑物或者土地使用权进行整体查封。但是，超出债权金额部分的土地使用权，应当允许被执行人开发利用。

背景

按房地产登记部门的工作规范，如土地使用权以及地上建筑物（写字楼）在办理初始登记时并未进行申请区分登记，那么在接收人民法院的协助查封通知时，往往无法实现区分查封。这确实并非法律问题，而单纯是技术操作问题。但是，超标的查封不动产的案件，大多因该问题而导致。

《财产保全规定》第15条规定，土地、房屋等不动产整体价值明显高于保全金额的，人民法院应当对不动产相应价值部分采取查封措施，但该不动产在使用上不可分或者分割会严重减损其价值的除外。该条文正是基于上述问题而作出的规定，其本意在于，即使房地产登记部门提出因技术问题不能按照协助执行要求分割查封，执行法院也应当在协助执行通知中提出区分查封的要求，如不能实现，责任在于房地产登记部门，可以采取司法惩戒措施，从而倒逼房地产登记部门改善登记技术问题。①但是，因房地产登记部门的软件技术设计问题，以及人民法院与行政部门考虑角度不同，分割查封在大多数地区仍不易实现。

最高人民法院执行案例参考

【案号】（2017）最高法执监231号

【案例要旨】1.如土地使用权确实不能实现分割查封，可以对土地使用权进行整体查封。2.如果房产能够分割处分，执行法院应当通过分批分栋方式拍卖，一旦拍卖所得款项清偿全部债务，需解除其余查封。3.整体查封后，超出债权金额部分的土地使用权，应当允许被执行人开发利用。

---

① 《善意执行意见》："需要查封的不动产整体价值明显超出债权额的，应当对该不动产相应价值部分采取查封措施；相关部门以不动产登记在同一权利证书下为由提出不能办理分割查封的，人民法院在对不动产进行整体查封后，经被执行人申请，应当及时协调相关部门办理分割登记并解除对超标的部分的查封。相关部门无正当理由拒不协助办理分割登记和查封的，依照民事诉讼法第一百一十四条采取相应的处罚措施。"

《善意执行意见》另规定："同一类型的执行财产数量较多，被执行人认为分批次变价或者整体变价能够最大限度实现其价值的，人民法院可以准许。尤其是对体量较大的整栋整层楼盘、连片商铺或别墅等不动产，已经分割登记或事后可以分割登记的，被执行人认为分批次变价能够实现不动产最大价值的，一般应当准许。多项财产分别变价时，其中部分财产变价款足以清偿债务的，应当停止变价剩余财产，但被执行人同意全部变价的除外。"

【案情概要】2016年3月15日，莆田中院作出（2015）莆民初字第580号民事判决：被告P公司偿还原告林某某借款本金人民币5000万元以及利息。在本案审理期间，2015年7月3日，莆田中院作出（2015）莆民初字第580号民事裁定，查封了P公司位于莆田市秀屿区地块三［土地证号码：莆国用（2006）第C20×××55号］的土地（以下简称地块三）。

2016年10月11日，莆田中院作出（2016）闽03执364号执行裁定，查封了P公司名下如下财产：1.位于莆田市秀屿区某商业综合区二期（A-03）地块上（以下简称A-03地块）42套房产（以下简称42套房产）；2.地块三；3.Y新城16套房产；4.D商住楼36套房产。

2016年11月28日，P公司以超标的查封为由向莆田中院提出执行异议，认为截止到2016年11月28日，本案执行依据确定的各项给付内容总额没有超过8000万元，而人民法院查封财产的价值总额已逾7亿元，并且上述查封的财产属于独立、可单独处理的财产，有的房屋已出售给买受人，人民法院的查封行为也侵犯了第三人的合法权益，并且使其不能有效利用现有财产，影响了债务履行，请求人民法院解除对超标的部分财产的查封。为证明其主张，P公司还提供了房地产评估公司作出的两份评估报告。

莆田中院经审查后认为，被执行人没有及时履行生效判决，人民法院查封P公司的房地产并无不当。P公司认为人民法院超标的查封并提供了两份评估报告，但该两份评估报告所评估房地产的范围已超出了本案人民法院所查封的财产范围，P公司据此来证明人民法院超标的查封不正确。综上，莆田中院驳回了P公司的异议请求。

P公司不服，向福建高院申请复议。福建高院经审查后认为，莆田中院在既未确定本案执行标的也未对涉案房地产委托评估的情况下，即认定本案不存在超标的查封，没有事实和法律依据，遂裁定发回莆田中院重新审查。

在重新审查中，莆田中院查明，2016年11月7日，莆田中院委托J评估公司进行价格评估。2017年1月15日，该司向莆田中院出具了《估价报告》，就已查封的A-03地块上42套房产以及相关土地估价结果为人民币13208.16万元，扣除卖方应缴纳的税金以及费用后的价值为11084.59万元。

莆田中院认为，被执行人未按执行通知履行法律文书确定的义务，人民法院有权查封、拍卖、变卖被执行人应当履行义务部分的财产。截至查封时的2016年10月11日，本案执行标的数额为本金人民币5000万元，利息1709.86万元，实现债务代理费、财产保全保险费、迟延履行利息，以及案件受理费、财产保全费、执行费用等共计人民币7000多万元。按照评估公司的评估结论，A-03地块上42套房产以及相关土地估价结果为人民币13208.16万元，扣除卖方应缴纳的税金以及费用后的价值为11084.59万元。按照网络司法拍卖变卖规定，经两次拍卖，可能降价至估价价值的56%，将上述土地房产交付拍卖基本可实现本案债权，故莆田中院依法依职权于2017年1月20日裁定解除了Y新城16套房产和D商住楼36套房产的查封。至此，莆田中院在本案执行中共查封了P公司名下的地块三以及该地块上的A-03地块的42套房产和相关土地。由于A-03地块的42套房产和相关土地属于地块三土地证范围内，且在强制执行过程中，执行标的数额将不断增加，可能对余下土地进行处置，故对地块三土地使用权查封在案并无不当。P公司所提交的两份房地产抵押估价报告，因制作该估价报告的机构非经法定程序选出，该估价报告不适合作为判定是否超标的额查封的依据，故其异议理由不能成立，其请求不予支持。综上，莆田中院裁定驳回了P公司的异议。

P公司不服，向福建高院申请复议，请求裁定解除对地块三的查封，对42套房产中的15套重新评估（该房产价值超过执行标的1.5倍，可供查封）并解除其余27套房产的查封。其主要理由为：（一）J评估公司的《估价报告》评估程序和方法违法，结论严重偏离正常市场价值，不能作为执行拍卖依据，应当另行委托评估机构重新评估。1.J评估公司完成评估的时间超过了莆田中院规定的期限;2.本案可以选用两种以上估价方法,但评估机构仅适用了一种,违反了《房地产估价规范》的明文规定;3.违反《房地产估价规范》规定,错误选用了与复议申请人有利害关系的交易实例,估价结果违法、无效,严重背离市场价值。(二)《估价报告》结果严重背离财产的市场客观价值,应当重新评估。复议申请人愿提供42套房产中的15套供人民法院查封,其市场价值已超过执行标的额1.5倍,足以保证申请执行人的权利。(三)42套房产中已经销售的17套,不应再列入执行财产范围。(四)莆田中院对地块三的查封,构成了超标的额查封,侵害了购房人的合法权益。

福建高院认为,案件的争议焦点为:一、J评估公司的《估价报告》能否作为定案依据;二、案件是否应重新评估;三、已经销售的17套房产,应否列入执行财产范围;四、莆田中院查封地块三是否合法。具体分析如下:一、J评估公司的《估价报告》能否作为定案依据的问题。J评估公司系莆田中院通过法定程序选出的评估机构,如其未在人民法院要求的期限内完成评估工作,人民法院可对其警告直至取消参加司法评估的资格,但只要其评估资质以及评估程序符合规定,即不影响人民法院采纳其评估结果,故J评估公司的《估价报告》可以作为定案依据。二、是否应重新评估的问题。司法评估是评估机构为了特定目的,遵循适用的评估原则,按照法定程序,综合适用相关专业技能,对特定资产的价值进行估算的过程,具有较强的专业技术性,而执行程序中对拍卖财产进行评估,只是辅助执行法院确定拍卖保留价的手段,评估价格并不是最终的交易价格,最终成交价格仍需经由市场检验。被执行人如认为评估价格过低,也可以在拍卖前履行生效法律文书确定的义务或参与竞买。因此,评估结果出具后,没有法定理由,不应启动重新评估,根据《拍卖变卖规定》第6条,只有评估人员无资质或评估资产程序严重违法的,才符合重新评估的条件。P公司并无证据证实评估机构的评估人员资质有问题或评估程序严重违法,故其要求重新评估的主张,不予支持,但P公司如认为评估机构所选用的估价方法错误以及估价结果过低,可要求评估机构作出说明。三、已经销售的17套房产,应否列入执行财产范围的问题。被查封的17套房产,如确实已销售给他人,应由购房者本人向莆田中院提出案外人异议,并最终通过案外人异议之诉解决,故P公司主张上述财产已销售,执行法院应予解除查封之理由,不予支持。四、莆田中院查封地块三是否合法的问题。因莆田中院查封的42套房产位于地块三范围内,考虑到42套房产尚未对所占用的土地进行分割,且17套房产可能因销售而被解除查封,故莆田中院查封地块三并无不妥。但莆田中院应在保证本案债权清偿的前提下,允许P公司在人民法院的监督下对地块三剩余土地进行必要的开发以及融资活动。综上,福建高院裁定驳回了P公司的复议申请。

P公司不服福建高院的复议裁定,向最高人民法院申诉。主要事由为:(一)《估价报告》的评估程序和方法违法,导致评估价格过低。1.J评估公司的评估期限超过了莆田中院规定的最长评估期限;2.本案对房地产评估应同时选用两种以上估价方法,但《估价报告》只选用了一种;3.在利用市场比较法进行比较时,所选用的对比实例是2016年9月以后成交的17套房产,但这些房产的购房者均与申诉人存在合作关系,属于"利害关系人之间的交易";4.《估价报告》选用的对比价格为上述交易的备案合同价4000元每平方米,但实际交易价格为8000—10000元每平方米。(二)42套房产中有17套已经销售,并已网签或备案,执行法院不应当对该17套房产进行查封。(三)地块三共176亩,执行法院已查封了42套房产以及相应土地,已足够清偿债权,没有必要对地块三整宗查封。

最高人民法院通过调阅卷宗、听证、听取汇报等方式,查明以下事实:2017年1月31日,P公司向莆田中院提交评估异议材料,莆田中院将材料转交J评估公司。2017年2月8日,J评估公司出具《关于被执行人P公司所属房地产估价异议的复函》并由莆田中院将该材料寄送给P公司。J评估公司在该复函中答复如下:"(一)关于异议时间的问题。《房地产估价报告》中的异议时间为七日,系替换打印错误,应更正为十日。(二)关于估价方法选用的问题。《房地产估价规范》规定可同时选用两种以上估价方法,并非必须选用两种以上估价方法;关于本次估价方法的选择,《房地产估价技术报告》第四点'估价方法选用'已作了详细的适用性分析,本次复函不再重复说明。(三)关于交易案例适用性和有效性的问题。本次评估所采用的交易案例系估价对象项目近期的真实交易案例,交易已经建设主管部门备案,具有法律效力;类似交易案例共17个,价格相当,并非个例;因此本次评估所采用的交易案例完全符合估价要求。至于异议人认定该交易案例属于'利害关系人之间的交易'缺乏依据,本公司不予采纳;另外,异议人认为案例房地产已被查封,不能作为成交案例,该说法也是错误,本次评估所依据的是可交易状态下的客观市场价格,该交易价格已经政府主管部门备案,具有法律效力,其后的查封根本不影响其客观的市场价格属性。(四)异议书所提及其他地块和楼盘的市场价格的可比性问题。房地产是一种非常强调地段的项目,不同地段的房地产价格差异性非常大;不同用途或规划设计条件不同,其价格也不同。异议人所提及的一些地块或楼盘或属于市区城区范围,或属于集镇中心区范围,或临海等特殊位置条件,或用途不同,或规划设计条件不同,与估价对象差异性较大;而估价对象位于东峤镇木材加工区内,非集镇中心范围,所在位置与市区或秀屿城区距离较远,周边配套较缺乏,商业繁华度较差,周边人口入住密度较低,且缺乏山水自然景观或临海等天然位置条件,作为高档住宅区,其位置和环境条件十分不理想。估价对象项目2013年就已办理预售许可,但直至2016年9月起才能以4000元/平方米的价格陆续出售,可见市场对该项目的价格接受度。因此异议人以其他差异性明显地段或用途和规划设计条件不同的地块和楼盘的市场价格做简单对比,是不合理的。综上所述,我司认为异议人的大部分异议缺乏依据,我司估价人员已对上述估价项目再次进行了复核,认为本估价项目方法适用合理,依据充分,价格内涵明确,评估价格基本符合市场客观价值。"

福建高院以及莆田中院向最高人民法院汇报时说明:(一)地块三仅办理一个土地证,不动产登记中心答复称只有处置完毕后才可以办理分割登记。(二)莆田中院2017年6月20日将已经评估的42套房产中没有争议的25套房产以及相关土地以评估价分批分栋进行挂网拍卖。

最高人民法院认为,本案的争议焦点为:一、《估价报告》的评估程序是否严重违法致使评估价格过低。二、申诉人所主张已出售的17套房产是否应该解除查封。三、执行法院查封整个地块三是否适当。

一、《估价报告》的评估程序是否严重违法致使评估价格过低。对拍卖标的物进行评估是辅助人民法院确定拍卖保留价的手段,具有较强的专业技术性,需由人民法院委托专门的具有相应资质的评估机构进行评估。按照《拍卖变卖规定》第6条的规定,人民法院对于评估报告异议,重点针对评估机构、评估人员是否具备相应的评估资质以及评估程序是否严重违法进行审查。因此,最高人民法院重点针对P公司所主张评估程序违法问题进行审查。关于《估价报告》未在执行法院规定期限内做出的问题。即使超期作出评估报告,对评估程序以及评估结果并无重大影响,不足以认定评估程序严重违法。关于评估方法的选用问题。按照《房地产估价规范》,评估机构可以同时选用两种以上估价方法,并非必须选用两种以上估价方法,况且《估价报告》就为何对42套房产只选用比较法已进行了说明。关于比较对象是"利害关系人之间的交易"的问题。本案申诉人并未提供充分证据证明其与17套房产买受人存在所谓的合作关系并产生某种利害关系。关于比较单价问题。《估价报告》系以合同备案价作为比较单价,该价格为房产交易当事人自行向政府主管部门登记,评估机构以此价格作为比较单价并无不妥。

二、申诉人所主张的已出售的17套房产是否应该解除查封。案涉房产登记于P公司名下，执行法院按照登记权属对房产予以查封具有相应法律依据。申诉人主张17套房产已销售给他人不应予以查封。对此，应当由房产买受人向执行法院提起案外人异议并另案解决，P公司并非适格的异议主体。该公司以此事由主张解除17套房产的查封，最高人民法院亦不予支持。

三、执行法院查封整个地块三是否适当。首先，因对地块三分割查封存在客观障碍，故执行法院对土地进行整体查封符合本案实际。其次，执行法院通过分批分栋方式拍卖房产，整体查封不会导致整体拍卖，一旦拍卖所得款项清偿全部债务，其余查封自然解除，并未损害P公司合法权益。最后，福建高院复议裁定已明确P公司可以对地块三剩余土地进行必要的开发以及融资，即使对地块三整体查封，也并未对P公司正常经营造成影响。综上，莆田中院对地块三整体查封具有客观原因，也并未损害P公司合法权益，P公司的该项申诉主张不能成立。

综上，最高人民法院裁定驳回P公司的申诉请求。

（四）建设工程查封期间，被执行人能否继续施工建设？

简答

按照一般观点：

未完工的建设工程查封期间，应当允许被执行人继续对建设工程施工建设，甚至允许被执行人对外预售，以增加财产价值，尽快流通变现，最大限度实现各方当事人共赢。

最高人民法院执行案例参考

【案号】（2017）最高法执监401号

【案例要旨】 1.未完工的建设工程查封期间，应当允许被执行人继续对建设工程施工建设。2.执行法院对未完工的建设工程已进行评估并裁定拍卖，如果被执行人在评估之后仍继续对建设工程施工建设，房产现状以及价值已明显发生变化的，应当重新评估或重新确定标的物起拍价格。

【案例评点】 该案入选中央批准发布的"人民法院充分发挥审判职能作用保护产权和企业家合法权益典型案例"（第二批）。最高人民法院在对外新闻发布会上表示，该案的典型意义在于：在人民法院审判执行过程中，对建筑物等财产超标的查封，不允许民营企业处分该超标的部分财产的行为，既不利于产权人充分发挥其财产价值，也侵害民营企业的合法权益。中共中央国务院《关于完善产权保护制度依法保护产权的意见》要求："完善案涉财物保管、鉴定、估价、拍卖、变卖制度，做到公开公正和规范高效。"本案中案涉328套房屋被查封、评估后，案涉民营企业进行了复工，使查封的房屋实现了升值。申诉人据此事由向执行法院提起异议，请求中止拍卖，重新评估并解除超标的部分的查封，理据充分。最高人民法院裁定，本案由执行法院重新对申诉人提起的事由进行审查，并按照查封标的物市场价值重新评估，解除超标的查封部分。本案处理有利于推动和规范案涉财物鉴定、估价、拍卖等制度的完善，确保被执行人的合法权益不受侵害。本案的处理，对于在执行中针对确定被查封标的物价值的同类案件具有典型指引价值。

【案情概要】 防城港中院作出的（2014）防市民一初字第4号民事判决和广西高院作出的（2015）桂民二终字第27号民事判决已经发生法律效力。申请执行人许某某于2015年10月14日申请防城港中院立案执行。在执行中，防城港中院于2015年11月4日向李某某、T公司发出执行通知书，责令李某某、T公司履行给付合同纠纷款84024611元、执行费

151424.61元，但李某某、T公司未履行生效法律文书确定的义务。

此前，防城港中院已于2014年7月10日作出（2014）防市立保字第2号民事裁定，保全查封T公司的328套房产。防城港中院又于2015年12月8日作出（2015）防市执字第18-1号、（2015）防市执字第18-2号执行裁定，查封李某某名下6处房产和两辆轿车。防城港中院于2016年3月8日委托W房地产评估有限公司对涉案房地产进行评估，该公司于2016年12月13日作出《补充说明以及更正函》，载明："……现对出具的正式房地产估价报告更正如下：……报告第xvi页，'本估价报告使用期限到2017年5月28日止'更改为'本估价报告使用期限到2017年9月1日止'；报告第4页'应用有效期限为一年，即从2016年5月29日至2017年5月28日'更正为'应用有效期限为一年，即从2016年9月2日至2017年9月1日'。"防城港中院于2016年12月21日作出（2015）防市执字第18-6号执行裁定，裁定拍卖被执行人T公司位于防城港市港口区北部湾大道与建港路交会处西北侧的328套房产。

李某某、T公司提出执行异议，认为防城港中院未解决超标的额查封问题，即对查封财产执行拍卖，且评估价格过低，评估报告超过有效期限，不能作为执行拍卖之参考，拍卖程序存在违法问题，请求中止本案的执行。防城港中院认为，李某某、T公司在防城港中院向其发出执行通知书后未履行生效法律文书确定的义务，依照《民事诉讼法》第247条的规定，"财产被查封、扣押后，执行员应当责令被执行人在指定期间履行法律文书确定的义务。被执行人逾期不履行的，人民法院应当拍卖被查封、扣押的财产；不适于拍卖或者当事人双方同意不进行拍卖的，人民法院可以委托有关单位变卖或者自行变卖。国家禁止自由买卖的物品，交有关单位按照国家规定的价格收购"。因此，应当拍卖被查封、扣押的财产。李某某、T公司提出异议的理由不成立，予以驳回。综上，防城港中院裁定驳回李某某、T公司的异议请求。

李某某、T公司不服，向广西高院申请复议。广西高院认为，防城港中院在执行申请执行人许某某与被执行人李某某、T公司借款合同一案中,依法拍卖被执行人T公司享有的涉案房地产,被执行人李某某、T公司请求中止拍卖该涉案房地产,主要理由是认为本案超标的查封,评估价格过低且评估报告超过有效期限。关于本案是否应中止执行,按照《民事诉讼法》第256条"有下列情形之一的,人民法院应当裁定中止执行:(一)申请人表示可以延期执行的;(二)案外人对执行标的提出确有理由的异议的;(三)作为一方当事人的公民死亡,需要等待继承人继承权利或者承担义务的;(四)作为一方当事人的法人或者其他组织终止,尚未确定权利义务承受人的;(五)人民法院认为应当中止执行的其他情形"的规定,本案不具备上述规定的五种情形,因此不符合中止执行的相关规定。李某某、T公司主张的防城港中院超标的查封,没有事实和法律依据,理由不成立。李某某、T公司还主张评估价格过低,但没有充分证据证明,理由亦不成立。至于评估报告的有效期,经查实,该报告还在有效期内。故李某某、T公司的上述三种主张均不成立,亦不符合法律规定的执行中止的条件,因此,李某某、T公司要求中止拍卖依据不足,不予支持。综上,广西高院裁定驳回李某某、T公司的复议申请。

李某某、T公司不服广西高院的复议裁定,向最高人民法院申诉,请求中止本案的执行拍卖,对案涉房产重新评估,并按照新的评估价格解除对超标的额部分的查封。主要理由为:(一)评估报告已过有效期,不能作为执行拍卖的参考。(二)2016年3月评估机构进行评估时,案涉房产处于停工状态。2016年5月房产开始复工,至今已新投入资金1.28亿元,所有房产都已经修建完毕。执行法院按照烂尾楼价格拍卖已经修建完毕的房产,严重损害申诉人权益。

最高人民法院通过调阅材料、听取报告等方式,查明以下事实:防城港中院2017年5月23日的询问笔录中载明,T公司的代理律师向人民法院提交了包括施工单位总计划表、施工单位进度说明、后续投入资金的证明材料、项目照片等材料。李某某、T公司于2017年6月9日向广西高院提交的复议申请书中亦载明了主张案涉房产在评估后又全面复工的相关事由。2017年12月15日，最高人民法院在与广西高院、防城港中院进行视频会商听取本案情况的汇报时，防城港中院认可在异议过程中，李某某、T公司向人民法院提交了案涉房产在评估后又复工的相关材料，但防城港中院并未进行核实审查；广西高院亦认可在复议程序中，李某某、T公司提出了由人民法院审查案涉房产复工情况的事由，但广西高院也未予以审查。

最高人民法院认为，本案的争议焦点为：一、拍卖时评估报告是否已超过有效期；二、执行法院是否应该中止拍卖并对案涉房产进行重新评估。

一、拍卖时评估报告是否已超过有效期。关于评估报告的有效期问题，W房地产评估有限公司在向人民法院出具的《补充说明以及更正函》中将评估报告的有效期做了更正，防城港中院在更正后的期限内启动对案涉房产的拍卖程序并无不当。申诉人所主张的拍卖时评估报告已过有效期的事由不能成立，最高人民法院不予支持。

二、执行法院是否应该中止拍卖并对案涉房产进行重新评估。本案中，李某某、T公司向防城港中院异议请求中止拍卖的事由之一，系认为T公司在案涉房产评估后又进行复工，房产现状以及价值发生巨大变化，执行法院应当重新评估。经最高人民法院审查，防城港中院对李某某、T公司上述事由并未审查认定，已构成《异议复议规定》第23条第1款第（4）项所规定的遗漏异议请求。广西高院在复议程序中对李某某、T公司提出的该项事由也未进行审查认定，亦构成遗漏请求问题。因此，由于防城港中院遗漏当事人异议请求，应当发回该院重新审查。防城港中院在重审程序中，应当重点对案涉房产是否存在评估后施工情况、施工对标的物价值是否产生影响以及是否需要重新确定标的物起拍价格等问题进行审查。

最终，最高人民法院按照《异议复议规定》第23条第1款第（4）项以及《执行规定》第129条规定，裁定如下：一、撤销复议裁定、异议裁定；二、本案由防城港中院重新审查。

（五）执行法院仅拍卖房屋而漏拍土地使用权，如何认定拍卖效力？

简 答

按照一般观点：

1.根据《民法典》以及《城市房地产管理法》的相关规定，执行法院在处分房产时，应将房产以及占用范围内的土地使用权一并处分。执行法院对房产进行评估拍卖时，仅评估拍卖了房屋而漏评漏拍了房屋占用范围内的土地使用权时，依法应予撤销拍卖。

2.裁定撤销拍卖后，执行法院可在进一步查明案涉房屋土地使用权的情况下，重新拍卖；重新拍卖应注意保护先前买受人的合法权益，可考虑其作为实际占有人在同等条件下享有优先购买权。

（六）人民法院应否受理国土资源部门移送的土地违法案件强制执行（拆除）申请？

简 答

按照《行政强制法》的规定以及一般观点：

1. 对于建设用地，人民法院不应受理该项强制执行申请。
2. 对于农业用地，人民法院应受理该项强制执行申请。

详述

我国土地按用途大致分为农业用地和建设用地两大类。

关于建设用地，《城乡规划法》授予了行政机关对该类土地上违法建筑进行拆除的强制执行权，该法第68条规定："城乡规划主管部门作出责令停止建设或者限期拆除的决定后，当事人不停止建设或者逾期不拆除的，建设工程所在地县级以上地方人民政府可以责成有关部门采取查封施工现场、强制拆除等措施。"最高人民法院2013年的《关于违法的建筑物、构筑物、设施等强制拆除问题的批复》已指出，对行政机关申请人民法院对建设用地上的违法建筑予以强制拆除的申请，不予受理。《行政强制法》第44条规定，"对违法的建筑物、构筑物、设施等需要强制拆除的"，行政机关可以依法强制拆除，授予行政机关强制拆除的职权。一般认为，该项授权仅限于城乡规划法关于城市建设用地的强制执行。对于该类土地，现有法律和司法解释是明确清晰的，即人民法院不受理该项强制执行申请。

关于农业用地，并不属于《城乡规划法》的调整对象。《土地管理法》第83条规定"建设单位或者个人对责令限期拆除的行政处罚决定不服的，可以在接到责令限期拆除决定之日起十五日内，向人民法院起诉；期满不起诉又不自行拆除的，由作出处罚决定的机关依法申请人民法院强制执行"，由于《土地管理法》的调整对象为农业用地、建设用地两类土地。因此，对于上述第83条，应当理解为建设用地可以由行政机关自行拆除，而农业用地则仍需要委托人民法院强制执行。农业用地上违章建筑的强制拆除，按照现行法律，人民法院必须受理行政机关的委托执行申请。

（七）土地承包经营权能否执行？

简 答

按照一般观点：

土地承包经营权可以成为强制执行标的，人民法院可以依法对被执行人的农村土地承包经营权采取执行措施，包括控制性措施和处分性措施。

详 述

1. 土地承包经营权能否强制执行，主要取决于土地承包经营权的流转性和价值实现方式等因素。《民法典》第334条规定："土地承包经营权人依照法律规定，有权将土地承包经营权互换、转让。未经依法批准，不得将承包地用于非农建设。"第342条规定："通过招标、拍卖、公开协商等方式承包农村土地，经依法登记取得权属证书的，可以依法采取出租、入股、抵押或者其他方式流转土地经营权。"

2. 按照《农村土地承包法》《民事诉讼法》以及相关司法解释，执行土地承包经营权应该注意以下几个问题：

第一，不能改变土地的农业用途。土地承包经营权流转，不得改变农用土地的用途，将其用于非农业建设，承包地应当用于种植业、林业、畜牧业等农业生产。土地承包经营权的受让方须有农业经营能力。保持承包地农业用途，非经依法批准不得用于非农建设，是国家农用土地管理制度的要求。

第二，应当保留维持被执行人以及其所扶养家属基本生活所需要的土地承包经营权。承包地是农民最基本的生活资料和生活保障,在经济欠发达地区尤其如此。在经济发达地区的农村,由于其他经营形式的发展,部分农村人口对土地承包经营权的依赖相对较小。土地承包经营权如果属于维持被执行人基本生活所需,应属于执行豁免的范围,人民法院不应对被执行人生活必需部分的土地承包经营权强制执行。如果被执行人有稳定的非农职业或者有稳定的收入来源,土地承包经营权并非维持被执行人以及其所扶养家属生活所必需,人民法院可以对被执行人土地承包经营权采取执行措施。

第三,不能超过承包期的剩余期限。土地承包经营权是有期限限制的用益物权。《民法典》第332条、《农村土地承包法》第21条规定了不同用途的农用地土地承包经营权存续的期限。土地承包期是法定期限,不得随意变更。[①] 人民法院执行土地承包经营权不能超过剩余的土地承包期限。

第四,保障同等条件下,本集体经济组织成员享有优先权。按照《农村土地承包法》第38条、《最高人民法院关于审理涉及农村土地承包纠纷案件适用法律问题的解释》第11条规定,本集体经济组织成员在流转价款、流转期限等主要内容相同的条件下享有优先权,但有例外情形。人民法院在执行土地承包经营权过程中应当依法保护本集体经济组织成员的优先权。

第五,承包地被征收的,在保障被执行人以及其所扶养家属基本生活的前提下,可依法执行承包土地征收补偿款。随着我国城镇化建设的开展,不断有农村集体土地被征收。按照《民法典》第338条,承包地被征收的,土地承包经营权人有权依照法律规定获得相应补偿。征收补偿款作为土地

---

① 全国人大常委会法制工作委员会民法室编著:《中华人民共和国物权法解读》,中国法制出版社2007年版,第272页。

承包经营权的代位物，可以成为强制执行的标的，但不能影响被执行人以及其所扶养家属基本生活。

需要说明的是，《农村土地承包法》第34条关于承包方全部或部分转让土地承包经营权应经发包方同意的规定，能否约束人民法院执行行为？该条规定约束的是平等主体之间的民事交易行为，仅适用于普通民事主体之间转让土地承包经营权的情形，而人民法院强制执行属于凭借国家强制力依法实施的公法行为，发包方是村民自治组织，人民法院通过执行程序对土地承包经营权进行强制转让无需经过其同意。而且人民法院在强制执行土地承包经营权过程中，已将受让方的主体资格、被执行人的生活保障、保持土地农业用途等因素考虑在内，不需受发包方意见约束。而其他不得改变土地农业用途、不能超过剩余承包期等关于土地承包经营权转让的规定，属于国家法律对农用土地的管理规定，人民法院执行程序也应遵守，同时要注意依法保护本集体经济组织其他成员的优先权。

背 景

按照《土地管理法》第9条、第10条的规定，农村土地除由法律规定属于国家所有的以外，属于农民集体所有；宅基地和自留地、自留山，属于农民集体所有；农民集体所有的土地，可以依法确定给单位或者个人使用。农村集体土地使用权是符合法律规定的用地者按照一定土地用途，以一定方式使用集体土地的权利，在物权种类上属于用益物权。《土地管理法》第4条规定，国家实行土地用途管制制度，将土地分为农用地、建设用地和未利用地。农村集体土地使用权按用途可以划分为农用地使用权、宅基地使用权、非农经营用地使用权和非农公益用地使用权。

农村集体土地所有者及其代表可依法通过承包、分配、投资、拨付等方式，向符合法律规定的用地者提供农村集体土地使用权。按土地用途进行分类的各项农村集体土地使用权，分别对应不同的取得方式：农用地使用权的取得方式为承包，因此又被称为土地承包经营权；宅基地使用权的取得方式为分配；非农经营用地使用权的取得方式为投资；非农公益用地使用权的取得方式为拨付。农村集体土地使用权人对土地享有占有、使用的权利，依土地用途和取得方式的不同，享有不同的收益、处分的权利。《民法典》第361条规定："集体所有的土地作为建设用地的，应当依照土地管理的法律规定办理。"

土地承包经营权是指农村集体经济组织成员或者其他单位、个人依法以家庭承包或者其他方式承包取得的，用于从事种植业、林业、畜牧业等农业生产活动的有期限限制的农村土地使用权。土地承包经营权人在承包期限内，对其承包经营的耕地、林地、草地等享有占有、使用、收益的权利。按照《民法典》第330条第2款规定，依法实行土地承包经营制度的农村土地，既包括农民集体所有的农业用地，也包括国家所有依法由农民集体使用的农业用地。农业用地主要指耕地、林地、草地，还有一些其他用于农业的土地，如荒山、荒丘、荒沟、荒滩等"四荒地"，养殖水面等。

按照《农村土地承包法》第3条的规定，农村土地承包采取农村集体经济组织内部的家庭承包方式，不宜采取家庭承包方式的荒山、荒沟、荒丘、荒滩等农村土地，可以采取招标、拍卖、公开协商等方式承包。农村土地承包经营包括家庭承包和以招标、拍卖、公开协商等其他方式承包两种方式。家庭承包是集体经济组织人人有份的承包，主要是对耕地、林地、草地的承包，具有社会保障的功能；其他方式的承包并非集体经济组织成员人人有份的承包，而是通过招标、拍卖、公开协商等市场化的方式，对不宜采取家庭承包方式的"四荒地"等农村土地有偿取得的承包经营权。其他方式的承包，承包人不限于农村集体经济组织成员，也不涉及社会保障等因素，本集体经济组织成员以外的农户、组织等农业生产经营者，都可以依法取得这些土地的承包经营权，从事农业生产。

（八）宅基地使用权能否执行？

简 答

按照一般观点：

宅基地使用权可以作为强制执行的标的，但受到现有法律规定的限制，在具体执行方式上具有特殊性。

详 述

1.关于宅基地使用权的权能问题。

《民法典》第363条规定："宅基地使用权的取得、行使和转让，适用土地管理的法律和国家有关规定。"《土地管理法》第62条规定，农村村民出卖、出租住房后，再申请宅基地的，不予批准。从上述规定可以看出，法律虽然对宅基地使用权的流转有所限制，但并未明确禁止。宅基地使用权的权能应当是对宅基地享有占有权、使用权、收益权和有限制的处分权。

2.关于宅基地使用权的流转问题。

《民法典》虽然规定宅基地使用权不得抵押，但禁止抵押与禁止流转不能等同。以法律禁止宅基地抵押为由推论禁止宅基地流转，结论难以成立。《民法典》物权编明确规定了不允许以宅基地使用权设定抵押，但对于宅基地使用权的转让则未明确禁止。《民法典》第365条提到了已经登记的宅基地使用权转让的，应当及时办理变更登记等内容。宅基地使用权主体具有特定性，还仅限于本集体经济组织内部成员，《土地管理法》第62条并没有规定宅基地使用权不允许转让，而只是强调出卖、出租住房后，再申请宅基地不予批准的法律后果。上述规定表明宅基地的流转受法律限制，类似于"限制流通物"，而非"禁止流通物"。这种受限制的流转性使宅基地使用权的执行往往陷入困境，但并不表示宅基地使用权一定不能执行。

3.人民法院在执行中，首先应注意保障被执行人基本的生活住房，宅基地上的房屋为被执行人以及其扶养家属生活所必需的，人民法院不得对此强制执行。从现有法律规定来看，宅基地使用权受让主体的范围非常有限。国务院《关于深化改革严格土地管理的决定》明确禁止城镇居民在农村购买宅基地。

第一，在一定主体范围内转让农村房屋以及房屋占用范围内的宅基地使用权。宅基地使用权是农民基于集体经济组织内部成员身份取得的集体土地使用权，具有很强的身份性。国家禁止城镇居民在农村购买宅基地，宅基地使用权不能向城镇居民转让。法人或其他组织不具备宅基地使用权人主体资格，也不能取得宅基地使用权。在法律框架下，一般认为，宅基地使用权不能向本集体经济组织之外的农村村民转让；即使是本集体经济组织内部成员，由于受《土地管理法》第62条"一户一宅"原则的限制，也不能向本集体经济组织的有房村民，以及不符合宅基地分配条件的村民转让。

第二，采用强制管理的方式出租房产提取收益。由于宅基地使用权转让存在法律障碍，强制管理作为不动产难以转让情况下的替代执行措施，对宅基地使用权的执行提供了解决方法。人民法院可以尝试在保障被执行人以及其扶养家属基本生活的前提下，就宅基地使用权的强制管理问题进行探索实践。

第三，宅基地被征收的，可依法执行征收补偿收益，但应保障被执行人以及其扶养家属基本生活。按照《民法典》第243条规定，征收集体所有的土地，应依法足额支付相关费用，保障被征地农民的生活，维护被征地农民的合法权益。宅基地被国家征收也是人民法院执行过程中可能遇到的现象，征地补偿收益作为宅基地使用权的代位物，原则上可以成为强制执行的标的。

第四，宅基地使用权的变更登记问题。《民法典》第365条规定："已经登记的宅基地使用权转让或者消灭的，应当及时办理变更登记或者注销登记。"宅基地使用权是一项重要的用益物权。从长远发展上看，对宅基地使用权的设立、变更和消灭进行登记，既有利于加强土地管理，又有利于确认物权，减少争端。有些地方的宅基地使用权的登记制度不够完善，有的宅基地还没有登记。《民法典》物权编考虑到我国广大农村的实际情况以及登记制度的现状，虽然没有明确要求所有宅基地使用权一旦发生变更一律登记，但是对于已经登记的宅基地使用权转让的，则明确规定了应当及时办理变更登记。[1]

背　景

宅基地使用权是依法经审批，由农村集体经济组织分配给其内部成员用于建造住宅的农村集体土地使用权。农村村民申请宅基地应经依法审批。经审批后，农村集体经济组织内部成员无偿取得宅基地使用权。非农村集体经济组织内部成员，不得申请取得宅基地使用权。宅基地使用权具有福利保障性质，用于农村村民建造住宅及其附属设施。

---

[1] 参见全国人大常委会法制工作委员会民法室编著：《中华人民共和国物权法解读》，中国法制出版社2007年版，第335页。（为统一本文表述，将本句中的"物权法"改为"《民法典》物权编"。）

（九）无证建筑能否执行？

简　答

按照一般观点：

鉴于无证建筑的特殊性，在处理被执行人所建造的无证建筑时应避免机械执行，既不能因其违法性一律不予执行，又不能不加区分地全部视为合法建筑予以执行。

详　述

1.应按照无证建筑的违法情况决定不同的处置方法。对于那些严重违反城市或农村规划而建成的无证建筑，如占用公共土地搭建的违章建筑物，不能将其列为被执行财产，应联系相关行政主管部门进行处理。针对一部分可以通过改正、补办手续使之合法化的无证建筑，以及那些建造在合法土地使用权上没有严重违反城市或农村规划、一定时期内得以延续与保留的无证建筑，则可以通过评估、拍卖、变卖等执行程序对其进行处置。

2.应加强与相关行政部门的沟通，充分征求行政部门的意见。在执行前应及时与相关行政主管部门沟通与协调，明确所执行的无证建筑能否通过补正转化为合法建筑。对于那些无法合法化的无证建筑应尽量确定在一个相对稳定的时期内不会被强制拆除，否则就不应将其列为被执行财产。

3.应认真调查无证建筑上的占有事实，确定真实的占有人。在准备执行无证建筑时，应对其上的相关事实进行更加慎重的调查，确保案件的被执行人为无证建筑真实的占有人，以避免错误执行。

4.应明确做好相关告知工作，完善执行程序上的细节。由于无证建筑与一般合法建筑有着很大的区别，因此，在进行拍卖、变卖等执行程序时应明确告知竞买人关于无证建筑的真实情况以及存在的瑕疵问题。

背 景

无证建筑，主要是指违反《土地管理法》《城乡规划法》等相关法律法规的规定，未取得土地使用权、建设工程规划许可证或违反建设工程规划许可证的内容建设而未能办理产权登记的建筑物，不包括尚不具备初始登记条件或具备但未办理登记的合法建筑。

无证建筑的表现形式主要有以下几种：（1）未取得土地使用权或建设工程规划许可证建成的建筑；（2）违反建设工程规划许可证的内容建成的建筑；（3）超过规定期限应拆除而未拆除的临时性建筑；（4）伪造相关材料骗取获得建设工程规划许可而建成的建筑。

虽然无证建筑是基于违法建造行为，但是按照其之后能否合法化的结果，又可大致分为两类：一类是待确权建筑，即未取得土地使用权、建设工程规划许可证，或者违反建设工程规划许可证内容，但尚可以采取改正措施、补办手续使之合法化的建筑；另一类是违章建筑或违法建筑，即未取得土地使用权、建设工程规划许可证，或者违反建设工程规划许可证的规定擅自改变施工内容与使用性质，无法通过改正、补办手续的方式来纠正该违法建设行为而建成的建筑。

无证建筑具有以下两个特征：（1）不具有合法性。无证建筑的建造违反了我国有关法律法规的规定。在其通过改正、补办手续而合法化之前，违法状态一直存在并延续。（2）具有不稳定性。针对不同的违法情形，行政主管部门对无证建筑将采取不同的处理方式，包括补正确权、强制拆除、暂时保留等。在其违法状态延续期间，无证建筑的最终"命运"是不确定的，其作为物的存在状态也是不稳定的。

（十）不动产拍卖成交后仍由被执行人或他人无权占有的，人民法院是否负责腾退？

简 答

按照《善意执行意见》的规定：

拍卖财产为不动产且被执行人或他人无权占用的，人民法院应当依法负责腾退，不得在公示信息中载明"不负责腾退交付"等信息。

二十二、金融不良债权执行专题

（一）债权人在申请执行前转让债权，债权受让人以债权人还是以债权受让人名义申请执行？

简答

按照《执行规定》的规定以及一般观点：

债权人在执行前转让债权，债权受让人能够以自身名义直接申请执行。

详述

《民法典》合同编规定：债权人转让权利的，应当通知债务人，未经通知，该转让对债务人不发生效力；债权人转让权利的，受让人取得与债权有关的从权利，但该权利专属于债权人自身的除外。《执行规定》第16条规定，申请执行人是生效法律文书确定的债权人或其继承人、债权受让人。

1.基于上述规定以及相应法理，经生效法律文书所确认的债权，除专属于债权人人身的债权外，能够转让；转让后，债权受让人取得债权人的地位。

2.据此，生效法律文书确定的债权人在进入执行程序前合法转让债权的，在债务人不履行义务的情况下，债权受让人依法可以作为申请执行人向执行法院申请强制执行。

3.债权受让人只要向人民法院提交承受权利的证明文件,证明自己是生效法律文书确定的债权之受让人的,即符合受理执行案件的条件,而无需申请执行法院作出变更申请执行人的裁定。

4.通常情况下,变更申请执行人主要是指,在按照原申请执行人的申请已经开始了的执行程序中,变更新的债权人为申请执行人。从这个角度而言,执行立案前债权转让,且原债权人一直未参与执行程序,自始由债权受让人以自己名义申请执行,虽然与严格意义上"变更申请执行人"有着相同的法律基础,但并不完全符合"变更申请执行人"的概念界定。

背 景

诉讼结束后、执行立案前发生债权转让的,原债权人自始至终未加入到执行程序中来,而由债权受让人直接向人民法院申请执行,过往的执行实践中,对该情形,各人民法院做法不一:有的人民法院进行形式审查后,直接将债权受让人作为申请执行人,不作变更申请执行人的裁定,只是按照一般程序向被执行人发出执行通知书;有的人民法院则要求,申请立案阶段,只能由裁判文书上载明的债权人申请,移交给执行部门后,再由债权受让人向执行部门申请作出申请执行人变更裁定。

(二)非金融机构受让不良债权后,能否在执行程序中变更为申请执行人?变更申请执行人需通过何种程序?

简 答

按照《变更追加规定》的规定以及一般观点:

1. 非金融机构向金融机构受让不良债权后，可以在执行程序中变更为申请执行人。

其一，根据《民法典》合同编的规定，债权人转让债权，只需通知债务人即可，无需债务人同意。判决确定的债权本质上仍然是债权，因此，债权人将判决确定债权依法予以转让的，受让人可以取得该债权。

其二，按照《变更追加规定》第9条的规定，申请执行人将生效法律文书确定的债权依法转让给第三人，且书面认可第三人取得该债权，第三人可以在执行程序中书面提出变更申请执行人的申请，人民法院应当变更其为申请执行人。

其三，《海南纪要》中已明确："金融资产管理公司转让已经涉及诉讼、执行或者破产等程序的不良债权的，人民法院应当根据债权转让合同以及受让人或者转让人的申请，裁定变更诉讼主体或者执行主体。"普通执行债权转让给第三人，受让人取得的债权既然已经生效判决确定，受让人在受让债权的同时，也应有权取代原债权人的地位成为申请执行人，以便通过执行程序实现债权。

2. 非金融机构申请变更为申请执行人的程序：

其一，债权依法转让。赋予执行法院一定的审查权，保证执行法院在发现债权转让存在违反法律、行政法规或损害第三人利益的情况下，有权依法不予变更。

其二，申请执行人书面认可第三人已取得该债权。如果申请执行人与受让人就债权转让尚存在纠纷，执行部门不宜进行实质审查。此时，对受让人的变更、追加申请，应当不予支持。

其三，生效法律文书确定的债权经多次转让的，每次转让的审查标准应与单次转让保持一致。因此，需要每次转让的出让人均认可债权已转让给其后手，以免发生错误变更。

其四，按照《变更追加规定》第28条的规定，申请变更申请执行人，应当向执行法院提交书面申请以及相关证据材料。除事实清楚、权利义务关系明确、争议不大的案件外，执行法院应当组成合议庭审查并公开听证。经审查，理由成立的，裁定变更；理由不成立的，裁定驳回。执行法院一般在六十日内作出裁定。

其五，被执行人对执行法院作出的变更债权受让人为申请执行人的裁定不服的，可以向上一级人民法院申请复议。

背 景

1.各级人民法院在办理非金融机构受让不良债权后申请强制执行的案件，数量不菲。在该类案件的办理中，存在若干重要问题，主要集中在能否变更金融不良债权受让人为申请执行人、金融不良债权受让人能否全额受偿债权本息、是否区分债务人企业性质三个方面。以上三方面问题，各地人民法院意见、做法极不统一，由此引发的批评意见以及申诉信访极多，媒体舆论高度关注。

关于金融不良债权受让人在执行程序中请求变更申请执行人，人民法院能否裁定准许，一直存在两类不同意见。一类意见持否定态度：金融不良债权受让人通过极低对价取得债权，不排除存在权力寻租、利益输送等问题，如果人民法院裁定准许变更申请执行人，势必导致国有资产流失。据最高人民法院调查了解，对于金融不良债权受让人请求变更申请执行人，有相当一部分人民法院一律不予准许，受让人只能采取委托代理等方式，以原国有金融资产管理公司名义申请强制执行。另一类意见持肯定态度：裁定准许变更金融不良债权受让人为申请执行人，具有合同法以及民事诉讼法的相应法理依据；《海南纪要》已明确规定国有金融资产管理公司转让不良债权的，人民法院应当裁定变更执行主体。不予准许变更申请执行人，有悖于法理依据以及现有规定。因此，对于金融不良债权受让人申请变更执行主体，人民法院应当裁定准许。

关于金融不良债权受让人已经变更为申请执行人后，能否对生效法律文书确定的债权本息全额受偿，又存在两类不同意见。一类意见认为：与前述不予变更申请执行人的理由类似，非金融资产管理公司法人、自然人受让不良债权后，如通过强制执行全额实现债权本息，势必导致国有资产流失。据最高人民法院调查了解，持该类意见的地方法院，主要采取如下做法：（1）只执行债权本金，而普通债务利息、迟延履行利息一律不予支持。（2）以受让人购买不良债权所支付的对价作为基础，或者仅执行对价及其利息，或者将对价翻倍执行。（3）一律不受理金融不良债权受让人申请执行案件。（4）虽受理该类案件，但不采取强制执行措施。另一类意见认为：不受理、不执行以及仅执行本金、按转让对价执行等"打折执行"方式，均没有法律依据，与法治精神相悖。对于该类案件，应当将准予执行、全额执行作为基本原则，人民法院应当依法受理、依法执行，全额实现申请执行人债权。针对有可能存在的国有资产流失风险，可以个案处理、区别对待：如涉嫌犯罪，移送有关司法机关；需要再审的，移送依法再审；有其他违法情形，移交有关部门并提出司法建议。

关于是否区分债务人企业性质问题。一类意见认为：如果债务人为国有独资、国有控股等国有企业，人民法院受理并执行，将导致国有资产双重流失，对于该类案件，应当不予受理或者不予全额执行。如果债务人为非国有企业，则不受上述限制，可以受理并全额执行。另一类意见认为：国有企业与非国有企业均属市场经济主体，应当受法律平等保护，不能予以区别对待。

2.执行程序中，生效法律文书确定的原告和被告一般就是申请执行人和被执行人，申请执行人通常是指在被告在法律文书指定的期限内不履行或者不完全履行义务时，按照已经发生法律效力的判决书、裁定书以及其他法律文书，向人民法院要求执行的人。但是，在执行实践中，由于一些法定事由的出现，生效法律文书确定的权利发生转移，表现于执行程序中，就是申请执行人的变更。

按照大陆法系民事诉讼法学界的既判力理论，执行依据的效力只能及于执行依据上的权利和义务主体。因此，申请执行人是依据所执行的有效法律文书来确定的。人民法院在受理执行案件时，首先应当对申请执行人是否适格进行形式审查，确认作为申请执行人的就是法律文书效力所及之人。只有在例外的情况，生效法律文书的既判力扩张至当事人以外的人。

3.关于非金融机构申请变更申请执行人，具有以下几个特别规定：

其一，《海南纪要》第10条"关于诉讼或执行主体的变更"规定："会议认为，金融资产管理公司转让已经涉及诉讼、执行或者破产等程序的不良债权的，人民法院应当根据债权转让合同以及受让人或者转让人的申请，裁定变更诉讼主体或者执行主体。"

其二，《最高人民法院关于金融资产管理公司收购、处置银行不良资产有关问题的补充通知》第3条规定："金融资产管理公司转让、处置已经涉及诉讼、执行或者破产等程序的不良债权时，人民法院应当根据债权转让协议和转让人或者受让人的申请，裁定变更诉讼或者执行主体。"

其三，《关于判决确定的金融不良债权多次转让人民法院能否裁定变更申请执行人请示的答复》（最高人民法院〔2009〕执他字第1号）规定，《执行规定》"已经对申请执行人的资格予以明确。其中第18条第1款规定：'人民法院受理执行案件应当符合下列条件：……（2）申请执行人是生效法律文书确定的权利人或其继承人、权力承受人。'该条中的'权利承受人'，包含通过债权转让的方式承受债权的人。依法从金融资产管理公司受让债权的受让人将债权再行转让给其他普通受让人的，执行法院可以依据上述规定，依债权转让协议以及受让人或者转让人的申请，裁定变更申请执行主体"。

（三）非金融机构受让债权后，执行程序中，利息应核算至债权转让之日还是债务实际履行完毕之日？

简 答

目前，此问题相应规则出于最高人民法院（2011）执他字第7号函、（2013）执他字第4号函，分析问题的关键均在于，相应情形能否参照适用《海南纪要》相关规则。

1.关于《海南纪要》的适用范围。

《海南纪要》第12条关于适用范围问题，已较为明确。该文件相关规则只适用于符合下列主体要件与标的要件的金融债权转让法律行为：

（1）国有银行对外转让债权。国有银行仅限于国有独资商业银行、国有控股商业银行以及国有政策性银行。

（2）金融资产管理公司自上述国有银行首手受让债权。金融资产管理公司仅限于华融、长城、东方和信达等金融资产管理公司和资产管理公司通过组建或参股等方式成立的资产处置联合体。国有银行与金融资产管理公司，均为一般所指的"金融机构"。

（3）由非金融机构，即非金融资产管理公司法人、自然人，也即市场所指的"社会投资者"向金融资产管理公司受让金融债权。

（4）关于利息豁免规则，适用于国有企业债务人。国有企业限于国有独资和国有控股的企业法人。

（5）所转让不良债权限于1999年至2000年期间四家金融资产管理公

司在国家统一安排下通过再贷款或者财政担保的商业票据形式支付收购成本从中国银行、中国农业银行、中国建设银行、中国工商银行以及国家开发银行收购的政策性不良债权,以及2004年至2005年四家金融资产管理公司在政府主管部门主导下从交通银行、中国银行、中国建设银行和中国工商银行收购的商业性不良债权。

2.最高人民法院(2011)执他字第7号函、(2013)执他字第4号函所涉案件,均系国有银行转让债权于金融资产管理公司,再转让于非金融机构;所涉债权均属于2004年剥离的商业性不良债权;只是(2011)执他字第7号函所涉债务人为国有企业、(2013)执他字第4号函所涉债务人为非国有企业。

最高人民法院(2011)执他字第7号函所涉债权属于《海南纪要》调整范围,(2013)执他字第4号函所涉债权基本属于《海南纪要》调整范围,故两函文意见完全合理;但是,考察两个函文设定规则,必须认识到两案所涉债权均属于或基本属于《海南纪要》调整范围。对于不属于《海南纪要》调整范围的债权,没有必要套用两个函文设定的规则。

《海南纪要》第9条关于受让人收取利息的问题,表述为:"会议认为,受让人向国有企业债务人主张利息的计算基数应以原借款合同本金为准;受让人向国有企业债务人主张不良债权受让日之后发生的利息的,人民法院不予支持。但不良债权转让合同被认定无效的,出让人在向受让人返还受让款本金的同时,应当按照中国人民银行规定的同期定期存款利率支付利息。"

如此,对利息应核算至债权转让之日还是债务实际履行完毕之日,要综合《海南纪要》以及两个最高人民法院个案指导函的相应规则,进行详细分析:

(1)对于符合《海南纪要》主体要件与标的要件的金融债权转让,如属于国有企业债务人:参照《海南纪要》相关规定以及最高人民法院(2011)执他字第7号函,非金融机构受让经生效法律文书确定的金融不良债权后,向国有企业债务人主张金融债权利息的,利息计算至金融不良债权转让之日止。

(2)对于符合《海南纪要》主体要件与标的要件的金融债权转让,如属于非国有企业债务人:参照《海南纪要》相关规定以及(2013)执他字第4号函,非金融机构受让经生效法律文书确定的金融不良债权后,向非国有企业债务人主张金融债权利息的,受让日之后不再计付利息,包括迟延履行利息。

(3)对于不符合《海南纪要》主体要件与标的要件的金融债权转让,包括非国有银行对外转让债权、非国有银行直接将债权转让非金融机构(国有银行不允许直接转让)、2005年之后非政策指导下的市场债权转让等,无论债务人是否为国有企业,均不能参照《海南纪要》以及最高人民法院(2011)执他字第7号函、(2013)执他字第4号函所设定的规则。那么,非金融机构受让该类债权后,在执行程序中,利息应核算至债务实际履行完毕之日。

背 景

1.《海南纪要》关于受让人收取利息问题的规定以及官方解读。

《海南纪要》第9条之关于受让人收取利息的问题表述为:"会议认为,受让人向国有企业债务人主张利息的计算基数应以原借款合同本金为准;受让人向国有企业债务人主张不良债权受让日之后发生的利息的,人民法院不予支持。但不良债权转让合同被认定无效的,出让人在向受让人返还受让款本金的同时,应当按照中国人民银行规定的同期定期存款利率支付利息。"

官方解读[①]为:"无论是民法理论界还是审判实务界,关于受让人对债务人利息收取的问题存在较大分歧。基本可以归纳为四个方面的分歧:其

---

① 高民尚:《关于审理涉金融不良债权转让案件工作座谈会纪要》,载《人民司法》(应用版)2009年第9期。

一,计算基数。其二,起算时间。其三,利率标准。其四,计收复息。

"首先,关于计算基数问题。有观点认为,应当以原借款合同项下本金以及自贷款逾期时始直至金融资产管理公司出让给受让人时,按照借款合同约定或者人民币利率管理规定计算的利息(包括逾期利息并计收复息)总和为基数。我们认为,受让人受让的是合同权利,其权利不能大于原权利人,也不能享有原权利人依其为金融机构特殊身份而特别享有的权利。因此,《纪要》明确规定:'受让人向国有企业债务人主张利息的计算基数应以原借款合同本金为准。'

"其次,关于起算时间问题。有观点认为,因担保权、利息债权、违约金请求权等从权利,以与主权利同其命运为原则,故主债权让与时,从权利原则上也随同转移于受让人;但当事人不欲其随同转移者,却须于合同中订明。据此,受让人应当有权自受让之日起取得原债权人收取利息的权利。我们认为,依据合同法理和合同法第81条的规定,该观点颇有道理。不过,同样根据合同法理,利息债权可以区分为尚未届期和已经届期却尚未支付(即迟延利息)两种情形。其中,尚未届期的利息债权无疑属于从权利,自应随主债权一同转移。但迟延利息则具有独立地位,与从权利并不相同,并不当然地随同主债权一并转移。尽管有立法例推定未支付的利息随同主债权转移于受让人,但这种推定可以反证推翻。因此,就不良债权利息收取而言,在受让人受让不良债权后,无疑有权收取对主债权尚未届期的利息,但并不必然有权收取已经届期却尚未支付的迟延利息。考虑到不良债权自身的特殊性,尤其是在尚无不良债权合理定价机制且公众普遍认为不良债权转让价格过低的情势下,经与国家相关主管部门多次沟通并经中央原则同意,我们认为受让人无权收取不良债权受让日后产生的迟延利息。因此,《纪要》明确规定:受让人向国有企业债务人主张不良债权受让日之后发生的利息的,人民法院不予支持。

"再次，关于利率标准问题。如果不良债权转让合同被认定无效而相互返还时，出让人依据何种标准支付利息？对此，《纪要》尊重民商事审判多年来的实践做法，规定：不良债权转让合同被认定无效的，出让人在向受让人返还受让款本金的同时，应当按照中国人民银行规定的同期定期存款利率支付利息。

"最后，关于计收复息问题。最高人民法院法释《关于审理涉及金融资产管理公司收购、管理、处置国有银行不良贷款形成的资产的案件适用法律若干问题的规定》第7条规定：'债务人逾期归还贷款，原借款合同约定的利息计算方法不违反法律法规规定的，该约定有效。没有约定或约定不明的，依照中国人民银行发布的人民币利率管理规定计算利息和复息。'最高人民法院法〔2005〕162号《关于金融资产管理公司收购、处置银行不良资产有关问题的补充通知》第1条规定：'国有商业银行（包括国有控股银行）向金融资产管理公司转让不良贷款，或者金融资产管理公司受让不良贷款后，通过债权转让方式处置不良资产的，可以适用本院发布的上述规定。'审判实务中，由此引发受让人能否如同金融资产管理公司一样以同样的标准向债务人收取复息的问题，并形成肯定和否定以及折中说等不同观点。我们认为，复息计算规定来源于中国人民银行人民币利率管理规定，该规定的适用对象仅限于金融机构。因此，计收复息的权利专属于商业银行和金融资产管理公司等金融机构。根据合同法第81条关于'债权人转让权利的，受让人取得与债权有关的从权利，但该权利专属于债权人自身的除外'的规定，非金融机构的不良债权受让人无权向债务人计收复息。"

2.最高人民法院（2011）执他字第7号函之背景——案涉债权，由中国建设银行于2004年转让至信达资产，信达资产又于2004年转让至非金融机构；债务人为国有企业。

关于国有银行和金融资产管理公司通过债权转让方式处置不良资产

形成的相关案件,随着最高人民法院《关于审理涉及金融资产管理公司收购、管理、处置国有银行不良贷款形成的资产的案件适用法律若干问题的规定》(法释〔2001〕12号)、《关于金融资产管理公司收购、处置银行不良资产有关问题的补充通知》(法〔2005〕62号)以及《海南纪要》(法发〔2009〕19号)等司法解释和《关于如何理解最高人民法院法发〔2009〕19号〈会议纪要〉若干问题的请示之答复》(〔2009〕民二他字第21号)等批复的制定和施行,人民法院在审理不良债权转让纠纷案件中所遇到的主要疑难问题基本得以解决。

但是,执行实践中,涉金融不良债权转让案件的执行存在诸多问题,最高人民法院(2011)执他字第7号函因海南省高级人民法院请示问题而启动,所涉转让日后的利息问题,系最为关键和最亟待解决的难点问题。最高人民法院作出(2011)执他字第7号函,基于如下几个层面考虑:

其一,关于执行程序中金融债权转让问题能否适用《海南纪要》。

首先,最高人民法院于2005年1月正式起草制定关于审理涉及金融不良债权转让案件的司法政策文件,在经过长时间的调研以及与中央相关部门和立法部门的多轮、多次协调论证,并由更高决策层最终确定后,形成了就不良债权转让问题以及相关案件的处理纪要。所要解决的核心问题就是贯彻落实中央确定的解决金融不良债权转让过程中国有资产的流失问题,即通过解决和化解计划经济时期形成的历史遗留问题,规范金融不良债权转让行为,维护企业和社会稳定,防止国有资产流失,保障国家经济安全。《海南纪要》的内容将国家相关政策与法律适用规则相结合,是涉及金融不良债权转让案件处理最全面、最权威的司法政策文件,不论是审判程序还是执行程序,只要符合《海南纪要》的精神和目的,都应适用《海南纪要》的规定。

其次,《海南纪要》本身就规定有涉及执行程序的内容。《海南纪要》第十部分"关于诉讼或执行主体的变更",明确规定:金融资产管理公司转让已经涉及诉讼、执行或者破产等程序的不良债权的，人民法院应当根据债权转让合同以及受让人或者转让人的申请，裁定变更诉讼主体或者执行主体。

最后，本问题起因系在金融机构借款合同纠纷形成的生效判决作为执行依据的执行程序中，申请执行人向非金融机构第三人协议转让其依据人民法院生效判决所享有的债权。尽管依民法典规定，债权转让无须征得债务人的同意，只要转让双方意思表示一致，转让协议即可成立。但是，本问题所涉金融机构与非金融机构的转让协议不同于一般的债权转让协议，它有两个特别之处：一是它发生在执行程序中；二是它转让的是作为执行依据的生效法律文书所确定的债权。因此，转让协议在没有经过相应司法程序确认前，不具有和执行依据同等的强制执行力，它必须经过一个司法准入程序方能发生强制执行力。执行法院必须对转让协议进行全面审查，裁定确定转让协议的效力，同时变更申请执行主体。《海南纪要》中所体现的价值衡量和价值选择以及关于不良债权转让合同无效和可撤销事由的认定、关于举证责任分配和相关证据的审查等内容，都是执行法院在审查中必须适用的，而且在涉不良金融债权转让协议纠纷也只有《海南纪要》中的规定可以适用。

其二，关于适用《海南纪要》是否与执行依据的既判力发生冲突问题。

有意见认为：应当严格按照生效判决主文确定的内容执行，不应随意改动判决既判力。执行依据的法律关系基础是金融机构与借款人之间的借款合同，如果没有发生债权转让，自当严格依判决执行。但是，在执行中申请执行人将其依执行依据所享有的债权转让给了新的债权人，新债权人与债务人之间的法律关系就只是普通的债权债务关系，而不是借贷关系。当然这两个法律关系也有着密切的关联，而且转让发生在执行过程中，所以，在转让债权的双方以及债务人均对转让协议无异议的情况下，为了便捷高效实现债权人的合法权益，可以在执行程序中对转让协议进行审查确认并作出裁定，该裁定实际上就是新的执行依据，而不必一概要求新的债权人依转让协议经审理取得执行依据后再予执行。如果对本案执行依据所涉法律关系与债权转让形成的法律关系不加区分或置之不理，在债权转让已形成新的法律关系时仍然硬性按执行依据执行或者只变更申请执行主体而其他执行内容仍按执行依据执行，都是错误的。

其三，关于受让之后的债权利息问题。

金融机构作为贷款人签订借款合同，一般都约定有还款期限、利息支付期限和贷款利率，在还款期限内按照约定的利息支付期限和利率计收的利息我们称之为期内息，借款人未按照约定的期限返还借款的，应当按照约定或者国家有关规定支付逾期利息，简称为逾期息。

《海南纪要》第9条规定："受让人向国有企业债务人主张利息的计算基数应以原借款合同本金为准；受让人向国有企业债务人主张不良债权受让日之后发生的利息的，人民法院不予支持。但不良债权转让合同被认定无效的，出让人在向受让人返还受让款本金的同时，应当按照中国人民银行规定的同期定期存款利率支付利息。"因此，对受让人主张的利息，应当计算至金融资产管理公司对外转让金融不良债权之日。需要说明的是，因为金融不良债权可能被多次转让，先后有多个受让人。因此，在这里有必要明确利息保护至转让之日，而非受让之日。

综上，最高人民法院作出（2011）执他字第7号函答复海南省高级人民法院："你院《关于涉金融不良债权转让执行案件是否适用最高人民法院〈关于审理涉及金融不良债权转让案件工作座谈会纪要〉第9条的请示》收悉。原则同意你院审判委员会第一种意见。在执行程序中，涉金融不良债权转让的案件，应当参照适用最高人民法院《关于审理涉及金融不良债权转让案件工作座谈会纪要》的相关规定。非国有金融机构受让人向国有企业债务人主张已发生转让的金融债权利息，应当按照第9条的规定执行，即以借款合同本金为计算基数，利息计算至金融不良债权转让之日止，不能计收复利。"

3.（2013）执他字第4号函之背景——案涉债权，由中国银行于2004

年转让至信达资产，信达资产于2006年转让至非金融机构；债务人为非国有企业。

最高人民法院的相关意见为：（1）非金融机构受让经生效法律文书确定的金融不良债权能否在执行程序中向非国有企业债务人主张受让日后利息的问题，应当参照最高人民法院2009年3月30日《海南纪要》的精神处理。（2）根据《海南纪要》第12条的规定，《海南纪要》不具有溯及力。《海南纪要》发布前，非金融资产管理公司的机构或个人受让经生效法律文书确定的金融不良债权，或者受让的金融不良债权经生效法律文书确定的，发布日之前的利息按照相关法律规定计算；发布日之后不再计付利息。《海南纪要》发布后，非金融资产管理公司的机构或个人受让经生效法律文书确定的金融不良债权的，受让日之前的利息按照相关法律规定计算；受让日之后不再计付利息。

4.（2016）最高法执监422号之裁判要旨——案涉债权，由农业银行于2011年转让至东方资产，东方资产于2014年转让至非金融机构；债务人为国有企业。

本案是全国人民法院优秀裁判文书的参评文书，经最高人民法院审判委员会讨论，撤销广州中院、广东高院裁定并发回重审。参评裁判要旨之一，系对不属于《海南纪要》规定的特定范围内的金融不良债权转让案件，不适用《海南纪要》第9条的规定于债权受让后停止计算利息，即非金融机构受让的除《海南纪要》第12条规定的不良金融债权之外的一般不良金融债权，不应适用止付利息的规定。该裁定认定：

《海南纪要》第9条"关于受让人收取利息的问题"规定："受让人向国有企业债务人主张不良债权受让日之后发生的利息的，人民法院不予支持。"第12条"关于《纪要》的适用范围"规定："不良债权转让包括金融资产管理公司政策性和商业性不良债权的转让。政策性不良债权是指1999年至2000年上述四家金融资产管理公司在国家统一安排下通过再贷款或者财政担保的商业票据形式支付收购成本从中国银行、中国农业银行、中国建设银行、中国工商银行以及国家开发银行收购的不良债权；商业性不良债权是指2004年至2005年上述四家金融资产管理公司在政府主管部门主导下从交通银行、中国银行、中国建设银行和中国工商银行收购的不良债权。"可见，《纪要》对特定范围内的金融不良债权转让案件确立了特殊的处置规则，对金融不良债权的转让时间以及转让主体均有明确限定，应当严格按照其适用范围的规定适用。如果将《纪要》适用范围以外的一般金融不良债权转让案件一律参照适用《纪要》精神，既没有明确的法律以及司法文件依据，与依法平等保护各类民事主体财产权益的司法精神相悖；同时，鉴于一般金融不良债权转让中，最初的债权受让人往往是国有资产管理公司，如一律适用《纪要》止付利息，不仅不利于防止国有资产流失，而且会损害合法受让人的利益。本案中，案涉金融不良债权最初转让发生于2011年9月，从农行某支行转让给东方资产广州办事处；该债权第二次转让发生于2014年1月15日，由东方资产广州办事处转让给某公司，可见，债权最初的转让时间与转让主体，均与《纪要》第12条的规定不符，故不应适用《纪要》关于自受让日后停止计付利息的规定。

最高人民法院（2013）执他字第4号答复，是对湖北省高级人民法院就在执行程序中能否参照适用《纪要》规定计算债务利息问题进行请示的个案答复。该答复意见所涉案件中的金融不良债权属于《纪要》第12条规定的特定范围内的债权。因此，该答复意见所涉案件基本事实与本案不符，对本案不具有指导意义。

总之，本案不属于《纪要》规定的特定范围内的金融不良债权转让案件，不应适用《纪要》第9条的规定于某公司受让债权后停止计算利息。申诉人关于复议裁定适用《纪要》以及最高人民法院（2013）执他字第4号答复作出裁判属于适用法律错误的申诉理由成立，本院予以支持，对原裁定的错误认定以及处理应予纠正，债务人某公司应向债权受让人某公司履行相应的给付义务。

（四）非金融机构受让债权后，执行程序中，能否主张收取逾期罚息？如可以，逾期罚息应当如何计算？

简答

按照一般观点，非金融机构受让债权后，在金融不良债权执行案件中，有权收取逾期罚息。银行利息是主债权的收益，属法定孳息，除法律有特别规定或当事人有特别约定外，取得孳息的权利随案涉债权的转移而同时转移。逾期罚息应按照中国人民银行规定的金融机构计收逾期贷款利息的标准和方法计算。

1.起算时间

借款人逾期或未按合同约定用途使用借款的贷款，从逾期或未按合同约定用途使用贷款之日起，开始按罚息利率计收利息。

2.利率标准

（1）借款人未按合同约定日期还款的借款，罚息利率按借款合同载明的贷款利率加收30%—50%；

（2）借款人未按合同约定用途使用借款，罚息利率按照借款合同载明的贷款利率加收50%—100%。

3.计算公式

（1）逾期罚息＝逾期本金×年利率×（130%—150%，按照合同载明）÷360×逾期天数

（2）挪用罚息＝挪用本金×年利率×（150%—200%，按照合同载

明）÷360×挪用天数

> **详 述**

罚息是借款人不能按照借款合同约定的时间还款或者未按照借款合同约定的用途使用贷款资金，按中国人民银行有关规定计算的惩罚性利息，具体分为贷款逾期罚息和贷款挪用罚息两种。罚息本质上是一种违约责任的承担方式，体现了对借款人逾期还款行为的惩罚性。

1.贷款逾期后的罚息。即借款人在贷款到期后未还清借款本金，需以欠付本金为基数，从逾期之日起按罚息利率计收罚息。逾期罚息利率为贷款利率上浮30%—50%。

2.贷款被挤占挪用的罚息。即借款人未按合同约定用途使用贷款，需以贷款本金为基数，自挤占挪用之日起，按罚息利率计息。挤占挪用罚息利率为贷款利率上浮50%—100%。

对于同一笔贷款既逾期又出现挤占挪用的情形，应择其重者（以挤占挪用的罚息利率计收罚息），不能并处。

（五）非金融机构受让债权后，执行程序中，能否主张收取复利？

> **简 答**

参照《海南纪要》相关规定以及最高人民法院（2011）执他字第7号函、（2013）执他字第4号函，按照一般观点：

1.无论是否符合《海南纪要》主体要件与标的要件的金融债权转让，无论债务人是否为国有企业，非金融机构受让经生效法律文书确定的金融不良债权后，不能向债务人（国有企业、非国有企业）主张收取复利（受让前、受让后）。

2.此规则不区分债务人为国有企业或非国有企业；并且，无论受让日之前产生的复利，还是受让之后产生的复利，均不能主张收取。

详 述

1.金融借款合同实践中，期内息在计收时以借款本金作为基数，所以又称单息。逾期息在计收时，按照中国人民银行《人民币利率管理规定》，金融机构作为贷款人的，对贷款期内不能按期支付的利息按合同利率按季或按月计收复利，贷款逾期后改按罚息利率计收复利。

2.计收复利，系金融机构因其国家专许的经营资质而享有的特权，其他非金融机构均不得享有。通俗地讲，就是不可能因为金融机构的转让债权，而使非金融机构债权人拥有金融机构的法律地位，享有金融机构才能享有的权利。这是我国金融特许经营行政法规所禁止的。

最高人民法院（2011）执他字第7号函已表明这层含义："非国有金融机构受让人受让金融机构债权，向国有企业债务人不能主张计收复利。"该函文规则也能够扩展至非国有企业债务人。

（六）非金融机构受让债权后，执行程序中，能否主张迟延履行期间的加倍债务利息？

简 答

按照一般观点，并参照《海南纪要》以及最高人民法院〔2011〕执他

字第7号函、〔2013〕执他字第4号函等:

1.对于符合《海南纪要》主体要件与标的要件的金融债权转让,无论是否属于国有企业债务人,非金融机构受让经生效法律文书确定的金融不良债权后,受让日之后不再计付迟延履行利息。

2.对于不符合《海南纪要》主体要件与标的要件的金融债权转让,执行程序中,应适当平衡当事人间的利益。在案件逾期罚息数额较高情况下,申请执行人关于原判利息的主张获得支持的同时,如又根据《民事诉讼法》第260条主张加倍利息,将会导致案涉债权利息数额畸高,可以不予支持。

(七)金融不良债权案件中,抵押债权人能否申请执行其他未抵押财产?

简 答

按照一般观点:

申请执行人既可以申请执行已抵押财产,也有权申请执行被执行人的未抵押财产。

详 述

债权人对债务人的财产设定抵押权,是为了在债务人不能履行债务时,得以就抵押财产优先受偿,其目的是保障债权的实现。但抵押权的设立并不意味着债务人仅在抵押财产范围内对债权人负清偿义务,债务人的全部财产除依据法律、司法解释的规定应当豁免执行之外,都应当是清偿债务的责任财产。

（八）被执行人为商业银行分支机构，商业银行是否具备提出执行异议的主体资格？

简 答

按照一般观点：

1.商业银行分支机构虽已领取了营业执照，但并不具备法人资格，相关民事责任应由其商业银行承担。商业银行对分支机构实行统一核算，统一调度资金，分级管理的财务制度。

2.商业银行对其分支机构涉及的执行问题，针对执行法院的执行措施，具备以自己的名义提出执行异议的主体资格。

二十三、股权执行专题

（一）"股权执行"中的"股权"如何界定？

简　答

按照《股权执行规定》的规定：

1."股权执行"中的"股权"，指有限责任公司股权、股份有限公司股份。

2.在依法设立的证券交易所上市交易以及在国务院批准的其他全国性证券交易场所交易的股份有限公司股份，不包括在上述"股份有限公司股份"之内。

详　述

1.《公司法》第71条规定："有限责任公司的股东之间可以相互转让其全部或者部分股权。"第125条规定："公司的股份采取股票的形式。股票是公司签发的证明股东所持股份的凭证。"第137条规定："股东持有的股份可以依法转让。"第138条规定："股东转让其股份，应当在依法设立的证券交易场所进行或者按照国务院规定的其他方式进行。"

按照公司法的基本分类，对于可转让的股东权益，有限责任公司称为股权，股份有限公司则称为股份。但是，按照学理上的归类方式，有限责任公司股权、股份有限公司股份均属于广义的股权。

2.有限责任公司股权、未上市股份有限公司股份的强制执行,与上市公司股票、在国务院批准的其他全国性证券交易场所交易的股份有限公司股份(主要指在全国中小企业股份转让系统挂牌转让的股份有限公司股票,即新三板股票),在财产调查方式、协助执行单位、冻结规则、变价处分规则等方面具有较大差别。比较而言,有限责任公司股权、未上市以及未挂牌股份有限公司股份大体受公司法调整,上市公司股票、新三板股票受证券法特别调整。

(二)股权作为被执行财产时,"被执行的财产所在地"如何确定?

简 答

按照《股权执行规定》及一般观点:

1.股权作为被执行财产时,《民事诉讼法》第231条所规定的"被执行的财产所在地",是指股权所在公司的住所地,即公司登记的住所地。

2.公司未将主要办事机构所在地登记为住所的,"被执行的财产所在地"是指公司的主要办事机构所在地。

详 述

1.《民事诉讼法》第231条规定:"发生法律效力的民事判决、裁定,以及刑事判决、裁定中的财产部分,由第一审人民法院或者与第一审人民法院同级的被执行的财产所在地人民法院执行。法律规定由人民法院执行的其他法律文书,由被执行人住所地或者被执行的财产所在地人民法院执行。"

股权作为执行标的物时,申请执行人可以选择股权这一"被执行的财产"所在地作为执行管辖的连接点,此时,需要确定何为"股权所在地"。"股权所在地"可以解释为公司住所地;因股权本身为无形财产,但又与股东本人具有依附性,故也可解释为股东即被执行人住所地。

"股权所在地"也即股权执行管辖,按照公司住所地确定,更便利于采取调查、评估、拍卖等各类执行措施。

2.《民法典》第63条规定,法人以其主要办事机构所在地为住所。依法需要办理法人登记的,应当将主要办事机构所在地登记为住所。《公司法》第10条规定:"公司以其主要办事机构所在地为住所。"《公司登记管理条例》第12条规定:"公司的住所是公司主要办事机构所在地。经公司登记机关登记的公司的住所只能有一个。公司的住所应当在其公司登记机关辖区内。"《民事诉讼法》第22条规定:"对法人或者其他组织提起的民事诉讼,由被告住所地人民法院管辖。"《民事诉讼法解释》第3条规定:"法人或者其他组织的住所地是指法人或者其他组织的主要办事机构所在地。法人或者其他组织的主要办事机构所在地不能确定的,法人或者其他组织的注册地或者登记地为住所地。"

根据上述规定,公司应当将其主要办事机构所在地(实际经营地)登记为住所地,但是,实践中确实有大量公司未将主要办事机构所在地(实际经营地)登记为住所地。例如,大量影视公司的公司账户、办公人员等在北京、浙江等地,其主要办事机构所在地(实际经营地)也应当认定为北京、浙江等地,但为税务筹划需要,公司住所地登记在新疆、青海等。对于此种情况,工商行政管理部门认为,公司未将主要办事机构所在地登记为住所地,或者公司因主营业务变化改变主要办事机构所在地但未予变更登记,都属于公司正常经营的需要,不应过多干预。

但是,对于民事诉讼而言,部分公司未将其主要办事机构所在地登记为住所，导致主要办事机构所在地与登记住所地不一致，则有必要以人民法院查明的公司主要办事机构所在地作为公司住所地。

对于公司未将主要办事机构所在地登记为住所地的，按照《民事诉讼法解释》第3条的规定，人民法院可以查明公司的实际主要办事机构所在地后，不依市场监督管理部门的登记，而以公司主要办事机构所在地（实际经营地）作为公司住所地。按照《民事诉讼法解释》第3条的规定，执行程序亦可并应当一并遵循同一规则。

（三）股权冻结的形式判断标识是什么？

简答

按照《股权执行规定》及一般观点：

1.有限责任公司股权的外部登记（公司登记机关的登记信息以及国家企业信用信息公示系统的公示信息）和内部登记（股东名册、出资证明书、公司章程等）均可作为股权冻结前的形式判断标识。

2.股份有限公司股权的内部登记（股东名册、股票、公司章程等）作为股权冻结前的形式判断标识。

详述

1.执行程序中的财产权属判断标识

执行程序中，判断某一财产是否属于被执行人的责任财产时，应当遵循"形式判断"与"外观主义"，即一般按照简单清晰、易于观察，但又与真实权利状态高度盖然的外观标识判断财产权属。诚然，无论采登记要件主义或是登记对抗主义的财产，登记本身即为公信力最为强大的外观标识。基于上述逻辑，《查封规定》第2条规定，对于登记在被执行人名下的不动产、特定动产以及其他财产权，人民法院可以查封、扣押、冻结。

2.股权的外部登记与内部登记

与不动产登记有所区别的是，股权的登记包括外部登记与内部登记。外部登记即公司将股东向公司登记机关登记，公司登记机关登记为"证权登记"或"对抗登记"：股东一经在公司登记机关进行登记并予以公示，则产生公示公信效力，能够以此证明自身的股东身份；按照公司法的规定，如有限责任公司股东未经外部登记，则不得对抗第三人。内部登记即公司将股东记载于股东名册，股东名册登记为"设权登记"：按照公司法的规定，无论有限责任公司还是股份有限公司，股东一经记载于股东名册，即具有股东身份，可记"依股东名册主张行使股东权利"。

3.有限责任公司股权的外部登记和内部登记均可作为财产的形式判断标识

无论是社会公众的一般认识还是基于公司法"不登记不对抗第三人"的规定，有限责任公司股权的外部登记具有极强的公信力，被执行人由公司登记机关登记为股东，即可初步判断被执行人持有该公司股权，人民法院即可依此标识向公司登记机关与公司发出冻结法律文书。同时，有限责任公司股权的内部登记即股东名册登记为"设权登记"，如果被执行人登记于股东名册，即可初步判断被执行人持有该公司股权；同时，由于公司法规定有限责任公司应当向股东发放出资证明书，有限责任公司股东还应当记载于公司章程，因而出资证明书、公司章程也可以作为被执行人持有有限责任公司股权的判断标识。实际上，绝大多数有限责任公司也并不单独制定股东名册，股东信息仅记载于公司章程。

4.股份有限公司股权的内部登记作为财产的形式判断标识

股份有限公司股东无需向公司登记机关登记，股东名册、公司章程为股份有限公司股权冻结前的形式判断标识。即使股份有限公司发起人有可能在公司登记机关的登记、备案信息上有所记载，也可能加以公示，但该外部记载也不能作为财产的形式判断标识。

5.进一步说明

实际上，人民法院向公司登记机关或通过国家企业信用信息公示系统查询被执行人是否持有股权，系最为主要的股权查询方式。如果被执行人未予登记公示，除非申请执行人提供财产线索，人民法院极少有可能获知被执行人已登记于股东名册，我们尚未了解到地方法院对未登记公示但已对股东名册登记的股权予以冻结。登记公示信息系有限责任公司股权冻结前的主要形式判断标识，登记公示信息显示被执行人持有股权，人民法院即可冻结。

我们不排除今后有可能出现申请执行人提供财产线索，证明被执行人已获有限责任公司股东名册登记，但未获登记公示记载。对于此类情形，也应认定被执行人已持有股权，并可以冻结。如一律以登记公示作为有限责任公司的冻结判断标识，将出现制度漏洞，冻结该类股权将缺乏依据。

（四）人民法院可以通过哪些方式对股权进行财产调查？

简 答

按照一般观点，人民法院可以采取以下方式调查股权情况：

1.通过国家企业信用信息公示系统查询公司相关公示信息；

2.向公司登记机关查询公司登记、备案以及其他相关资料；

3.要求公司提供股东名册、公司章程以及财务状况等相关资料；

4.向依法设立的区域性股权市场查询股权登记托管信息；

5.其他财产调查方式。

详述

1.国家企业信用信息公示系统按发布主体分为两大类：一类由公司登记机关、其他政府部门发布，另一类由市场主体发布。

按系统使用说明，政府部门和市场主体分别对其公示信息的真实性、合法性负责。

政府部门发布信息包括：基础信息、行政许可信息、行政处罚信息、列入经营异常名录信息、列入严重违法失信企业名单（黑名单）信息。基础信息部分包括：营业执照信息（企业名称、公司类型、注册资本、营业期限、登记机关、住所、经营范围）、股东以及出资信息（系统注明：股东以及出资信息截至2014年2月28日。2014年2月28日之后工商只公示股东姓名，其他出资信息由企业自行公示）、主要人员信息、公司变更信息（注册资本、投资人变更等）、司法协助信息等。

司法协助信息包括：序号、被执行人、股权数额（应改为股权比例）、执行法院、执行通知书文号类型、状态详情等。

市场主体发布信息包括：企业年报信息、股东以及出资信息、股权变更信息、知识产权出质信息等。

股东以及出资信息包括：股东认缴额（万元）、实缴额（万元）、认缴明细、实缴明细、认缴出资方式、认缴出资金额（万元）、认缴出资日期、公示日期、实缴出资方式、实缴出资额（万元）、实缴出资日期、公示日期等。

股权变更信息包括：序号、股东、变更前股权比例、变更后股权比例、股权变更日期、公示日期。

2.公司登记以及公示的注册资本、股东以及出资、股权变更以及企业资产状况等相关资料信息，可以确定被执行人持股以及股权比例。

（五）股权执行中，对于不能预估股权价值以及确定股权比例的，如何做到以债务总额为限冻结标的？

简 答

按照《股权执行规定》及一般观点：

1.人民法院能够预估股权价值并确定股权比例的，应当以债务总额以及必要执行费用为限，冻结被执行人相应比例的股权。

2.人民法院不能预估股权价值并确定股权比例的，可以根据申请执行人申请冻结的比例或者数量进行冻结。

3.当事人提出书面异议，提交相应资料能够证明其股权预估价值以及股权比例的，人民法院应当变更股权冻结比例。

（六）股权冻结的基本程序是什么？

简 答

按照《股权执行规定》及一般观点，人民法院冻结股权，应当一并送达如下法律文书：

1.向当事人送达裁定书。

2.向公司送达协助通知书（告知）。

3.向公司登记机关送达协助执行通知书以及裁定书，要求公司登记机关协助办理相关事项，并要求对冻结信息予以公示。

4.股权已在依法设立的区域性股权市场登记托管的，人民法院应当同时向托管机构送达协助执行通知书以及裁定书，要求不予办理被执行人的股权变更登记，并要求对冻结信息予以公示。

5.法律、行政法规或国务院决定规定股权变更应当由相关部门批准的，人民法院应当将股权冻结事宜通知审批部门。

（七）股权由多个法院冻结，按照何种标识确定冻结的先后顺序？

观点

按照《股权执行规定》及一般观点：

股权存在多次冻结，以在公示系统先办理公示的为在先冻结。

详述

1.关于查封、扣押、冻结的方法。

被执行人财产的存在形态、物理属性以及国家对财产的管理手段等方面的差异，决定了对这些财产的查封、扣押、冻结方法是不同的。

《查封规定》主要将财产分为动产和不动产、特定动产以及其他财产权,并规定了不同的查封、扣押、冻结方法。

对动产扣押时,由执行人员将扣押物转移到执行法院直接控制,也可将扣押物交付指定人控制。在交付指定人控制的情况下,应当在动产上加贴封条或者采取其他公示的方法予以公示。

对不动产和有登记的特定动产查封时,应当通知有关管理机关办理查封登记,同时可以责令被执行人将有关财产权证照交人民法院保管。

对于国家以登记方式管理的财产,采取在登记机关办理冻结登记的方法效果最好,只要登记机关不予办理有关手续,被执行人就无法转让。而且,这种查封方法最容易确认,一旦产生查封纠纷,上级人民法院容易认定各个查封的时间和先后顺序,对解决争议殊为有利。

《查封规定》还确立了登记机关协助登记优先的原则,明确规定采取加贴封条或者张贴公告的方法进行查封,但未办理查封登记的,不得对抗其他人民法院的查封。

贴封条、公告和有关机关办理查封登记,都是对查封行为的公示,其目的在于让社会周知执行标的物被查封的事实,既是为了防止被执行人对该财产的处分,也是为了保护不特定第三人的利益不受侵害,维持正常的经济生活和交易秩序。

2.按照查封、扣押、冻结相对性原则,虽已向公司登记机关送达协助执行通知书,但未向公司送达,对公司不发生效力,公司分派股息、红利以及办理股权变更手续不构成妨害执行。同理,仅向公司送达而未向公司登记机关送达,对公司登记机关不发生效力。

3.股权冻结顺序的意义:一是在股权执行处置权方面,但理论上并不会对轮候在后债权人产生利益损害;二是在执转破不能情况下的分配顺序方面,但因已有倒逼破产制度,理论上亦能平衡保护各个债权人。

4.与不动产以及特殊动产不同,股权存有内部登记与外部登记之"双重登记"特殊性。股权冻结顺序问题争议颇大,宜采取整齐划一的股权冻结先后标识，较之内部登记，外部登记即公司登记机关之登记，利于解决冻结顺序争议的判断。对于人民法院，向公司登记机关送达执行法律文书，较之向公司送达亦更为便利。

5.多个法院同一天向公司登记机关送达冻结法律文书，理论上有可能存在不以时间顺序公示问题，但公司登记机关内部管理完全可以避免此问题。即使该种情况确实出现，也应在管辖确定时，按照送达先后处理。

背景

商事制度改革之前，股东出资额、出资时间、出资方式是登记事项；改革之后，由企业自主在国家企业信用信息系统上公示。但是，"自主公示"并不是"自愿公示"，公示信息系企业法定义务，如查到没有公示或公示信息弄虚作假，企业将被列入经营异常名录。人民法院如发现公司未依法公示或者登记股东名册的，亦可发出司法建议，由行政部门依法予以处罚。

（八）对股权执行，能否对公司财产采取执行措施？

简答

按照《股权执行规定》及一般观点：

人民法院对股权执行，不得直接对公司财产采取执行措施，也即股权与公司财产分离原则。

背景

部分地方法院在冻结股权时，将公司财产一并冻结，个别地方法院甚至直接强制处分公司财产。此前，有的人民法院也希望最高人民法院制定司法解释，明确规定股权执行时可直接执行公司财产。

最高人民法院认为，股权执行时不能对公司财产采取任何执行措施，这是公司人格独立原则的基本要求。

（九）股权冻结后，被执行人转移公司财产导致股权价值贬损，如何应对？

简答

按照一般观点，股权冻结后，被执行人转移公司财产导致股权价值贬损，人民法院以及债权人可以采取如下方式应对：

1.人民法院冻结被执行人股权比例达公司全部股权50%以上的，可以通知公司在处置重大资产前，应当事先向人民法院报告。

2.对于公司提交的拟处置重大资产报告，人民法院应当重点审查资产处置是否导致股权价值贬损而明显损害申请执行人权益。

3.公司隐藏、转移财产，或者未经同意处置重大资产，导致股权价值严重贬损，明显损害申请执行人权益的，人民法院可以追究公司违反协助执行义务的法律责任，即对公司的法定代表人、直接责任人以及实际控制人采取罚款、拘留、限制高消费等执行措施以及追究拒执罪刑事责任。

4.申请执行人以公司为被告或者以负有直接责任的公司董事、高级管理人员为被告提起诉讼,请求赔偿损失。

> **详 述**

关于股权冻结对公司恶意处置财产的限制。

股权执行案件中,被执行人利用公司独立人格规避执行的案例也不在少数,这也是部分地方法院直接执行公司财产的原因所在。典型例如,山东济南市中级人民法院正在执行的某案件,被执行人系房地产公司控股股东,按执行依据应当向申请执行人偿付金钱债务,其名下财产仅有房地产公司股权,执行法院已冻结股权,但被执行人以公司名义对外低价销售商品房,销售款项也未汇入公司账户,股权价值逐渐贬损,申请执行人权益难以保障。

对于该类问题的解决,可以设计"事先报告、事后惩罚"制度:

"事先报告"规则:公司50%股权被冻结的,也即公司控股股东股权被冻结,此时公司利益与控股股东利益高度统一,公司对外处置重大资产应向人民法院报告,人民法院可审查该项资产处置是否会导致股权价值贬损,如不导致贬损则可同意处置。

"事后惩罚"规则:如公司恶意转移资产导致股权价值严重贬损,人民法院可以追究公司违反协助执行义务的法律责任,即对公司的法定代表人、直接责任人以及实际控制人采取罚款、拘留或限制消费等执行措施;构成犯罪的,依法追究刑事责任。通过事后惩罚制度,对公司相关人员形成威慑。

此外,建立申请执行人起诉公司或者公司董事、高级管理人员规则,其法理逻辑在于:如公司隐藏、转移财产或者未经同意处置重大资产,导致股权价值严重贬损,形式上属于损害了股东(被执行人)利益,此时作为股东(被执行人)债权人的申请执行人可以代位提起诉讼,请求公司或者负有直接责任的公司董事、高级管理人员承担赔偿责任。

（十）股权冻结后，公司和公司登记机关应当分别履行何种协助执行义务？

简 答

按照《股权执行规定》及《公司登记管理条例》《工商行政管理机关股权出质登记办法》以及一般观点，股权冻结后，公司和公司登记机关的协助执行义务分别为：

1.公司的股权冻结协助事项：

（1）公司不得为被执行人办理股权转让、股权出质相关手续。

（2）不得向被执行人发放股息、红利等收益。

（3）不得实施其他损害申请执行人权益的行为。

2.公司登记机关的股权冻结协助事项：

（1）被执行人为有限责任公司股东的，不予办理被执行人的股东变更登记，以及被执行人向公司其他股东转让股权的公司章程备案。

（2）被执行人为有限责任公司或股份有限公司股东的，不予办理被执行人的股权出质登记。

（3）其他需要协助办理的事项。

详 述

执行程序中行政部门对有限责任公司股权变更的协助执行，实践中一般存在两种情形：一是权利人依据人民法院作出的关于股权确认、股权转让等以股权本身为判项指向的民事判决，请求行政部门基于民事判决直接将案涉股权变更至其名下，如行政部门拒绝径行变更，权利人向人民法院申请执行，人民法院作出协助执行通知书要求行政部门变更，此时的股权变更受让主体为申请执行人。①二是在以金钱给付债权为标的的执行案件中，被执行人不能履行债务，人民法院通过拍卖、变卖或是强制、协议抵债方式对股权予以处分，因而作出协助执行通知书要求行政部门对股权变更，此时的股权变更受让主体主要为买受人等执行案件利害关系人，在抵债处分方式下则是申请执行人。

1.人民法院要求协助变更股权，公司登记机关应当径行变更还是先行实体审查？

《公司法》第32条确立了股权效力基于工商登记的对抗性要件："公司应当将股东的姓名或者名称向公司登记机关登记；登记事项发生变更的，应当办理变更登记。未经登记或者变更登记的，不得对抗第三人。"因而，人民法院对股权进行强制变更，除制作并送达执行裁定外，还需向公司登记机关制作并送达协助执行通知书，旨在要求将工商登记资料上相应股权份额变更登记到申请执行人、第三人名下。

目前，公司登记机关对人民法院股权变更的协助执行，在运行方面应该说是基本顺畅的。原国家工商行政管理总局曾于2010年6月作出《对〈关于工商行政管理机关对人民法院的协助执行通知书是否负有审核责任的请示〉的批复》："一、行政机关根据人民法院的协助执行通知书实施的行为，是行政机关必须履行的法定协助义务。二、工商行政管理机关在协助人民法院执行时，不对生效法律文书和协助执行通知书进行实体审查，不负有审核责任。工商行政管理机关认为协助执行事项存在错误的，可以向

---

① 对于具有股权变更内容的民事判决，凡权利人持判决向工商部门申请变更登记，工商部门应当径行变更，无需进入执行程序；但是，这种规则在实践中障碍颇多，部分地方工商部门拒绝受理此类变更，权利人只能转而向人民法院申请强制执行，从而通过人民法院作出协助执行通知的方式要求工商部门变更。

人民法院提出书面建议，并要求其记录在案，但不应当停止办理协助执行事项。"

此前一段时期，有观点认为，人民法院生效裁判文书以及协助执行通知书不能作为公司登记机关变更股权登记的依据，即使人民法院提出协助要求，公司登记机关仍需要对股权变更的适法性问题进行实体审查，而不是径行变更。这种观点认为，《行政许可法》第12条将"企业或者其他组织的设立等，需要确定主体资格的事项"作为行政许可事项，因而股权变更登记属于行政许可行为。行政许可的要素之一为行政机关对申请事项的实体审查，既然股权变更登记为行政许可行为，该类变更只能由公司登记机关进行审查批准，而不能由司法机关以裁判文书的形式要求公司登记机关变更。基于以上观点，个别地方公司登记机关对于人民法院的股权变更协助要求，不是按照《对〈关于工商行政管理机关对人民法院的协助执行通知书是否负有审核责任的请示〉的批复》的规定予以径行变更，而是先予以实体审查。

这里就必须研究行政许可与行政确认的问题。行政许可系指特定行政主体依行政相对人之申请，依法赋予行政相对人从事某种活动的法律资格或实施某种行为的要式具体行政行为。立法概念上，《行政许可法》第2条规定："本法所称行政许可，是指行政机关根据公民、法人或者其他组织的申请，经依法审查，准予其从事特定活动的行为。"行政部门对属于行政许可登记事项的审查应采用实体审查，即不仅要对申请材料的形式要件是否具备进行审查，还要对申请材料的实质内容是否符合条件进行审查。对于行政许可事项，基于司法部门与行政部门的职能分工，司法部门不能代替行政部门作出许可。例如，药品制造权、墓地建设权等，虽属财产权，但均需经行政部门审查批准后方可转让，人民法院不能通过生效裁判文书或者协助执行通知书要求行政部门径行变更。实践中，部分地方法院在执行程序中以裁定、协助执行通知书的方式，要求行政部门对本属行政许可事项的财产权利予以变更，极为不当，如确需作为财产权利变更，应当由人民法院作出协助执行通知书，请求行政部门批准变更为妥，而不能径行要求变更。公司设立以及注销，属于拟制或消灭法人资格，关系重大，公司设立、注销登记属设权登记，我国公司法对此仍坚持核准主义，必须由公司申请并经过公司登记机关的实体审查，《行政许可法》第12条第（5）项也将"企业或者其他组织的设立等，需要确定主体资格的事项"作为行政许可事项，因此，人民法院不能代替行政机关进行审查批准，即不能在裁判文书或者协助执行通知书中判令、要求"设立、注销某公司"。

行政确认目前尚没有立法概念，学理一般认为，行政确认是指行政主体依法对行政相对人的法律地位、法律关系或有关法律事实进行甄别，给予确定、认定、证明（或否定）并予以宣告的具体行政行为，如身份证登记、户口登记等，与执行程序另一广泛相关的行政确认事项即是房屋产权登记。行政确认事项，由于系对事实和现存法律关系加以证明，不会产生权利义务从无到有或从有到无的法律效果，行政部门仅作程序审查，即仅对申请材料的形式要件进行审查，仅限于审查其材料是否齐全，是否符合法定形式，只要程序要件符合要求，行政部门必须予以确认登记。对于行政确认事项，人民法院生效裁判文书或者协助执行通知书即是行政部门作出确认登记的依据，人民法院要求协助执行，行政部门应当径行变更。如房屋产权协助变更，房地产管理机关即是按照协助通知书径行变更，而不作实体审查。我们必须认识到，公司设立后的股权变更登记，与公司设立、注销登记在性质上是不同的。公司设立、注销登记属设权登记，而股权变更登记属于证权登记。工商变更登记仅仅是股权变更的对抗要件，公司股东名册变更方系股权变更的生效要件。公司登记机关对股权变更的登记，只不过是对股权变更事实的确认，使股权变更产生公示公信的对抗效力，其本身并无创设股权的效力。因而，目前公司登记机关对股权变更登记遵循严格准则主义，只要材料完备，公司登记机关只进行程序性审查而径行登记,我们也可以将其定性为备案。通过以上分析,股权的工商变更登记,属于典型的行政确认而不是行政许可。对于《行政许可法》第12条第(5)项的适用,应当限缩在公司设立以及相应的注销,而不能扩大到公司设立后的股权变更。综上,人民法院生效裁判文书或者协助执行通知书即是公司登记机关作出股权变更登记的依据,人民法院要求协助执行,公司登记机关应当径行变更,不能以需要实体审查为由拒绝或推延。

2.公司登记机关协助变更股权,是否需要被执行人所在公司提交申请文件?

关于股权的协助变更,原国家工商行政管理总局曾于1999年5月作出(工商企字〔1999〕第143号)《关于协助人民法院执行冻结或强制转让股权问题的答复》:人民法院要求公司登记机关协助变更股权,受让股权的债权人或第三人,取得股东的合法地位。工商行政管理机关应当书面通知公司限期办理变更登记手续。申请变更登记,应提交法定代表人签署的申请书、新股东的决议、修改后的章程、新董事会决议等。公司逾期拒不办理变更登记的,依照相关规定给予行政处罚。该文件可以理解为:对于人民法院的股权协助变更要求,公司登记机关不是"径行变更",而是"要求公司自行申请变更",再通过行政处罚手段来威慑公司的"拒不申请"。此前一段时期,常出现公司登记机关要求被执行人所在公司提交申请文件,公司拒不提交或以其他非适当理由不予配合,人民法院的协助执行因而不能实现的情况。

通常情况下,股权的变更登记基于公司自行申请而提起,即依申请主义,《公司登记管理条例》第26条、第27条也规定公司申请变更登记时,应当提交变更登记申请书、变更决议或者决定、前置审批等文件。但是,人民法院要求协助变更股权,与公司自行申请变更股权的法理基础完全不同。由于通常情况下的股权变更登记,基于公司股权的内部、外部转让协议,性质为私权行为的行政确认,需要进行必要的程序审查,应当要求公司出具申请材料。人民法院的股权变更协助登记,或是基于直接指向股权本身的生效判决,或是基于对股权予以处分的执行裁定、协助执行通知,均系司法对私权的最终判定,按照《民事诉讼法》第258条的规定,任何行政部门在没有法律除外规定的情形下应当无条件执行,不能以部门规章、批复答复增设"公司申请"等前置条件。

3.《公司法》(2013)注册资本制度修改后,公司登记机关是否继续协助变更股权?

《公司法》(2013)对公司登记机关的资本登记内容进行简化,虽然延续了《公司法》(2005)确立的股东名称设立时以及变更的工商登记,但取消了股东出资额的设立登记与变更登记。《公司法》(2013)实施之后,对于股权的协助变更,于公司登记机关层面,已产生不同的认识,大致在于:其一,股东基于出资额取得股权,股东认缴和实缴的出资额已不是工商登记事项,相应地,股权便不是公司登记机关登记事项,基于该认识,《公司登记管理条例》(2014)已将《公司登记管理条例》(2005)第35条"有限责任公司股东转让股权的,应当自转让股权之日起30日内申请变更登记"修改为"有限责任公司变更股东的,应当自变更之日起30日内申请变更登记",由于不再登记股权,公司登记机关就不再具有协助变更股权义务。其二,股权的比例由出资额确定,公司登记机关已不登记出资额,即已不登记股权比例,就无法对相应比例股权予以协助变更。

其实,《公司法》(2013)对资本制度修改后,股权协助变更仍属于公司登记机关职责,与之前并无根本不同。其一,即使《公司法》(2013)作出相关修改,股权仍然属于公司登记机关登记范畴。股权是一个复杂的概念,公司法将其定义为"股东依法享有资产收益、参与重大决策和选择管理者等权利",理论上将其定义为"股东基于其股东身份和地位而享有从公司获取经济利益并参与公司经营管理的权利"[1]。当然，向公司出资是股东具有股权的必要条件，但是，不能因此推导出"出资额"就是"股权"，不登记"出资额"就是不登记"股权"。按照《公司法》（2013）的注册资本认缴制，股东在公司设立时即使未实际缴纳任何出资，其依公司章程仍然具有股权。股权的内容是一个权利束，既包含股利分配请求权、剩余财产分配请求权等自益权，也包含表决权、知情权等共益权。但是，股权的核心在于股东资格，自益权、共益权的享有，都以具有股东身份和地位为前提条件，实践中的股权确认类纠纷，首要的诉请无非是确认股东资格，广泛使用的"股权确认纠纷"其实在最高人民法院《民事案件案由规定》也表述为"股东资格确认纠纷"。《公司法》（2013）后，公司登记机关所延续的股东名称初始以及变更登记，就是股东资格的登记，不再登记股东出资额不等于不再登记股权，在这个意义上，该登记仍是之前的"股权登记"。其二，公司登记机关通过企业信用信息公示系统进行登记，仍然可以实现对相应比例股权的强制变更。《公司法》（2013）取消公司出资额登记，公司登记机关已不再登记公司实收资本以及股东出资额，即已不登记以出资比例为主要参照的股权比例[2]，确实削弱了行政部门对股权的监管，也影响到了人民法院对相应比例股权的执行。为落实国务院《注册资本登记制度改革方案》中对市场主体"宽进严出"的要求，在放宽注册资本准入条件的同时，强化企业信用约束机制，国务院常务会议于2014年7月审议通过了《企业信息公示暂行条例》，文件已经明确要求公司应当将认缴和实缴的出资额、出资时间、出资方式在企业信用信息公示系统上予以公布。我们可以认为，《公司法》（2013）注册资本制度修改对债权人保护产

---

[1] 施天涛：《公司法论》，法律出版社2006年版，第237页。
[2] 股权进行评估时，股权比例应以股东盈余分配比例为主，但除公司章程另有规定外，出资比例一般与盈余分配比例一致，此处不赘述。

生不利影响后,国家希冀通过企业信用信息公示系统予以弥补,人民法院对于股权的执行,要更多地利用企业信用信息公示系统来实现。在技术层面,公司登记机关完全可以在企业信用信息公示系统上建立"司法协助"栏目,对人民法院要求协助执行的股权份额专项登记,一经登记发布,相应比例股权的强制变更即可以产生公示公信效力:如为全部变更,公司登记机关应当按照人民法院的协助执行要求径行在企业信用信息公示系统上将被执行人名称变更登记为申请执行人、第三人;如为部分变更,公司登记机关应当按照人民法院的协助执行要求增加申请执行人、第三人为公司新股东,并对企业信用信息公示系统中的股权比例予以变更。

4.人民法院对于公司登记机关拒不履行股权协助变更要求的处理程序

对于公司登记机关拒不履行协助执行要求,目前有两种程序可以选择。

一是由人民法院追加行政部门为被执行人,由行政部门向申请执行人承担责任。该种处理程序参照的法律依据是《执行规定》第40条"有关企业收到人民法院发出的协助冻结通知后,擅自向被执行人支付股息或红利,或擅自为被执行人办理已冻结股权的转移手续,造成已转移的财产无法追回的,应当在所支付的股息或红利或转移的股权价值范围内向申请执行人承担责任"。该种程序的一般适用情形是,公司登记机关拒绝或推延协助变更,此时善意第三人协议受让被执行人所持股权,公司登记机关却为其办理变更登记,善意第三人因而可依登记记载对抗人民法院。此情形下,可以认定公司登记机关收到人民法院协助变更通知后,拒不履行协助变更要求,人民法院执行行为所指向的股权已被被执行人处分,公司登记机关应当在转移的股权价值范围内向申请执行人承担责任。

二是人民法院按照妨害执行行为对公司登记机关予以司法制裁。公司登记机关拒不履行股权协助变更,即已构成《民事诉讼法》第117条第1款第(3)项的妨害执行行为,即有关单位拒不协助办理有关财产权证照转移手续。人民法院可以责令公司登记机关履行，并可以采取以下制裁措施：其一，对公司登记机关罚款；其二，对公司登记机关主要负责人或者直接责任人员罚款，仍不履行的可以拘留；其三，向监察等机关提出纪律处分的司法建议。

关于当事人能否就公司登记机关拒不履行股权协助变更义务，提起行政诉讼的问题，目前最高人民法院持否定意见。按照最高人民法院2013年7月29日作出的〔2012〕行他字第17号《关于行政机关不履行人民法院协助执行义务行为是否属于行政诉讼受案范围的答复》，公司登记机关拒不履行协助义务的，当事人请求人民法院判决行政机关限期履行协助执行义务的，人民法院不予受理。但是，按照该答复意见，当事人如认为公司登记机关不履行协助执行义务造成其损害，请求确认不履行协助执行义务行为违法并予以行政赔偿的，人民法院应当受理。

（十一）股权冻结后，公司能否实施增资、减资行为？

简 答

按照《股权执行规定》及一般观点：

1.人民法院冻结被执行人股权的，应当通知公司在实施增资、减资等事项前，事先向人民法院报告。

2.人民法院收到报告后，应当及时通知申请执行人。

3.股权所在公司或者公司董事、高级管理人员故意通过增资、减资导致被冻结股权价值严重贬损，影响申请执行人债权实现的，申请执行人可以依法提起诉讼。

4.股权所在公司未向人民法院报告的,追究公司违反协助执行义务的法律责任,即对公司的法定代表人、直接责任人以及实际控制人采取罚款、拘留、限制高消费等执行措施以及追究拒执罪刑事责任。

背景

股权执行中,被执行人以其控股地位或实际控制地位,恶意增资、减资,对抗人民法院执行,损害申请执行人权益的问题,积压较多,有的案件常年不能解决,已形成执行僵局,申请执行人权益难以保障,司法权威也受到损害。典型如:

案例一:2018年河南省襄城县人民法院执行案件。2011年9月,执行法院向临沂市工商局送达执行回转裁定以及协助执行通知书:将被执行人A公司所持有的B电动车公司100%股权变更登记至申请执行人C公司。2011年11月,临沂市工商局为B公司增加注册资本办理了变更登记:B电动车公司引入新股东D公司,被执行人A公司所持股权比例已降低至10%。该案执行回转裁定确定之执行内容不能实现,申请执行人B公司申诉信访至今,案件已陷入执行僵局。

案例二:2006年北京市第一中级人民法院执行案件。2006年2月,执行法院向北京市工商局送达协助执行通知书:冻结被执行人B所持D公司50%股权,冻结期间未经许可不得转让、质押或作其他产权处理。2006年6月,北京市工商局告知执行法院:公司另一股东C向公司增资9000万元,D公司于当年5月申请增加注册资本变更登记,已获变更登记,被执行人B所持D公司的50%股权已减少至5%。

案例三:2012年内蒙古人民法院执行案件。2012年,内蒙古自治区工商局受理内蒙古高速公路管理有限公司增加注册资本、变更企业类型登记申请。因公司某股东股权已由8家人民法院轮候冻结,故工商局征询相关人民法院意见。相关人民法院认为"公司增资后,已冻结股权比例将降低,被执行人表决权将受到影响，与出资相对应的资产收益权利也可能因持股比例下降而受到影响"，故不同意工商局办理增资变更登记。

最高人民法院个案指导意见参考

【指导意见要旨】人民法院对股权予以冻结，公司登记机关不得为公司或其他股东办理增资扩股变更登记。

【案情概要】就T公司诉H公司、J公司股权确认纠纷[①]，济南市中级人民法院一审审理期间，于2009年2月12日冻结J公司所持有H公司100%股权，冻结期限至2012年1月4日。一审判决后，T公司不服而上诉，又由山东省高级人民法院于2011年8月3日作出（2011）鲁商终字第115号终审判决：确认T公司持有H公司80%的股权。

判决生效后，T公司向济南市中级人民法院申请强制执行，济南市中级人民法院立案执行后，在威海市工商局办理变更登记时得知，在该案二审审理期间，威海工商局未事先告知执行法院，更未取得执行法院许可，已按照H公司的申请，于2011年4月22日为其办理新增股东C公司以及增加注册资本的登记手续，自此，H公司股东变更为J公司、C公司，C公司注资600万元，H公司注册资本由原500万元增至1100万元人民币。

得知以上情况后，济南市中级人民法院向威海工商局送达《协助执行通知书》：执行法院已将股权冻结，你局未经人民法院许可办理股权变动，属妨碍诉讼，应予撤销，请将H公司的股权登记恢复至冻结前状态，并按山东省高级人民法院民事判决确认T公司持有H公司80%的股权。

[①] 按照最高人民法院《民事案件案由规定》，该案应归属于"股东资格确认纠纷"，原审案由表述似不妥，但"股权确认纠纷"实践中被广泛使用，"股东资格确认纠纷"却很少使用，采用"股权确认"更能涵盖此类纠纷实际特点。

威海工商局函复济南市中级人民法院：诉讼期间，H公司于2011年4月22日将注册资本变更为1100万元人民币，原400万元出资额对应的出资比例由原来的80%降至36.36%，山东省高级人民法院民事判决已无法执行。另，经逐级向国家工商总局请示，威海工商局在协助冻结股权期间增加公司注册资本的变更登记并无不妥。

济南市中级人民法院因而向山东省高级人民法院请示，山东省高级人民法院经审判委员会讨论，向最高人民法院请示[①]：对于股权确认纠纷，公司登记机关能否在人民法院冻结股权的情况下办理增加股东以及增加出资。

最高人民法院研究后认为：股权冻结后，公司增资扩股一般会导致股权价值的贬损。在人民法院对股权予以冻结的情况下，公司登记机关不得为公司或其他股东办理增资扩股变更登记，除非申请执行人同意或被执行人提供相应的担保。

最终，最高人民法院于2013年11月向山东省高级人民法院答复：原则上同意你院审判委员会意见。在人民法院对股权予以冻结的情况下，公司登记机关不得为公司或其他股东办理增资扩股变更登记。本案在按判决执行股权时，应向利害关系人释明，作为案外人的其他股东可以提出执行异议，对异议裁定不服，可以提起异议之诉，要注意从程序上对案外人给予必要的救济。

[①] 请示案件为人民法院特定案件类型之一。根据1985年3月28日《最高人民法院关于报送民事请示案件有关问题的通知》等有关规定，下级法院因法律适用问题发生争议，经审委会讨论并提出倾向性意见后，可以向上级法院请示。

（十二）公司不提供或者无法提供评估所需资料，致使评估机构不能出具评估报告，如何处理？

简答

按照《股权执行规定》及一般观点：

1.依法通知公司或工商机关提供评估所需资料。人民法院对股权价值进行委托评估时，可以按照评估机构的需要，要求公司或其他有关单位协助提供相关资料、配合办理相关事项。

2.强制提取与强制审计。公司或其他有关单位拒不提供、隐匿、伪造相关资料以及拒不配合办理相关事项的，人民法院可以按照案件情况采取强制提取措施或按照申请执行人的申请委托审计机构进行审计。

3.以罚款、拘留等强制措施，威慑、责令公司管理人员履行协助义务。公司或其他有关单位拒不提供、隐匿、伪造相关资料以及拒不配合办理相关事项的，已经构成"拒不履行协助执行行为"，对于其中情节严重的，人民法院可以依据《民事诉讼法》第117条的规定，对公司或其他有关单位予以罚款；对其法定代表人、主要负责人、实际控制人或直接责任人员予以罚款、拘留；构成犯罪的，依法追究刑事责任。

典型案例：在A公司与B公司融资租赁合同纠纷案件的执行过程中，人民法院拟对被执行人B公司所持有的C公司90.96%的股权进行拍卖。评估过程中，目标公司C公司以材料遗失等理由拒绝提供评估必需材料，在人民法院要求其限期提交并警示相关法律后果后仍不予配合。人民法院遂依法作出对C公司罚款3万元、对C公司主要负责人罚款1万元的处罚决定，并责令C公司立即履行协助义务。最终C公司在接受处罚后，根据人民法院要求按时提交了评估所需材料。

4.价值咨询意见亦可以作为股权拍卖起拍的参考价。评估机构因不能获得最低标准的资料、不能完成现场调查等评估程序，无法出具股权价值评估报告的，人民法院可以依据评估机构、会计机构、审计机构等出具的价值咨询意见确定股权拍卖起拍价。

5.即使现有材料未达到最低材料要求，人民法院也可以要求评估机构按照现有材料（评估资料受限）进行评估，并告知当事人因缺乏材料可能产生的不利后果（风险由当事人自担）。按照《人民法院委托评估工作规范》第19条的规定，人民法院未按本规范附件中列明的委托评估需要提供的材料清单提供全部材料，评估机构认为无法进行评估或者影响评估结果的，应当及时告知人民法院。人民法院应当告知当事人，并要求当事人提供材料或材料线索。当事人不提供或未能提供，以及根据当事人提供的材料线索无法提取到相关材料的，人民法院应当通知评估机构根据现有材料进行评估，并告知当事人因缺乏材料可能影响评估结果的风险。

对于评估机构而言，根据中国资产评估协会《人民法院委托司法执行财产处置资产评估指导意见》第6条，资产评估机构及其资产评估师执行人民法院委托司法执行财产处置资产评估业务，由于评估资料收集受限的，也可以做出评估报告，但要在资产评估报告中进行披露。

6.评估机构在评估资料受限情况下，不能做出评估报告的，人民法院可以更换评估机构。按照《人民法院委托评估工作规范》第22条的规定，评估机构未在收到评估委托书和相关材料后三十日内或者未在人民法院确定的第一次延长期限内出具评估报告，亦不向人民法院申请延期的，人民法院应当撤回对该评估机构的委托，告知其在三日内退回委托评估的材料，并另行委托下一顺序的评估机构重新进行评估。

7.无底价起拍（必要执行费用为起拍价）。评估机构因评估程序受限而无法出具股权价值评估报告,且相关机构也不能对股权价值出具咨询意见的,人民法院可以按照申请执行人的申请,根据具体情况,裁定以适当高于执行费用的金额确定起拍价对股权进行拍卖。

(1)就股权评估、咨询价值低于优先债权和执行费用的合计数额(无益拍卖),以及股权评估、咨询价值为负或零(按评估规范,价值为负,可以计作零值),人民法院也可以裁定以必要执行费用为起拍价对股权进行拍卖。

(2)以必要执行费用为起拍价进行拍卖的,竞买人应当预交的保证金数额,由人民法院根据实际情况酌定。

典型案例: 在某刑事财产刑执行案件中,被告人张某持有D公司100%的股权。因全部资产被依法裁定追缴,D公司严重资不抵债、负债经营,其股权最终评估价值为负170亿元。后该刑事案件被害人申请拍卖上述股权并同意垫付相关费用,人民法院决定在估算委托评估价、拍卖辅助费用、执行费用等执行必要成本总额的基础上,以高于执行必要成本的60万元价格作为拍卖保留价启动司法网络拍卖,最终拍卖顺利成交。

8.股权所在公司经营严重异常,股权明显没有价值的,即使申请执行人提出申请,人民法院也可以不予拍卖。

9.执行措施穷尽,则可终结本次执行程序。申请执行人不申请评估股权,或者不申请拍卖上述类型股权的,人民法院可以认定股权不能处置。如果被执行人已无其他可供执行财产,人民法院可以裁定终结本次执行程序。

（十三）股权冻结的期限为多长时间？

> 简 答

按照一般观点：

1. 人民法院冻结股权的期限不得超过三年。

2. 人民法院可以根据申请执行人的申请或者依职权在股权冻结期限届满前续行冻结，续行期限不得超过三年。股权续行冻结后，冻结效力延续，优先于轮候冻结。

3. 股权冻结期限届满而未续行冻结的，冻结效力消灭。

> 详 述

之前的《最高人民法院关于冻结、拍卖上市公司国有股和社会法人股若干问题的规定》第6条规定："冻结股权的期限不超过一年。如申请人需要延长期限的，人民法院应当根据申请，在冻结期限届满前办理续冻手续，每次续冻期限不超过6个月。逾期不办理续冻手续的，视为自动撤销冻结。"

此后的《最高人民法院、国家工商总局关于加强信息合作规范执行与协助执行的通知》第14条规定："冻结股权、其他投资权益的期限不得超过两年。申请人申请续行冻结的，人民法院应当在本次冻结期限届满三日前按照本通知第11条办理。续冻期限不得超过一年。续行冻结没有次数限制。有效的冻结期满，人民法院未办理续行冻结的，冻结的效力消灭。按照前款办理了续行冻结的，冻结效力延续，优先于轮候冻结。"

《民事诉讼法解释》第487条又规定:"人民法院冻结被执行人的银行存款的期限不得超过一年,查封、扣押动产的期限不得超过两年,查封不动产、冻结其他财产权的期限不得超过三年。申请执行人申请延长期限的,人民法院应当在查封、扣押、冻结期限届满前办理续行查封、扣押、冻结手续,续行期限不得超过前款规定的期限。人民法院也可以依职权办理续行查封、扣押、冻结手续。"

(十四)如何执行股息、红利以及红股?

简答

按照《股权执行规定》及一般观点:

1.股权冻结的效力及于股权产生的股息、红利以及红股,但被执行人仍然享有因公司增发、配售新股而产生的权利。

2.人民法院可以向公司送达裁定书以及协助执行通知书,冻结和提取股权产生的股息、红利等收益。

3.股息、红利等收益被冻结后,股权所在公司擅自向被执行人支付或者变相支付的,不影响人民法院要求股权所在公司支付该收益。

4.人民法院对股权执行,应当优先执行股息、红利等收益。股息、红利等收益执行后,仍不足以清偿全部债务的,可以将股权拍卖、变卖或抵债。

5.股权拍卖、变卖或抵债之前产生的股息、红利,由被执行人所有,人民法院可以提取后清偿债务。股权拍卖、变卖或抵债之后产生的股息、红利以及红股,由相应股权受让人所有。

详述

之前的《最高人民法院关于冻结、拍卖上市公司国有股和社会法人股若干问题的规定》第7条规定："股权冻结的效力及于股权产生的股息以及红利、红股等孳息，但股权持有人或者所有权人仍可享有因上市公司增发、配售新股而产生的权利。"

此后的《查封规定》第20条又规定："查封、扣押的效力及于查封、扣押物的从物和天然孳息。"

（十五）国有股权拍卖是否采取网络拍卖方式？

简答

按照一般观点：

1. 人民法院拍卖股权的，一律采取网络司法拍卖方式。

2. 人民法院拍卖股权，应当在拍卖三十日前公告。拍卖公告除包括《网络拍卖规定》所规定的内容外，还应当详细载明股权比例、认缴出资额、实缴出资额、出资期限、出资方式、权利负担以及其他需要特别提示的事项。

背景

《网络拍卖规定》第2条规定："人民法院以拍卖方式处置财产的，应当采取网络司法拍卖方式，但法律、行政法规和司法解释规定必须通过其他途径处置，或者不宜采用网络拍卖方式处置的除外。"

但是,《企业国有资产法》第54条规定:"除按照国家规定可以直接协议转让的以外,国有资产转让应当在依法设立的产权交易场所公开进行。转让方应当如实披露有关信息,征集受让方;征集产生的受让方为两个以上的,转让应当采用公开竞价的交易方式。转让上市交易的股份依照《中华人民共和国证券法》的规定进行。"

《公司法解释(四)》第22条作出规定:在依法设立的产权交易场所转让有限责任公司国有股权的,适用《公司法》第71条第2款、第3款或者第72条规定的"书面通知""通知""同等条件"时,可以参照产权交易场所的交易规则。

(十六)股权何种情形下应当分割拍卖?何种情形下又应当合并拍卖?

简 答

按照《股权执行规定》及一般观点:

1.股权评估价值明显超出被执行人债务总额,人民法院应当对股权分割拍卖。

2.但是,分割拍卖将严重贬损股权价值,经被执行人申请整体拍卖的,人民法院可以对股权整体拍卖。

详 述

《拍卖变卖规定》第14条规定:"拍卖多项财产时,其中部分财产卖得的价款足以清偿债务和支付被执行人应当负担的费用的,对剩余的财产应当停止拍卖,但被执行人同意全部拍卖的除外。"第15条规定:"拍卖的多项财产在使用上不可分,或者分别拍卖可能严重减损其价值的,应当合并拍卖。"

有限责任公司股权系特殊财产,股东表决权对于股权价值具有较大影响,一般而言,股权比例越大则其价值较之相应资产净值越将有所溢价。如果对绝对控股股权予以分割拍卖,将不利于实现股权价值最大化,不利于债权人利益,亦不利于债务人自身利益。因此,对有限责任公司股权分割拍卖,如有可能严重减损价值,可以考虑合并拍卖。

最高人民法院执行案例参考

【案号】(2015)执申字第12号

【案例要旨】对有限责任公司股权分割拍卖,如有可能严重减损价值,可以考虑合并拍卖。

【案情概要】2013年1月16日,金某某与Y公司签订一份《借款合同》,约定Y公司向金某某借款人民币1亿元,期限为2013年1月16日至2013年4月10日,借款利息为月利率2%,利息需每月付清。如Y公司支付利息出现逾期,金某某有权立即终止合同。借款汇入户为中国农业银行或本票。如Y公司逾期还款,应按借款本金的万分之八每天向金某某支付滞纳金,并承担金某某为实现债权支付的全部费用(包括但不限于诉讼费、公证费、评估费、拍卖费、律师费、执行费、交通费、住宿费),无锡S公司自愿为本合同项下Y公司借款偿还提供连带保证责任,保证期限为二年。如Y公司不能按约履行还款义务,Y公司、S公司自愿放弃全部诉权,接受人民法院强制执行。对Y公司履行还款义务的核实方式为金某某至无锡市X公证处以特快专递方式发函通知Y公司,Y公司收件地点为宜兴市常红南路××号,收件人为夏某某。金某某发函后五日内,Y公司应向公证机构提供已履行还款义务或获金某某许可延期还款的凭证,否则公证机构可应金某某的申请出具执行证书。

同日，金某某与Y公司又签订《股权质押协议书》，约定Y公司将在S公司持有的9949.65万股、占S公司80.97%的股权质押给金某某，作为Y公司1亿元借款的还款保证。如到期无法偿还，则金某某有权申请所属地人民法院对质押股权强制执行。嗣后，双方为此办理了股权质押登记手续。

2013年1月22日，江苏省无锡市X公证处以（2013）锡证民内字第××号《公证书》对上述借款合同进行了公证并赋予合同强制执行的效力。

2013年1月24日，金某某将两张金额合计5000万元的中国农业银行的本票交付Y公司，1月25日，金某某将三张金额合计5000万元的中国农业银行的本票交付Y公司，均由Y公司工作人员李某签收。

2013年3月6日，江苏省无锡市X公证处又出具了（2013）锡证执字第××号《公证书》。该公证书载明，债权人金某某于2013年1月25日向债务人Y公司实际交付了全部借款1亿元，按照合同规定，Y公司应于2013年2月25日将当月利息200万元（按2%计算）交付给债权人，担保人S公司提供连带责任保证。因债务人违反协议约定，逾期未付，债权人于2013年2月26日依照合同约定，以特快专递方式发函通知Y公司以及S公司还款，自发函之日起满5日公证处未收到债务人或担保人提交已履行债务或获债权人许可延期还款的证明，江苏省无锡市X公证处依据金某某2013年3月5日的申请出具执行证书。债权人金某某可持此执行证书，向有管辖权的人民法院申请强制执行。执行标的为：借款本金人民币1亿元及其利息、滞纳金以及债权人为实现债权支出的相关费用。

2013年5月6日，金某某向无锡中院申请执行，请求按照公证债权文书和执行证书，强制执行Y公司1亿元以及其利息、滞纳金和金某某为实现债权支出的相关费用。后金某某提交《关于申请强制执行内容和金额的说明》，明确执行标的为：借款本金1亿元以及该款自2013年1月25日起至清偿之日止，按银行同期同类贷款基准利率的四倍计算利息或滞纳金以及执行过程中的相关费用。

执行过程中，无锡中院委托江苏无锡C会计师事务所对Y公司持有的S公司的9949.65万股的股权情况进行专项审计，2013年6月14日，江苏无锡C会计师事务所作出《审计报告》：Y公司持有的S公司的9949.65万股的股权，投资总额99496500元，投资比例80.97%，股权对应的净资产金额截至2013年4月25日为278149408.47元。无锡中院又委托无锡H资产评估有限公司对Y公司持有的S公司的9949.65万股的股权价值进行评估，2013年7月20日，无锡H资产评估有限公司作出《资产评估报告书》，评估结论为Y公司持有的S公司的9949.65万股股权价值为37390.61万元×80.97%=30275.18万元。Y公司对审计报告、资产评估报告的结论不服提出异议，认为：S公司的所有者权益自2010年度逐年增长至2013年3月31日的5.01亿多元，而审计报告仅为3.4亿元，审计报告有失公正；S公司还有大量资产未列入审计报告，要求重新审计。2013年8月1日，江苏无锡C会计师事务所出具情况说明："1.异议人所提供的报表，与账面实际明显不符，亦未见S公司的公章。2.江西瑞昌市R公司成立于2011年12月12日，由自然人盛某某和胡某某出资成立，注册资本为50万元。异议人认为江西瑞昌市R公司的资产属于S公司需举证说明。3.其审计是在单位提供资料的基础上进行的，S公司账面反映下设直属公司、工程分公司、机施公司、路面公司、八公司、砼构件厂、养护公司、材料公司、连云港公司均已列入审计范围。"无锡H资产评估有限公司于2013年7月31日针对Y公司提出的异议答复：1.S公司评估前未扣减夏某某个人借款5.67亿元，评估过程中也未做过调整处理。2.子公司未纳入本次评估范围，对子公司的对外抵押担保情况没有义务进行清查并在评估报告中披露，本评估报告是为无锡中院案件执行提供市场价值参考依据。

2013年8月15日，无锡中院书面答复Y公司：无锡H资产评估有限公司以及相关评估人员具备相应评估资质，本次评估程序合法，Y公司对评估报告提出的异议不成立，要求重新评估的主张不予采纳。

2013年7月26日，无锡中院作出（2013）锡执字第187-2号执行裁定：拍卖Y公司在S公司的9949.65万股投资股权。无锡中院委托拍卖公司进行拍卖，于2013年8月16日进行第一次拍卖后流拍。2013年9月2日10时30分进行第二次拍卖，2013年9月2日上午，无锡中院书面通知拍卖机构调整拍卖时间为9月2日15时30分，同时责令竞买人金某某进一步提供担保。拍卖机构当即通知了竞买人，并得到了两位竞买人的书面同意。金某某提供担保后，由其以24220.8万元（拍卖底价）竞买成交。2013年10月9日，无锡中院作出（2013）锡执字第187-3号执行裁定，裁定Y公司在S公司的9949.65万股投资股权归申请执行人金某某所有。

本案执行过程中，同时期以Y公司作为被告或共同被告而被诉至人民法院的案件先后已有20多件，案由大都为借款合同纠纷，Y公司持有的S公司9949.65万股股权，亦已在20多个案件中先后冻结，诉讼保全涉及金额累积1亿多元（不包括本案）。

Y公司从2013年5月21日起，即对本案执行依据、评估、拍卖执行行为多次向无锡中院提出执行异议。理由之一为：严重超标的拍卖且拍卖程序违法，在其公司提出执行异议后，仍然继续拍卖成交，请求撤销违法执行导致的拍卖结果。

申请执行人金某某辩称：本案不存在违法超标的拍卖问题，金某某对Y公司持有的80.97%股权享有质押权，要求人民法院以全部股权拍卖款优先受偿是金某某的基本权利。且本案股权如果分开拍卖，将严重损害股权价值。该股权已经有标的接近3亿元的查封,大部分诉讼案件都是要求Y公司偿还借款或承担担保责任,责任义务明确。如果分开拍卖,随着不断反复拍卖,S公司的声誉只会越来越差,经营状况只会越来越不好,股权价值甚至可能清零。所以,整体拍卖不但对本案执行有利,对Y公司自身和Y公司其他债权人利益更有利。

无锡中院对Y公司所提执行异议于2013年8月28日立案审查处理。经审查认为:

关于本案执行拍卖行为有无超标的、违法拍卖问题。按照《最高人民法院关于适用〈中华人民共和国担保法〉若干问题的解释》第95条规定:如果债务履行期满,质押权人没有受到清偿,质押权人可以继续留置质物,并以质物的全部行使权利。本案中,Y公司持有的S公司80.97%股权是本案质押标的,申请执行人金某某有权要求人民法院以全部股权拍卖款优先受偿。至于质押财产拍卖、变卖后,其价款超过债权数额的部分仍归出质人所有,不足部分由债务人继续清偿。因此,人民法院整体拍卖质押物全部股权并不属超标的拍卖。另考虑到Y公司因被诉案件众多,其持有的S公司股权已先后被20多个案件所轮候查封这一客观事实,整体拍卖既有利于本案执行,也有利于保护S公司利益,更有利于保护Y公司自身和Y公司其他债权人利益。因Y公司在执行过程中提出执行异议,要求停止拍卖,而申请执行人金某某则要求继续拍卖,该院责令申请执行人进一步提供担保,故人民法院书面通知拍卖机构调整并延迟拍卖时间,并征得了竞买人的同意,在申请执行人提供担保后继续进行拍卖,程序并不违法。Y公司提出再进行拍卖未按拍卖变卖规定提前通知,与客观事实不符,不予采信。

综上,无锡中院于2013年10月8日作出(2013)锡执异字第0037号执行裁定,驳回了Y公司提出的执行异议。

Y公司不服无锡中院上述异议裁定,向江苏高院申请复议。理由之一为：无锡中院超标的拍卖且拍卖程序违法。无锡中院异议裁定对未经生效判决确认、未进入执行程序的案件，以轮候查封为由，将价值7亿元的股权拍卖清偿1亿元债务，损害Y公司合法权益。请求撤销无锡中院（2013）锡执异字第0037号执行裁定，对无锡市X公证处（2013）锡证民内字第××号公证书、（2013）锡证执字第××号公证书不予执行。

申请执行人金某某辩称：本案股权如果分开拍卖，将严重减损其价值。Y公司持有的S公司股权被多家人民法院查封，查封总金额近3亿元。无锡中院异议裁定认定事实清楚，适用法律正确，请求予以维持。

江苏高院认为，Y公司的复议理由不能成立，应予驳回。关于涉案股权拍卖程序是否违法的问题。本案执行标的本金为1亿元，评估机构评估Y公司持有的S公司的9949.65万股股权价值为30275.18万元。S公司系有限责任公司，具有人合性，相较于分散拍卖，股权的整体拍卖有利于实现拍卖价值最大化，也有利于S公司经营发展。另Y公司作为被告的案件众多，除本案外，诉讼保全标的1亿多元。故无锡中院将Y公司持有的S公司股权整体拍卖并不损害Y公司的利益。

Y公司不服江苏高院上述复议裁定，向最高人民法院申请执行监督：案涉股权系可分割处分的财产，虽然由多个案件保全冻结，但并未进入执行程序，不能合并执行，本案拍卖严重超标的。请求最高人民法院撤销江苏高院（2013）苏执复字第0092号执行裁定，对江苏省无锡市X公证处（2013）锡证民内字第××号公证书以及（2013）锡证执字第××号公证书不予执行。

申请执行人金某某提交意见称：本案不存在Y公司所谓违法超标的拍卖问题。请求驳回Y公司申诉请求，维持江苏高院（2013）苏执复字第0092号执行裁定。

最高人民法院在执行监督程序中，通过调阅卷宗、召集双方当事人听证等方式，查明如下事实：无锡中院于2014年6月9日对本案作出执行结案通知书：经对Y公司在S公司9949.65万股股份进行变价处理后，共执行给金某某11658.64万元。无锡中院于2014年6月13日对案涉股权拍卖款项作出财产分配方案，分配方案载明：（一）Y公司所持有S公司股权拍卖款项总额为24220.8万元，向金某某分配11658.64万元，利息自2013年1月26日起至9月2日止，按照年利率5.6%的四倍计算。（二）剩余款项向其余20余个案件中的债权人进行分配：扣除金某某优先债权以及相关人民法院执行费用后，其余待分配普通债权总额为22819.3193万元，剩余可供分配款项为12462.2391万元，分配比例为54.6126%。

最高人民法院认为：关于无锡中院能否将案涉股权一并打包拍卖。其一，《拍卖变卖规定》第18条规定，执行财产分别拍卖可能严重减损其价值的，应当合并拍卖。有限责任公司股权系特殊财产，股东表决权对于股权价值具有较大影响，一般而言，股权比例越大则其价值较之相应资产净值越将有所溢价。本案中，Y公司所持S公司股权已属绝对控股，拍卖处分前，已由20余个案件轮候冻结，如果分割拍卖，则不利于实现股权价值最大化，不利于其他案件债权人利益，亦不利于被执行人自身利益。其二，虽然案涉股权拍卖时其余轮候冻结案件绝大多数并未审结，但是，从股权拍卖款项的最终分配情况看，扣除金某某优先受偿债权后，拍卖款项尚不足以向其余债权人全额分配，足见Y公司权益并未因股权打包拍卖受到损害。因此，无锡中院将案涉股权一并打包拍卖，并无明显不妥。

综上，Y公司的申诉事由缺乏事实与法律依据。参照《民事诉讼法》第204条、《执行规定》第129条的规定，裁定如下：驳回Y公司的申诉请求。

（十七）有限责任公司股权拍卖，如何保护其他股东的优先购买权？

简答

按照一般观点：

1.人民法院拍卖有限责任公司股权时，应当根据《公司法》第72条的规定，在拍卖公告发布三日前以书面或者其他能够确认收悉的合理方式，通知公司以及其他股东，并特别提示其他股东可以行使优先购买权。

2.其他股东同等条件下行使优先购买权的具体方式，适用《网络拍卖规定》第16条、第19条、第21条相关规定。

背景

《公司法》第72条规定："人民法院依照法律规定的强制执行程序转让股东的股权时，应当通知公司及全体股东，其他股东在同等条件下有优先购买权。其他股东自人民法院通知之日起满二十日不行使优先购买权的，视为放弃优先购买权。"

拍卖成交价的确定，一般具有"询价法"和"跟价法"两类。

《公司法解释（四）》对于《公司法》第72条如何适用，只规定了适用第72条规定的"书面通知""通知""同等条件"时，根据相关法律、司法解释确定。

此前的《拍卖变卖规定》确定了"询价法"：拍卖过程中，有最高应价时，优先购买权人可以表示以该最高价买受，如无更高应价，则拍归优先购买权人；如有更高应价，而优先购买权人不作表示的，则拍归该应价最高的竞买人。顺序相同的多个优先购买权人同时表示买受的，以抽签方式决定买受人。

之后的《网络拍卖规定》确定了"跟价法"：优先购买权人经人民法院确认后，取得优先竞买资格以及优先竞买代码、参拍密码，并以优先竞买代码参与竞买；未经确认的，不得以优先购买权人身份参与竞买。顺序不同的优先购买权人申请参与竞买的，人民法院应当确认其顺序，赋予不同顺序的优先竞买代码。优先购买权人参与竞买的，可以与其他竞买人以相同的价格出价，没有更高出价的，拍卖财产由优先购买权人竞得。顺序不同的优先购买权人以相同价格出价的，拍卖财产由顺序在先的优先购买权人竞得。顺序相同的优先购买权人以相同价格出价的，拍卖财产由出价在先的优先购买权人竞得。

（十八）未按期履行出资义务的股权，能否拍卖、变卖或抵债？

简 答

按照《股权执行规定》及一般观点：

1.未按期履行出资义务的股权，可以拍卖、变卖或抵债。

2.拍卖、变卖或抵债后，由原股东与股权受让人连带承担继续出资义务。

背景

《公司法》第28条规定："股东应当按期足额缴纳公司章程中规定的各自所认缴的出资额。""股东不按照前款规定缴纳出资的，除应当向公司足额缴纳外，还应当向已按期足额缴纳出资的股东承担违约责任。"

《公司法解释（三）》第19条规定："有限责任公司的股东未履行或者未全面履行出资义务即转让股权，受让人对此知道或者应当知道，公司请求该股东履行出资义务、受让人对此承担连带责任的，人民法院应予支持；公司债权人依照本规定第十三条第二款向该股东提起诉讼，同时请求前述受让人对此承担连带责任的，人民法院应予支持。受让人根据前款规定承担责任后，向该未履行或者未全面履行出资义务的股东追偿的，人民法院应予支持。但是，当事人另有约定的除外。"

（十九）未届认缴出资期限的股权，能否拍卖、变卖或抵债？

简答

按照《股权执行规定》及一般观点：
1. 未届认缴出资期限的股权，可以拍卖、变卖或抵债。
2. 拍卖、变卖或抵债后，由股权受让人承担继续出资义务。

（二十）公司法限制相关人员在特定期限内转让的股份有限公司股权，能否拍卖、变卖或抵债？

简答

按照《股权执行规定》及一般观点：

1.《公司法》第141条规定股份有限公司发起人以及董事、监事、高级管理人员在特定期限或特定比例内限制转让的股权，可以拍卖、变卖或抵债。

2.拍卖、变卖或抵债后，股权受让人应当按照法律的规定继续承担原股东相应限制转让义务。

详述

《公司法》第141条规定："发起人持有的本公司股份，自公司成立之日起一年内不得转让。公司公开发行股份前已发行的股份，自公司股票在证券交易所上市交易之日起一年内不得转让。公司董事、监事、高级管理人员应当向公司申报所持有的本公司的股份及其变动情况，在任职期间每年转让的股份不得超过其所持有本公司股份总数的百分之二十五；所持本公司股份自公司股票上市交易之日起一年内不得转让。上述人员离职后半年内，不得转让其所持有的本公司股份。公司章程可以对公司董事、监事、高级管理人员转让其所持有的本公司股份作出其他限制性规定。"

按照《公司法》第141条的规定，股份有限公司发起人以及董事、监事、高级管理人员持有的股权，在特定期限或特定比例内应当限制转让。该规定之立法目的在于防止公司发起人以及董事、监事、高级管理人员投机牟利，损害其他股东利益。但是，在公司发起人以及董事、监事、高级管理人员对外负有债务，人民法院基于保护债权人利益，将上述人员持有的股权予以强制转让而变价清偿债务，不存在上述人员投机牟利问题，并不违反公司法的立法目的。

（二十一）公司章程规定限制转让的股权，能否拍卖、变卖或抵债？

简答

按照《股权执行规定》及一般观点：

1.公司章程规定限制转让的股权，可以拍卖、变卖或抵债。

2.拍卖、变卖或抵债后，股权受让人应当按照公司章程的规定继续承担原股东相应限制转让义务。

背景

《公司法》第71条规定："有限责任公司的股东之间可以相互转让其全部或者部分股权。""公司章程对股权转让另有规定的，从其规定。"

《公司法》第141条规定："发起人持有的本公司股份，自公司成立之日起一年内不得转让。公司公开发行股份前已发行的股份，自公司股票在证券交易所上市交易之日起一年内不得转让。公司董事、监事、高级管理人员应当向公司申报所持有的本公司的股份及其变动情况，在任职期间每年转让的股份不得超过其所持有本公司股份总数的百分之二十五；所持本公司股份自公司股票上市交易之日起一年内不得转让。上述人员离职后半年内，不得转让其所持有的本公司股份。公司章程可以对公司董事、监事、高级管理人员转让其所持有的本公司股份作出其他限制性规定。"

（二十二）银行、证券、保险、外资、国有等变更前置审批类股权，需履行何类特殊程序？

简 答

按照一般观点：

1.法律、行政法规或国务院决定规定股权变更应当由相关部门批准的，人民法院拍卖股权之前，应当在拍卖公告中载明所规定竞买人应当具备的资格或者条件。

2.必要时，人民法院可以针对股东资格问题，征询相关部门意见。相关部门逾期未作明确答复的，不影响人民法院对股权进行拍卖。

3.人民法院将股东资格在股权拍卖公告中予以特别提示后，竞买人参加股权拍卖，视为承诺符合股东资格。

4.拍卖成交后，买受人应当持拍卖成交确认书自行向相关部门申请办理股权变更审批手续。买受人取得股权变更审批后，人民法院应当作出拍卖成交裁定，并按照送达股权变更协助执行通知书。

5.如果相关部门因买受人不符合拍卖公告载明的股东资格而不予审批，人民法院可以撤销拍卖，重新对股权进行拍卖。重新拍卖的，原买受人不得参加竞买。

6.买受人明知不符合竞买资格或者条件依然参加竞买，且在成交后未能在合理期限内取得相关部门股权变更批准手续的，交纳的保证金不予退还。保证金不足以支付拍卖产生的费用损失、弥补重新拍卖价款低于原拍卖价款差价的，人民法院可以裁定原买受人补交；拒不补交的，强制执行。

详述

1.关于人民法院要求协助变更特殊有限责任公司股权，是否需经前置审批程序？

外商投资以及银行、证券、保险等金融类有限责任公司，一般被称为特殊有限责任公司。由于特殊有限责任公司股权变更或关乎国家产业结构安全，或关乎国家金融秩序稳定，相关法律法规对特殊有限责任公司的股权变更规定了前置审批程序。相关的法律法规是：《商业银行法》第24条规定，商业银行变更持有资本总额或者股份总额5%以上的股东，应当经国务院银行业监督管理机构批准。《证券法》第122条规定："证券公司变更证券业务范围，变更主要股东或者公司的实际控制人，合并、分立、停业、解散、破产，应当经国务院证券监督管理机构核准。"《保险法》第84条规定，保险公司变更出资额占有限责任公司资本总额5%以上的股东，或者变更持有股份有限公司股份5%以上的股东，应当经保险监督管理机构批准。

因特殊有限责任公司股权变更具有前置审批程序，工商部门对于该类公司股权的变更登记，要求具备相关行政部门的审批文件。人民法院执行程序中对于特殊有限责任公司的股权变更，是否仍需经过以上行政部门的前置审批？有一种观点认为，人民法院作出生效裁判文书或者协助执行通知书时，已代替相关行政部门对股权变更的适法性问题进行了审查，无需相关行政部门再行审查，工商部门对于人民法院的协助执行，不应要求提供审批文件，而是径行变更；即使需要提供审批文件，人民法院可以要求相关行政部门协助执行，相关行政部门应当比照工商部门对于普通有限责任公司股权的协助执行，不进行实体审查，径行作出批准文件。

该种观点是不正确的。这里又涉及行政许可与行政确认的问题。如前论述，股权的工商变更登记属于行政确认，人民法院作出协助执行通知书，工商部门必须予以变更，而不能以需进行实体审查而拒绝或推延变更。而特殊有限责任公司股权变更的前置审批，由于涉及《行政许可法》第12条第（1）项"国家安全、公共安全、经济宏观调控"等事项，必须由相关行政部门进行前置实体审查，属于典型的行政许可。

我们可以对执行程序中的特殊有限责任公司股权变更的前置审批具体规则进行设计。首先，人民法院在诉讼程序中作出特殊有限责任公司股权转让、股权确认等以股权为诉讼争议标的的判决之前，应当发函征询行政部门意见，由行政部门按照投资者资格和产业政策要求进行审查并作出批准文件。如取得同意，人民法院方可作出判决；如未取得同意，人民法院应当对当事人释明后调整判决内容。其次，人民法院在执行程序中对特殊有限责任公司股权予以强制变更，如审判部门未在诉讼阶段取得行政部门的批准文件，人民法院应当发函征询行政部门的意见，由于执行程序中权利人对股权的受让已由生效裁判文书所确认，也可由股权受让人自行申请取得行政部门的批准文件。

这里还有一个问题，特殊有限责任公司股权变更的前置审批，一般情况下是由公司自行递交申请，与普通有限责任公司的工商变更登记存在的问题类似，特殊有限责任公司的前置审批，如系执行程序中的协助变更，是否仍需要公司的申请文件。从目前的情况看，执行程序中股权变更的前置审批，部分地方行政部门仍然要求人民法院或股权受让人提交修改后的公司章程、董事会决议等申请文件，否则不予审批。当事人于执行程序中申请取得批准文件与基于公司股权内部、外部协议转让情形截然不同。一是股权变更的依据为生效裁判文书、协助执行通知书，而并非转让协议；二是原股权持有者即被执行人，基本不可能配合出具相关申请文件。在此情形下，行政部门无需要求当事人报送申请文件，而应当依照相关实体审查方面的法律法规，径行审查批准。

2.关于《最高人民法院关于股权强制执行若干问题的规定（征求意见稿）》"变更前置审批类股权的执行问题"的论证过程与结论。

对于变更前置审批类股权的执行，如何处理好与监督管理部门的协调问题，在司法解释制定过程中，大致有几种意见：其一，股权拍卖成交后，人民法院可以裁定强制变更股权，不需要再行取得相关部门的审批，公司登记机关以及公司应当依法协助执行。其二，股权拍卖后，人民法院可以裁定强制变更股权，此后由买受人自行办理股权变更审批手续。其三，人民法院应当将报名参加股权竞买的人员情况，交相关部门审核，然后通知符合竞买资格的人员参加竞买。其四，股权拍卖后，人民法院将买受人情况交相关部门审核，审核通过后作出拍卖成交裁定。

最高人民法院对该问题反复研究讨论，设计了前述规则，体现了以下理念：其一，人民法院不能替代监督管理部门的行政许可，并应当主动加强与监督管理部门的沟通协调。其二，尽量提高司法机关与监督管理部门的工作效率，并且尽量减少不必要的工作成本，监督管理部门事先审核、拍卖成交裁定作出后再由监督部门审核的方案都不现实。其三，监督管理部门的行政许可，可以转化为竞买人资格问题，设计拍卖前征求意见、拍卖后自行办理审批，是最为妥当和最有效率的方案。其四，对于买受人不符合股东资格而不能获得审批，设定了处理方案和对于买受人的救济途径。

| 背 景

按照国家工商总局《企业设立工商前置审批目录》、《企业变更登记、注销登记前置审批事项指导目录》（2017年9月），个人征信机构、出版单位、外资银行、证券公司、期货公司、保险公司、中资银行、外商投资、非银行企业、融资担保企业等股权（投资权益）转让，需相关监督管理部门前置审批。按照《公司登记管理条例》，变更登记事项须经批准的，应当向公司登记机关提交有关批准文件。

中国人民银行、中国银行保险监督管理委员会、中国证券监督管理委员会2018年联合印发的《关于加强非金融企业投资金融机构监管的指导意见》（银发〔2018〕107号）规定："为维护金融市场稳定和金融机构稳健运行，加强金融监督管理部门与司法机关之间的沟通协调，及时获取金融机构股权拍卖信息。拍卖金融机构股权导致金融机构控股股东变更的，竞买人应当符合本意见有关金融机构股东资质条件的规定。企业持有的金融机构控股股权被拍卖，被控股金融机构应当及时向金融监督管理部门报告。"

《公司登记管理条例》第27条规定："变更登记事项依照法律、行政法规或者国务院决定规定在登记前须经批准的，还应当向公司登记机关提交有关批准文件。"

《商业银行法》第24条规定："商业银行有下列变更事项之一的，应当经国务院银行业监督管理机构批准：……（五）变更持有资本总额或者股份总额百分之五以上的股东……"第28条规定："任何单位和个人购买商业银行股份总额百分之五以上的，应当事先经国务院银行业监督管理机构批准。"

《保险法》第84条规定："保险公司有下列情形之一的，应当经保险监督管理机构批准：……（七）变更出资额占有限责任公司资本总额百分之五以上的股东，或者变更持有股份有限公司股份百分之五以上的股东……"

《企业国有资产法》第53条规定："国有资产转让由履行出资人职责的机构决定。履行出资人职责的机构决定转让全部国有资产的，或者转让部分国有资产致使国家对该企业不再具有控股地位的，应当报请本级人民政府批准。"

（二十三）股权强制变更的基本程序是什么？

简答

按照一般观点，人民法院强制变更股权，应当根据案件情况并区分公司类型，一并送达如下法律文书：

1. 根据相关法律以及司法解释的规定送达裁定书。

2. 向公司送达协助执行通知书以及裁定书，要求按照相关法律规定办理股权变更手续。

3. 向公司登记机关送达协助执行通知书以及裁定书，要求办理有限责任公司股权的变更登记以及信息公示，或者股份有限公司股份的变更信息公示。

4. 股权已在依法设立的区域性股权市场登记托管的，人民法院应当同时向托管机构送达协助执行通知书以及裁定书，要求办理股权变更登记。

（二十四）公司和其他有关单位违反协助执行义务，需承担何种法律责任？

简答

按照一般观点，公司或其他有关单位拒不履行调查、冻结、变更等协助执行义务，需承担如下法律责任：

1. 人民法院可以根据《民事诉讼法》第117条的规定，对公司的法定代表人、直接责任人以及实际控制人予以罚款、拘留或限制消费等；构成犯罪的，依法追究刑事责任。

2. 公司或其他有关单位违反协助执行义务，导致股权转让或股息、红利等收益无法追回的，人民法院可以根据申请执行人的申请，裁定公司或其他有关单位在已转让股权价值范围内或在已支付股息、红利等收益范围内向申请执行人承担赔偿责任。

背 景

《民事诉讼法》第117条规定："有义务协助调查、执行的单位有下列行为之一的，人民法院除责令其履行协助义务外，并可以予以罚款：……（二）有关单位接到人民法院协助执行通知书后，拒不协助查询、扣押、冻结、划拨、变价财产的；（三）有关单位接到人民法院协助执行通知书后，拒不协助扣留被执行人的收入、办理有关财产权证照转移手续、转交有关票证、证照或者其他财产的；……人民法院对有前款规定的行为之一的单位，可以对其主要负责人或者直接责任人员予以罚款；对仍不履行协助义务的，可以予以拘留；并可以向监察机关或者有关机关提出予以纪律处分的司法建议。"

《限制高消费规定》第3条规定："被执行人为单位的，被采取限制消费措施后，被执行人及其法定代表人、主要负责人、影响债务履行的直接责任人员、实际控制人不得实施前款规定的行为。"

《拒执罪司法解释》第1条规定："被执行人、协助执行义务人、担保人等负有执行义务的人对人民法院的判决、裁定有能力执行而拒不执行，情节严重的，应当依照刑法第三百一十三条的规定，以拒不执行判决、裁定罪处罚。"

《执行规定》第40条规定:"有关企业收到人民法院发出的协助冻结通知后,擅自向被执行人支付股息或红利,或擅自为被执行人办理已冻结股权的转移手续,造成已转移的财产无法追回的,应当在所支付的股息或红利或转移的股权价值范围内向申请执行人承担责任。"

(二十五)金钱债权执行案件中,有限责任公司股权受让人所提出案外人异议的审查标准是什么?

简答

按照一般观点,人民法院依据登记公示信息对被执行人名下的有限责任公司股权采取执行措施,案外人提出异议,以其已受让股权为由请求排除执行,即以其股权交付请求权对抗申请执行人之金钱债权,必须同时具备如下要件:

1. 案外人与被执行人已签订股权转让协议;
2. 股权转让协议符合法律、行政法规规定;
3. 股权转让协议已发生法律效力;
4. 案外人已交付全部股权转让款项;
5. 案外人已登记于公司股东名册或以其他有效方式在公司内部公示;
6. 签订股权转让协议与在公司内部公示股东权利,均在人民法院冻结股权之前;
7. 案外人对于股权未进行变更登记、公示并不存在过错。

最高人民法院执行案例参考

【案号】（2016）最高法民申1268号

【案例要旨】1.《商业银行法》第24条所规定商业银行变更持股5%以上的股东应当经银监部门批准，系该法重点条款之一，旨在维护银行体系稳定与防控金融风险，商业银行5%以上股东变更如未经银监部门批准，应当认定股权转让合同未生效。2.如案外人主张以其股权交付请求权对抗申请执行人之金钱债权，必须同时具备如下要件：一是已签订书面转让协议；二是转让协议合法有效；三是案外人已交付转让款项；四是案外人已实际行使股东权利；五是签订转让协议与实际行使股东权利均在冻结之前；六是案外人并不存在过错。

【案情概要】2013年12月25日，H药业向C农商行提出申请，要求转让其在C农商行持有的股份1000万股（占C农商行总股份的10%），转让价格为1500万元（人民币，下同），用于清偿所欠C农商行的借款本息。同日，W农合行召开董事会，审议并通过了向C农商行参股1500万元的决议。

2013年12月29日，W农合行与H药业签订了一份《股份转让协议》，双方约定，H药业将所持有C农商行的股份1000万股（占C农商行总股份的10%），转让给W农合行，转让价格为每股1.5元，转让金额为1500万元，转让时间定于2013年12月30日前，W农合行一次性向H药业支付转让款1500万元，W农合行付清股份转让款后，即成为C农商行的股东，依章程享受股东权利并承担义务。H药业不再享受相应股份的股东权利并承担义务。同日，C农商行就股东变更事宜，报中国银行业监督管理委员会宜昌银监分局（以下简称中国银监会宜昌监管分局）审核批准，该局审核后的意见是"原则同意请示事项完善手续申报"。同年12月30日，W农合行向中国银监会宜昌监管分局请示，要求受让H药业在C农商行持有的股

441

份1000万股，该局审核后的意见是"同意请示事项"。

W农合行向C农商行支付了购买H药业股权的款项1500万元，同时，C农商行向W农合行颁发了股金证，表明W农合行持有C农商行的股份1000万股。2013年12月30日，C农商行的股东名册上显示，W农合行在C农商行的持股比例为6.25%。

2014年1月9日，中国银行业监督管理委员会湖北监管局（以下简称中国银监会湖北监管局）在《关于C农商行变更注册资本和修改公司章程的批复》中，H药业仍然被列为C农商行的股东，H药业的持股数量为1000万股，持股比例为6.25%。通过在工商行政管理部门查询C农商行的公司章程，查明，至2014年1月9日止，H药业在C农商行的持股比例为10%。

2013年12月31日，一审人民法院（湖北省宜昌市中级人民法院）执行部门向宜昌市工商行政管理局送达了（2014）鄂宜昌中执字第00014-2号协助执行通知书，要求该局协助冻结仍登记在H药业名下的C农商行10%的股权。2014年1月21日，一审人民法院执行部门向C农商行送达了（2014）鄂宜昌中执字第00014-13号协助执行通知书，要求C农商行协助冻结H药业在C农商行持有的10%股权（出资额1000万元）以及收益。

W农合行向一审人民法院执行部门提出异议后，执行部门认为，按照《商业银行法》第24条第1款第（5）项的规定，变更持有资本总额或者股份总额5%以上的股东应当经国务院银行业监督管理机构批准。《中国银监会农村中小金融机构行政许可事项实施办法》第61条明确规定，农村商业银行变更持有股本总额1%以上、5%以下的单一股东（社员），由法人机构事前报告银监分局或所在城市银监局；变更持有股本总额5%以上、10%以下的单一股东（社员）的变更申请，由银监分局或所在城市银监局受理，银监局审查并决定；变更持有股本总额10%以上的单一股东（社员）的变更申请，由银监局受理并初步审查，银监会审查并决定。H药业转让其持有C农商行10%的股份,应当由中国银监会湖北监管局审查并决定。由于W农合行未提供证据证明其受让H药业所持C农商行股份的行为,已获得中国银监会湖北监管局的批准,股权转让行为未完成相应的行政审批手续,故裁定驳回了W农合行的执行异议。

W农合行向一审人民法院审判部门提起案外人执行异议之诉,请求:(一)确认W农合行与H药业于2013年12月29日签订的《股份转让协议》合法有效,W农合行依法享有H药业在C农商行的原有股份;驳回J公司在与H药业借款合同纠纷案中,对H药业在C农商行原有股份的执行申请,停止对H药业原有股份的执行。(二)由J公司承担本案的全部诉讼费用。

针对W农合行的案外人执行异议之诉,一审人民法院审判部门认为:一、W农合行以及C农商行作为股份制地方性金融机构,对于其股权的变更,我国法律均有明确的规定。《商业银行法》第24条第1款第(5)项规定,商业银行变更持有资本总额或者股份总额5%以上的股东,应当经国务院银行业监督管理机构批准。第28条规定,任何单位和个人购买商业银行股份总额5%以上的,应当事先经国务院银行业监督管理机构批准。《中国银监会农村中小金融机构行政许可事项实施办法》第61条第3款规定,农村商业银行、农村合作银行、农村信用合作联社、农村信用联社、村镇银行变更持有股本总额10%以上的单一股东(社员)的变更申请,由银监局受理并初步审查,银监会审查并决定。上述银监会,指的是中国银监会湖北监管局。《合同法》第44条规定:"依法成立的合同,自成立时生效。法律、行政法规规定应当办理批准、登记等手续生效的,依照其规定。"依照合同法的该条规定,此类合同虽已成立,但不像普通合同那样在成立时就生效,而是成立但未生效。《最高人民法院关于适用〈中华人民共和国合同法〉若干问题的解释(一)》第9条对此类合同的效力则有更明确的解释,即依照《合同法》第44条第2款的规定,法律、行政法规规定合同应当办理批准手续,或者办理批准、登记等手续才生效,在一审法庭辩论终结前当事人仍未办理批准手续的,或者仍未办理批准、登记等手续的,人民法院应当认定该合同未生效。上述条款属于法律法规对合同生效条件作出的规定。即金融机构的股权转让必须办理批准和登记手续生效。而未经办理批准和登记手续的,股权转让合同不发生法律效力。二、C农商行作为依法成立,办理金融业务的金融机构,其在变更持有股份总额10%的股东时,没有报经国务院银行业监督管理机构,即中国银监会湖北监管局的审查并决定。W农合行在购买H药业所持有C农商行10%的股份时,事先没有报经国务院银行业监督管理机构,即中国银监会湖北监管局的审查并决定,其受让C农商行10%股份的行为,没有完成相应的行政审批手续,依法应认定为股份转让协议未生效。因此,W农合行与H药业签订的关于W农合行受让H药业在C农商行10%股份的协议未生效,未生效的原因是未经批准,不能对抗本案J公司对H药业所持有C农商行股份的申请执行,一审人民法院执行部门裁定驳回W农合行的执行异议,并无不当。综上,W农合行与H药业签订的股权转让协议虽为双方当事人真实意思表示,但该合同要产生当事人预期的法律效果,还必须履行《商业银行法》、《合同法》、《最高人民法院关于适用〈中华人民共和国合同法〉若干问题的解释(一)》以及《中国银监会农村中小金融机构行政许可事项实施办法》规定的批准登记手续,而本案当事人未依据上述规定办理相应的批准登记手续,本案股权转让合同的生效条件不成就。W农合行要求驳回J公司在与H药业借款合同纠纷案中,对H药业在C农商行原有股份的执行申请没有法律依据,依法不予支持。判决:驳回W农合行的诉讼请求。

　　W农合行不服,向二审人民法院(湖北省高级人民法院)提起上诉。二审人民法院认为,本案二审的争议焦点为:涉案股份转让协议是否有效以及J公司的申请执行行为应否停止。W农合行与H药业签订的《股权转让协议》,约定H药业将所持有的C农商行的股份1000万股转让给W农合行。其后就上述C农商行股份转让事宜,W农合行、C农商行分别报请中国银监会宜昌监管分局审批。因合同约定转让标的以及申请报批的标的由当事人确认的《股权转让协议》以及C农商行、W农合行向中国银监会宜昌监管分局所提交的请示可以明确为H药业持有的C农商行10%的股份，W农合行称其交易对象为C农商行6.25%的股份，与上述事实相悖，不予采信。按照《商业银行法》第24条第1款第（5）项规定，商业银行变更持有资本总额或者股份总额5%以上的股东，应当经国务院银行业监督管理机构批准。第28条规定，任何单位和个人购买商业银行股份总额5%以上的，应当事先经国务院银行业监督管理机构批准。《中国银监会农村中小金融机构行政许可事项实施办法》第61条第3款规定"农村商业银行、农村合作银行、农村信用合作联社、农村信用联社、村镇银行变更持有股本总额10%以上的单一股东（社员）的变更申请，由银监局受理并初步审查，银监会审查并决定"。W农合行在购买H药业持有的C农商行10%的股份时，没有报经中国银监会湖北监管局审查决定，其没有完成相应的行政审批手续。一审人民法院根据《最高人民法院关于适用〈中华人民共和国合同法〉若干问题的解释（一）》第9条对此类合同效力明确的解释，即"依照合同法第四十四条第二款的规定，法律、行政法规规定合同应当办理批准手续，或者办理批准、登记等手续才生效，在一审法庭辩论终结前当事人仍未办理批准手续的，或者仍未办理批准、登记等手续的，人民法院应当认定该合同未生效"的规定，认定W农合行与H药业签订的《股权转让协议》未生效正确。按照本案一、二审查明的事实，至2014年1月9日止，H药业在C农商行持股比例为10%。W农合行上诉称其实际比例为6.25%无事实依据，不予采信。鉴于本案《股权转让协议》未生效，一审人民法院驳回W农合行要求驳回J公司在与H药业借款合同纠纷案中，对H药业在C农商行原有股份的执行申请，不予支持正确。综上，判决如下：驳回上诉，维持原判。

W农合行向最高人民法院申请再审称：（一）原审判决适用法律错误。

1.《商业银行法》第24条并非效力性规范，而是管理性规范。商业银行法并没有规定银监部门的批准系股权转让合同的前置生效条件，也没有规定未经批准的股权转让合同无效。2.本案《股权转让协议》的签订以及股权转让行为，发生于2013年11月和12月；当时，原审判决所适用的《中国银监会农村中小金融机构行政许可事项实施办法》尚未公布实施。（二）原审判决认定股权转让比例为10%是错误的。C农商行在2013年12月27日之前，完成了增加注册资本的内部法律程序，H药业所持股权已被稀释为6.25%。（三）《股权转让协议》内容真实合法，C农商行已将W农合行记载于股东名册并颁发股权证，认定《股权转让协议》未生效，不利于维护交易秩序。综上，W农合行根据《民事诉讼法》第200条第（2）项、第（6）项的规定向最高人民法院申请再审。

最高人民法院认为，本案为执行异议之诉，应重点审查案外人是否具有足以排除强制执行的权益，故最高人民法院归纳本案焦点问题如下：一、案涉股权转让协议的效力。二、W农合行是否具有足以排除强制执行的权益。关于W农合行申请再审具体理由，将在对焦点问题的分析中进行回应。

一、案涉股权转让协议的效力问题。其一，关于股权转让比例。按照本案查明事实：W农合行与H药业于2013年12月29日签订《股份转让协议》，双方约定H药业将所持有C农商行的股份1000万股（占C农商行总股份的10%）转让给W农合行；C农商行于2013年12月30日将W农合行变更为该行股东，持股比例为6.25%；在中国银监会湖北监管局于2014年1月9日所作出的《关于C农商行变更注册资本和修改公司章程的批复》中，H药业的持股数量仍为1000万股，但持股比例已变更为6.25%。综上，可以认定C农商行在案涉股权转让行为发生时，亦进行了增资扩股，H药业1000万股在C农商行所占比例已减至6.25%。但是，无论案涉股权转让比例为6.25%还是10%，均已超过5%，故不影响对股权转让协议效力的认定，以下将分析之。

其二，关于案涉股权转让是否应当经过批准以及批准部门。首先，关于是否应当批准问题。商业银行法规定，商业银行变更持有资本总额或者股份总额5%以上的股东，应当经国务院银行业监督管理机构批准；任何单位和个人购买商业银行股份总额5%以上的，应当事先经国务院银行业监督管理机构批准。按照以上规定，由于C农商行股份总额5%以上的股东发生变动、W农合行购买H药业所持C农商行5%以上股权，C农商行与W农合行均需向银监部门申报审批，两项申报审批缺一不可。其次，关于批准部门问题。银监会关于农村中小金融机构行政许可事项，于2008年6月颁布实施办法，该办法于2014年3月、2015年6月相继修改后重新施行。有关5%以上股东变动批准部门问题，2008年6月的实施办法第99条规定银监分局即可批准决定，而2014年3月的实施办法则规定由银监局批准决定。案涉股权转让协议的订立与申报审批，均发生于2013年12月底，应当适用2008年6月的《中国银行业监督管理委员会农村中小金融机构行政许可事项实施办法》，本案一审、二审人民法院适用2014年3月的《中国银监会农村中小金融机构行政许可事项实施办法》确有误差。但是，本案一审、二审人民法院引用该实施办法之目的，系论述农村商业银行5%以上的股东变动需经银监部门批准，而2008年6月以及2014年3月《中国银监会农村中小金融机构行政许可事项实施办法》关于5%以上股东变动审批问题的区别，在于审批层级有所调整，无论适用哪一版实施办法，均不能免除股东变动申报批准义务。其三，关于本案一审、二审人民法院认定案涉股权转让协议未生效是否正确。按照《合同法》第44条以及《最高人民法院关于适用〈中华人民共和国合同法〉若干问题的解释（一）》第9条的规定，法律、行政法规规定合同应当办理批准手续的，如当事人尚未办理，应当认定该合同未生效。《商业银行法》第24条所规定商业银行变更持股5%以上的股东应当经银监部门批准，系该法重点条款之一，旨在维护银行体系稳定与防控金融风险，商业银行5%以上股东变更如未经银监部门批准，应当认定股权转让合同未生效。《最高人民法院关于审理外商投资企业纠纷案件若干问题的规定（一）》第1条关于外商投资企业股权变更未经批准所涉合同效力的规定，也体现了上述法理逻辑。按照本案查明事实，W农合行向中国银行业监督管理委员会宜昌银监分局的受让股权申报审批已获批准；但是，在执行法院对案涉股权冻结之时，C农商行的股东变动申报审批尚未取得批准许可，应当认定股权转让协议未生效。

二、W农合行能否排除强制执行问题。关于被执行人所持股权作为执行标的时，案外人提出执行异议以及执行异议之诉的审查标准，也即如何认定案外人能否排除强制执行，尚没有法律以及司法解释予以直接规定，唯有按照一般法理与类似规定进行分析。最高人民法院认为，执行法院已查封、扣押、冻结被执行人名下某物，如案外人认为其已与被执行人协议买卖该财产，对该物主张交付请求权；而申请执行人以其对被执行人具有金钱债权而申请对该物予以变价受偿。一般而言，如案外人主张以其物的交付请求权对抗申请执行人之金钱债权，必须同时具备如下要件：一是已签订书面买卖协议；二是买卖协议合法有效；三是案外人已交付购买款项；四是案外人已实际占有该物；五是签订买卖协议与实际占有均在查封、扣押、冻结之前；六是案外人并不存在过错。《异议复议规定》以及《查封规定》对于不动产买受人案外人异议问题，也体现了上述规则。本案中，执行法院于2013年12月31日以及2014年1月21日对被执行人H药业名下股权予以冻结，在此之前，案外人W农合行虽已订立股权转让协议、交付购买股权款项并已登记于股东名册（实际占有），现有证据亦不能表明该行对未办理股权工商变更登记存在过错；但是，如前述第一个焦点问题之分析，案涉股权转让协议处于未生效状态，不能认定为合法有效。因此，本案情形未能同时符合物的交付请求权对抗金钱债权的六项要件，故W农合行不能排除强制执行。本案一审、二审人民法院的认定结论，最高人民法院予以维持。

综上，最高人民法院裁定驳回了W农合行的再审申请。

（二十六）金钱债权执行案件中，股份有限公司股权受让人所提出案外人异议的审查标准是什么？

简 答

按照一般观点：

人民法院依据股东名册记载信息对被执行人名下的股份有限公司股份采取执行措施，案外人提出异议，以其已受让股权为由请求排除执行，裁定驳回异议。

（二十七）以有限责任公司股权为标的物的各类执行案件中，实际出资人所提出案外人异议的审查标准是什么？

简 答

按照一般观点：

人民法院对被执行人名下的有限责任公司股权采取执行措施，案外人

449

提出异议，以其系实际出资人为由请求排除执行，经审查登记公示信息载明股权由被执行人持有的，裁定驳回异议。

（二十八）以股份有限公司股权为标的物的各类执行案件中，实际出资人所提出案外人异议的审查标准是什么？

简答

按照一般观点：

人民法院依据股东名册记载信息对被执行人名下的股份有限公司股份采取执行措施，案外人提出异议，以其系实际出资人为由请求排除执行，裁定驳回异议。

（二十九）因股权执行而引起的执行异议之诉，如何判断实际出资人（隐名股东）能否排除执行？

简答

针对"隐名股东"能否排除强制执行的观点，目前并无可明确适用的法律条文。但一般观点认为：

基于外观主义原则，隐名股东无法以内部股权代持协议有效为由对抗外部债权人对显名股东的正当权利。

> **详 述**

1.根据《异议复议规定》，隐名股东不具有排除执行的权利

《异议复议规定》第24条规定："对案外人提出的排除执行异议，人民法院应当审查下列内容：（一）案外人是否系权利人；（二）该权利的合法性与真实性；（三）该权利能否排除执行。"

（1）案外人必须是其所主张的实体权利的权利人，也就是说，其必须和异议的事项存在实体上的利害关系。否则，其异议即无"实益"。人民法院从程序上也就没有解决异议的必要。

（2）案外人的实体权利是真实存在的，人民法院不能保护虚假的权利。例如，案外人张三提出异议称，其对法院拍卖的房产有租赁权，但经过人民法院查证，该租赁合同是伪造的，就不能得到保护。同时，案外人所主张的权利必须是合法的，违法的权利也不能被保护。

（3）这种权利能够排除申请执行人实现的债权。从实践看，能够产生排除效力的实体权利主要包括四类：①所有权。原则上，只有被执行人的财产才能成为强制执行的标的，除非法律有特殊规定，或者申请执行的债权能够限制案外人的所有权，否则，不允许执行案外人的财产。②物权期待权。根据《查封规定》和《最高人民法院关于建设工程价款优先受偿权问题的司法解释》，登记财产的无过错买受人和商品房的消费者对购买的标的物虽然并不拥有所有权，仅仅享有物的登记请求权或者交付请求权，仍属于债权范畴但又与一般债权仅是向相对人的请求权不同，例如保护消费者的生存权等，法律基于特殊的价值取向赋予其具有排除一般债权，甚至是抵押权执行的效力，学理上通称为物权期待权。③特殊的担保物权。根据《民法典》第386条的规定，担保物权就其性质而言，是对担保财产变现价值的优先受偿权。一般而言，当担保财产被金钱债权人申请执行时，

案外人对执行财产主张担保物权时，执行法院需要保障担保物权人在受偿顺位上的优先地位，但该权利并不能排除执行。然而，对一些特殊行业，基于公共利益的考量，法律或者司法解释赋予了其对特殊财产的担保物权具有排除执行的效力。例如，为了防范证券市场的系统性风险，《最高人民法院、最高人民检察院、公安部、中国证券监督管理委员会关于查询、冻结、扣划证券和证券交易结算资金有关问题的通知》第7条规定：证券登记结算机构依法按照业务规则要求证券公司等结算参与人、投资者或者发行人提供的回购质押券、价差担保物、行权担保物、履约担保物，在交收完成之前，不得冻结、扣划。④租赁权和用益物权。由于租赁权和用益物权以对物使用、收益为权利内容，案外人如对执行标的主张租赁权和用益物权，虽不能排除物的转让，却可以阻止交付占有。

《异议复议规定》第25条规定："对案外人的异议，人民法院应当按照下列标准判断其是否系权利人：（一）已登记的不动产，按照不动产登记簿判断；未登记的建筑物、构筑物及其附属设施，按照土地使用权登记簿、建设工程规划许可、施工许可等相关证据判断；（二）已登记的机动车、船舶、航空器等特定动产，按照相关管理部门的登记判断；未登记的特定动产和其他动产，按照实际占有情况判断；（三）银行存款和存管在金融机构的有价证券，按照金融机构和登记结算机构登记的账户名称判断；有价证券由具备合法经营资质的托管机构名义持有的，按照该机构登记的实际投资人账户名称判断；（四）股权按照工商行政管理机关的登记和企业信用信息公示系统公示的信息判断；（五）其他财产和权利，有登记的，按照登记机构的登记判断；无登记的，按照合同等证明财产权属或者权利人的证据判断。案外人依据另案生效法律文书提出排除执行异议，该法律文书认定的执行标的权利人与依照前款规定得出的判断不一致的，依照本规定第二十六条规定处理。"

《民事诉讼法》第234条将案外人异议审查作为案外人异议之诉的前置程

序，其审查标准问题在理论上和实践中一直存有争议。如果采形式审查标准，则案外人异议与执行过程中法院对被执行人财产权属判断标准基本重合，案外人异议制度存在的必要性将备受质疑。如果采实质审查标准，案外人异议审查和案外人异议之诉的审理标准基本一致，案外人异议审查成了案外人异议之诉的预演，异议审查结论的正当性、合理性同样受到质疑。最终确立了"以形式审查为主，实质审查为辅"的案外人异议审查原则。

关于有限责任公司股权权属问题，《公司法》第32条第2、3款规定：记载于股东名册的股东，可以依股东名册主张行使股东权利。公司应当将股东的姓名或者名称向公司登记机关登记；登记事项发生变更的，应当办理变更登记。未经登记或者变更登记的，不得对抗第三人。本条明确肯定了有限责任公司股权的两种法定公示方法：股东名册的记载和工商登记，同时实践中还存在以出资证明、股权转让协议来表征股权的情况。就权利公示方法的强弱而言，首先，根据商法公示主义与外观主义原则，公司的工商登记对社会具有公示公信效力，善意第三人有权信赖公司登记机关的登记文件，执行法官也应当以工商登记表现的权利外观作出股权权属的判断。其次，股东名册是公司的内部文件，其公示性弱于工商登记，在与工商登记不一致时，应当优先依据工商登记形成的权利表象。因此，在股权强制执行中，对有限责任公司股权的权利判断首先以工商登记为依据。

2.最高人民法院执行异议之诉司法解释草案已经确定了案外人异议之诉程序中，隐名股东不能排除执行的主流意见

《最高人民法院关于审理执行异议之诉案件适用法律问题的解释（一）》第13条的首选方案为："金钱债权执行中，人民法院对登记在被执行人名下的财产实施强制执行，案外人以下列理由提起执行异议之诉，请求排除强制执行的，人民法院不予支持：（一）案外人借用被执行人名义购买不动产或者机动车等，其系被执行不动产或者机动车等的实际权利人；（二）案外人借用被执行人房地产开发资质开发房地产，其系被执行建设用

地使用权、房屋所有权的实际权利人；（三）案外人借用被执行人名义对有限责任公司出资，其系被执行股权的实际出资人；（四）案外人借用被执行人的银行、证券账户，其系被执行账户中资金、证券的实际权利人。案外人因借名所遭受的财产损失，可以依法向被借名者另行主张权利。"

3.最高人民法院执行异议之诉司法解释承办法官已公开的观点

（1）涉及股权的执行异议之诉，多表现为隐名股东就人民法院对登记在名义股东名下的股权强制执行提起执行异议之诉，实践中对此应否支持争议较大。一种观点认为，名义股东并未实际出资，仅系以其名义进行股权登记，而公司法规定了隐名股东显名条件，实质上并未否定隐名股东对股权的所有权。因此，在隐名股东能够证明其系实际股东、其他股东对此明知的情况下，应当支持其诉讼请求。另一种观点则认为，隐名股东与名义股东之间的约定即使有效，也仅对其双方具有约束力，对外股权所有权人仍表现为名义股东，申请执行人有权向人民法院申请执行。

该承办法官同意第二种观点，《民法典》第65条规定，法人的实际情况与登记的事项不一致的，不得对抗善意相对人。《公司法》第32条第3款规定，公司应当将股东的姓名或者名称向公司登记机关登记；登记事项发生变更的，应当办理变更登记。未经登记或者变更登记的，不得对抗第三人。根据前述规定，在处理此类纠纷时，应当区分公司内外法律关系，隐名股东与名义股东之间系内部关系，双方之间的约定不具有对抗外部第三人的效果，隐名股东主张排除执行的诉讼请求不应支持。其因股权被强制执行所遭受的损失，可以按照约定向名义股东主张赔偿。

（2）"案外人作为被执行的有限责任公司股权的实际出资人，能否排除名义出资人（又称名义股东）的其他债权人对该股权的强制执行，是执行异议之诉案件审理中的一个难点问题，实践中争议较大，存在两种针锋相对的观点。'否定说'认为，根据公司法第32条第3款和商法的外观主义原则，名义出资人和实际出资人（又称隐名股东）之间的股权代持协议，只能约束签订协议双方，对于合同以外的第三人没有约束力。第三人有权信赖工商登记对股东的形式记载，并据此请求法院强制执行登记的股东名下的股权。故对案外人提出的异议不应支持。'肯定说'则认为，应当恪守'事实标准'，公平是法律始终的价值追求，不能以维护执行效率而忽视实际权益保护，实际出资人是股权投资利益最终归属者，应当优先于名义出资人的一般债权人获得保护。该观点还认为，外观主义原则的目的是维护交易安全和对善意第三人的保护，其适用范围应局限于就相关标的从事交易的第三人。仅就特定股权主张清偿债务而非就该股权从事交易的第三人，不能依据外观主义原则寻求公司法第32条第3款的适用。故应当支持案外人的异议。

"……总体而言，笔者认为，'否定说'强调优先保护第三人信赖利益，但同时并不否认实际出资人对名义出资人所能主张的实体权利；'肯定说'直击权利真实归属，但过于偏重对实际权利人保护，有忽略对第三人利益考量之嫌。从正义后果看，'否定说'兼顾第三人和实际权利人利益，真正实现实质之正义，只是在权利主张方式上重新构建和分配；而'肯定说'过于强调实际权利人保护，忽略主体间的平衡。因此，笔者倾向于赞同'否定说'，针对两种观点激烈交锋所涉重要论据理由，简要评析如下：

"首先，应当正确认识外观主义的适用范围及其存在的内在机理。'肯定说'认为，外观主义原则旨在维护交易安全稳定，落脚点在'商事交易'，即当第三人因信赖登记而选择与名义出资人进行交易，是适用外观主义的前提。但笔者认为，这是对外观主义的误读。虽然该观点所述情形确实是商事外观主义的适用领域，但这并不意味着就绝对排除了非交易领域的适用。商事外观主义其实更是站在宏观层面，着眼于整个商事交易的安全、效率的大环境而言的，而非仅仅并且过于强调必须拘泥于某一个具体交易之中。外观主义形成一项基本法理原则，让虚假外观凌驾真实权属之上成为正义推定基础，根本原因是实际权利人本人行为的可归责性，既然因实际权利人的原因导致权属公示错误,自然要为自身错误承担不利后果。名义出资人的债权人若善意信赖股权登记进行司法程序且执行程序已启动,则善意债权人和司法执行机构的信赖利益并不亚于交易相对人可能付出的代价及受损利益。可见,依外观主义法理原则内在机理,非交易第三人的信赖利益同样需尊重和保护。

"其次,从公司法第32条第3款规定所体现的精神看,在究竟应认定名义出资人还是实际出资人具有股东法律地位这一问题上,我国法律区分内部关系与外部关系,采取了不同的立场。在内部关系上,实际出资人可以依照《公司法解释(三)》第24条第2款主张投资权益,或者依照该解释第25条第2款主张名义出资人承担赔偿责任。而在外部关系上,则由前所述,应当依照外观主义原则来确定相关当事人的权利义务。因此,将公司法第32条第3款所称的第三人,限缩解释为交易中的第三人,并不妥当。

"再次,从实际出资人的显名程序规则看,即便在名义出资人与实际出资人的内部关系上,实际出资人可否成为公司股东,除了股权代持协议等彼此之间的合同外,尚需满足一定的条件。具体而言,《公司法解释(三)》第24条第3款规定:'实际出资人未经公司其他股东半数以上同意,请求公司变更股东、签发出资证明书、记载于股东名册、记载于公司章程并办理公司登记机关登记的,人民法院不予支持。'这实际上是对公司法第72条第2款立法精神的重申,换言之,如果实际出资人未经公司其他股东半数以上同意,即使否定名义出资人作为股东的法律地位,实际出资人也难以取得股东的法律地位。依照公司法第72条第2款的规定,在此情形,应由不同意的股东来购买名义出资人名下所持有的股份。当然,这并不妨碍实际出资人依照《公司法解释(三)》第24条第3款的规定'向名义出资人主张权利'。可见,实际出资人要想获得对外彰显的、具有外部对抗力的股东身份,尚需征得公司其他股东半数以上同意,由法院在执行异议之诉中直接认定其为实际出资人并以此为由支持其排除执行的请求,在实质上有违实际出资人主张权利的规则,并不妥当。

"最后,从价值引导与利益衡量的角度看,一方面,法律规范不仅确认和保障社会生活的存在状态,也塑造着人们对特定行为后果的期待,从而引导人们的生活方式。股东设立公司,原是正大光明的投资行为,却刻意遮掩,以致公司、债权人、外部受让人均得多加小心验明正身,否则难免被拖入纠纷。立法、司法机关也须格外打点精神应对,无疑是对社会资源的一大浪费。股东之间恣意创造的外观,给公司的法律关系带来混乱,增加了商业风险和交易成本。可见,实际出资人的产生虽然不一定均具有道德上的可非议性,但不可否认的是其天然不可避免地带有规避法律、逃避管制、贪占法律优惠等与法律背道而驰的基因。因此,法律、司法解释给予实际出资人一定保护的同时,从维护商事活动高效稳定展开的角度,亦应对隐名出资的现象予以谨慎抑制,否则,将产生保护甚至激励当事人规避法律的不良影响。另一方面,由实际出资人承担其选择隐名方式持股而带来的风险,也符合风险与收益同在,而交由其作为'理性人'自行承担的基本商事判断法则。而且,与本文阐述的第一点理由相关的是,外观主义下的第三人实际上代表的是不特定的多数,是整个商事交易的参与者,与仅仅为了保护个别具有一定的'本人与因'的实际出资人利益而言,'否定说'对于增强商事活动的整体安全和效益更为有利,从利益衡量上也更加具有保护的正当性。"[1]

4.最高院已发布案例

(1)"本案中,李某某、黄某某与C公司之间的股权代持关系虽真实有效,但其仅在双方之间存在内部效力,对于外部第三人而言,股权登记具有公信力,隐名股东对外不具有公示股东的法律地位,不得以内部股权

---

[1] 司伟:《有限责任公司实际出资人执行异议之诉的裁判理念》,载《人民法院报》2018年8月22日。

代持关系有效为由对抗外部债权人对显名股东的正当权利。故皮某作为债权人依据工商登记中记载的股权归属，有权向人民法院申请对该股权强制执行。二审法院的认定并无不当。"——（2019）最高法民再45号

（2）"从司法政策价值导向上衡量。现实生活中因为多种原因产生股份代持的现象，但从维护交易安全、降低交易成本的角度看，如果侧重于承认和保护隐名股东的权利从而阻却执行，客观上则会鼓励通过代持股份方式规避债务，逃避监管，徒增社会管理成本……为了维护交易安全，也为倒逼隐名股东在选择名义股东时更加谨慎，依法判决实际出资人某集团不能对抗人民法院对涉案股权强制执行，有利于规范商业银行股权法律关系，防止实际出资人违法让他人代持股份或者规避法律。"——（2016）最高法民再360号

（3）"即使S公司可以依据股权代持关系享有股东的权利，但也并不因此就享有股东的地位，其要取得股东地位仍需符合一定的条件。S公司基于股权代持关系对名义股东L公司和H农商行享有的请求确认为股东等权利，在性质上属于请求权范畴，本质上是一种债权，S公司的权利并不优先于韩某的权利。由上述公司法司法解释三第24条规定可知，实际出资人与名义股东之间的纠纷采用合同机制解决，故实际出资人与名义股东之间的股权代持关系，本质上仍为债权债务关系，实际出资人基于股权代持协议获得实际权益，是基于合同关系取得，而非基于公司法及相关司法解释的规定取得。而韩某对L公司所享有的权利亦为债权。在执行活动中，S公司的债权并不优先于韩某的债权，故S公司并不能以其与L公司之间的代持关系来对抗L公司的债权人韩某。

"……从信赖利益角度分析，应当保护执行程序中债权人的信赖利益。商事法律具有公示原则和外观主义原则，公司公示的对外效力具有一定强制性。《公司法》第32条规定得非常明确，公司应当将股东的姓名或者名称及出资额向公司登记机关登记，登记事项发生变更的，应当变

更登记,未经登记或者变更登记的,不得对抗第三人,依法登记的股东对外具有公示效力。就本案而言,韩某是借款人,L公司是担保人,韩某在对X公司出借款项时,L公司作为保证人的财产支付能力必然是韩某的考虑范围,在X公司不能偿还借款的情况下,X公司及L公司名下的所有财产均存在承担还款责任的可能,韩某对X公司及L公司名下的财产均存有信赖利益。股权代持的风险不应由债权人负担,债权人对名义股东的财产判断只能通过外部信息,股权信息是可获得的,但代持关系却无从得知,属于债权人无法预见的风险,不能苛求债权人尽此查询义务,风险分担上应向保护债权人倾斜。此外,实际出资人既然选择隐名,固有其商业利益考虑,既然通过代持关系获得了这种商业上的利益,或者在显名的情形下不能获得的利益,则也必须承担此种代持所带来的固有风险。"——(2019)最高法民再99号

5.广东省、广州市案例

(1)"《中华人民共和国公司法》第32条第3款规定:'公司应当将股东的姓名或者名称向公司登记机关登记;登记事项发生变更的,应当办理变更登记。未经登记或者变更登记的,不得对抗第三人。'该规定体现了商事领域应遵循的外观主义原则及对善意第三人信赖利益的保护。虽一般而言,该条款中'不得对抗第三人'系指向于与名义股东进行股权交易的'善意相对人',但这并不意味着外观主义原则对交易之外领域的绝对排除适用,尤其在涉及强制执行程序中对名义权利人所代持的股份进行强制执行时,应同等关注申请执行人对于执行标的的信赖利益,并整体考量股权代持行为的正当合理性及实际权利人自身责任等多重因素进行综合评判。具体于本案中:

"其一,根据公司法律规定,在G公司的股东资格未经N公司其他股东过半数认可的情况下,G公司并不当然可获得具有外部对抗力的股东身份,故G公司自身对执行标的并不享有完整的股东权利。

"其二，我国相关法律已明确规定公司应当将股东姓名及出资额向公司登记机关办理登记，并于登记后发生公示公信力。国家设立公司登记制度既是为保护交易安全、降低交易成本，也是构建社会诚信体系不可或缺的环节。而本案中，G公司并未对其选择由T公司代持股权的行为作出正当合理解释，其自身作为从事股权投资的商事主体，应当对股权代持所引致的风险承担相应责任。

"其三，本案被执行人T公司所负担的债务早已于2003年1月28日经法院生效判决确认并进入强制执行，即在G公司于2012年起诉确认其享有案涉股权的投资权益时，该股权早已作为T公司名下财产内容成为被执行人对外承担债务的责任财产。且在该判决作出后，直至执行债权人W公司于2019年4月就该股权提起执行查封，G公司在此长达六年多的时间内完全可循法律途径完成股权变更登记，但其至今仍未完成工商变更，且无任何证据显示其曾向N公司或其他股东提出显名要求。由此反映，G公司在明知T公司债务已进入强制执行的情况下仍放任股份代持状态的持续，亦对自身财产权益的风险负有重大过失。因此，对其在执行标的查封后再以其为股权实际权利人提出的异议申请，本院不予采纳。"——广州中院（2020）粤01民终15698号

（2）"一审法院认为即使代持股关系成立，余某某、冯某、苏某、汪某某、卢某作为具有完全民事行为能力的自然人，应当具有预知法律风险的能力，基于对风险的认知其五人仍选择陈某某作为代持股人系其对自身权利的处分，发生的不利后果也应由其五人承担。且按照一般的商事裁判规则，动态利益和静态利益之间产生权利冲突时，原则上优先保护动态利益，而本案所涉民间借贷关系中债权人所享受的利益是动态利益，而余某某等五人所享受的利益是静态利益。根据权利形成的先后时间，如果代为持股形成在先，则根据商事外观主义，债权人的权利应当更为优先地得到保护；如果债权形成在先，则没有商事外观主义的适用条件，隐名股东的

权利应当得到更为优先的保护。因案涉股权代持形成在先，诉争的名义股东陈某某名下的股权可被视为债务人的责任财产，债权人的利益应得到优先的保护。

"……

"一审判决已就上诉人余某某等五人主张确认其五人为原审第三人陈某某名下的广东某公司60%股权的实际权利人的依据不足而不予支持的理据作了详细、充分的论述，并无不当，本院不再赘述，予以确认。"——广州中院（2020）粤01民终13137号

（3）"本院认为，吴某某作为工商行政主管部门核准登记于X公司登记簿的股东，具有公示公信的效力，其不能以代持协议、债权担保等内部约定对抗第三人J维修公司。吴某某是否受H公司的指派代持相关股权等约定，均属于其与H公司、X公司、伍某某之间的内部法律关系，不能产生对抗第三人的法律效力，更不能产生否定工商登记的公示效力。吴某某应承担为此而带来的法律风险及不利后果。原审判决驳回吴某某的诉讼请求，并无不当。"——广东省高级人民法院（2018）粤民终930号

（三十）生效法律文书确定被执行人交付股权，因公司增资或者减资导致被执行人持股变化的，如何处理？

简答

按照《股权执行规定》的规定：

1.生效法律文书已经明确交付股权的出资额的，按照该出资额交付股权；

2.生效法律文书仅明确交付一定比例的股权的，按照生效法律文书作

出时该比例所对应出资额占当前公司注册资本总额的比例交付股权。

（三十一）生效法律文书确认股权权属后，权利人能否申请执行？

简 答

按照《股权执行规定》的规定：

1.生效法律文书仅确认股权属于当事人所有，当事人可以持该生效法律文书自行向股权所在公司、公司登记机关申请办理股权变更手续。

2.当事人申请强制执行的，人民法院不予受理。

详 述

1.按照对股权确认之诉的传统理解，股权确认之诉只能依据当事人诉讼请求，作出确认权属的判决，而不能作出变更（形成）类、给付类判决。

实践中，当事人所提类似诉讼请求往往只是确认股权权属，但其内心当然期望变更、给付权属。但是，相关法院立案庭已将案由确定为"确认之诉"，严格而言，即使商事审判庭内心晓得当事人的真实意思，也不能直接作出变更类、给付类判决。

我们不能强求当事人深谙上述民事诉讼法理，应当有所变通应对。因此，《股权执行规定》第17条规定：在审理股东资格确认纠纷案件中，当事人提出要求公司签发出资证明书、记载于股东名册并办理公司登记机关登记的诉讼请求且其主张成立的（当然，往往是承办法官加以释明后方提出主张的），人民法院应当予以支持；当事人未提出前述诉讼请求的，可以根据案件具体情况向其释明（这是对承办法官提出的要求）。

2.但是，经过上述释明、增加诉讼请求、判决变更或给付之过程后，生效法律文书仅确认股权属于当事人所有（此时，说明当事人不愿意变更、给付），当事人可以持该生效法律文书自行向股权所在公司、公司登记机关申请办理股权变更手续（《股权执行规定》颁布后，市场监督管理机关需要一定时间的适应期）。当事人直接向人民法院申请强制执行的，自然应不予受理。

（三十二）股权冻结后，被执行人提出自行变卖，如何处理？

简 答

按照《股权执行规定》的规定：

1.被执行人申请自行变价被冻结股权，经申请执行人及其他已知执行债权人同意或者变价款足以清偿执行债务的，人民法院可以准许。

2.人民法院应当在能够控制变价款的情况下监督被执行人在指定期限内完成，最长不超过三个月。

二十四、证券执行专题

（一）"证券执行"中的"证券"如何界定？

简 答

按照《证券法》[①]及相关规定以及一般观点，人民法院可以对证券采取查询、冻结、评估、拍卖、变卖、抵债等执行措施和财产保全措施。结合部分地方法院实务操作规范，"证券执行"中的"证券"，主要包括如下几类：

1.由中国证券登记结算有限责任公司集中登记，在上海证券交易所、深圳证券交易所上市交易的：

（1）股票（按证券性质可以分为无限售条件流通股、限售流通股和非流通股）。

[①] 根据《证券法》第2条的规定，在中华人民共和国境内，股票、公司债券、存托凭证和国务院依法认定的其他证券的发行和交易，适用本法；本法未规定的，适用《公司法》和其他法律、行政法规的规定。政府债券、证券投资基金份额的上市交易，适用本法；其他法律、行政法规另有规定的，适用其规定。资产支持证券、资产管理产品发行、交易的管理办法，由国务院依照本法的原则规定。在中华人民共和国境外的证券发行和交易活动，扰乱中华人民共和国境内市场秩序，损害境内投资者合法权益的，依照本法有关规定处理并追究法律责任。

（2）公司债券。

2.在全国中小企业股份转让系统（新三板登记结算系统）申请挂牌转让的股份有限公司（包括深圳证券交易所、上海证券交易所退市公司）股份。

3.证券投资基金份额。但是，对于执行案件数量最为广泛的证券类型而言，"证券"一般即指"股票"，故本专题下属"证券"，如无特指，即指"股票"。

背景

关于证券执行现行立法。证券账户强制执行的法律依据，除了《民事诉讼法》等法律规定以外，最高人民法院单独以及会同相关部门还陆续出台了一系列的司法解释、规范性文件，对证券强制执行进行了细化。

1.《最高人民法院关于人民法院执行工作若干问题的规定（试行）》（法释〔1998〕15号）

该规定明确提出对被执行人在其他股份有限公司中持有的股份凭证，人民法院可以扣押，并强制被执行人按照公司法的有关规定进行转让，也可以直接采取拍卖、变卖的方式进行处分，或直接将股票抵偿给债权人，用于清偿被执行人的债务。这里所指的"其他股份有限公司"自然应该包括上市公司，"股份凭证"则主要是指股票。

从该规定的内容来看，主要解决了证券是否可以作为强制执行的对象以及如何执行的问题。

2.《最高人民法院关于冻结、扣划证券交易结算资金有关问题的通知》（法〔2004〕239号）

该通知就人民法院冻结、扣划证券交易结算资金、执行证券账户内的流通证券等问题进行了规定，明确人民法院可以冻结、扣划该客户在证券公司营业部开设的资金账户中的资金，可以冻结属于该被执行人的已完成清算交收后的证券或者资金。人民法院对被执行人证券账户内的流通证券采取执行措施时,应当查明该流通证券确属被执行人所有。人民法院执行流通证券,可以指令被执行人所在的证券公司营业部在30个交易日内通过证券交易将该证券卖出,并将变卖所得价款直接划付到人民法院指定的账户。

相比较而言,该通知更具有针对性,将关注的点缩小到被执行人证券账户内流通证券的执行细节,并对执行方式进行了创新。

3.《最高人民法院、最高人民检察院、公安部、中国证券监督管理委员会关于查询、冻结、扣划证券和证券交易结算资金有关问题的通知》(法发〔2008〕4号)

该通知系由最高人民法院、最高人民检察院、公安部、中国证券监督管理委员会共同发布的,对查询、冻结、扣划证券和证券交易结算资金以及登记结算机构、证券公司协助执法的有关问题进行规范,这是到目前为止有关证券账户强制执行最为详尽的规定。

第一,明确了执法机关查询、冻结、扣划证券所应遵循的法定程序,以及登记结算机构和证券公司的协助义务;第二,对于豁免冻结、扣划的证券和资金进行了细化;第三,是有关协助执行义务主体的规定,包括关于托管在证券公司的投资者证券的协助义务单位范围问题,关于对登记结算机构和证券公司的不同协助义务要求问题,以及对证券公司自营资金的冻结、扣划问题;第四,针对不同司法机关之间沟通信息机制不全、法律又禁止重复冻结的弊端,规定了不同执法机关对同一笔证券和资金冻结时的轮候制度;第五,规定了冻结的期限;第六,规定了争议解决办法。

4.《最高人民法院关于部分人民法院冻结、扣划被风险处置证券公司客户证券交易结算资金有关问题的通知》(〔2010〕民二他字第21号)

中国证券监督管理委员会向最高人民法院致函:因部分人民法院前期

冻结、扣划的客户证券交易结算资金未能及时解冻或退回，导致相应客户证券交易结算资金缺口难以弥补，影响被处置证券公司行政清理工作。最高人民法院经研究，就有关问题通知如下：

"一、关于涉及客户证券交易结算资金的冻结与扣划事项，应严格按照《中华人民共和国证券法》、《最高人民法院关于冻结、扣划证券交易结算资金有关问题的通知》（法〔2004〕239号）、《最高人民法院、最高人民检察院、公安部、中国证券监督管理委员会关于查询、冻结、扣划证券和证券交易结算资金有关问题的通知》（法发〔2008〕4号）、《最高人民法院关于依法审理和执行被风险处置证券公司相关案件的通知》（法发〔2009〕35号）的相关规定进行。人民法院在保全、执行措施中违反上述规定冻结、扣划客户证券交易结算资金的，应坚决予以纠正。

"二、在证券公司行政处置过程中，按照国家有关政策弥补客户证券交易结算资金缺口是中国证券投资者保护基金有限责任公司（以下简称保护基金公司）的重要职责，被风险处置证券公司的客户证券交易结算资金专用存款账户、结算备付金账户内资金均属于证券交易结算资金，保护基金公司对被风险处置证券公司因违法冻结、扣划的客户证券交易结算资金予以垫付弥补后，取得相应的代位权，其就此主张权利的，人民法院应予支持。被冻结、扣划的客户证券交易结算资金已经解冻并转入管理人帐户的，经保护基金公司申请，相关破产案件审理法院应当监督管理人退回保护基金公司专用账户；仍处于冻结状态的，由保护基金公司向相关保全法院申请解冻，保全法院应将解冻资金返还保护基金公司专用账户；已经扣划的，由保护基金公司向相关执行法院申请执行回转，执行法院应将退回资金划入保护基金公司专用账户。此外，被冻结、扣划客户证券交易结算资金对应缺口尚未弥补的，由相关行政清理组申请保全或者执行法院解冻或退回。"

5.《最高人民法院、中国证券监督管理委员会关于试点法院通过网络查询、冻结被执行人证券有关事项的通知》（法〔2016〕72号）

"两到三年解决执行难"期间,为提高执行效率、依法保护被执行人合法权益,最高人民法院、中国证监会决定建立网络执行查控系统,开展人民法院通过网络查询、冻结被执行人证券的试点工作。北京、上海、浙江、福建、广东省(市)高级法院,中国证券登记结算有限责任公司(以下简称中国结算),北京、上海、浙江、福建、广东证监局,为首批试点单位。

最高人民法院和中国证监会负责协调解决建立网络执行查控系统以及网络查控试点阶段有关的重大问题。建立和通过网络执行查控系统查询、冻结证券的具体工作由最高人民法院执行局和中国结算负责。

中国结算与最高人民法院之间建立网络查控专线连接。试点法院通过最高人民法院网络执行查控系统提出查询、冻结(含初次冻结、续冻、轮候冻结、解除冻结)被执行人证券的请求。中国结算按照人民法院的请求完成相应的协助执行事项,并将查询、冻结结果反馈给最高人民法院。最高人民法院通过网络执行查控系统将查询、冻结结果反馈给提出查询、冻结请求的试点法院。

(二)证券作为被执行财产时,"被执行的财产所在地"如何确定?

简答

按照一般观点:

证券作为执行财产时,《民事诉讼法》第231条所规定的"被执行的财产所在地",是指发行证券的上市公司住所地。

详 述

曾有意见认为，被执行的财产为股票的，由证券登记结算机构所在地管辖，更有利于执行，节约司法资源。

但是，目前的主流意见认为，股票是财产权（股权）的凭证，权证所在地与财产所在地不是一个概念，发行公司的住所地与股票具有最密切的联系，故应将股票的发行公司住所地认定为该类财产所在地。证监系统亦提出：对登记在被执行人名下证券的执行，由第一审人民法院或者被执行人持股上市公司所在地人民法院执行，不应将证券登记结算机构作为财产所在地。

1.证券登记结算机构是为证券交易提供集中登记、存管与结算服务的机构，其所在地即为证券登记结算地。证券登记结算机构通过证券登记，可以确认证券合法持有人和处分权人的资格。证券登记结算机构根据证券发行人、上市公司或证券经营机构提供的股东名册以及其持股资料，将股东名册与其持股情况作出统一性认定，借此确认特定股东以及持券情况，将其记载于法定表册中。

证券托管，有时也称"存管"或"保管"，指托管委托人将其名下持有或受托保管的实物证券，交存给托管人实行代保管的活动。证券结算是将买卖双方以及证券公司之间的证券买卖数量和金额分别予以抵销，计算应收应付证券和款项的特殊程序，以实现证券和款项的最少实际交割数量。证券登记结算地实际上是证券登记结算机构对证券进行记载、对实物证券进行存放以及对证券买卖数量进行结算的地点。

2.股权是指股东因出资而取得的、依法定或者公司章程的规定和程序参与事务并在公司中享受财产利益的、具有可转让性的权利。被执行人享有的股权构成被执行人的财产，股权财产价值的实现只能在该股权发行公司获得，股权的发行、转让等行为的效果实质上都是发生在发行公司的住所地。

发行公司的住所地与股权具有最密切的联系，故应将股权的发行公司住所地认定为该类财产所在地。股票是财产权（股权）的凭证。权证所在地与财产所在地不是一个概念。股票所代表的财产所在地应当是该股票的发行公司的住所地，而不能是股票的托管地。否则，如将证券登记结算机构所在地视为上市公司的财产所在地，全国执行上市公司股权的案件，上海或深圳中院都将取得管辖权。这也违反了管辖的一般原则。

3.最高人民法院曾于2010年向广东省高级人民法院发出（2010）执监字第16号个案指导函认为，证券登记结算机构是为证券交易提供集中登记、存管与结算服务的机构，但证券登记结算机构存管的仅是股权凭证，不能将股权凭证所在地视为股权所在地。由于股权与其发行公司具有最密切的联系，因此，应当将股权的发行公司住所地认定为该类财产所在地。

4.被执行的财产系上市公司股票的，在确定执行管辖法院时应当以该上市公司住所地为《民事诉讼法》第231条所规定的"被执行的财产所在地"，不能以存管该上市公司股票的证券登记结算机构所在地为"被执行的财产所在地"。[①]

（三）人民法院可以通过哪些方式对证券进行财产调查？

简 答

按照《最高人民法院、最高人民检察院、公安部、中国证券监督管理委员会关于查询、冻结、扣划证券和证券交易结算资金有关问题的通知》以及一般观点，人民法院可以通过如下方式对证券进行财产调查：

[①]《广东省深圳市中级人民法院关于强制执行上市公司股票的工作指引（试行）》。

1.依法向证券登记结算机构查询被执行人和证券公司的证券账户、证券交收账户和资金交收账户内已完成清算交收程序的余额、余额变动、开户资料等内容。

2.依法向证券公司查询被执行人的证券账户、资金账户以及证券交收账户和资金交收账户内的余额、余额变动、证券以及资金流向、开户资料等内容。

3.人民法院查询自然人账户的,应当提供自然人姓名和身份证件号码;查询法人账户的,应当提供法人名称和营业执照或者法人注册登记证书号码。

4.证券登记结算机构或者证券公司应当出具书面查询结果并加盖业务专用章。人民法院对查询结果有疑问时,证券登记结算机构、证券公司在必要时应当进行书面解释并加盖业务专用章。

(四)证券冻结的基本程序是什么?

简 答

按照《最高人民法院、最高人民检察院、公安部、中国证券监督管理委员会关于查询、冻结、扣划证券和证券交易结算资金有关问题的通知》、部分地方法院实务操作规范以及一般观点,证券冻结的基本程序为:

1.证券冻结,既可以在证券公司办理,也可以在证券登记结算机构办理。但是,冻结未在证券公司托管或证券公司自营的上市公司股票,应当在证券登记结算机构办理冻结。[①]

2.人民法院应当优先要求证券公司营业部协助办理。

[①]《广东省深圳市中级人民法院关于强制执行上市公司股票的工作指引(试行)》。

3.不同的执法机关同一交易日分别在证券公司、证券登记结算机构对同一笔证券办理冻结、扣划手续的,证券公司协助办理的为在先冻结、扣划。

4.人民法院应当将协助执行通知书以及其他法律文书一并送达相应证券登记结算机构或者证券公司营业部。

5.人民法院冻结证券账户时,应当明确相应账户名称、账户号码、冻结期限,所冻结证券的名称、数量或者资金的数额。

6.人民法院冻结证券时,应当在法律文书中明确冻结的范围是否及于孳息。如未明确是否及于孳息而产生争议,应当认定证券冻结的效力及于证券产生的股息、红利、红股等孳息,但因上市公司增发、配售新股而新增的证券,应当另行依法冻结。①

7.人民法院现场送达相关法律文书,证券登记结算机构或者证券公司应当依法签收并协助办理有关事项。拒绝签收的,人民法院可以留置送达。

8.最高人民法院与证券登记结算机构建立网络查控专线连接。各级人民法院通过最高人民法院网络执行查控系统查询、冻结(含初次冻结、续冻、轮候冻结、解除冻结)被执行人股票的,按照《最高人民法院、中国证券监督管理委员会关于试点法院通过网络查询、冻结被执行人证券有关事项的通知》或其他有关规定执行。

9.证券登记结算机构受理冻结要求后,应当在受理日对应的交收日交收程序完成后根据交收结果协助冻结。

10.证券公司受理冻结要求后,应当立即停止证券交易,冻结时已经下单但尚未撮合成功的应当采取撤单措施。冻结后,根据成交结果确定的用于交收的应付证券和应付资金可以进行正常交收。在交收程序完成后,对于剩余部分可以冻结。同时,证券公司应当根据成交结果计算出等额的应

---

① 《广东省深圳市中级人民法院关于强制执行上市公司股票的工作指引(试行)》。

收资金或者应收证券交由人民法院冻结。

11.人民法院办理证券冻结登记后，应当书面通知上市公司，告知其将该情况在股东名册中进行登记，并由上市公司根据具体情况和有关规定将该信息向社会公众予以披露。

（五）证券冻结，如何处理证券账户与资金账户问题？

简答

按照一般观点：

1.人民法院对证券采取冻结措施，应当一并冻结被执行人在证券登记结算机构开立的证券账户和在证券公司开立的资金账户。

2.人民法院仅冻结被执行人证券账户的，冻结效力不及于资金账户；人民法院仅冻结被执行人资金账户的，冻结效力不及于证券账户。

详述

1.对于全流通证券，股份持有人必须开立两个账户：证券账户与资金账户。证券账户在证券登记结算机构开立，资金账户在证券公司开立。两个账户存在着互通关系，股票过户后的转让款项会转至转让人的资金账户，反之，购买证券则将资金账户的资金转化为证券账户的证券。

在证券登记结算机构办理冻结登记实际上冻结的是证券账户，但由于有证券账户就必然存在资金账户，实践中，冻结资金账户也会起到类似冻结证券账户的作用，因为证券转让的价款必然转化为资金账户里的现金。人民法院冻结证券的等值金额不足执行标的时，应当请证券公司协助，冻结被执行人的资金账户。但是,需要注意的是,两个账户相对独立,仅仅冻结资金账户不能对抗其他人民法院对证券账户的冻结。

2.另一个需要明确的问题是,证券登记结算机构作为证券执行的协助义务主体,冻结证券自然及于证券股利,但不及于现金股利。由于投资者并不在证券登记结算机构开设资金账户,证券登记结算机构不能协助执行现金红利。证券公司作为执行现金股利的协助执行人,在执行标的额度内冻结证券资金账户也自然及于该证券账户的现金红利。

3.对于诉讼保全冻结,可以不冻结证券账户,不限制其交易,而仅仅通过冻结被执行人的资金账户或在证券登记结算机构控制证券交易后的结算,来控制证券转让款项,这样既可以达到保全财产的目的,也可以将证券交易风险转移至被执行人。

(六)证券由多个法院冻结,如何确定冻结的先后顺序?

简 答

按照《最高人民法院、最高人民检察院、公安部、中国证券监督管理委员会关于查询、冻结、扣划证券和证券交易结算资金有关问题的通知》《最高人民法院、中国证券监督管理委员会关于试点法院通过网络查询、冻结被执行人证券有关事项的通知》的规定以及一般观点:

1.人民法院向证券登记结算机构或者证券公司任一机构送达,均产生证券冻结效力。不同的法院对同一笔证券要求冻结或者轮候冻结时,在协助执行机制较为顺畅的前提下,无论证券登记结算机构或是证券公司,均应当按照送达协助冻结通知书的先后顺序办理协助事项。因而，不同交易日情况下，先送达证券登记结算机构或者证券公司者，为在先送达。例如：前一日，A人民法院向证券登记结算机构送达；后一日，B人民法院向证券公司送达；则A人民法院冻结顺序为先。

2.同一交易日情况下，多个法院分别在证券公司、证券登记结算机构对在证券公司托管的同一笔证券办理冻结手续的，证券公司协助办理的为在先冻结。例如，同日上午，A人民法院向证券登记结算机构送达，同日下午，B人民法院向证券公司送达，则B人民法院冻结顺序为先。

3.要求冻结的人民法院之间，因冻结事项发生争议的，要求冻结的人民法院应当自行协商解决。协商不成的，由其共同上级人民法院决定。

4.人民法院通过网络执行查控系统提交的冻结请求，同一批次冻结请求以系统提交时的自然排序为冻结顺序，不同批次冻结请求之间以系统提交的时间先后为冻结顺序。

5.同一交易日，对同一被执行人的证券，既通过证券公司或者证券登记结算机构的业务柜台提交冻结或者扣划请求，又通过网络执行查控系统提交冻结请求的，以通过网络执行查控系统提交的冻结请求为当日最后到达的冻结请求，也即网络执行查控系统冻结顺序劣后于现场冻结顺序。

（七）证券冻结的期限为多长时间？

简 答

按照一般观点：

1.人民法院冻结证券的期限不得超过三年。

2.人民法院可以根据申请执行人的申请或者依职权在证券冻结期限届满前续行冻结，续行期限不得超过三年。证券续行冻结后，冻结效力延续，优先于轮候冻结。

3.证券冻结期限届满而未续行冻结的，冻结效力消灭。

背景

《最高人民法院、最高人民检察院、公安部、中国证券监督管理委员会关于查询、冻结、扣划证券和证券交易结算资金有关问题的通知》规定，冻结证券的期限不得超过二年，冻结交易结算资金的期限不得超过六个月。之后的《民事诉讼法解释》规定，查封不动产、冻结其他财产权的期限不得超过三年。

（八）证券执行中，如何做到按债务总额为限冻结标的？

简答

按照《善意执行意见》、部分地方法院实务操作规范以及一般观点：

1.方案一：冻结上市公司股票，应当以其价值足以清偿生效法律文书确定的债权额为限。股票价值应当以冻结前一交易日收盘价为基准，结合股票市场行情，一般在不超过20%的幅度内合理确定。股票冻结后，其价值发生重大变化的，经当事人申请，人民法院可以追加冻结或者解除部分冻结。[①]

2.方案二：人民法院冻结证券，证券价值原则上参照冻结前一交易日收盘

---

① 该点系《善意执行意见》的规定。

价的60%确定。如果证券存在质押权且质押权人非本案申请执行人的，应当扣除质押担保的债权数额后，参照前述计算方法确定冻结的证券量。执行过程中，若发现证券价值不足的，可以应当事人的申请或依职权进行追加冻结。①

（九）证券冻结后，对被执行人的法律效力如何？

简答

按照部分地方法院实务操作规范、执行惯例以及一般观点：

证券冻结后，被执行人或证券持有人就已冻结的证券所作的转移、设定权利负担、延长限售期限、延长锁定期限或者增加限售条件等其他有碍执行的行为，不得对抗执行。②

（十）证券冻结的效力是否及于证券所产生的孳息？

简答

按照部分地方法院实务操作规范、执行惯例以及一般观点：

1.上市公司股票冻结的效力及于股票产生的股息、红利、红股等孳息。

---

① 该点见于《广东省深圳市中级人民法院关于强制执行上市公司股票的工作指引（试行）》
② 该点见于《广东省深圳市中级人民法院关于强制执行上市公司股票的工作指引（试行）》。

2.但是,因上市公司增发、配售新股而新增的股票,应当另行依法冻结。

(十一)证券冻结后,被执行人能否对证券自行变卖清偿债务?

简 答

按照《善意执行意见》的规定:

证券冻结后,被执行人仍可以对证券自行变卖清偿债务,即通过"可售冻结"规则处理。所谓"可售冻结",系指股票冻结情况下,仍可由债务人对已冻结股票进行卖出操作。

1.保全冻结上市公司股票后,被执行人申请将冻结措施变更为可售性冻结的,应当准许,但应当提前将被执行人在证券公司的资金账户在明确具体的数额范围内予以冻结。

2.在执行过程中,被执行人申请通过二级市场交易方式自行变卖股票清偿债务的,人民法院可以按照前述规定办理,但应当要求其在10个交易日内变卖完毕。特殊情形下,可以适当延长。

背 景

《中国证券监督管理委员会冻结、查封实施办法》第18条规定:"冻结证券时,中国证券监督管理委员会及其派出机构可以明确被冻结的证券是否限制卖出。"

《公安机关办理刑事案件适用查封、冻结措施有关规定》第34条也就"可售冻结"措施的相关机制作了详细规定。

详述

1.《善意执行意见》规定可售性冻结，主要有两点考虑：

一是上市公司股票行情是不断波动的，法院将其冻结后，债务人不能自由出售，致使其在行情好时不能抓住时机卖出，在股价大幅下跌时不能自由清仓，最后不仅债务人有损失，对债权人的债权实现也不利。

二是与其他财产不同，上市公司股票一般通过二级市场进行交易，有公开的交易价格。由债务人通过二级市场自行变卖股票，并不存在恶意串通低价转移财产的问题。

基于上述原因，股票冻结后，可以依当事人申请，将冻结调整为可售性冻结，让债务人通过二级市场自行变卖股票，但法院应当事先将债务人在证券公司开立的资金账户冻结，防止其变卖股票后将价款转移。

2.需要注意的是，可售性冻结主要针对的是金钱债权保全和执行案件，如果股票本身属于诉讼争议标的或者在执行中应交付的财产，则不应按照上述方式处理。[①]

（十二）股票质押权人实现质押权，如何处理股票上已有其他冻结问题？

简答

按照《最高人民法院、最高人民检察院、公安部、中国证券监督管

[①] 刘贵祥：《严格把握财产查封、财产变现的法律界限，为经济社会发展提供更加优质司法服务和保障》，载《人民法院报》2020年1月17日，第5版。

理委员会关于进一步规范人民法院冻结上市公司质押股票工作的意见》的规定：

1.人民法院将债务人在证券公司开立的资金账户在质押债权、案件债权额及执行费用总额范围内进行冻结后，应当及时书面通知证券登记结算机构或者证券公司在系统中将相应质押股票调整为可售状态。

2.质押股票在系统中被标记后，质权人持有证明其质押债权存在、实现质押债权条件成就等材料，向人民法院申请以证券交易所集中竞价、大宗交易方式在质押债权范围内变价股票的，应当准许，但是法律、司法解释等另有规定的除外。

3.质权人申请通过协议转让方式变价股票的，人民法院经审查认为不损害案件当事人利益、国家利益、社会公共利益且在能够控制相应价款的前提下，可以准许。

4.质权人自行变价股票的，应当遵守证券交易、登记结算相关业务规则。

5.质权人自行变价股票且变价款进入债务人资金账户或者人民法院指定的账户后，向人民法院申请发放变价款实现质押债权的，应予准许，但是法律、司法解释等另有规定的除外。

6.执行程序中，人民法院可以对在系统中被标记的质押股票采取强制变价措施。

7.系统中被标记的任意一部分质押股票解除质押的，协助冻结的证券登记结算机构或者证券公司应当将该部分股票调整为冻结状态，并及时通知人民法院。

（十三）证券的强制处分，可以采取哪些方式？

> 简 答

按照《最高人民法院关于冻结、扣划证券交易结算资金有关问题的通知》、部分地方法院实务操作规范、执行惯例以及一般观点，证券的强制处分方式具体为：

1.当事人协商自行交易。

2.执行和解方式以股抵债：金钱债权案件中，经双方当事人同意，且不损害其他执行债权人合法权益和社会公共利益的，执行法院可以根据执行依据确定的债权额按照不低于过户前一日收盘价的价格，裁定将冻结无限售流通股通过非交易过户的方式直接抵债给申请执行人。

3.集中竞价方式强制卖出。

4.大宗交易方式强制卖出。

5.非交易过户方式强制卖出：金钱债权案件中，经申请执行人、被执行人以及担保物权人的同意，且不损害其他执行债权人合法权益和社会公共利益的，执行法院可以根据执行依据确定的债权额按照不低于过户前一日收盘价的价格，通过相应的证券登记结算机构以非交易过户的方式，裁定将冻结无限售流通股通过非交易过户的方式直接变卖给第三人。

6.大宗股票司法协助执行：大宗股票司法协助执行是上海金融法院创新性大宗股票处置模式，具体指根据执行案件的需要，通过与证券交易所约定的信息渠道发布大宗股票司法处置公告，依托证券交易所提供的大宗股票司法协助执行平台，完成竞买申报、竞买匹配、结果公示等询价竞买相关事项的大宗股票强制变价措施。①

7.网络司法拍卖。

背　景

1.关于证券的强制处分，最高人民法院没有制定司法解释，唯有《最高人民法院关于冻结、扣划证券交易结算资金有关问题的通知》进行了相关规范，也即只有"在二级市场以集中竞价方式强制卖出"这一种方式：

人民法院执行流通证券，可以指令被执行人所在的证券公司营业部在30个交易日内通过证券交易将该证券卖出，并将变卖所得价款直接划付到人民法院指定的账户。

2.地方法院实务操作规范，目前较为成型规范的，主要有：

（1）《上海金融法院关于执行程序中处置上市公司股票的规定（试行）》（2019年11月21日发布）；

（2）《广东省深圳市中级人民法院关于强制执行上市公司股票的工作指引（试行）》（2019年11月7日深圳市中级人民法院审判委员会民事执行专业委员会第12次会议通过）。

详　述

1.关于在二级市场以集中竞价方式强制卖出。

（1）金钱债权案件中，冻结无限售流通股后，被执行人仍不履行的，执行法院应当制作强制变卖的民事裁定书和协助执行通知书，通过被执行人股东账户指定交易的券商营业部以当日交易市价进行抛售。

强制变卖在上海证券交易所上市交易的已冻结无限售流通股的，执

---

① 《上海金融法院关于执行程序中处置上市公司股票的规定（试行）》。

行法院应当制作民事裁定书和协助执行通知书,一并送达办理冻结手续的证券公司营业部,可以根据需变卖的证券数量,责令其在十至三十个交易日内通过证券竞价交易的方式予以强制变卖,并将变卖所得价款直接划付至执行法院指定的账户。如证券是在中国证券登记结算有限责任公司上海分公司办理冻结登记的,执行法院也可以根据执行依据确定的债权额按照不低于过户前一日收盘价的价格,通过非交易过户的方式强制扣划至申请执行人的证券账户或者申请执行人指定的第三人证券账户后,再予以强制变卖。

强制变卖在深圳证券交易所上市交易的已冻结无限售流通股的,执行法院应当制作民事裁定书和协助执行通知书,一并送达办理冻结手续的证券公司营业部,可以根据需变卖的证券数量,责令其在十至三十个交易日内通过证券竞价交易的方式予以强制变卖,并将变卖所得价款直接划付至执行法院指定的账户。如证券是在中国证券登记结算有限责任公司深圳分公司办理冻结登记的,执行法院应当先行向中国证券登记结算有限责任公司深圳分公司送达民事裁定书和协助执行通知书办理解除冻结登记。

(2)有观点提出,以集中竞价方式强制卖出,可以由双方当事人约定卖出日期;如果在司法解释规定的时期内(如30日内),双方当事人不能达成一致意见,再由人民法院在第x个日期内强制卖出。

2.关于在二级市场以大宗交易方式强制卖出。

(1)对符合上海证券交易所和深圳证券交易所证券交易规则规定的可以采取大宗交易方式的无限售流通股,如果股票数量或者价值较大,抛售可能导致股价大幅度波动的,可以依照相关规定,通过大宗交易的方式予以强制变卖。

(2)大宗交易是《证券法》所规定"公开的集中交易方式"之一,即单笔交易规模远远大于市场平均每笔交易规模的交易。

《深圳证券交易所交易规则》规定:"在本所进行的证券交易符合以

下条件的,可以采用大宗交易式:(一)A股单笔交易数量不低于30万股,或者交易金额不低于200万元人民币;(二)B股单笔交易数量不低于3万股,或者交易金额不低于20万元港币;(三)基金单笔交易数量不低于200万份,或者交易金额不低于200万元人民币;(四)债券单笔交易数量不低于5千张,或者交易金额不低于50万元人民币。本所可以根据市场需要,调整大宗交易的最低限额。"《上海证券交易所交易规则》规定:"在本所进行的证券买卖符合以下条件的,可以采用大宗交易方式:(一)A股单笔买卖申报数量应当不低于30万股,或者交易金额不低于200万元人民币;(二)B股单笔买卖申报数量应当不低于30万股,或者交易金额不低于20万元美元;(三)基金大宗交易的单笔买卖申报数量应当不低于200万份,或者交易金额不低于200万元;(四)债券及债券回购大宗交易的单笔买卖申报数量应当不低于1000手,或者交易金额不低于100万元;本所可以根据市场情况调整大宗交易的最低限额。"

与传统交易方式相比,大宗交易制度具有定价灵活、对场内交易价格影响小、效率高、交易成本低等特点,其适用单独颁布的实施细则,在交易资格、交易方式、交易价格、交易时间、信息披露等方面也与普通交易有区别,有利于改善交易服务质量,更能提高大宗交易效率,减轻二级市场的压力,有利于稳定投资者对存量股份减持的心理预期,可以为已获得流通权的股份提供高效的转让平台。更重要的是,大宗交易制度能够保护中小投资者利益,有利于稳定股市。比如,对于大宗交易的成交价格,有涨跌幅限制的证券由买卖双方在当日涨跌幅价格限制范围内确定;而无涨跌幅限制的证券由买卖双方在前收盘价的上下30%或当日已成交的最高、最低价之间自行协商确定。大宗交易成交的价格被控制在一定范围内,机构投资者凭借资金、信息优势对股价的操纵难度和成本增加;同时,其成交量和成交金额不纳入实时行情和指数的计算的规定,也减小并延迟了大宗交易成交量和成交价格对市场的影响,在一定程度上稳定了股价,减小了由于机构操纵出现大笔成交时引起股价剧烈震荡而给中小投资者带来的风险和损失。

大宗交易存在两种交易方式：第一种采用议价交易方式，出卖人自行联系确定买受人，或人民法院依职权指定买受人，买卖双方达成一致后向证券交易所大宗交易系统申报，并由系统为其完成"一对一"式的成交。第二种采用竞价交易方式，在证券交易所以及证券登记公司内部网站上发布卖出意向，意向购买人向人民法院报告申购意向，人民法院以竞价的方式确定买受人。较之议价交易方式，竞价交易方式因价高者得的原则，能使股权以尽可能高的价格成交，更有利于实现涉案债权，同时最大限度地保护申请执行人权益。竞价交易方式，并采取意向购买人背对背投标的模式，要求意向购买人在指定时限一次性向人民法院报价，人民法院以购买价格优先、股数优先、有利快速变现优先的原则确定最终买受人。

3.关于网络司法拍卖。

采用网络司法拍卖的处置方式经两次拍卖流拍的，应当将处置的股票按第二次拍卖的保留价折价抵偿给申请执行人。申请执行人拒绝接受或者依法不能接受抵偿的，发出变卖公告。

（十四）如何选择证券强制处分的方式？

简 答

按照《最高人民法院关于冻结、扣划证券交易结算资金有关问题的通知》、部分地方法院实务操作规范、执行惯例以及一般观点，证券强制处分的方式，可以参考如下方案：

1.如当事人达成一致意见，由债务人自行卖出或以股抵债，且不损害其他债权人合法权益的，应当准许，但由当事人自行办理变更过户。

2.如当事人不能达成债务人自行卖出或以股抵债的一致意见，则：

按照《上海金融法院关于执行程序中处置上市公司股票的规定（试行）》：

（1）拟处置的上市公司股票数量小于30万股或交易金额小于人民币200万元，或者拟处置的上市公司股票数量虽大于30万股或交易金额大于人民币200万元，但其数量小于该股票决定处置日前20个交易日的平均成交量，处置该股票不会对价格产生较大影响的，优先选择在二级市场以集中竞价方式强制卖出。交易金额按照决定处置日前20个交易日收盘均价乘以股票数量计算。

（2）处置的上市公司股票数量大于30万股或交易金额大于人民币200万元，且在股票二级市场强制卖出可能对该股票价格产生较大影响的，优先选择适用大宗股票司法协助执行方式。

（3）处置上市公司限售流通股、存托凭证，根据限售条件、解禁条件、案件情况可选择适用大宗股票司法协助执行方式或网络司法拍卖方式。

（4）处置在中华人民共和国境内注册的但发行人在境外公开发行的上市公司股票、"新三板"股票或其他流通性较差的股票优先选择适用网络司法拍卖方式。

按照《广东省深圳市中级人民法院关于强制执行上市公司股票的工作指引（试行）》：

（1）非上市公司董事、监事和高级管理人员所持有的无限售流通股，按照如下方式进行变价：

拟变价股票数量占上市公司总股本比例为5%以上（含本数），或者股票长期停牌（六个月以上），采取网络司法拍卖方式进行变价。

拟变价股票数量占上市公司总股本比例为5%以下（不含本数），符合大宗交易条件的,可以指令所托管的证券公司营业部在合理期限内以大宗交易的方式卖出;不符合大宗交易条件或者大宗交易后的剩余股票,可以指令所托管的证券公司营业部在30个交易日内通过集中竞价方式卖出。采取该项变价措施前,应当先冻结被执行人在证券公司所开立的资金账户,并通知证券公司或证券登记结算机构将拟变价股票的冻结调整为可售冻结。

(2)因未在证券公司托管或无法调整为可售冻结等特殊情形而不能通过被执行人证券账户进行变价的无限售流通股,可将拟变价股票强制划拨至申请执行人或其指定的证券账户,采取大宗交易或集中竞价方式进行变价,并应当控制变价所得价款。

(3)执行上市公司限售流通股,一般应当采取网络司法拍卖方式进行变价。上市公司限售流通股不因强制执行而改变其股份性质。

详述

部分地方法院实务操作规范认为:

1.金钱给付类案件执行过程中,当事人达成以上市公司股票抵债执行和解协议的,不得依据该协议作出以物抵债裁定。

2.生效法律文书确定以上市公司股票抵债并要求一方当事人配合办理变更登记手续的,应当按照行为类案件执行,一般不得直接作出过户裁定。

3.因继承、离婚或公司合并、分立而取得的上市公司股票,可以作出过户裁定和协助执行通知书,送达相应的证券登记结算机构办理非交易过户手续。[1]

---

[1]《广东省深圳市中级人民法院关于强制执行上市公司股票的工作指引(试行)》。

（十五）证券强制处分中大宗股票司法协助执行的具体操作方式是什么？

> 简答

按照部分地方法院实务操作规范以及一般观点，大宗股票司法协助执行的具体操作方式如下：

1.以大宗股票司法协助执行方式处置上市公司股票前，应根据拟处置股票的数量、性质、市场价格、持股比例等相关因素确定是否分拆处置以及分拆后的最小竞买申报数量，分拆单元数量不得超过200份。

2.以大宗股票司法协助执行方式处置上市公司股票的，应在大宗股票司法协助执行平台发布司法处置公告，公告拟处置股票的名称、证券代码、数量、权属、性质、保证金支付期限、处置起始单价、最小竞买申报数量、竞买时间等相关内容。

3.保证金以拟处置股票的最小竞买申报数量为基数，根据司法处置公告日前20个交易日收盘均价的10%—20%确定。竞买人支付的保证金金额应当与其拟竞买的最大申报数量相匹配。在竞买人按照司法处置公告的要求缴纳保证金后，应当及时确认其竞买资格及最大竞买申报数量。

4.证券交易所会员、自有或者租用交易单元的投资者可以通过配置的账户登录大宗股票司法协助执行平台或通过证券交易所指定的报盘通道提交竞买申报。具有新股网下申购资格的投资者可以通过配置的账户登录大宗股票司法协助执行平台进行竞买申报。其他竞买人可以委托证券交易所交易会员代为提交竞买申报。竞买申报应当注明证券账户号码、证券账户名称、竞买股票的单价和竞买申报数量。每个竞买人在每次股票处置的有效竞买时间内的最后一次出价为最终有效出价。

5.大宗股票司法协助执行方式采用询价竞买模式，按照价格优先—时间优先—数量优先的原则自动匹配成交，并在大宗股票司法协助执行平台公布竞买结果。采用大宗股票司法协助执行方式成交的股票价格不得低于该次股票处置的保留价。

6.在竞买匹配结果确认前，保证金支付情况、询价竞买情况均不得公开。竞买结果公布后，有效参与竞买的竞买人可以查询保证金支付情况以及询价竞买情况。

7.买受人应在竞买结果公布后5个工作日内将成交价款差额（扣除保证金）付至指定账户。逾期未支付，视为该部分股票本次处置失败，安排再次处置或采取后续处置措施。该买受人支付的保证金不予退还，且不得参与再次处置或后续处置。未确认成交的竞买人所支付的保证金，应在竞买结果公布后5个工作日内按原付款方式退还。保证金均不计利息。

8.大宗股票司法协助执行方式处置股票不收取交易费用，但股票过户需缴纳的税费应由买受人向证券登记结算机构自行付清。

9.大宗股票司法协助执行方式处置股票因无人竞买或其他原因失败的，可以再次处置，除处置保留价外，再次处置应当按照上述规定执行。

10.采用大宗股票司法协助执行方式、网络司法拍卖方式任何一次处置失败的，申请执行人均可申请直接抵偿，但其抵偿的股票价格不得低于该次处置的保留价。

11.采用大宗股票司法协助执行方式三次处置失败的，应当将处置的股票按第三次处置的保留价折价抵偿给申请执行人。[①]

[①] 上述方式均见于《上海金融法院关于执行程序中处置上市公司股票的规定（试行）》。

背 景

随着证券类资产融资业务的快速增长，证券质押式回购纠纷大幅增加，由此引发金融执行案件中涉及上市公司股票处置的情况较为常见。

在当前的上市公司股票处置模式中，无论是当事人协商自行出售和当事人协商以股抵债，还是人民法院在二级市场强制卖出或网络司法拍卖，由于处置规范不统一、证券资产的变价规则不契合、证券监管要求不一致等原因，大宗股票的处置普遍存在成交率不高、处置价格偏低、股价大幅波动等问题，影响金融执行案件的效果。

为减少处置大宗股票对证券市场的影响，切实保护投资者和上市公司的合法权益，推进"切实解决执行难"，上海金融人民法院经过充分调研，制定出台了《上海金融法院关于执行程序中处置上市公司股票的规定（试行）》，创新性地构建了在证券交易所协助下的大宗股票全新处置模式——大宗股票司法协助执行方式。

大宗股票司法协助执行方式，是指通过与证券交易所约定的信息渠道发布大宗股票司法处置公告，依托证券交易所提供的大宗股票司法协助执行平台，完成竞买申报、竞价匹配、结果公示等询价竞买相关事项的大宗股票强制变价措施。大宗股票司法协助执行方式从符合证券类资产规律的价格发现机制入手，通过一系列制度安排，充分实现了大宗股票处置价值、效率、便利程度、社会效果以及与监管部门信息共享的最大化，能最大限度实现股票处置目的。

（十六）证券强制处分，如何确定财产处置参考价或起拍价？

简答

按照部分地方法院实务操作规范、执行惯例以及一般观点，证券强制处分（主要指大宗股票司法协助执行或网络司法拍卖）按照如下方式确定财产处置参考价或起拍价：

1.按照《上海金融法院关于执行程序中处置上市公司股票的规定（试行）》

（1）采用大宗股票司法协助执行方式或网络拍卖方式处置上市公司股票的，无限售流通股的处置保留价（网络司法拍卖全面实行后，保留价即起拍价，起拍价由人民法院参照财产处置参考价确定）为不低于该上市公司股票前20个交易日收盘平均价的90%。科创板上市公司无限售流通股处置保留价为不低于该上市公司股票前20个交易日收盘平均价的80%。限售流通股的处置保留价为不低于评估价的70%。拟处置的新三板股票在三个月内有成交的，其处置保留价为不低于最近一次成交价的90%。在三个月内无成交的，其处置保留价为不低于评估价的70%。上述前20个交易日指竞买日或竞拍日前的20个交易日。

（2）采用大宗股票司法协助执行方式处置无限售流通股失败需要再次处置的，第二次处置保留价不得低于该上市公司股票前20个交易日收盘平均价的81%。第三次处置保留价不得低于该上市公司股票前20个交易日收盘平均价的72%。科创板上市公司无限售流通股第二次处置保留价为不低于该上市公司股票前20个交易日收盘平均价的72%。第三次处置保留价为不低于该上市公司股票前20个交易日收盘平均价的63%。

（3）采用大宗股票司法协助执行方式处置限售流通股失败或采用网络拍卖方式流拍需要进行再次处置的，再次处置保留价不得低于前次处置保留价的80%。

（4）变卖上市公司无限售流通股的价格不得低于第三次处置的保留价。变卖限售流通股和新三板股票的价格一般不得低于第二次处置的保留价，确因特殊原因造成变卖不成的，可以降低价格变卖，但最低的变卖价不得低于评估价的二分之一。

（5）处置限售流通股或三个月内无成交记录的新三板股票，应当委托具有证券从业资格的资产评估机构对股票价值进行评估。[①]

2.按照《广东省深圳市中级人民法院关于强制执行上市公司股票的工作指引（试行）》

（1）以网络司法拍卖方式变价上市公司股票，按如下方式确定财产处置参考价：

①限售流通股可以由当事人议价确定财产处置参考价；当事人议价不成或不能，具备网络询价条件的，通过网络询价方式确定财产处置参考价；网络询价不成或不能的，采取委托评估方式确定财产处置参考价。采取当事人议价方式的，应当将议价结果书面通知上市公司；采取网络询价、委托评估方式的，应当将网络询价、委托评估、说明补正等报告发送给当事人、质押权人以及上市公司。

②无限售流通股以拍卖日前20个交易日的平均收盘价确定财产处置参考价，并书面通知当事人、质押权人以及上市公司。

（2）网络司法拍卖第一次拍卖起拍价参照财产处置参考价确定，不

---

① 上述均见于《上海金融法院关于执行程序中处置上市公司股票的规定（试行）》。

得低于财产处置参考价的70%。第一次拍卖流拍的，可以在十日内询问申请执行人或者其他执行债权人是否接受以该次拍卖的起拍价抵债。申请执行人或其他执行债权人不接受抵债或者依法不能接受抵债的，应当在三十日内在同一网络司法拍卖平台再次拍卖。再次拍卖的起拍价降价幅度不得超过前次起拍价的20%。再次拍卖流拍的，可以在十日内询问申请执行人或者其他执行债权人是否接受以再次拍卖的起拍价抵债。申请执行人或其他执行债权人不接受抵债或者依法不能接受抵债的，应当于再次拍卖流拍之日起十五日内在同一网络司法拍卖平台进行变卖。网络司法变卖不成，申请执行人或其他执行债权人不接受以物抵债的，应当解除对标的股票的冻结，将标的股票退还被执行人，但申请执行人或其他执行债权人属于法律、行政法规等规定禁止持有上市公司股票的情形除外。[1]

3.部分地方法院执行惯例

（1）人民法院执行限售流通股，应当在冻结后三十日内，进行价值评估。限售流通股的评估价格，以该上市公司流通股评估基准日前三十个交易日的每日加权平均价格算术平均值为基础确定（评估价值＝该上市公司流通股评估基准日前三十个交易日的每日加权平均价格算术平均值×数量）。

（2）限售流通股拍卖前，相关流通股价格大幅度波动，导致评估价格不能真实反映限售流通股的价值的，人民法院应当参照拍卖日前一天相关流通股的市场价格，确定拍卖底价。

详 述

关于股票的计价问题，证券交易所上市的股票流动性较高，交易价格

---

[1] 上述见于《广东省深圳市中级人民法院关于强制执行上市公司股票的工作指引（试行）》。

能够较好地体现其市场价值，因此可以将股票在二级市场的交易价格作为其计价的依据。

实践中，人民法院存在以股票过户前一个交易日二级市场的股票收盘价作为过户价格的情况，考虑到二级市场股票价格波动较大，可以参考《上市公司证券发行管理办法》关于上市公司发行股票定价机制的规定，以股票过户前连续多个交易日的股票均价，作为股票计价的依据。

（十七）证券强制处分，应当在哪些方面与上市公司监管合规性保持一致？

简 答

按照部分地方法院实务操作规范以及一般观点：

1.证券强制处分，可能导致上市公司实际控制人、大股东、董事、监事、高级管理人等减持股份或者上市公司实际控制人、大股东等发生变更的，执行法院应在股票过户后三日内将相关处置信息告知证券监管部门、证券交易所、证券登记结算机构，由其进行金融监管的合规性审查。

2.买受人或因抵偿协议取得股票的申请执行人在股票过户后处置上市公司股票的，应遵守法律法规、司法解释和证券监管部门规章、规范性法律文件、证券交易所规则中关于股票限售、股票减持等相关规定。[1]

3.以网络司法拍卖、变卖方式变价上市公司股票的，除应当在网络司法拍卖、变卖平台和人民法院诉讼资产网发布拍卖、变卖公告外，还应当

---

[1] 上述两点见于《上海金融法院关于执行程序中处置上市公司股票的规定（试行）》。

在《中国证券报》或者《证券时报》或者《上海证券报》上发布公告，并应当通知上市公司。拍卖、变卖公告中应当对竞买人条件作如下特别提示：

（1）法律及行政法规等禁止持有、买卖上市公司股票的法人或者自然人不得参加竞买；

（2）法人或者自然人具有法律、行政法规规定及证监会认定的不得收购上市公司情形的，不得参加竞买；

（3）竞买人及其一致行动人已经持有的该上市公司股票数量和其竞买的股份数量累计不得超过该上市公司已经发行股份数量的30%。如竞买人及其一致行动人累计持有该上市公司股份数额已达到30%仍参与竞买的，竞买人应当按照《证券法》以及中国证券监督管理委员会《上市公司收购管理办法》的相关规定办理，并向执行法院书面报告，在此期间应当中止拍卖程序。

4.在办理涉及上市公司股票执行案件过程中，如发现当事人涉嫌以司法强制执行方式逃避证券法律法规监管情形的，应当中止对标的股票的执行，并转交证券监督管理机构和证券交易所依法处理。

5.根据《公司法》第141条第2款的规定，上市公司董事、监事、高级管理人员在任职期间每年转让的股份不得超过其所持有本公司股份总数的25%；所持本公司股份自公司股票上市交易之日起一年内不得转让；上述人员离职后半年内不得转让其所持有的本公司股份。执行中可以向上市公司、证券公司或证券登记结算机构查询该董事、监事、高级管理人员的可用额度，执行时应以该可用额度为限。

6.法律、行政法规对上市公司股票变更规定有信息披露要求的，买受人应当依法履行信息披露义务。[①]

[①] 上述四点见于《广东省深圳市中级人民法院关于强制执行上市公司股票的工作指引（试行）》。

背景

证券监管部门认为,应当明确因司法扣划触发的信息披露义务:根据《证券法》等法律法规的规定,股东持有上市公司股票或者控制公司的情况发生较大变化时,应依法履行信息披露义务。实践中,部分人民法院在信息披露义务人未按规定履行信息披露义务的情况下坚持要求强制扣划。对此,对于因股票司法扣划触发信息披露义务的,人民法院应当在及时通知被执行人,相关信息披露义务人按规定履行信息披露义务后,方可办理相关股份扣划。

1.通过证券交易所的证券交易,投资者持有一个上市公司已发行的股份的5%时,应当在该事实发生之日起三日内,向国务院证券监督管理机构、证券交易所作出书面报告,通知该上市公司,并予以公告;在上述规定的期限内,不得再行买卖该上市公司的股票。

2.对于大宗流通股的变卖,必须注意符合《证券法》的有关规定。

3.如果被执行人持有的该上市公司已发行的股份的5%以上,人民法院的变卖使其所持该上市公司已发行的股份比例减少5%,人民法院应当要求被执行人依照《证券法》的规定进行报告和公告,并通知相关监管部门。

(十八)限售流通股、非流通股,如何强制处分?

简答

按照部分地方法院实务操作规范以及偏主流观点:

1.对于未满足流通条件的限售流通股或者非流通股,执行法院可以按照不低于拍卖前一日收盘价的价格作为拍卖价保留价，予以强制拍卖。

2.对于已满足流通条件的限售流通股，因被执行人拒绝办理或者因下落不明等原因无法办理解除限售的，执行法院可以责令上市公司在五个交易日内办理相关股份的解除限售手续。

3.上市公司为办理解除限售所垫付的款项以及支出的合理费用，执行法院应当从变卖所得价款中优先抵扣。

4.上市公司以被执行人未支付对价或未交纳相关费用为由故意拖延、不配合解禁的，依照《民事诉讼法》第117条的规定，执行法院可以对上市公司或其主要负责人、直接责任人员予以罚款、拘留。

背景

限售流通股是在一定时间内不能出售的股份，一般可以分为：

1.股权分置改革下非流通股在股东支付股价对价后变成流通股需要一个过渡期，一般禁售一年以上，禁售期间内的股份为限售流通股。

2.首发限售流通股，是指第一次发行股票上市时，原有股东限制流通一定期限的股份或者向某些特定的机构或者个人配售承诺锁定一定期限的股份。

3.高管限售流通股，是指上市公司董事、监事、高级管理人员等具备特定身份的人员在第一次发行股票上市时持有的股份，或者股票上市后因股权激励、二级市场购买持有的股份。

4.定向增发的限售流通股，是指股票上市后上市公司以低于市场的价格向特定战略投资者发行并在一定期限内不能出售的股份。

详述

1.限售流通股的价格，是否需要通过评估机构确定，有意见持否定看法：一是限售流通股的价格确定方法统一、计算简单，无需特别专业的知识；二是此类股票评估，往往金额较大，评估费用较高，在一定程度上不利于申请执行人实现债权；三是规定了人民法院应当评估拍卖的期限后，不会产生评估迟延等问题；四是更利于执行的效率，若是通过评估机构，可能会产生人为的异议、答复等环节，等到拍卖时，与评估基准日已相隔较久，相关股票的价格也已经与评估时的价格大不一样，评估价格难以反映股票价值。

2.非流通股由于可变现性较差，其变现价格存在较大的不确定性，因此，非流通股的变价与一般财产的变价基本相同，即应当首先评估、拍卖。

3.关于人民法院在强制处分限售流通股时是否需要遵循相关限售规定。法律、行政法规、部门规章一般对限售流通股有所规定，主要包括标的股票的限售和买受人的限买。①《上海证券交易所交易规则》与《深圳证券交易所交易规则》等行业规定亦对限售限买事项作出规定，如常见的锁定期等。

但是，司法拍卖与市场交易不同，是公权力介入对股权进行强制抛售的行为。司法拍卖是对被执行人财产的强制执行，人民法院通过司法拍卖平台进行拍卖，拍卖成交后通过中国证券登记结算机构完成过户登记，从

---

① 《公司法》第141条："发起人持有的本公司股份，自公司成立之日起一年内不得转让。公司公开发行股份前已发行的股份，自公司股票在证券交易所上市交易之日起一年内不得转让。公司董事、监事、高级管理人员应当向公司申报所持有的本公司的股份及其变动情况，在任职期间每年转让的股份不得超过其所持有本公司股份总数的百分之二十五；所持本公司股份自公司股票上市交易之日起一年内不得转让。上述人员离职后半年内，不得转让其所持有的本公司股份。公司章程可以对公司董事、监事、高级管理人员转让其所持有的本公司股份作出其他限制性规定。"

《证券法》第36条："依法发行的证券，《中华人民共和国公司法》和其他法律对其转让期限有限制性规定的，在限定的期限内不得转让。"第40条："证券交易场所、证券公司和证券登记结算机构的从业人员，证券监督管理机构的工作人员以及法律、行政法规规定禁止参与股票交易的其他人员，在任期或者法定限期内，不得直接或者以化名、借他人名义持有、买卖股票或者其他具有股权性质的证券，也不得收受他人赠送的股票或者其他具有股权性质的证券。"

性质上区别于普通上市交易，且整个处置过程并不通过证券交易所。因此，上述交易所制定的行业规定应当不适用于司法拍卖。在司法拍卖买受人过户后，买受人之后的交易行为应当遵守各交易所的交易规则。

（十九）证券强制处分后，需要办理哪些变更登记手续？

简答

按照部分地方法院实务操作规范以及偏主流观点：

1.股票拍卖成交、变卖转让或者抵债的，人民法院应当作出执行裁定书、协助执行书等法律文书。

2.由买受人或者受让人持相关证明材料，向证券登记结算机构办理变更登记。

详述

《广东省深圳市中级人民法院关于强制执行上市公司股票的工作指引（试行）》规定：

"二十二、拍卖、变卖成交或者因流拍而抵债后，应当作出拍卖、变卖成交或者抵债裁定，送达双方当事人及买受人，并向证券登记结算机构或者托管的证券公司送达裁定及协助执行通知书，通知其办理过户手续……

"二十三、金钱给付类案件执行过程中，当事人达成以上市公司股票抵债执行和解协议的，不得依据该协议作出以物抵债裁定。生效法律文书确定以上市公司股票抵债并要求一方当事人配合办理变更登记手续的，应当按照行为类案件执行，一般不得直接作出过户裁定。因继承、离婚或公司合并、分立而取得的上市公司股票，可以作出过户裁定和协助执行通知书，送达相应的证券登记结算机构办理非交易过户手续。"

（二十）证券强制处分后，是否需要解除冻结、解除质押后，方可办理变更登记？

简答

按照部分地方法院实务操作规范以及偏主流观点：

1.股票拍卖成交、变卖转让或者抵债后，冻结的效力消灭，证券上已设定的质押消灭。

2.证券登记结算机构不得以尚未解除冻结或者设定质押而不予变更登记。

背景

人民法院在协助执行通知书已写明股权的原担保物权因本次拍卖而消灭，就不需要原抵押人再办理解除质押手续，但实务中，证券登记结算机构仍要求原质押权人拿原件办理解押手续后才可办理股权过户。

（二十一）证券交付类执行案件中，如何办理证券的变更登记？

简答

按照部分地方法院实务操作规范以及一般观点：

股票交付类执行案件中，涉及股票变更持有人的，执行法院应当作出执行裁定书和协助执行通知书，由买受人或者受让人持相关证明材料，向证券登记结算机构提出申请，由证券登记结算机构按照"非交易过户"程序办理变更登记。

详述

依照证券交易所的交易规则，非交易过户是指证券因行政划拨、协议转让、协议收购、要约收购、司法扣划、法人资格丧失、继承与财产分割等原因发生过户的，证券登记结算机构办理证券持有人名册的变更登记。

（二十二）何类证券，依法不得强制执行？

简答

按照《最高人民法院、最高人民检察院、公安部、中国证券监督管理委员会关于查询、冻结、扣划证券和证券交易结算资金有关问题的通知》、部分地方法院实务操作规范以及一般观点，如下证券依法不得强制执行：

1.证券登记结算机构依法按照业务规则设立的证券集中交收账户、专用清偿账户、专用处置账户内的上市公司股票；

2.证券公司依法按照业务规则在证券登记结算机构开设的客户证券交收账户、自营证券交收账户和证券处置账户内的上市公司股票；

3.证券登记结算机构依法按照业务规则要求证券公司等结算参与人、投资者或发行人提供的、交收完成之前的回购质押券、价差担保物、行权担保物、履约担保物等作为担保物的上市公司股票。

详述

1.法律、行政法规以及最高人民法院、中国证监会规定不得被强制执行的证券或者资金，依法依规不予实施冻结，并在查询结果中予以标识。此类不予实施冻结的证券或者资金，由证券登记结算机构负责依据有关规定在网络执行查控系统中以清单方式具体列明，并根据有关规定的变动及时更新。

2.有观点认为，股权激励限制性股票不得被冻结、扣划：《上市公司股权激励管理办法》第22条规定，激励对象按照股权激励计划规定取得的限制性股票，在解除限售前不得转让、用于担保或偿还债务。此外，激励对象取得的限制性股票还可能因为规定的条件未成就而被上市公司回购注销。因此，股权激励限制性股票不得被冻结、扣划。

二十四、证券执行专题

（二十三）被执行人所持有的不合格账户股票，如何强制处分？

简答

按照一般观点：

对不合格账户的股票，人民法院可以根据执行依据确定的债权额按照不低于过户前一日收盘价的价格，通过非交易过户的方式强制扣划至申请执行人的证券账户或者申请执行人指定的第三人证券账户后，再予以强制变卖。

详述

《关于进一步规范账户管理工作的通知》第3条规定，"合格账户是指开户资料真实、准确、完整，投资者身份真实，资产权属关系清晰，证券账户与资金账户实名对应，符合账户相关规定的账户。不符合上述条件的账户为不合格账户"。

（二十四）证券公司融资融券债权与金钱债权执行案件产生冲突，如何处理？

简答

按照部分地方法院实务操作规范以及一般观点：

503

对于被执行人在证券公司开立的信用证券账户、信用资金账户,应当允许证券公司先予处分担保物,实现因被执行人融资融券所产生的债权。[①]

┃背 景

按照《证券公司监督管理条例》,融资融券业务中,客户信用证券账户和信用资金账户中的财产既有担保物的属性,也有信托财产性质,从法律关系来看,客户为委托人,证券公司为受托人,客户与证券公司为共同受益人,证券公司享有信托财产的担保权益,客户享有信托财产的收益权。

对于融资融券账户中的财产,如因客户债务导致强制执行的,应按照《证券公司融资融券业务管理办法》的规定,由证券公司处分担保物,实现因向客户融资融券所生债权,并协助司法机关执行;如因证券公司债务导致强制执行的,应按照信托法原理,不得将相关财产归入证券公司的固有财产。

(二十五)证券登记结算机构、证券公司违反协助执行义务,如何处理?

┃简 答

按照《最高人民法院、最高人民检察院、公安部、中国证券监督管理委员会关于查询、冻结、扣划证券和证券交易结算资金有关问题的通知》

[①]《广东省深圳市中级人民法院关于强制执行上市公司股票的工作指引(试行)》。

的规定:

依法应当予以协助而拒绝协助,或者向当事人通风报信,或者与当事人通谋转移、隐匿财产的,对有关的证券登记结算机构或者证券公司和直接责任人应当依法进行制裁。

(二十六) 新三板股票,如何执行?

简 答

按照部分地方法院实务操作规范以及一般观点:

1.在新三板挂牌交易的股票,符合全国中小企业股份转让系统中竞价转让、做市转让条件的,可以指令主办券商在合理期限内通过全国中小企业股份转让系统进行强制变价,并应当控制变价所得款项。

2.不能通过全国中小企业股份转让系统进行强制变价的,应当采取网络司法拍卖的方式进行变价。[1]

3.新三板股票的变价处分采取网络拍卖方式,可以参考新三板公司公开披露信息以及征询当事人意见后确定股份的评估价以及拍卖保留价、起拍价。

4.人民法院对新三板股票拍卖、变卖或抵债的相应受让人资格,不受新三板登记结算系统投资者交易准入限制。

5.经双方当事人协商同意,人民法院可以要求新三板登记结算系统将冻结证券账户变更为可售冻结状态,由申请执行人操作证券账户,按照双

---

[1]《广东省深圳市中级人民法院关于强制执行上市公司股票的工作指引(试行)》。

方当事人协商同意的受让人资格、转让价格、转让时间等自行处置股票。

背 景

1.新三板股票的大致介绍。

新三板即全国中小企业股份转让系统，原指中关村科技园区非上市股份有限公司进入代办股份系统进行转让试点的股票。因区别于主板、创业板和老三板（2001年推出的股权代办转让系统），故称新三板。经多次扩容，新三板已扩大至符合条件的全国性的非上市股份有限公司。新三板股票具有较强的试点色彩，其来源有三类，即主板退市股票、原法人股市场关闭后转来股票、直接挂牌股票。

2013年12月30日修订的《全国中小企业股份转让系统业务规则（试行）》第3.1.2条规定，新三板股票转让可以采取协议方式、做市方式、竞价方式或其他中国证监会批准的转让方式。实际上，当前新三板主要交易方式为配对交易。

《全国中小企业股份转让系统投资者适当性管理细则》规定，实收资本或实收股本总额500万元人民币以上的法人机构和实缴出资总额500万元人民币以上的合伙企业可以申请参与挂牌公司股票公开转让，而自然人投资者则要同时具备500万元人民币以上证券类资产市值和从业两年以上经验等条件。

《全国中小企业股份转让系统股票转让细则（试行）》第36条规定，全国股份转让系统对股票转让不设涨跌幅限制。股票价格要求符合条件的机构或个人通过协商确定，这种协议转让方式不遵循"价格优先"原则，且可以指定交易对手方，因此，其成交可能含有诸如股权激励、巩固上下游产业关系、同一控制人下股权调整等非市场因素，从而不同交易之间价格差异甚大，股票的成交价并不能反映股票真实的价值。

2.全国股份转让系统是经国务院批准，依据证券法设立的全国性证券交易场所。全国股转系统挂牌公司股票是证券的一种，全国股转系统的股票交易与交易所市场一样，都是统一登记，通过统一的交易系统成交，统一结算并担保交收，交易信息向市场公开。因此，全国股转系统挂牌公司证券执行的管辖、查询、冻结、处分与以上市公司股票为代表的传统的证券执行应无本质差别。两个市场的差别主要在于交易方式、市场流动性和投资者适当性要求方面。

因此，可以规定全国股转系统挂牌公司股票的强制执行比照适用其他涉及证券强制执行的法律法规、司法解释的规定。同时，可考虑在全国股转系统挂牌公司股票强制执行的操作流程、证券计价等方面，作出符合全国股转系统挂牌公司特点的特殊安排。

（二十七）公司债券，如何执行？

简答

按照部分地方法院实务操作规范以及一般观点：

通过证券交易系统交易的债券的强制执行，参照无限售流通股执行规则，按照相关证券交易规则进行强制变价，并应当控制变价所得款项。[1]

背景

1.关于债券的计价。证券交易所上市的大部分债券流动性较低，交易价格不一定能公允地体现债券价值。因此，可以结合债券的流动性、交易

---

[1]《广东省深圳市中级人民法院关于强制执行上市公司股票的工作指引（试行）》。

价格、违约风险、票面价格以及应计利息等因素,综合考量其价值。

2.关于债券的执行:按市价变现。债券执行时,应当尊重现有市场交易管理和规则,有市场渠道直接变现的,可直接按照市场价变现。

(二十八)证券投资基金份额,如何执行?

▎简 答

按照部分地方法院实务操作规范以及一般观点:

通过证券交易系统交易的证券投资基金份额的强制执行,参照无限售流通股执行的内容,按照相关证券交易规则进行强制变价,并应当控制变价所得款项。[1]

▎背 景

1.关于基金份额的计价。证券交易所上市的基金流动性差异较大,对于公募基金等流动性较好的基金,可将交易价格作为计价标准;对于私募基金等流动性较差的基金,建议结合交易价格与基金净值综合判断。

2.部分地方法院提出:

(1)人民法院在执行基金份额时,可以先行冻结被执行人的基金开户银行账户,然后向基金管理公司发出强制赎回的协助执行通知书,再进行扣划赎回款项。

(2)因基金净值为估算数,而且在赎回时需要扣除手续费等,有可能

---

[1]《广东省深圳市中级人民法院关于强制执行上市公司股票的工作指引(试行)》。

出现人民法院按照执行标的额计算基金份额并要求基金管理公司协助强制赎回后，赎回的款项会比执行标的额小的情况。因此，协执内容为强制赎回价值多少元的基金份额，而非多少基金份额。

（二十九）证券期货结算财产能否强制执行？

简 答

按照《证券法》的规定以及一般观点：

证券登记结算机构和期货交易所按照业务规则收取的各类结算资金和证券，只能按业务规则用于已成交的证券、期货交易的清算交收，不得以民事纠纷、刑事追赃、破产清算等为由被强制执行。

背 景

实践中，除民事纠纷涉及的财产强制执行外，部分地方法院以刑事追赃为由，要求强制冻结、扣划证券、期货结算财产，严重影响了证券、期货结算系统的安全稳定运行。

结算履约优先原则是各主要资本市场国家证券立法的通例，欧盟《关于支付和证券结算体系中结算最终性的指令》、美国《破产法》均有类似安排。我国《证券法》也明确确立了证券交易结算履约优先的重要原则。

（三十）期货保证金能否强制执行？

简 答

按照《证券法》的规定以及一般观点：

期货保证金是期货交易者按照规定交纳的资金或者有价证券，用于结算和保证履约，不能被强制执行。

背 景

期货保证金分为交易保证金和结算准备金。

交易保证金是已被合约占用的保证金，在期货合约未平仓清算或交割清算之前，由于标的物价格波动以及交易所要求的保证金比例不同，所占用的保证金数量处于随时变化状态，若对其采取强制措施，可能会损害交易对方的利益，破坏期货交易的安全性。

结算准备金是为了确保期货交易所会员在风险条件下履行合约、降低结算风险而预先准备的资金，在交易所对会员结算、会员对客户结算的模式下，对结算准备金采取强制执行措施，可能会造成会员对交易所的被动透支，交易所的交易系统不再接受会员的开仓申报，使得交易链条中断，导致客户无法正常交易。

二十五、其他特殊执行标的专题

（一）承兑汇票保证金能否执行？

简答

银行承兑汇票保证金是指企业向开户行申请办理银行承兑汇票业务时，作为银行承兑汇票出票人按照自己在开户行（承兑行）信用等级的不同所需缴纳的保证银行承兑汇票到期承付的资金。

按照《最高人民法院、中国人民银行关于依法规范人民法院执行和金融机构协助执行的通知》的规定：

1.人民法院依法可以对银行承兑汇票保证金采取冻结措施，但不得扣划。

2.如果金融机构已对汇票承兑或者已对外付款，按照金融机构的申请，人民法院应当解除对银行承兑汇票保证金相应部分的冻结措施。

3.银行承兑汇票保证金已丧失保证金功能时，人民法院可以依法采取扣划措施。

（二）信用证开证保证金能否执行？

简　答

信用证开证保证金属于有进出口经营权的企业向银行申请对国外（境外）方开立信用证而备付的具有担保支付性质的资金。

按照《最高人民法院关于人民法院能否对信用证开证保证金采取冻结和扣划措施问题的规定》的规定：

1.人民法院在审理或执行案件时，依法可以对信用证开证保证金采取冻结措施，但不得扣划。如果当事人认为人民法院冻结和扣划的某项资金属于信用证开证保证金的，应当提供有关证据予以证明。人民法院审查后，可按以下原则处理：

（1）对于确系信用证开证保证金的，不得采取扣划措施。

（2）如果开证银行履行了对外支付义务，按照该银行的申请，人民法院应当立即解除对信用证开证保证金相应部分的冻结措施。

（3）如果申请开证人提供的开证保证金是外汇，当事人又举证证明信用证的受益人提供的单据与信用证条款相符时，人民法院应当立即解除冻结措施。

2.如果银行因信用证无效、过期，或者因单证不符而拒付信用证款项并且免除了对外支付义务，以及在正常付出了信用证款项并从信用证开证保证金中扣除相应款额后尚有剩余，即在信用证开证保证金账户存款已丧失保证金功能的情况下，人民法院可以依法采取扣划措施。

3.人民法院对于为逃避债务而提供虚假证据证明属信用证开证保证金

的单位和个人，应当依照《民事诉讼法》的有关规定严肃处理。

（三）金融机构对保证金账户主张排除执行，应当按照何种法律程序审查？

简 答

对此问题存在两种相当观点：

观点一：金融机构（商业银行）主张人民法院诉保冻结的被告在该行的账户是保证金账户，并请求对账户中的保证金解除冻结，实质是主张其对特定金钱享有质权而排除他人对该金钱的执行。该排除执行的异议应当适用《民事诉讼法》第234条规定进行审查。当事人对异议裁定不服可以通过诉讼程序予以救济。

观点二：金融机构（商业银行）对于保证金账户主张排除冻结、扣划等执行措施的实体权利，既可以依照《民事诉讼法》第234条提出案外人异议，也可以依照最高人民法院、中国人民银行《关于依法规范人民法院执行和金融机构协助执行的通知》第9条的规定提出异议。该通知第9条明确规定，银行承兑汇票保证金只能冻结，不能扣划，金融机构已实际承兑的，应当对相应款项解除冻结。

（四）住房公积金能否执行？

简 答

按照一般观点：

住房公积金属于职工个人所有，但其用途具有特殊性，其支付条件具有政策性，带有一定程度专款专用的性质，个人只有在符合国家规定的提取条件下，才能提取住房公积金。

对于住房公积金能否强制执行的问题，我国现行法律、法规、司法解释尚无明确规定。按照一般观点，但按照住房公积金的属性和功能，至少在两类情形下，人民法院可以对被执行人的住房公积金强制执行：

1.被执行人符合《住房公积金管理条例》第24条第（2）项、第（3）项、第（4）项规定的情形（在此三种情况下，住房公积金符合提取条件且不直接具有居住保障的功能）。

2.当住房公积金已经失去其住房保障功能时。

背 景

住房公积金是指按照国家规定，由国家机关、国有企业、城镇集体企业、外商投资企业、城镇私营企业以及其他城镇企业、事业单位、民办非企业单位、社会团体（以下统称单位）以及其在职职工个人按照职工工资一定比例缴存的长期住房储金。住房公积金制度是我国政府在推行住房体制改革进程中探索到的解决居民住房问题的制度，是我国政府解决居民住宅保障问题所进行的一系列制度尝试之一，可以说，住房公积金制度是我国住房体制改革的产物。

住房公积金按照"个人缴多少,单位补多少"的原则缴纳,开设公积金账户的个人对住房公积金享有完全的个人所有权,是住房公积金的最终受益人。住房公积金是属于职工个人所有的财产,这一点并无争议,但因国家对住房公积金的缴存和提取规定了限制条件,只有在符合相关规定的情况下,方能提取公积金,使得住房公积金带有一定的强制性、互助性、福利性和专用性特点,并具有一定的社会保障功能。

事实上,随着社会经济环境的发展变化,特别是随着社会化、城市化进程的迅速推进,现行住房公积金制度存在使用率低、实际受益群体多为高收入者等弊端越来越凸显,住房公积金制度的居住权保障功能逐步弱化以至于丧失。[1]还有部分单位公积金缴存比例较高,实际带有福利性质,也已经严重超出保障公民居住权利的范畴。

(五)旅游服务质量保证金能否执行?

简答

旅游服务质量保证金是指按照《旅游法》以及《旅行社条例》的规定,由旅行社在指定银行缴存或由银行担保提供的一定数额用于旅游服务质量赔偿支付和团队旅游者人身安全遇有危险时紧急救助费用垫付的资金。

按照《最高人民法院关于执行旅行社质量保证金问题的通知》,人民

---

[1] 张爱菊、孟莲:《存续与废弃:我国住房公积金制度研究——以住宅权保障为视角》,载《法学杂志》2011年第11期。

法院在执行涉及旅行社的案件时,遇有下列情形而旅行社不承担或无力承担赔偿责任的,可以执行旅行社质量保证金:

1.旅行社因自身过错未达到合同约定的服务质量标准而造成旅游者的经济权益损失。

2.旅行社的服务未达到国家或行业规定的标准而造成旅游者的经济权益损失。

3.旅行社破产后造成旅游者预交旅行费损失。

4.人民法院判决、裁定以及其他生效法律文书认定的旅行社损害旅游者合法权益的情形。

(六)粮棉油政策性收购资金能否执行?

简 答

粮棉油政策性收购资金是用于国家和地方专项储备的粮食、棉花、油料的收购、储备、调销资金和国家定购粮食、棉花收购资金。包括各级财政开支的直接用于粮棉油收购环节的价格补贴款、银行粮棉油政策性收购贷款和粮棉油政策性收购企业的粮棉油调销回笼款。

按照《最高人民法院关于对粮棉油政策性收购资金是否可以采取财产保全措施问题的复函》及《最高人民法院关于对粮棉油政策性收购资金形成的粮棉油不宜采取财产保全措施和执行措施的通知》:

1.棉粮油政策性收购资金只能用于粮棉油收购以及相关费用支出。人民法院在审理涉及政策性粮棉油收购业务之外的经济纠纷案件中,不宜对粮棉油政策性收购企业在中国农业发展银行以及其代理行或经人民银行当地分行批准的其他金融机构开立账户上的这类资金采取财产保全措施,以保证这类资金专款专用,促进农业的发展。

2.对中国农业发展银行提供的粮棉油收购资金以及由该项资金形成的库存的粮棉油,也不宜采取财产保全措施和执行措施。

(七)高速公路收费权能否执行以及能否分段执行?

简答

按照一般观点:

1.高速公路收费权可以执行。

2.但是,高速公路收费权不能分段执行。

背景

2018年6月26日,湖南省衡南县人民法院在某国际信托股份有限公司申请执行某基建发展有限公司、湖南某高速公路开发有限公司金融借款合同纠纷一案中,对某西高速公路(S61湘潭至衡阳西线)收费权进行网络司法整体拍卖。在前期第一次以评估价132.8亿元挂网拍卖流拍后,依法启动第二次网络拍卖,最终湖南省某投资集团有限公司以106.24亿元拍卖成交。

详述

1.高速公路收费权可以执行。

高速公路收费权是附加在公路资产这一特定实体上的无形资产,权利归属方面有一定主体排他性。转让后由政府批准的有特许经营资格的法人占有、使用,并依法获取一定收益,中途不得再转让。高速公路收费权有特许经营期,我国规定最长不超过30年。

高速公路收费权应当界定为《民法典》物权编所规定的"应收账款"。虽然《民法典》物权编并未对此明确规定,但此前,全国人大常委会法制工作委员会民法室编写的《物权法释义》提及:应收账款的概念中包括"公路、桥梁等收费权"。另外,此前物权法征求意见稿在可以出质的权利中曾单独列出"公路、桥梁等收费权"一项。因此,高速公路收费权属于强制执行法意义上的可以转让的财产权利,自然可以作为执行标的物予以执行。

2.高速公路收费权不能分段执行。

按照《收费公路权益转让办法》第9条"转让收费公路权益,不得有下列行为:(一)将一个依法批准的收费公路项目分成若干段转让收费权"的规定,如高速公路收费权系政府批复的单体收费公路项目,其收费权不得分段执行,只能整体执行。

(八)教育用地和教育设施能否执行?

简 答

按照一般观点:

因法律法规并不禁止教育用地与教育设施的转让,在存在转让可能性的情况下,应当允许在不影响使用的前提下进行查封、扣押、冻结及强制处分。

> 详 述

1.强制执行程序的根本目的是实现生效法律文书确定的债权,只要不影响教育用地与教育设施的正常使用,人民法院应当按照申请执行人的申请采取必要的执行措施,以保护申请执行人的合法权益。

2.虽然法律、行政法规中对于强制执行教育用地或教育设施并无限制性或禁止性规定,但为保障社会公益事业发展,保障公众受教育权等基本权益,对教育用地与教育设施的执行不能改变其原有的公益性用途,不能影响其实际使用。

(九)保险单的现金价值能否执行?

> 简 答

按照一般观点:

《保险法》第47条明确规定:"投保人解除合同的,保险人应当自收到解除合同通知之日起三十日内,按照合同约定退还保险单的现金价值。"

从该规定可以看出,在投保人解除保险合同后,保险公司应当将保险单现金价值退还投保人,保险单的现金价值在法律上应属于投保人可以从保险公司予以提取的财产权益。因此,保险单的现金价值可以执行。

（十）药品批准文号能否执行？

简 答

按照一般观点：

药品批准文号系国家药品监督管理部门准许企业生产的合法标志，该批准文号受行政许可法的调整，本身不具有财产价值。因此，人民法院在执行中对药品批准文号不应进行查封、扣押、冻结。

（十一）被执行人为信托产品受益人，能否直接执行信托产品计划项下财产（资金）？

简 答

按照《善意执行意见》及一般观点：

1.信托财产在信托存续期间独立于委托人、受托人各自的固有财产，并且受益人对信托财产享有的权利表现为信托受益权，信托财产并非受益人的责任财产。

2.当事人因其与委托人、受托人或者受益人之间的纠纷申请对存管银行或信托公司专门账户中的信托资金采取保全或执行措施的，除符合《信托法》第17条规定的情形外，人民法院不应准许。

二十六、执行信访专题

（一）什么叫执行信访案件？

简 答

按照《信访案件办理意见》的规定：

1.执行信访案件，指信访当事人向人民法院申诉信访，请求督促执行或者纠正执行错误的案件。

2.执行信访案件分为执行实施类信访案件、执行审查类信访案件两类。

详 述

信访当事人因执行案件向执行法院的上级人民法院来信来访，凡不属于行使法定救济权利，均属于执行信访案件。这里有几个问题需要明确：其一，"信访当事人"包括当事人、案外人以及利害关系人三类，这三类主体向上级人民法院申诉信访，统称信访当事人。其二，执行信访案件特指信访当事人向上级人民法院申诉信访。执行案件当事人、案外人以及利害关系人向执行法院申请执行、提出异议或申请参与分配等，均属于其法定权利，不应归类为执行信访；执行法院依法受理执行实施或执行异议案件后，当事人、案外人以及利害关系人向执行法院催促办理，亦不能归类为执行信访。其三，当事人、案外人以及利害关系人向上级人民法院行使申请复议等法定救济权利，亦不可归类为执行信访。其四，对各类执行信访案件分析归纳，信访诉求可以大致区分为两类：一是反映执行法院有财产而拖延查控、查控后不推进评估拍卖、拍卖后不发放款项等消极执行问题，而请求上级人民法院督促执行。二是反映超标的查封、评估价过低、利息计算错误或者反映查封、扣押、冻结财产由其实际所有等问题，认为执行行为违反法律规定或对执行标的主张实体权利，而请求上级人民法院纠正执行错误。请求督促执行类案件，主要诉求系推进执行实施，故归为执行实施类信访案件。请求纠正执行错误类案件，应当依法纳入法律程序审查后作出结论，故归类为执行审查类信访案件。另有一类常见信访类型，虽已处于异议复议程序之中，但严重超审限，信访当事人请求尽快作出审查结论，也可归类为执行审查类信访案件。对执行信访案件进行分类的意义，旨在分流办理：实施类信访通过信访督办予以化解，审查类信访通过信访督办导入法律程序或加快审查进度。

（二）申请执行人认为执行法院推进执行不力，可以通过何种渠道救济？

简 答

按照《信访案件办理意见》的规定及一般观点：
1.法律程序
可以适用的法律条款主要为《民事诉讼法》第233条规定的"向上一

级人民法院申请执行"，包括提级执行和交叉执行两类，即人民法院自收到申请执行书之日起超过六个月未执行的，申请执行人可以向上一级人民法院申请执行。上一级人民法院经审查，可以责令原人民法院在一定期限内执行，也可以决定由本院执行或指令其他人民法院执行。

2.申诉信访

申请执行人可以向各级人民法院申诉信访，反映问题，表达诉求。各级人民法院对于申请执行人的申诉信访，将按照《信访案件办理意见》第6条规定的"执行到位、有效化解"原则进行处理，即如果被执行人具有可供执行财产，将穷尽各类执行措施，尽快执行到位。如果被执行人确无财产可供执行，将尽最大努力解释说明，争取息诉罢访，有效化解信访矛盾；经解释说明，仍然反复申诉、缠访闹访，将可以依法终结信访。

详 述

1.《民事诉讼法执行程序解释》进一步细化了"向上一级人民法院申请执行"，除提级执行、交叉执行两类执行程序外，又增加了督促执行程序。该司法解释第11条规定：上一级人民法院依照《民事诉讼法》第233条规定责令执行法院限期执行的，应当向其发出督促执行令，并将有关情况书面通知申请执行人。上一级人民法院决定由本院执行或者指令本辖区其他人民法院执行的，应当作出裁定，送达当事人并通知有关人民法院。第12条规定：上一级人民法院责令执行法院限期执行，执行法院在指定期间内无正当理由仍未执行完结的，上一级人民法院应当裁定由本院执行或者指令本辖区其他人民法院执行。

2.学理上，可以将执行异议分为积极的执行异议和消极的执行异议。所谓积极的执行异议，是指当事人或利害关系人对执行部门的消极行为，提出积极的要求予以救济，比如对执行部门超过程序法规定期限的行为提出异议。所谓消极的执行异议，是指当事人、利害关系人对执行部门的积极行为，提出消极的主张予以救济。《民事诉讼法》第232条归属于消极的执行异议，我国实际上没有确立积极执行异议制度，因此，申请执行人如果认为执行法院推进执行不力，亦不能按照《民事诉讼法》第232条提出执行异议。

最高人民法院个案指导意见参考

【指导意见要旨】对于执行实施类信访案件，按照"执行到位、有效化解"原则进行处理：如果被执行人具有可供执行财产，将穷尽各类执行措施，尽快执行到位；如果被执行人确无财产可供执行，将尽最大努力解释说明，争取息诉罢访，有效化解信访矛盾；经解释说明，仍然反复申诉、缠访闹访，将可以依法终结信访。

【案例评点】最高人民法院执行局相关负责人在接受《中国日报》专访时表示，《信访案件办理意见》（以下简称《意见》）的出台，其实就是把"当事人请求纠正执行错误的信访案件须纳入法律程序处理"明确规范下来，这对法院本身具有可操作性，对当事人也是一种权益保护。

此外，《意见》还对反映法院"消极执行"类的案件提出了处理办法和要求，保证做到真正的"执行完毕"，有效化解矛盾纠纷。

2015年，最高人民法院收到的执行信访案件中，当事人反映法院"消极执行"的案件最为多见。部分法院信访督办不力，对信访案件一转了之，仅交办而无督办，导致案件处理有头无尾、流于形式。比如，有的当事人反映执行法院有财产而拖延查控或查控后不积极评估处置，这都让当事人对执行不满，对矛盾的化解其实很不利。

为此，《意见》细化了此种情形法院的处理方式：各级法院执行部门应当设立执行信访专门机构。通过设立来访窗口与公布来信地址的方式，切实畅通申诉信访渠道，避免当事人申诉无门，杜绝选择性受理申诉问题。

人民法院确实存在案多人少的客观原因，对于反映消极执行的信访申诉，很多时候不能及时答复。比如，高院收到了来访，只是"转"给中院，但这个案子到底办得如何，有没有效果，并没有"督"，更没有反馈。这个《意见》就是要避免这种情况，上级法院不但要"转"，还要"督"，甚至可以约谈、问责下级法院执行部门的负责人。

《意见》规定，对于无财产可执行的案件，各级法院要尽最大努力向当事人做好解释说明工作，争取当事人的理解。

在相关案例中一对来自云南山区的夫妇在外打工的过程中，儿子在马路边玩耍被卡车轧断了双腿。当地法院给予了肇事者60多万元赔偿的判罚。但赔偿迟迟得不到执行，夫妇俩辗转来到了北京信访。

通过当地法院调查，这个案件已经无财产可执行。鉴于此，最高法向云南法院提出了督办意见，要求尽最大努力对当事人进行解释说明，并研究给予司法救助。最终，云南法院考虑到该家庭确实因为事故陷入困境，孩子的治疗费用、假肢费用都让夫妇俩难以担负，根据国家规定给予了他们一定的司法救助。

上述案例充分说明，畅通信访渠道，加强化解力度，理顺执行信访工作流程，保障各方当事人合法权益，提高人民群众对执行工作的满意度，对于最高人民法院提出的在未来两三年内基本解决"执行难"问题具有重要意义。

【案情概要】原告袁某诉徐某某、S运输公司机动车交通事故责任纠纷一案，由云南省镇雄县法院（以下简称镇雄法院）于2013年4月作出判决：被告徐某某赔偿原告袁某医疗费、护理费等69.34万元；S运输公司承担连带赔偿责任。

该判决生效后，申请执行人于2013年12月向镇雄法院申请强制执行。

2014年11月，镇雄法院对徐某某名下车辆进行拍卖，执得现金8万元并交付申请执行人。其余债务，至今未能执行到位。镇雄法院以被执行人无财产可供执行为由，裁定终结本次执行程序。

袁某某（原告袁某之父）全家三人于2015年6月赴京上访申诉。2015年6月12日，我在最高人民法院办公三区接待来访，袁某某一家三口上访，值班法警征求意见是否接待，并告知上访人情况较为凄惨，我考虑此虽属越级来访，但出于民生、人道等因素考虑，应当予以接待。

接访后，办案人向室主任、局领导提交立案。办案人初步审查后认为，该案执行初期，被执行人曾提出以50万元了结此案，但未就此达成协议，以此可见，被执行人有执行条件，极有可能为规避执行转移财产。另外，S运输公司仍管理30余辆运营车，长期经营运煤业务，完全有能力履行债务。该案系越级申诉案件，按照最高人民法院执行局《案件流程管理办法》，向云南省高级人民法院发出督办函并书面通知后结案。

最终，该案经合议庭合议后，发函云南省高级人民法院提出处理意见，并向袁某某作出书面通知。

（三）人民法院如何掌握按"有效化解"标准核销执行信访案件？

简 答

按照《信访案件办理意见》的规定，执行实施类信访案件，符合下列情形的，可以认定为有效化解，上级人民法院不再交办督办：

1. 案件确已执行到位。

2. 当事人达成执行和解协议并已开始依协议实际履行。

3. 经重新核查，被执行人确无财产可供执行，经解释说明或按照有关规定进行司法救助后，申请执行人书面承诺息诉罢访。

详述

《信访案件办理意见》对执行信访"有效化解"的标准加以严格限定，即只有案件确已执行到位、达成执行和解协议并已开始依协议实际履行、经解释或救助后书面承诺息诉罢访三种情形。凡不属于以上三类情形，应当继续督办，不能予以核销。如执行法院报告执行存在障碍或表示将积极查询处分财产，而未向申请执行人解释说明或解释说明后未取得理解认可，不能认定为"有效化解"。其一，案件确已执行到位的，下级人民法院应当提交收款凭证、结案文书等相关材料。其二，当事人达成执行和解的，应当提交执行和解协议以及依协议实际履行的书面材料。其三，书面息诉罢访承诺，可以是申请执行人出具的书面承诺，也可以在谈话笔录中承诺息诉罢访。其四，关于对信访当事人进行司法救助的"相关规定"，参见中央六部委《关于建立完善国家司法救助制度的意见（试行）》以及《最高人民法院关于加强和规范人民法院国家司法救助工作的意见》。"追索赡养费、扶养费、抚育费等，因被执行人没有履行能力，造成申请执行人生活困难"、"因道路交通事故等民事侵权行为造成人身伤害，无法经过诉讼获得赔偿，造成生活困难"以及"诉求具有一定合理性，但通过法律途径难以解决，且生活困难，愿意接受国家司法救助后息诉息访"等若干情形，可以予以司法救助。

（四）哪些执行实施类信访案件，上级人民法院可以不再交办督办？

简 答

按照《信访案件办理意见》的规定，申请执行人申诉信访请求督促执行，如果符合下列情形，上级人民法院不再作为执行信访案件交办督办：

1. 因受理破产申请而中止执行，已告知申请执行人依法申报债权；
2. 再审裁定中止执行，已告知申请执行人依法应诉；
3. 因牵涉犯罪，案件已按照相关规定中止执行并移送有关机关处理；
4. 信访诉求系认为执行依据存在错误。

详 述

确有部分执行实施类信访案件，虽涉及执行问题但依法应予中止执行，或实际并非反映执行问题，经下级人民法院据实报告，上级人民法院不再作为执行信访案件交办督办：其一，破产法规定，人民法院受理破产申请后，有关债务人财产的保全措施应当解除，执行程序应当中止。因此，因受理破产申请而中止执行并告知申请执行人依法申报债权的，不再交办督办。其二，再审裁定中止执行并告知申请执行人依法应诉的，不再交办督办。其三，因牵涉犯罪，案件已按照相关规定中止执行并移送有关机关处理，不再交办督办。典型如牵涉非法集资犯罪的执行案件，按照最高人民法院、最高人民检察院以及公安部《关于办理非法集资刑事案件适用法律若干问题的意见》的规定，人民法院在执行过程中，发现有非法集资犯罪嫌疑的，应当裁定中止执行，并及时将有关材料移送公安机关或者检察机关。其四，信访诉求系认为执行依据存在错误，不再交办督办。此外，另有一种情况，确属执行案件，但因涉及群体性纠纷而需通盘解决，故地方党委、政府以书面文件决定将该信访案件移交相关部门统筹解决，经下级人民法院据实报告并提交书面文件，《信访案件办理意见》虽并未作出规定，但上级人民法院也可以不再交办督办。

（五）执行法院认为案件已经执行完毕，但是申请执行人仍然以案件尚未执行完毕为由申诉信访，如何处理？

简答

按照《信访案件办理意见》的规定：

案件已经执行完毕，但申请执行人以案件尚未执行完毕为由申诉信访，应当将该类信访案件导入异议程序，即应当制作结案通知书，并告知申请执行人针对结案通知书提出执行异议。

详述

执行法院认为案件已经执行完毕，但是申请执行人并不认可，如认为本金计算错误、利息尚未偿付等，持续申诉信访。该类案件涉及债权是否全部偿付，实践中均由执行法院单方审查决定，申请执行人对此无任何法律程序可供抗辩救济，有失公正合理，故而引发信访问题，必须纳入法律程序处理。

执行完毕案件是否作出法律文书、作出何种法律文书，系重大程序问题，但是《民事诉讼法》以及司法解释均未规定，确系漏失。长期以来，各级人民法院或以执行通知方式结案、或以执行裁定方式结案、或以申请执行人签署认可方式结案、或以承办法官自行注明"执行完毕"方式结案,极不规范。2014年,最高人民法院颁布《关于执行案件立案、结案若干问题的意见》,规定执行完毕案件作出结案通知书,但是分为两类情况:一是经自动履行、强制执行或和解履行,应当制作结案通知书。此类情况往往针对债权全部偿付的案件。二是书面认可或口头认可执行完毕,无需制作结案通知书。此类情况往往针对债权部分偿付但申请执行人予以认可的案件。对于执行完毕的案件,申请执行人仍然以案件尚未执行完毕为由申诉信访,应当按照以下方式处理:如已制作结案通知书,应当告知针对结案通知书提出执行异议;如因认可执行完毕而未制作结案通知书,应当补充制作结案通知书,告知针对结案通知书提出执行异议。

(六)案件确无财产可供执行,但申请执行人仍然申诉信访,如何处理?

简 答

按照《信访案件办理意见》的规定:

人民法院应当将该类案件导入异议程序,即作出终结本次执行程序裁定,告知申请执行人针对终结本次执行程序裁定提出执行异议。

详 述

无财产可供执行案件中,虽然执行法院认为确无财产可供执行,但是申请执行人并不认可,认为被执行人具有可供执行财产,持续申诉信访。

该类案件涉及是否确无可供执行财产，实践中均由执行法院单方审查决定，申请执行人对此无任何法律程序可供抗辩救济，有失公正合理，故而引发信访问题，必须纳入法律程序处理。

无财产可供执行案件的申请执行人申诉信访，系执行信访案件的主要类型。对于该类案件的处理要坚持两个思路：一是通过异议程序，严格审查是否确无财产可供执行。二是如确无财产可供执行，则终结本次执行程序，直至信访终结，依法有序退出。按照这一思路，对于无财产可供执行而引发的信访案件，应当按照以下方式处理：首先，执行法院应当按照司法解释规定，作出终结本次执行程序裁定。其次，告知申请执行人针对终结本次执行程序裁定提出执行异议，执行异议重点审查是否确无可供执行财产。这里需要说明一个问题。最高人民法院于2016年2月《关于对人民法院终结执行行为提出执行异议期限问题的批复》规定对终结执行（应当扩张理解为包括终结本次执行程序）的异议应当在六十日内提出。"终结本次执行程序"结案方式由中央政法委、最高人民法院2009年3月《关于规范集中清理执行积案结案标准的通知》所确立，至2015年2月《民事诉讼法解释》正式规定，再至《信访案件办理意见》规定可以提出异议，已时隔数年。在此之前，各级人民法院按照相关规定作出的终结本次执行裁定，实际上早已超出六十日异议期限，申请执行人对该类裁定提出异议，已不能作为执行异议立案受理。对于该类已不符合执行异议受理条件的案件，执行法院可以先做解释说明工作，如申请执行人仍持续申诉信访，可以作为执行监督案件立案审查并作出裁定，申请执行人不服该裁定，上级人民法院亦应当作为执行监督案件审查，将其纳入法律程序处理，进而与信访终结程序对接。

(七）执行审查类信访案件的办理原则是什么？

简 答

执行审查类信访案件，指信访当事人申诉信访，反映执行行为违反法律规定或对执行标的主张实体权利，请求纠正执行错误的案件。

按照《信访案件办理意见》的规定：执行审查类信访案件的办理，应当遵照"诉访分离"原则。如果能够通过《民事诉讼法》以及相关司法解释予以救济，必须通过法律程序审查；如果已经穷尽法律救济程序以及本意见所规定的执行监督程序，仍然反复申诉、缠访闹访，可以依法终结信访。如果属于审判程序、国家赔偿程序处理范畴，告知通过相应程序寻求救济。

详 述

执行审查类信访案件办理所遵照的"诉访分离"原则，可从以下几个层面理解：其一，如果能够通过《民事诉讼法》以及相关司法解释予以救济，必须通过法律程序审查。这里的法律程序，主要指执行异议、案外人异议程序。其二，如果前述法律程序已经穷尽，仍应当按照《信访案件办理意见》所规定的执行监督程序进行救济。其三，如果法律程序与执行监督程序均已穷尽，仍然反复申诉、缠访闹访，可以依法终结信访。其四，如果属于审判程序、国家赔偿程序处理范畴，告知通过相应程序寻求救济。

最高人民法院个案指导意见参考

【指导意见要旨】 执行审查类信访案件的办理，应当遵照"诉访分离"原则。如果能够通过《民事诉讼法》以及相关司法解释予以救济，必须通过法律程序审查。

【案例评点】 当事人在北京市顺义区买了套别墅，大部分钱来自朋友借款和银行贷款。朋友后来将他告上了法院，让他还钱。他没有什么积蓄，但又不希望法院对别墅进行拍卖。

在强制执行中，法院对别墅进行了委托评估，作出了100多万元的评估价格，这更让他恼火。他认为评估过低，在新浪微博留言认为法院执行不公，房子至少价值400万元。他表示，执行中曾向法院反映这个问题，但法官认为执行合法，并没有针对这个问题作出裁定。

当事人的请求是不是合理、法院的执行究竟有没有问题，法院应该作为执行异议案件立案审查，以裁定方式回应当事人。但是，一些法院不立案审查，仅仅以口头方式简单回复当事人。当事人当然不服气，就一次次地向上级法院信访申诉。

为此，最高人民法院于2016年6月底颁发了《最高人民法院关于人民法院办理执行信访案件若干问题的意见》（以下简称《意见》），要求这类案件必须按照法律程序进行审查，不能出现"法院不立案审查""当事人反复信访"的情况。

其实，对于这类案件，法院应当组成合议庭立案审查。毕竟，对于执行争议，比如超标的查封等问题，当事人说了不算，也不能由办案法官认定自己的执法行为没问题。既然当事人提出了异议，就应该把这个异议纳入法律程序，由其他法官另行组成合议庭。简单说，就是严格依照法律程序，实行审执分离，由执行裁判部门来判断执行实施部门的执行行为到底存不存在错误，也就是给当事人一个说法。

《意见》的出台，其实就是把"当事人请求纠正执行错误的信访案件须纳入法律程序处理"明确规范下来，这对法院本身具有可操作性，对当事人也是一种权益保护。

【案情概要】2015年间，曹某某通过"最高人民法院执行局"新浪微博留言平台多次向最高人民法院申诉。该申诉人情绪较为激动，多次在新浪微博发出负面言论，对北京市顺义人民法院表示强烈不满，曾声称"如不解决问题，其父将因该案跳楼"。最高人民法院执行局专人接谈曹某某，归纳其主要申诉事由为：北京市顺义人民法院在对该院（2010）顺民初字第3093号民事判决的强制执行过程中，对曹某某名下位于顺义区北小营镇××楼房予以评估拍卖，顺义人民法院在该案执行中存在若干违法或不当情形。一是评估价远远低于市场价值，案涉房产市值400多万元，评估价仅130万元；二是执行法院未向被执行人曹某某送达评估报告，即将案涉房产交付拍卖；三是执行款项计算混乱，被执行人不清楚债务总额与拍卖款项之间的最终差额如何得出。

经审查研究，最高人民法院向北京高院发出督办函，对该案提出下一步处理意见。同时，最高人民法院向曹某某发出书面通知。

（八）当事人、利害关系人向上级人民法院越级申诉信访，反映下级人民法院存在执行错误的，上级人民法院如何处理？

简 答

按照《信访案件办理意见》的规定，信访当事人向上级人民法院申诉信访，主张下级人民法院执行行为违反法律规定或对执行标的主张实体权

利,如案件尚未经过异议程序或执行监督程序处理,上级人民法院一般不进行实质性审查,而按照如下方式处理:

1.告知信访当事人按照相关规定寻求救济。

2.通过信访制度交办督办,责令下级人民法院按照异议程序或执行监督程序审查。

3.下级人民法院正式立案审查后,上级人民法院不再交办督办。

详 述

虽然《异议复议规定》对于执行异议立案难问题,规定了上提一级异议制度,但是,不受理异议更多是内部管理问题,以信访制度督促下级人民法院受理异议,实际上更为有效和便捷。因此,《信访案件办理意见》要求各级人民法院建立以信访制度倒逼"诉访分离"机制:其一,信访当事人向上级人民法院申诉信访,如案件尚未经过异议程序或执行监督程序处理,上级人民法院一般不进行实质性审查,即不对执行是否存在错误做出明确结论。其二,上级人民法院应当告知信访当事人按照法律规定寻求救济。其三,通过信访制度交办督办,责令下级人民法院按照执行异议或执行监督程序审查。其四,下级人民法院正式立案审查后,上级人民法院不再作为信访案件交办督办,在信访案件基数中予以核销剔除,意为"已进入法律程序,则不属于信访案件"。

（九）符合何种情形的执行审查类信访案件，上级人民法院可以不作为执行信访案件交办督办？

> 简 答

按照《信访案件办理意见》的规定，当事人、利害关系人申诉信访请求纠正执行错误，如果符合下列情形，上级人民法院不再作为执行信访案件交办督办：

1.信访诉求系针对人民法院按照行政机关申请所作出准予执行裁定，并非针对执行行为。

2.信访诉求系认为执行依据存在错误。

3.地方党委、政府以书面文件决定将信访案件移交相关部门统筹解决。

图书在版编目(CIP)数据

民事执行实务精要 / 张元著 . —北京：中国法制出版社，2022.1

ISBN 978-7-5216-2410-6

Ⅰ.①民… Ⅱ.①张… Ⅲ.①民事诉讼—执行（法律）—研究—中国 Ⅳ.①D925.104

中国版本图书馆CIP数据核字（2022）第003290号

策划编辑：马　颖
责任编辑：王雯汀　　　　　　　　　　　　　　封面设计：李　宁

民事执行实务精要
MINSHI ZHIXING SHIWU JINGYAO

著者 / 张　元
经销 / 新华书店
印刷 / 三河市紫恒印装有限公司
开本 / 710毫米×1000毫米　16开　　　　　印张 / 35.5　字数 / 468千
版次 / 2022年1月第1版　　　　　　　　　　2022年1月第1次印刷

中国法制出版社出版
书号ISBN 978-7-5216-2410-6　　　　　　　　定价：129.00元

北京市西城区西便门西里甲16号西便门办公区
邮政编码：100053　　　　　　　　　　　　传真：010-63141600
网址：http://www.zgfzs.com　　　　　　　编辑部电话：010-63141825
市场营销部电话：010-63141612　　　　　　印务部电话：010-63141606
（如有印装质量问题，请与本社印务部联系。）